당신은
너무 늦게
깨닫지
않기를

당신은
너무 늦게
깨닫지
않기를

이 해 하 고
이해받고 싶은
당 신 을 위 한
공 감 수 업

아서 P. 시아라미콜리 & 캐서린 케첨 지음 | 박단비 옮김

위즈덤하우스

들어가며

내 안의 슬픔을 많은 이들의 기쁨과 바꾸지 않으리라.

내 몸 구석구석에서 흐르는 슬픔의 눈물이 웃음으로 바뀌게 두지도 않으리라.

내 삶에는 눈물과 미소가 모두 있길 바라네……

눈물은 마음이 부서진 이들과 연합하게 할 것이며,

미소는 내게 기쁨이 있음을 알리는 상징이 되리라.

– 칼릴 지브란(Kahlil Gibran), 〈눈물과 미소(A Tear and a Smile)〉

    이것은 사적인 책이다. 여기서 나는 내 인생에 관한 이야기, 그리고 내가 사랑하거나 잃어야 했던 이들과의 일화를 들려줄 것이다. 내 환자나 교수님과 학생들, 동료 관계에 대해서도 자세히 다룰 생각이다. 이런 얘기들 속에서 내가 품었던 기쁨과 슬픔, 희망과 두려움, 꿈과 절망을 솔직히 내보이려 한다.

몇 개월간의 기나긴 고민 끝에 나는 비로소 개인적인 이야기들을 털어놓겠다고 결심할 수 있었다. 또한 그 결심 이후에는 한밤중에 수도 없이 깨어나 여러 질문들로 고뇌하곤 했다. 가장 가까운 몇몇 이들에게만 털어놓았던 내 사적인 얘기들을 누가 알고 싶어 할까? 나는 왜 알지도 못하는 사람들에게 속 이야기를 들려줘야겠다고 생각했을까? 나는 어떤 것을 전하고 싶었던 걸까?

이 질문들은 내 직업 정체성과 개인 정체성 사이의 갈등을 대변한다. 나는 임상심리학자로서 트레이닝을 받고 경험을 쌓으며 감정을 철저히 제어하는 법을 터득해왔다. 여러 해 동안 배워온 바에 따르면 내 사생활 이야기는 되도록 하지 않고 환자와 의사 사이에 필요한 경계선을 지키는 쪽이 바람직했다. 그러나 관계에서 신뢰를 구축하려면 자신의 가장 깊은 곳에 있는 생각과 감정을 기꺼이 내보일 줄 알아야 한다는 개인적인 생각도 한편으론 들었다. 솔직하게 상대를 마주할 용기를 내고 그 사람의 세상에 들어가기 위해 자신의 관점을 내려놓을 때, 우리는 비로소 친밀하고 오래 지속되는 관계를 기대해볼 수 있을 것이다. 그렇지 않고 주저하며 '안전한' 방식만을 고수하려 하면 사람과 사람을 더 가까이 연결하는 공감의 힘은 축소될 것이 분명하다.

이 결정을 놓고 고민하면서, 나는 공감에 관해 삶과 일터에서 얻은 교훈을 어떻게 전달하는 것이 최선일지 독자의 입장에서 이해해보려 노력했다. 그리고 결국엔 담대한 믿음을 가지고 사람들에게 내 이야기를 들려주기로 결단했다. 공감은 내가 안팎으로 완전히 달라지게 해주었다. 공감이 지닌 잠재력을 제대로 전달하려면 그것이 내 삶에 끼친 깊은 영향력을 흔쾌히 예우할 수 있어야 했다.

그래서 나는 독자들에게 내 삶을 공개하기로 결심했다. 이는 공감의 힘과 약속이 무엇인지 이해하게끔 나를 인도한 것이 바로 내 삶의 경험들임을 알게 된 덕이다. 임상의이기에 나는 절망에서 탈출할 길을 찾기 위해 괴로워하며 애쓰는 다양한 사람들과 함께 일하고 있다. 그러나 공감에 관한 글을 쓸 자격이 내게 주어진 가장 큰 이유는, 나 또한 다른 이들과 마찬가지로 그 답을 찾으려 노력하며 고민하고 분투하는 한 사람이기 때문이다.

타인과 연결될 수 있는 가장 뜻 깊은 방식은 자신의 이야기를 들려주는 것이다. 그것이 바로 진심 어린 관계 속에서 우리가 하는 일이기 때문이다. 이야기를 하고 또 들어주면서 우리는 시간을 들여 그 안에 있는 의미와 공통된 맥락을 찾아낸다. 이것들은 우리가 나아갈 방향과 목표를 제시해주고, 어둠 속에서 빛을 내어 우리 앞에 놓여 있는 길을 드러내줄 것이다.

나는 일터와 삶에서 한 가지 절대적인 진리를 발견했다. 공감은 고통과 두려움이 드리운 어둠을 환하게 비추어 우리가 같은 인간으로서 지닌 공통점을 드러내주는 빛이라는 진리 말이다.

차례

2부.   공감의 힘을
         키우는
       여덟 가지
         키워드

공감에 대해 우리가 몰랐던 것들

1부

그것은 불현듯 찾아오는 깨달음이다.
우리 안에 살고 있던 이 삶의 실체가 와해되고,
그 순간 우리는 너와 내가 사실 하나였음을 알아차린다.

– 조지프 캠벨(Joseph Campbell)

1장

공감의
역설
:
공감에는 양면성이 있다

공감은 타인의 고유한 경험을 이해하고
그에 맞게 반응할 줄 아는 능력이다.
그러나 공감의 역설은,
이 선천적 능력이 상대를 돕기도 하지만
상처 입히기도 한다는 것이다.

나는 바다를 바라보며 공감에 대해 사색한다. 해변에 앉아 큰 파도가 바위지대에 부딪히는 장면을 보고 있으면 이 엄청난 양의 물줄기가 시시각각 자신을 재형성하고 변화시킨다는 사실을 알 수 있다. 조수(潮水)가 바뀌고 해류가 변하면서, 그 안의 모든 것은 끊임없이 격동하며 새로운 자리를 찾아가는 유동 상태가 된다. 거세게 부서지고 힘을 잃으면서 파도는 높은 절벽들을 침식시키고 3억 5000만 년 된 암석의 날카로운 부분들을 매끄럽게 다듬는다. 구름이 수면에 그림자를 드리우는 동안 밝은 햇살은 알록달록한 청록빛 무늬를 군데군데 만들어낸다. 어두운 밤 면발치에서 본 바다는 마치 달이 유리판에 아로새긴 은빛 오솔길 같은 모습이다.

　해변의 내 위치에서 바다를 보노라면 그 깊이를 가늠하고 헤아릴 수 있을 것 같다는 착각이 든다. 하지만 사실 내가 가진 지식을 모두 동원한다 해도 여전히 탐구해야 할 미지의 영역은 허다할 것이다. 사람들도 마찬가지다. 우리는 겉모습만 보고 그 깊이를 모두 헤아릴 수 있다고 속단한다. 주위 사람들을 보며 그들을 속속들이 이해한다고 착각하는 경우가 얼마나 많은가? 그런가 하면 급변하는 여론의 흐름과 걷잡을 수 없는 감정의 소용돌이 속에서 새로운 통찰과 이해를 얻으며 놀라는 때는 또 얼마나 잦은가?

조석 현상에 의해 바닷물이 드나들듯 공감의 힘은 우리 내면에 강력하게 밀어닥친다. 공감이란 부분적으로는 생물학적으로 물려받은 선천적 능력이고, 삶에 에너지를 제공하며 방향과 목표를 제시한다. 공감은 갑작스럽게 엄습하여 우리를 사로잡는 감정이나 느낌이 아니라 표면 세계 기저의 영역을 향하는 매우 정중한 지적 탐구다. 공감은 끊임없이 변화하는 풍경 속에서 우리가 균형감각과 가치관을 유지할 수 있게 도우며, 유연하게 대처하는 법을 가르침으로써 선입견을 버리고 열린 가슴과 머리로 관계 속에 들어가게 해준다.

내가 정의하는 공감은 타인의 고유한 경험을 이해하고 그에 맞게 반응할 줄 아는 능력이다. 그러나 공감의 역설은, 이 선천적인 능력이 상대를 돕기도 하지만 상처 입히기도 한다는 것이다. 공감은 바다의 해류처럼 어떤 때는 잔잔한 위로가 되다가도 어느 순간엔 사나운 파괴자로 둔갑한다. 나는 이렇게 공감이 가진 치유와 보살핌의 힘을 전하고 싶을 때마다 리사의 이야기를 떠올린다.

훤칠하고 매력적인 30대 중반의 여성 리사는 우리와의 첫 만남 당시 분명 아주 바빠 보였다. 그녀는 나와 악수하고 자신을 소개한 뒤 큰 가죽 서류가방을 옆에 내려놓고 의자에 앉았다. 리사는 동작이 시원시원하고 똑 부러졌으며, 몇 분에 한 번씩 시계를 힐끗힐끗 쳐다봤다.

"전 첫 미팅에서 보통 메모를 합니다. 그래도 괜찮을까요?"

내가 묻자 리사는 얼굴을 약간 찡그리며 이야기했다.

"그렇게까지 해야 할까요? 심리학자이심은 알고 있지만 전 장기적인 치료를 바라는 게 아니에요. 대체의학 역시 전문 분야라고 들었는데, 저 또한 진정 효과나 수면에 도움이 될 만한 건강보조제 같은 걸 찾고 있을 뿐이죠. 이렇게 바쁘지 않다면 스트레스 관리 프로그램도 고려해보겠지만 지금 당장은 하루하루를 그저 무사히 버텨낼 수 있게 해줄 뭔가가 더 필요하네요."

그녀가 신속한 해결책만을 원하고 겉으로 보이는 증상을 넘어 더 깊은 탐구를 하는 것에 반감을 보여 나는 조금 속도를 늦춰야겠다고 생각했다. 무언가 그녀를 괴롭히고 있었고, 그녀를 도우려면 그게 뭔지 알아내야만 했다.

"건강보조제에 대한 질문도 좋고, 스트레스와 관련된 그것들의 효능도 알려줄 수 있어요. 하지만 우선 당신에 대해 더 알아야겠네요. 빠른 해결책을 바라는 건 이해하지만 당신이 어떤 상황에 있는지도 모르는 채 조언을 한다는 건 무책임한 일이죠. 몇 가지 질문을 해도 괜찮을까요?"

미간을 더욱 찌푸리고 입을 꽉 다문 리사의 얼굴에는 '내가 원했던 건 이게 아냐!'라고 쓰여 있는 듯했다. "음, 알겠어요. 꼭 필요하다면"이라 대답한 그녀는 티가 나게 창밖을 응시하며 불편하다는 듯 자세를 고쳐 앉았다.

시간을 할애해줘 고맙다는 인사 뒤 나는 그녀에게 기본적인 질문을 하기 시작했다. 결혼은 하셨나요? 네. 자녀는요? 여섯 살, 여덟 살의 어린 두 딸이 있어요. 무슨 일을 하세요? 보스턴 소재 전자기업에서 중급 임원직을 맡고 있어요. 얼마 전 크게 승진했고 출장을 자주 다니죠. 하루에 10시간 정도 일해요. 부모님 연배는 어떻게 되시나요?

"어머니는 예순 다섯이시고 언니 둘에 오빠가 하나 있어요. 전 막내고요."

"아버님 이야기는 빠뜨리셨군요." 내가 말했다.

"아버지는 돌아가셨어요." 대답하는 리사의 눈가가 순식간에 촉촉해졌다.

"유감입니다. 혹시 언제 돌아가셨는지 말해줄 수 있나요?"

"3년 전에요. 4월에 세상을 떠나셨어요." 그녀가 입술을 깨물며 말했다.

"3년 전 이맘때네요."

리사는 고개를 끄덕인 뒤 갑자기 몸을 숙이고는 손가방 속 뭔가를 찾기 시작했다. 그 무의식적인 빠른 행동으로, 우리가 굉장히 중요한 감정적 지점에 도달했다는 사실을 알 수 있었다. 나는 리사가 눈을 내리뜬 채 계속해서 가방을 뒤지는 모습을 바라보았다. 그녀의 정수리만이 보일 뿐이었다. 얼마 후 그녀는 몸을 펴고 내게 희미하게 미소를 지어 보였다. "죄송해요." 그녀는 휴지 뭉치를 손에 들고 말했다.

"괜찮습니다. 저도 이해할 수 있을 것 같아요."

"그래요?" 그녀는 휴지로 눈가를 닦으며 물었다.

"오직 하나뿐이잖아요."

"하나요? 뭐가요?"

"아버지 말이에요." 내가 말했다.

리사가 잠시 나를 바라보는 순간, 나는 그녀 내면의 뭔가가 무너져내리는 것을 본 듯했다. 깊은 한숨을 내쉰 리사의 눈에 이내 눈물이 차오르기 시작했다. "아버지 이야기만 하면 울게 돼요." 그녀는 미안하다는 듯 이야기했다. "언니들은 저보고 이제는 극복하라고 해요. 제가 어린애처럼 굴고 있다더군요."

"당신의 처지를 완전히 알진 못하지만, 아버지 때문에 눈물을 흘리는 걸 어린애 같다고 할 순 없다고 생각해요." 내가 말했다.

리사는 양볼에 눈물이 흘러내리기 시작했지만 굳이 그걸 멈추려 애쓰지 않았다. 나는 이어서 말했다.

"오히려 당신의 눈물은 아버지를 향한 애정이 아주 깊고 강력하다는 걸 보여주죠."

"네. 전 아버지를 정말 사랑했어요. 너무도 그리워요."

"아버지를 떠나보냈으니 충분히 그럴 수 있어요."

"벌써 3년이나 흘렀는데도요?"

"물론이죠."

"지금 제 심정을 이해할 수 있다는 말씀이시죠?"라고 말하는 그녀의 눈은 내 표정을 살피고 있었다.

"그래요. 하지만 앞으로 알아가야 할 것들이 더 많겠죠."

잠시 정적이 흐른 뒤, 리사는 조금 더 편한 자세를 취하고선 내게 아주 슬프고 지친 미소를 지어 보였다. 이어 한 해 전에 실직당한 뒤 심각한 우울증을 앓고 있는 남편에 대해 얘기하기 시작했다. 리사는 고액의 주택 대출을 앞으로 어떻게 갚아나가야 할지 엄두가 나지 않으며, 어린 두 딸이 엄마의 긴 업무 시간과 아빠의 우울증을 잘 견뎌낼 수 있을지 걱정이라고 했다.

상담이 끝나갈 무렵 그녀는 이렇게 말했다. "둑이 무너진 것 같은 느낌이에요. 모두 다 잘되고 있는 척하는 데 온 힘을 쏟아왔거든요. 하지만 실은 내게 문제가 있다고 인정하니 정말 홀가분하네요."

리사의 자아인식이 순식간에 확장되고 깊어지는 공감적 이해의 순간이었다. 우리가 공감을 바탕으로 소통하기 시작하자 그녀의 세계는 점진적으로 확장되었고, 그래서 리사는 이전에 볼 수 없었던 것들을 보게 된 것이다. 자신의 슬픔과 두려움에 대한 새로운 통찰을 얻은 그녀는 스스로를 더 잘 알게 되었을 뿐 아니라 때로는 쉽지 않았던 언니들과 남편, 자녀들과의 관계를 더욱 깊이 이해하는 것도 가능해졌다. 시야가 확장된 그녀는 이제 자신의 감정을 탐구하고 가족들과의 관계를 다지는 데 힘과 노력을 쏟기로 결심했다. 이처럼 공감은 늘 솔직한 자기평가를 수반하고, 우리에게 새로운 방향을 제시하며 자기변화의 가능성을 드러낸다.

처음에 리사가 바랐던 대로 스트레스 이야기나 들어주고 건강보조제를 소개하는 건 내게 어려운 일이 아니었다. 또 그녀가 이런 것들로 단기적 효과를 얻게 되었을 수도 있다. 하지만 그것으로 그녀의 고통이 사라지진 않았을 것이다.

공감의 인도를 받은 나는 그녀가 '원하는 것'과 그녀에게 '필요한 것'이 꼭 같지만은 않다는 것을 알았다. 나는 그녀 겉모습 뒤의 내면을 살펴며 리사의 어려움과 고통을 더 깊이 이해할 수 있었다. 속도를 한층 낮춘 우리는 그녀에게 정말 중요하다 여겨졌던 문제들에 관해 대화를 나누었고, 그녀가 자신만의 고유한 경험과 그 안에서 느낀 감정들을 더 폭넓고 깊이 이해하게 하는 데 집중했다. 그것은 우리가 뜻 깊은 관계 속으로 진입하고 서로를 진정시키는 과정이었다.

리사의 이야기는 공감의 건설적이고 유익한 측면을 여실히 보여준다. 공감은 우리가 상대를 피상적으로 아는 것을 넘어 깊이 있게 이해하게 해주는 원동력이다. 하지만 공감은 어두운 단면도 갖고 있으며, 파괴적 목적을 위해 쓰일 수도 있다. 공감이 마음 따뜻한 사람들만의 특권은 아니라는 의미다.

나는 공감의 어두운 단면을 처음으로 이해했던 20년 전의 그 순간을 결코 잊지 못할 것이다. 당시 나는 서재에 앉아《자기심리학의 진보(Advances in Self Psychology)》라는 학술 논문집을 읽고 있었다. 쏟아지는 전문 용어들에 약간의 따분함을 느끼며 각 장을 대강 훑던 중에 정신분석학자 하인즈 코헛(Heinz Kohut)의 논문이 눈에 들어왔다.

코헛은 공감이 이타적이고 건설적인 목적에서뿐 아니라 파괴적인 용도로도 쓰일 수 있다고 주장하며 나치를 예로 들었다. 나치는 지상의 사람들이 하늘에서 들려오는 괴이한 소리에 극심한 공포심을 느끼게끔 유도할 목적으로 급강하 폭격기에 시끄러운 사이렌을 달았다. 타인의 마음과 영혼을 들여다보고 그들의 생각과 감정을 읽게 하는 공감의 힘을 악용, 피해자들을 두려움으로 내몰아 파멸시키려 한 것이다.

나치의 가학적 공감에 대한 코헛의 분석을 읽고 나는 급작스런 흥분을 감출 수 없었다. 그 순간 공감에 상상 이상의 막강한 힘이 있다는 사실을 깨달았기 때문이다. 공감의 어두운 면에 대한 코헛의 통찰을 통해, 나는 우리에게 선천적으로 부여되는 이 능력 속에 역설이 존재하며 아직 실현되지 않은 잠재력이 내재되어 있음을 알 수 있었다. 괴로움에 빠진 사람들과 매일같이 상담하며 그간 내가 얻은 경험들이 갑자기 불가사의하게 느껴졌고, 이제야 그 깊이와 넓이를 겨우 가늠할 수 있게 된 것 같았다. 나는 이 뒤엉킨 수수께끼를 풀어내야 했다. 공감은 어떻게 이타주의, 자비, 자기희생, 사랑 등 인생의 가장 고귀하고 보람찬 경험으로 우리를 인도하면서도 한편으론 인간 영혼의 가장 구석지고 어두운 곳에 도사리고 있는 속임수와 배반을 폭로할 수 있는 걸까?

나치와 같은 가학주의자들만이 공감을 가지고 타인을 조종하는 것은 아니다. 코헛은 영업사원들도 공감의 힘을 빌려 쓸 줄 안다고 덧붙인다. 그들은 엄격하고 권위적인 톤과 부드럽고 달래는 말투를 번갈아 사용하며 고객의 방어태세를 흐뜨린다. 많은 부모들이 자녀를 훈육할 때 "말 안 들으면 혼나"라는 식의 명령조와 부드럽고 애정 어린 목소리로 자녀의 감정에 호소하는 화법을 함께 쓰는 것과 유사하다. 코헛은 이에 대해 다음과 같이 말했다. "영업사원은 고객의 내면에 있는 어린아이에게 공감적 접촉을 시도한다. 어린 시절 우리는 명령과 회유를 거의 동시에 당하며 어른들에게 순종해왔다."

나 역시 영업사원들의 이러한 수법에 익숙하고, 속임수에 능한 그들이 어떻게 먹잇감을 궁지에 몰아넣는지도 잘 알고 있다. 그들은 가장 속이기 쉬운 목표물을 조용히 탐색한 뒤 빠르고 과감하게 접근하여 치명타를 가할 것이다. 한번은 어떤 영업사원이 나이 지긋한 여성에게 이렇게 말하는 걸 들었다. "생각해보세요, 부인. 부인에겐 새 차가 꼭 필요합니다. 저렇게 오래된 차를 몰고 다니시면 안 돼요. 너무 위험해요!"

그러고선 단호하고 엄격한 톤을 버린 후 다정하고 부드럽게 말한다. "이렇게 부드러운 가죽을 만져본 적 있으신가요? 승차감은 또 얼마나 좋은지, 도로가 울퉁불퉁해도 전혀 느끼지 못하실 겁니다." 잠시 후 영업사원은 시계를 보며 "15분 후에 다른 약속이 있긴 하지만, 지금 당장 제 매니저에게 연락해서 다른 곳보다 훨씬 좋은 조건으로 구매하게 해드릴게요. 어떠세요?"라고 이야기한다.

나는 자라면서 아버지로부터 사기꾼을 피하는 방법에 대해 배웠다. 아버지는 고급 가구만을 취급하는 가구점을 운영하셨고 장사 수완도 좋으셨으며, 손님들이 싸구려 모조품이 아니라 조금 비싸더라도 품질이 좋은 당신의 제품을 선택하게끔 설득할 줄 아셨다. 제품에 자신 있고 도덕적인 분이셨던 터라 고객들의 신망도 점차 두터워졌다. 그러나 아버지는 사람들의 감정과 생각을 조종하는 일이 얼마나 쉬운지를 누구보다 잘 알고 계시기도 했다. 다년간의 경험을 통해 아버지는 상대의 주된 동기를 판단하는 요령을 익혔다. 아버지가 잘되기를 진심으로 바라는 건지, 아니면 자기 목적을 달성하기 위해 환심을 사려는 건지 구별하는 요령 말이다.

아버지가 나를 가르치면서 가장 강조하신 것은 상대의 특징과 의도를 파악할 줄 아는 능력이었다. 12시간의 일을 마치고 집에 돌아오시면 아버지는 커피 한 잔과 담배를 들고 의자에 앉아 내 하루가 어땠는지 묻곤 하셨다. 내 이야기를 다 들으신 뒤엔 조언을 주시곤 했는데, 사람들의 진의를 식별하기 위해 마음과 영혼을 읽어내는 방법을 탁월하게 잘 가르쳐 주셨다.

"아서, 항상 기억하렴." 아버지는 그다음 부분을 강조하기 위해 내 손목을 움켜잡고 말씀하셨다. "네가 친구라고 생각하는 사람이 사실은 널 이용하고 있을지도 모른단다. 또 네가 적이라 여기는 사람이 실은 그냥 널 무서워하고 있을 수도 있고 말이지. 상대의 눈을 쳐다보렴. 그리고 그 사람이 너를 똑바로 바라보는지, 아니면 네 눈길을 피하려 하는지 눈여겨봐라. 상대가 손은 어떻게 하고 있는지, 자꾸 다리를 바꿔가며 무게중심을 옮기고 있진 않은지, 네 어깨에 팔을 두르고 자기가 가장 좋은 친구라며 널 설득하려 하는지도 생각해봐. '이 사람은 나한테서 뭘 얻으려는 걸까?'라는 질문을 스스로에게 던져보렴. 그리고 그런 행동의 근원이 무엇일지 항상 생각해보거라." 마지막 문장에서 아버지는 늘 내 손목을 더욱 세게 감싸쥐곤 하셨다.

진심으로 날 위하는 사람과는 친밀한 관계를 유지하고, 나를 이용하려 드는 이들로부터는 자신을 보호하는 법을 가르치기 위해 아버지는 상대의 성격을 침착하고 주의 깊게 파악하는 법을 알려주셨다. 언젠가 아버지께서 내 일터를 찾아오셨던 날이 기억난다. 그날 나는 평소 존경하고 있던 동료를 한 명 소개해드렸는데 아버지는 나중에 이렇게 말씀하셨다. "아서, 아서. 그 사람을 존경한다니 제정신이니? 네가 말하는 동안 그 남자를 지켜봤는데 그는 네 눈을 보려 하지 않았단다! 네 말을 잘 듣지도 않고 그저 자기 차례가 오기만을 기다리더구나. 말을 할 때는 꼭 설교를 늘어놓는 것 같았지." 아버지는 마지막 포인트를 강조하기 위해 목소리

톤을 높였다. "아서, 그 사람의 바지를 봤니? 너무 짧더구나. 7센티미터
는 더 길어야 적당할 것 같더라!"

나는 웃음이 터져 나왔지만 아버지는 아주 진지했다. "그 사람 바지가
너무 짧더라니까, 아서." 아버지는 단어 하나하나에 힘을 주었다. "좀처
럼 밑을 내려다보지 않는 사람이라서 그래. 자기가 너무 고귀한 탓에 너
나 나 같은 다른 이들에겐 관심이 없지. 그 사람은 자기밖에 모르고, 고고
한 척하는 데만 정신이 팔려 있어."

아버지는 흡사 투시력을 쓰듯 공감을 통해 사람들을 판단했다. 또한
내가 사람들의 마음과 생각을 읽는 법을 터득하여 그들의 진심을 파악할
수 있게 되길 바라면서 당신의 지혜를 전수해주셨다. 정신분석학자 하인
즈 코헛과 마찬가지로 아버지는 공감이 갖는 건설적 힘과 파괴적 힘 모
두를 이해하고 계셨다. 그 전까지 나는 아버지가 상대의 표정과 몸짓을
주의 깊게 분석하는 것이 공감과 관련된 일임을 몰랐다. 그러나 나치와
영업사원이 어떻게 공감을 악용하여 목표물을 교묘히 이용했는지 분석
한 코헛의 글을 읽고 나니, 그것들 사이에 확실히 강한 상관관계가 존재
하는 것 같다는 생각이 들었다.

이에 완전히 매료된 나는 공감에 대해 더 자세히 알고 싶어졌다. 공감
은 무엇이고 어떤 방식으로 작용할까? 공감은 어떻게 사람들을 움직일
까? 또 어떻게 우리를 보호하는 수단으로 쓰일 수 있을까? 예를 들어 강
간범은 연약하고 젊은 여성을 차로 유인하기 위해 부드러운 말로 상대를
구슬린다. 이처럼 공감이 남을 조종하기 위한 파괴적인 일에 악용될 수
있다면, 잠재적 피해자 역시 공감을 사용해서 상대의 악의를 식별할 수

있을 것이다. 사람들이 타인으로부터 부당한 이득을 취하기 위해 공감을 이용하여 상대의 감정을 착취하고 행동을 조종할 수 있다면, 그와 반대로 공감을 통해 자신을 보호하고 방어하는 일도 가능할 거란 뜻이다. 공감은 창인 동시에 방패이기도 한 것이다.

공감을 향한 내 열정은 세월이 흐르면서 더욱 강렬해졌다. 만약 당신이 공감에 대한 학술적 논문을 찾고 있다면 이 책은 적합하지 않을 것이다. 나는 연구하는 과학자가 아니라 상처 입고 도움이 필요한 이들을 상담하는 임상의이며, 공감과 친밀감 사이의 관계성을 연구하는 것에 관심이 있기 때문이다. 내가 알고 싶은 것은 공감이 어떻게 사람들의 유대를 강화시키고, 절망에 빠진 사람에게 희망과 위로를 전달하며, 오해로 찢어진 관계를 꿰매고, 자아의식을 잃은 이들이 자신감과 믿음·신뢰를 되찾게 하는가다. 나는 남녀노소를 불문한 모든 이들에게 공감을 하나의 평가 도구로 사용하는 법을 가르친다. 상대가 선의와 호의를 품고 있는지, 아니면 우리를 속이거나 해치기 위해 공감을 악용하고 있는지 분별할 수 있도록 돕는 것이다.

나는 이 책에서 다양한 연구자들의 업적을 다루고 그들이 공감을 주제로 수행한 흥미진진한 실험분석의 결과들을 소개하려 한다. 지난 10년 동안 공감은 과학계에서 정식 연구 주제로 자리매김했고, 이제 심리학 연구자들은 공감과 관련된 다양한 주제를 탐구하고 있다. 남녀가 공감을 표현하는 방법의 차이, 무의식적(즉흥적) 공감과 통제적(의도적) 공감의 차이, 우리의 감정이 행동에 끼치는 영향, 얼굴 표정이나 몸짓이 분노나 두려움·기쁨 같은 특정 감정을 무의식적으로 이끌어내는 흥미로운 과정 등이 그 예들이다.

과학자들은 대체로 객관적 태도를 견지하기 위해 노력하지만 공감에 열정을 보이며 흠뻑 빠진 이들도 있다. 존경받는 연구자인 텍사스대학교의 심리학자 윌리엄 이케스(William Ickes)는 공감을 주제로 다양한 책을 출간했으며, 자신의 책《공감 정확도(Empathic Accuracy)》에서 다음과 같은 놀라운 발언을 한다.

공감적 추론은 우리가 매일 실천하는 마음 읽기다. (…) 그것은 아마도 마음이 이뤄낼 수 있는 두 번째로 위대한 업적일 것이다. 첫 번째는 물론 의식(consciousness) 그 자체다.

우선 우리는 의식이라는 것 덕분에 스스로 생각하고 느낄 줄 아는 존재로서의 자신을 인식하고 깨어 있을 수 있다. 두 번째로 우리에게는 공감 능력이 있다. 타인의 감정에 자신을 실제로 이입하고 그들의 생각과 신념, 동기와 판단을 헤아림으로써 서로를 깊은 수준으로 이해하는 것이 가능하다는 뜻이다. 우리를 연결하는 끈으로서 공감은 우리가 행동하기 전에 먼저 생각하도록 돕고, 고통에 처한 사람에게 손을 내밀 수 있는 동기를 부여하며, 이성에 힘입어 정서적 균형을 찾도록 가르치고, 인간이 품을 수 있는 가장 높은 이상을 추구하도록 격려한다. 공감 능력이 없었다면 우리는 조각조각 부서진 원형질처럼 이 행성을 떠돌며 안녕이라는 인사도 없이 서로 부딪히고 튕겨나가길 반복할 것이다. 깨어 있지만 무감각하고, 의식이 있지만 무신경하며, 감정이 차 있어도 그것을 이해하거나 그것에 영향을 주지도 못할 테고 말이다.

공감은 타인의 생각과 감정에 대한 우리 인식을 제고시킴으로써 우리가 어떻게 인생을 더욱 충만하게, 또 전심을 다해 살아갈 수 있는지 알려준다. 공감의 주 관심사는 변화와 성장, 확장이다. 자신의 삶을 타인의 삶으로 확장시키고, 타인의 영혼에 성심껏 귀를 기울여 다급하게 속삭이는 소리를 듣게 하는 것이 바로 공감의 본질이기 때문이다. '당신은 누구인가요? 어떤 기분인가요? 어떻게 생각하세요? 당신에겐 무엇이 가장 중요한가요?' 공감은 이러한 질문들을 탐구하려 한다. 활달하고 호기심이 많은 공감은 언제나 순간순간의 소통에 관심을 쏟는다. 공감 안에는 시인의 영혼과 어린아이의 심장, 현자의 지혜가 존재한다.

물론 이것은 공감이 선의의 목적을 위해 건설적으로 사용되었을 때의 일이다. 내가 들려줄 이야기에서는 공감의 어두운 면 역시 중요한 한 부분을 차지한다. 사람들은 매일 공감을 사용하여 서로에게 영향력을 행사한다. 가령 일터의 상사는 부하의 직업윤리에 호소하거나 실적에 대한 위협을 가하며 초과 근무를 강요할 수 있고, 연인들은 자신의 말실수를 잊게 하기 위해 상대를 구슬리거나 추켜세울 때도 있다. 어린아이가 맘대로 행동하지 못할 때 울음을 터뜨리는 것은 불만의 표출이기도 하지만 부모의 마음을 돌려놓으려는 노골적인 작전이기도 하다. "아빠가 너무 열심히 일해서 이젠 우리가 단둘이 보낼 시간이 전혀 없는 것 같아요." 열여섯 살짜리 내 딸 앨레이나가 풀죽은 목소리로 말하고는 내게 애교 섞인 미소를 보낸다. "그러니까 오늘 오후에 저랑 에리카를 데리고 쇼핑몰에 가주실 수 있어요?"

딸에게 다른 속셈이 있음을 알지만 아이의 꼬드김은 여전히 사랑스럽다. 그것이 바로 포인트다. 지금 내가 어떤 상황에 처했는지 파악할 수만 있다면 상대에게 호응할지의 여부는 당신에게 달린 것이다. 공감은 안전하게 '네'라고 말해도 되는 때와, '아니요'라 하는 편이 장단기적인 관점에서 더 현명한 때를 분별하도록 가르친다. 또한 공감은 제한 범위를 설정하고 경계선을 긋는 법을 잘 안다. 공감은 당신을 보호함과 동시에 인생의 새로운 경험에 마음을 열 수 있게 한다.

선의를 위해 건설적으로 쓰이는 공감은 인간관계를 회복시키고 사람들 사이의 오래 묵은 깊은 골짜기를 메운다. 나는 그간 수백 명의 환자들과 소통하면서 이해의 다리를 놓아주는 공감의 힘을 목격했다. 공감이 그 저력을 발휘하여 긴장을 해소시키고 동시에 우리를 자신에 대한 더 깊은 이해로 인도하는 것을 보면서 나는 놀라움을 금할 수 없었다. 이제는 인간의 그 어떤 능력보다도 공감이 애정 관계 형성의 중요한 열쇠가 되며, 많은 이들의 삶을 해치는 외로움, 두려움, 걱정, 절망의 해독제라는 사실을 믿어 의심치 않는다.

공감은 우리를 가르는 골짜기 위로 놓인 다리다. 공감을 인도자로 삼는다면 우리는 경계를 넓혀 아직까지 탐험하지 못한 영역에 진출하고, 깊고 진심 어린 관계의 지평을 열어갈 수 있을 것이다. 자아의 확장으로 우리는 내면의 삶에 활기찬 에너지와 목적의식을 심어줄 수 있다. 또한 타인에게 다가가 삶의 가장 의미 깊은 경험인 감사, 겸손, 인내, 용서, 자비, 사랑에 동참할 수도 있을 것이다.

나는 공감이 이 세상을 더 따뜻하고 안전하게 만들 수 있다고 믿는다.

타인과의 연결을 끊고, 자신의 필요에만 집중하며, 남을 쉽게 단죄하고 용서하려 하지 않는다면 우리 모두는 더욱 험난한 삶을 살아야만 할 것이다. 반대로 공감을 통해 자신 및 타인과의 관계를 돈독히 한다면 삶의 슬픔과 고통을 더욱 수월히 견뎌나갈 수 있다. 공감에는 아무런 비용도 들지 않는다. 공감은 부자나 고학력자나 똑똑한 사람들의 전유물이 아닌 모든 이의 것이다. 또한 공감에는 남을 전염시키는 특징이 있기에, 당신이 먼저 베풀면 열 배가 되어 돌아올 것이다.

내가 공감의 매력에 빠지게 된 것은 자라온 방식 때문이다. 나는 사람들이 서로를 보살피는 세상에서 어린 시절을 보냈다. 말하자면 이웃끼리 서로 망을 봐준 셈이다. 토요일 오후면 늘 이모나 삼촌, 친지들이 놀러왔고 저녁식사를 마친 후 가족들은 현관 앞 데크나 계단에 앉아 지나가는 이들과 담소를 나누었다. 장의사는 가구점 주인을 알고, 가구점 주인은 은행 직원을 알며, 은행 직원은 고등학교 풋볼 코치의 아들딸들을 아는 식이었다. 인내, 용서, 믿음, 희망 같은 단어는 이상적 관념에 그치는 것이 아니라 매일 삶에서 실천되는 실제적 경험이었다.

나는 이 책에 지인들의 이야기와 몸소 겪은 일화들을 잔뜩 담아보려 한다. 고등학생 시절의 지도 선생님이 우리 아버지를 만나 '당신 아들이 잘하는 건 미식축구밖에 없으니 군에 입대시키는 게 어떻겠냐'고 제안했던 일, 아버지가 제2차 세계대전 당시 독일 스파이에게 배신당한 뒤 우정과 배신에 관한 교훈을 얻은 얘기 같은 것들 말이다. 유방암으로 세상을 떠나시기 전 어머니와 병상에서 마지막으로 나눈 대화는 물론 내가 교수나 동료, 환자 들과 소통하는 과정에서 알게 된 이야기들도 담으려 한다.

이러한 개인적 일화들을 통해 여러분은 실생활에서 공감이 어떻게 작용하는지 잘 느낄 수 있을 것이라 믿는다.

하지만 시작하기에 앞서 이 책이 만들어지게 된 계기를 알리고 싶다. 몇 년 전 나는 인간관계에 관한 내 철학과 치료 과정을 주제로 학술서적 한 권을 출간했는데, 대부분의 학술서적들이 그렇듯 내 책 역시 독자 범위가 그리 넓진 않았다. 그런데 내 환자 한 명이 이런 말을 했다. "책이 참 재미있더군요. 그런데 제가 선생님의 이야기를 제대로 이해했는지 잘 모르겠더라고요."

나는 보다 다양한 독자를 대상으로 책을 써야겠다는 생각이 들었고, 솔직하고 효과적인 집필을 위해서는 아주 사적인 이야기들도 포함시키는 편이 좋겠다고 생각했다. 하지만 내가 그 일을 정말 원한다는 확신이 들지 않아서 차를 몰고 친구 리처드 테시시니의 집으로 향했다. 리처드는 매사추세츠주 밀포드에서 나와 어린 시절을 함께 보냈고 지난 몇 년간 내 삶의 모든 기쁨과 슬픔을 함께해온 가장 친한 친구다. 그는 나의 부모님을 자기 부모님처럼 사랑했으며, 그분들이 돌아가시고 몇 년이 지난 지금도 여전히 그분들을 애도한다.

"그래서 리처드, 자네 생각은 어때? 데이비드의 이야기를 책에 넣어도 될까?" 내가 물었다.

리처드는 잠시 나를 바라보며 아무 말도 하지 않았다. 그러더니 이내 우리가 함께 나눈 슬픔과 기쁨이 모두 녹아 있는 미소를 지어 보였다. "모든 건 데이비드와 함께 시작되었지. 이 모든 일의 중심에는 데이비드가 있다네."

나는 리처드의 말이 옳다고 생각하며 고개를 끄덕였다. 내 최고의 교사 데이비드는 공감이 철학적 개념이나 심리학 이론을 초월한다는 사실, 그리고 공감에는 우리를 어둠에서 빛으로 다시 이끄는 힘이 담겨 있다는 사실을 내게 가르쳐주었다.

2장

데이비드
이야기

:

모든건그와함께시작되었다

공감은 인간 영혼의 탄력성을 이해한다.

건장하고 잘생긴 청년 데이비드는 이웃끼리 여러 세대 동안 알고 지내며 서로를 돌봐온 노동자 마을에 살고 있었다. 그는 운동에 소질이 있었고 재치가 넘쳤으며 섬세한 기질의 소유자이기도 했다. 다정하고 솔직한 성격 덕에 사람들은 그와 한 방에 있는 것만으로도 기분이 좋아진다고 말했다. 부모님의 사랑, 선생님의 존중, 친구들의 칭찬 속에서 자란 그는 확고한 자아의식을 소유한 자신감 있는 청년이었다.

　대학에 입학하면서부터 데이비드는 인생에서 무언가 의미 있는 일을 하길 꿈꿨다. 자신에게 좋은 것들을 허락한 이 세상에 보답하고 싶었던 것이다. 그러나 학업에 크게 흥미를 느낀 적이 없었기에 그는 금세 수업을 지루해하기 시작했고 몇 달 지나지 않아 학교를 그만뒀다. 데이비드는 길거리를 전전하며 어떻게 살아갈지 고민했고, 점점 자신감을 잃어

우울해졌다. 여태까지 배워온 것들을 모두 허사로 만들까봐 덜컥 겁이 났고, 부모님 얼굴에 드리운 근심의 빛을 볼 때면 자신이 부끄러워지기도 했다.

대학 졸업장도 없이 무슨 일을 할 수 있을까? 데이비드의 아버지는 대학을 나오진 않았지만 삶을 잘 꾸려오셨다. 제2차 세계대전 참전용사였던 아버지는 정예공수부대 출신으로 적군의 후방에 잠입하여 게릴라군을 조직한 전력이 있었고, 결국 이탈리아의 파시스트 독재자인 무솔리니를 무너뜨리는 데 일조했다. 데이비드는 군대가 자신도 구제해주길 바라며 베트남 파병에 자원했다. 적어도 이젠 할 일이 생겼고 자신에게 용기와 의욕이 부족하지 않다는 사실을 가족, 그리고 더 중요하게는 스스로에게 증명해 보일 수 있을 것이라 생각했다.

하지만 베트남에 갈 기회는 오지 않았다. 대학생들이 전쟁에 반발하고 국회에서 군대를 철수시키는 동안 데이비드는 뉴저지의 포트 딕스에서 2년, 매사추세츠 육군 의무실험실에서 1년을 보내며 여러 임상시험에 지원했다. 제대 후 고향으로 돌아온 그는 대학 중퇴자 무리에 가담해서 술과 마약을 배웠다. 음주량은 점점 늘었고, 마리화나를 피우거나 환각제를 맞기도 했던 데이비드는 결국 헤로인에 중독되고 말았다.

부모는 필사적으로 그를 도우려 했다. 아버지는 데이비드에게 일자리를 얻어주었고, 지하실에 간이 체육관을 설치한 뒤 아들과 몇 시간씩 근력 운동을 하며 시간을 보냈다. 어머니는 아들의 손을 붙잡고 그의 고통이 덜어지게끔 온 힘을 다하겠다고 약속하며 오랜 대화를 나눴다. 데이비드는 자신에게 마약 문제가 있다는 사실을 인정하고 의사를 만나보기로 했으며, 만성 우울증 진단 후 진정제와 항우울제를 처방받았다. 또한 교구 목사를 찾아가 교회에 다니고 매일 기도하라는 조언을 얻기도 했다. 그는 비타민과 무기질을 충분히 섭취했고 몇 시간씩 자기계발서를 읽었다. 그러나 다시 마약에 취해서는 자신이 얻었던 간단한 충고들을 모두 저버리고 말았다.

가족들은 그에게 마약 치료 프로그램에 참여하라고 애원했지만 데이비드는 스스로 그 버릇을 끊어낼 수 있다고 거절했다. 헤로인을 끊으려 노력하던 중 한번은 진땀이 나고 몸이 떨리는 금단 현상이 나타나 사흘간 어머니의 간호를 받아야 했다. 그리고 두 달을 버티다 다시 마약에 손을 댔다.

10월 어느 날의 이른 오후, 데이비드는 헤로인에 취한 채 동네 바에서 맥주를 마시고 있었다. 그때 지인 몇 명이 옆에 와 앉아 그를 꼬드겼다. 밤에 도둑질을 할 테니 훔친 차를 몰아달라는 것이었다. "쉽게 돈을 버는 거야. 무기도 필요 없고 아무도 다치지 않을 거야. 그냥 운전만 해주면 돼." 간단한 일이라 여긴 데이비드는 그렇게 하기로 했다. 그날 밤, 모든 것은 계획대로 흘러갔다. 한 가지 끔찍한 사건을 제외하고 말이다. 그들의 범행 직후 가게 주인이 심장마비를 일으켜 사망해버린 것이다.

절도에 가담했던 한 남자는 그날 밤 경찰에 붙들려 구치소로 보내졌다. 그에게 보석은 불가했으며, 종신형이 내려질 거란 소문이 돌았다. 감옥에 갇힐까 겁이 난 데이비드는 고국을 떠나 암스테르담 소재의 지저분한 호텔에 들어갔고, 그곳에서 떠돌이 미국인들과 모여 지내기 시작했다.

어느 날 데이비드는 집에 돌아오라고 애원하는 형의 전화를 받는다.

형은 부모님이 전문 변호사를 선임했으며, 그가 절도를 공모하거나 직접 저지른 것은 아니니 5~7년 이상의 징역형을 선고받진 않을 거라는 확인을 받았다고 전했다.

"오늘 비행기 표 살 돈을 송금할게." 형이 말했다.

"감옥에 들어가야 한다면 차라리 죽어버릴 거야." 데이비드가 이야기했다.

"데이비드, 부탁이니 잘 생각해봐. 남은 생애 동안 계속 유럽에서 숨어 지낼 수는 없잖아. 엄마 아빠가 보고 싶어 하시니 집으로 돌아와. 그분들이 너 없이 못 사신다는 건 알고 있지? 부모님은 네가 돌아온 후에 어떤 일이 생기든 널 지지할 거라고 전해달라 하셨어. 우리가 네 곁을 지킬게."

"생각해볼게." 데이비드는 울며 조용히 이야기했다. 잠시 정적이 흐른 후 그는 "사랑해, 형. 엄마 아빠께도 사랑한다고 전해줘."라고 말했다.

"함께 헤쳐나갈 수 있을 거야. 내일 전화할 테니 계획을 잘 세워보자." 형은 이렇게 약속하고 전화를 끊었다.

통화를 마치고 데이비드는 암스테르담에 있는 차이나타운에 가서 헤로인 한 봉지를 샀다. 그리고 호텔로 돌아와 친구들과 잠시 대화를 나누다 작별 인사를 한 뒤 방으로 돌아왔다. 이제 그는 문을 걸어 잠그고 치사량 이상의 헤로인을 주사한다. 몇 시간 후 시신이 발견되었을 때, 그의 팔에는 주사 바늘이 그대로 꽂혀 있었다.

데이비드는 내 동생이자 유일한 형제였다. 동생이 세상을 떠난 25년 전 나는 스물일곱 살이었고, 상담심리학 석사를 마친 뒤 매사추세츠대학교에서 박사 과정을 마무리하던 중이었다.

그날을 되돌아볼 때면 여전히 고통스럽다. 기억들은 내 마음속 깊이 새겨져 있다. 집으로 돌아오라고 데이비드에게 간곡히 말했던 다음 날 아버지와 나는 밖에서 저녁을 먹은 후 할머니 댁에 들렀고, 그곳에서 암스테르담 호텔에 전화를 걸어 데이비드와 귀국 일정을 조율할 생각이었다. 내가 데이비드를 바꿔달라고 요청하자 호텔 데스크 여직원은 잠시 기다리라고 하더니 지배인에게 전화를 넘겨줬다. 지배인은 내게 데이비드가 죽었으며, 사인(死因)은 헤로인 과다 투여라고 말했다. 그 말을 듣고서 나는 아버지를 바라봤고, 아버지는 할머니의 소파에 앉아 희망과 두려움이 섞인 눈으로 나를 올려다봤다. 우리의 눈이 마주친 순간 아버지는 알아버렸다. 그날 아버지는 울지 않았고, 그저 체념하고 망연자실한 모습이셨다. 우리가 차를 몰고 집에 돌아갔을 때 어머니는 불도 켜지 않은 채 거실에 앉아 계셨다. "엄마." 내가 한 말은 이게 전부였다. 자리에서 일어난 어머니는 벽난로 선반에 있는 데이비드의 고등학생 시절 사진을 들고 가슴에 꼭 안은 채 비명을 지르듯 말씀하셨다. "그애가 떠난 거구나? 그렇지?"

나는 장의사에게 데이비드의 시신이 항공편으로 도착하면 전화를 달라고 부탁했다. 부모님이 동생의 몸을 보는 것도, 스스로 목숨을 끊었다는 사실을 알게 되는 것도 원치 않았기 때문이다. 그분들은 괴로움을 견디지 못할 것이 분명했다. 어느 늦은 밤 장의사로부터 전화가 왔다. 새벽 두 시에 로건 공항에 가서 동생의 시신을 인계받을 거라는 내용이었다. 새벽 네 시 반에 나는 부모님 집을 조용히 빠져나와 여덟 블록을 걸어 장

의사의 집에 도착한 다음, 현관문을 쾅쾅 두드려 곤히 자고 있던 장의사 부부를 깨웠다. 잠이 덜 깬 장의사는 나를 데리고 관들이 놓인 위층의 방을 지나 계단을 내려간 뒤 지하 구석의 창문 없는 작은 방으로 향했다. 방부처리제 냄새로 구역질이 날 지경이었다.

나는 속옷만 입은 동생의 몸을 바라보았다. 얼굴이 심각하게 부어올라 알아볼 수조차 없었다. "이건 내 동생이 아니에요." 내가 말했다.

우리 가족을 잘 알고 아꼈던 장의사 아저씨는 부드럽게 내 어깨를 두드렸다. "아서, 잘 판단해야 해. 실수하면 안 된단다. 준비가 되면 다시 한번 보겠니?" 그때 데이비드의 팔에 있던 문신이 눈에 들어왔다. 머리카락이 귀 위로 바짝 잘려 있는 모습도. "아빠는 네가 집으로 돌아오기 전에 머리를 자르는 게 좋겠다고 하셨어. 그래야 법정에서 더 좋은 인상을 줄 거라고." 데이비드가 자살하기 몇 시간 전 우리는 전화로 이런 이야기를 나눴었다.

데이비드가 자살했다는 사실은 부모님께 말씀드리지 않았다. 자살이란 증거가 괴로울 정도로 자세히 적혀 있는 암스테르담 경찰 조서, 또 사인은 명백히 자살이라고 쓰인 부검확인서를 읽었다는 얘기도. 나는 장의사에게 동생의 사인을 헤로인 과다 주입이 아닌 심장발작으로 바꿔달라고 설득했다. 지역신문의 편집 담당자는 다소 미심쩍어 했지만 결국은 내가 말한 대로 부고 기사를 내보내주기로 했다.

데이비드의 장례식에서 아버지는 넋이 나간 채 장례식장 안을 돌아다니셨다. 조문객들에게 멍한 미소를 보내고, 꽃 장식 앞에서 뭔가에 홀린 듯한 표정으로 오랜 시간 서 계시기도 했다. 그때 아버지가 대체 뭘 찾고 있는 건지 속으로 궁금해했던 기억이 난다. 장례예배 시간에 나는 어머니의 손을 잡고 있었는데, 어머니는 갑자기 내 손을 뿌리치더니 동생이 누워 있는 관에 몸을 던지고 주체할 수 없이 흐느끼기 시작했다. 어머니를 위로하고 싶었지만 역부족이었다. 관을 움켜쥐신 손가락을 억지로 떼게 한 뒤 나는 어머니를 거의 안다시피 하여 아버지가 계신 곳으로 모셔다드렸다. 무기력하게 팔을 축 늘어뜨린 채 서 계시던 아버지의 얼굴은 슬픔으로 일그러져 있었다.

나는 장례식에서 울지 않았다. 그건 무슨 의미였을까? 왜 눈물이 나오지 않은 걸까? 배고픔을 느낄 수 있다면 감정도 되돌아올 것이라 여기며 굶어봤지만 울음은 여전히 나오지 않았다. 혹시 내가 느꼈던 감정은 안도감이었을까? 하지만 대체 어떤 사람이 동생의 죽음에 안도감을 느낄 수 있단 말인가. 아니면 데이비드가 부모님의 인생을 망가뜨렸다는 사실에 화가 났던 걸까? 부모님은 이제 남은 인생을 슬픔에 잠겨 보낼 것이고, 우리에겐 그 무엇도 예전과 똑같진 않을 것이었다.

지금도 나는 내가 울 수 없었던 이유를 모른다. 너무 두려운 나머지 울지 못했던 건 아닐까 가끔 생각한다. 그때 나는 얼굴 대 얼굴로 죽음을 마주하는 것, 강했던 내 아버지가 무너지는 모습을 보는 것, 그리고 어머니가 데이비드과 함께 죽고 싶어 하심을 아는 것이 두려웠다.

논문에 필요한 현장 연구를 마무리하기 위해 학교로 돌아갔지만 그 어떤 일에도 집중하는 것이 불가능했다. 나는 생각할 수도, 느낄 수도, 반응할 수도 없었다. 어느 날 친구들이 함께 나가서 맥주를 마시자 했을 때 나는 어리둥절한 표정으로 친구들을 바라봤다. 나가자고? 맥주를 마시자고? 내가 왜 그래야 하지? 전혀 이해할 수 없었다.

나는 믿음을 잃고 말았다. 한 가지 질문이 밤낮으로 날 따라다녔다. 동생을 구하기 위해 무엇을 해야 했을까? 나는 데이비드과 나눈 마지막 대화를 계속해서 복기했다. 모든 단어를 똑똑히 기억했고, 동생의 목소리는 머릿속에 녹음된 것처럼 실감나게 남아 있었다. "사랑해, 형"이라고 데이비드는 말했다. 평소엔 사랑한다는 말을 거의 하지 않던 동생이었다. 그것이 실마리였음을 알아차렸어야만 했을까? 동생이 날 가장 필요로 했을 때, 그리고 "나도 널 사랑해"라는 내 대답을 들어야만 했던 그 순간 나는 말문이 막혔었다. 데이비드는 내게 생명줄을 달라고 애원하고 있었지만 나는 동생을 구해낼 수도 있었을 그 말은 해주지 않은 채 그를 혼자 두었다. 데이비드는 자신이 사랑받고 있다는 사실을 알고 싶어 했다. 하지만 나는 동생이 과거에 했던 거짓된 약속들 때문에 분노와 불신을 품고 있었고, 마약 중독으로 인생이 송두리째 바뀐 동생의 모습에 실망했으며, 끊임없이 날 괴롭히던 두통 때문에 피로와 메스꺼움을 느꼈고, 결국은 동생이 필요로 했던 말을 들려줄 수 없었다. "나도 널 사랑해"라 말할 엄두가 나지 않았던 것이다.

데이비드가 "감옥에 들어가야 한다면 차라리 죽어버릴 거야"라고 했을 때 나는 그 아이가 이기적이고 철없다고 여겼다. 동생이 마땅히 자기 행동에 책임을 져야 한다고 생각하면서 언짢은 기분이 들기도 했다. 내 목소리에 언짢음이 담겼음을 데이비드는 눈치 챘던 걸까? 유일한 형이자 가장 좋은 친구였던 나마저도 등을 돌려버렸다고 느꼈을까? 동생은 죽어버리겠다고 말했는데 나는 그걸 가벼이 넘기며 엄마 아빠를 생각하라고 했었다. 가족들이 도울 것이고 모두 다 잘 해결될 거라 안심만 시켰다. 피가 철철 흘러넘쳐 죽게 생겼는데 고작 반창고나 들이댔던 셈이다. 스스로의 감정 충돌조차 감당할 수 없었던 나는 동생의 감정을 부정했고, 그 아이가 홀로 고통에 빠져 있도록 내버려두었다.

나는 왜 여느 좋은 의사처럼 자살 징후를 알아채지 못했을까? 나는 동생에게 화가 났고 더 이상 이용당하고 싶지 않았다. 그 두려움 때문에 동생의 자살 이야기를 제대로 해석하지 못한 것이다. 내가 데이비드의 말에 정말 주의 깊게 귀 기울이고, 문자 그대로 이상의 의미를 들으려 애쓰며, 스스로의 분노와 두려움을 넘어 동생의 깊은 절망 속에 닿으려 노력했다면 어땠을까? 어떤 일이 일어날 수 있었을까? 내가 동생을 살릴 수 있었을까?

지금까지 읽은 모든 책과 내가 작성한 모든 논문, 내가 나눴던 모든 대화 속에서 나는 동생에게 일어난 일을 내게 이해시켜줄 방법을 찾으려 했다. 무엇이 동생의 영혼을 망가뜨리고 삶의 의지를 꺾은 건지 간절히 알고 싶었다. 책과 논문의 세상 속에 틀어박힌 나는 짧은 글과 휘갈겨 쓴 메모들로 좁디좁은 내 아파트를 가득 채웠다. 책에 말을 걸고 사람에게라면 묻지 못할 질문들을 던지기도 했다. 데이비드는 왜 마약에 손을 댔고 거기서 헤어나오지 못했을까? 인생의 중요한 관계들을 모조리 끊어버린 이유는 무엇이었을까? 내가 어떤 말을 해줬어야 위로가 됐을까? 어떤 조언이 효과가 있었을까? 무슨 말이나 행동으로 동생이 이해와 용납과 사랑을 받았다고 느끼게 할 수 있었을까?

상실과 슬픔에 관한 심리학 이론이나 대학원에서 얻은 각종 도구와 기법들도 내 고통을 사라지게 할 순 없었다. 피상적인 해설에 진절머리가 난 나는 가까스로 정말 어려운 질문을 던져보기로 했다.

사람들은 왜 자신을 파괴할까? 그렇게 가진 것이 많았던 데이비드는 왜 전부를 잃어야만 했을까? 동생에게 그렇게 반응한 나는 어떤 종류의 사람인 걸까? 내가 애초에 심리학자가 되려고 한 이유는 무엇이었을까? 타인이 삶의 방향성을 바꾸도록 돕는다는 게 정말 가능한 일이긴 할까? 사람들 사이의 장벽을 허물고 열린 마음으로 소통하게 하는 방법은 무엇일까?

이 질문들에 대한 한 가지 답만은 곧바로 얻을 수 있었다. 나는 전통적인 정신분석론과 교류분석론, 게슈탈트 요법이나 기본적인 정신치료법을 시도하고 싶지 않았고, 고정된 계획을 따르면서 인간 본성에 대한 내 이해를 하나의 이론으로만 축소시키고 싶지도 않았다. 데이비드가 죽고 나서 몇 달간 나는 내가 아는 것이 아무것도 없다는 사실을 깨달았기 때문이었다. 난 정말 아무것도 몰랐다. 수업 시간에 교수님이나 학생들과 소통할 때면 그들 중 배려, 이해, 경청, 심지어 간단한 인정(人情)에 대해서도 이야기하는 사람이 거의 없다는 사실이 늘 놀라웠다. 교수님이나 대학원 동기들은 대부분 정신 구조, 인지 유형, 반작용 방어 등의 개념들에 대해 끊임없이 토론하곤 했다. 그 시절의 주안점은 환자들의 증상을 목록화하고 진단한 후 꼬리표를 붙이는 것이었는데 요새는 그런 경향이 더욱 뚜렷해졌다. 이러한 꼬리표(편집증, 경계성 인격장애, 조울증, 강박증 등)에 따라 환자의 증상을 소거시키거나 정상적인 상태를 가능한 한 자주 회복하게 할 치료기법과 약물 종류가 자동적으로 결정되었다.

'정상.' 이 단어는 내 머릿속을 떠나지 않았다. 정상이라는 건 무슨 의미인지 궁금했다. 청년 시절의 데이비드는 어느 누가 봐도 '정상'이었다. 잘생기고 매력적이며 예의 바른 데다 운동에도 소질이 있었고, 사랑 많은 아들이자 의리 있는 동생이며 배려 깊은 친구인 내 동생은 그야말로 건강하고 바른 청년의 표본이었다. 그러다 학교를 관두고 술을 많이 마시기 시작하면서 점점 의기소침해졌다. 헤로인에 빠지고 나서는 우울, 걱정, 두려움이 많아졌으며 다른 마약중독자들과 어울리고부터는 잘못된 판단을 내리곤 했다. 그리고 법을 어기고 타국으로 떠난 뒤엔 희망을 잃어버렸다. 과연 어떤 꼬리표, 어떤 진단이 내 동생을 온전히 담아낼 수 있었을까?

나는 사람들이 하는 모든 이야기를 들었다. 당시 가장 보편적이었던 심리 이론에 따르면 데이비드는 '우울증', '인격장애', '중독증', '자기애성 성격장애' 또는 '미해결된 오이디푸스 콤플렉스'를 앓고 있었다. 어떤 친척 어르신은 "데이비드는 길 잃은 영혼이었어"라 말씀하셨다. 데이비드를 두고 내 친구는 '약물중독 피해자'라고, 어떤 이웃은 '갈 곳도 할 일도 없는 대학중퇴자'라고, 또 내 대학원 동기 하나는 "모험을 즐기고 놀기 좋아하는 친구였지"라고 이야기했다. "내 생각엔 군대가 데이비드를 망쳐놓은 것 같아요"라 했던 동생의 친구도 있었다.

각 사람들의 이론에 진실의 일부분이 담겨 있을 순 있겠지만, 그것을 모두 합쳐봐도 무엇이 데이비드의 영혼을 망가뜨리고 삶의 의지를 꺾었는지에 대한 답은 얻을 수 없었다. 곤충학자가 죽은 나비를 박제시키듯 데이비드를 포착하여 설명하려는 그들의 노력은 동생이 정말 어떤 사람이었는지에 대한 진실을 축소시킬 뿐이었다. 그 이론들은 동생을 조각조각 해체시켰고, 이제 동생은 잘려진 부위들을 모은 집합에 불과한 존재로 전락했다. 조각난 동생의 일부분들은 분석과 연구를 거친 뒤 상자에 담겨 분류되고 보관될 대상에 지나지 않았다.

그때 나는 맹세했다. 절대 다시는 개개인의 행동에 꼬리표를 붙이고 그들을 추상적 개념으로 축소시키지 않겠노라고. 심리학자들과 철학자들은 이론과 꼬리표 덕분에 인간의 행동을 더 수월히 조직화할 수 있을지 모른다. 그러나 그런 것들로는 무엇이 사람들로 하여금 서로 다른 방향과 길을 택하도록 동기를 부여하는지에 관한 진실에 전혀 가까이 다가가지 못한다. 이론들은 고통을 끝낼 방법을 찾아 헤매며 괴로워하는 사람들의 표면을 뚫고 들어가 그들의 마음과 영혼을 파헤치지 못한다. 세상에서 가장 아끼는 이들로부터 단절될 때 우리가 느끼는 절망감에 대해서도 아무런 손을 쓰지 못하고 말이다.

대체 무슨 일이 일어났었기에 데이비드는 희망을 포기했을까? 어떤 조치가 동생을 구할 수 있었을까? 내 인생과 일터에서 나를 인도해준 질문은 이런 것들이었다. 나는 고통을 이해하고 싶었고, 또 그것을 덜어줄 수 있는 방법을 배우고 싶었다. 그래서 위로와 지혜를 얻기 위해 성경책에 의지했으며 힌두교, 불교, 수피교, 도교 관련 서적도 읽었다. 저명한 학자들의 책들과 잘 알려지지 않은 의학 논문들, 유명 작가들이 쓴 자기계발서를 탐독하기도 했다. 나는 어머니와 아버지를 생각했고, 공감이 바로 사랑과 용서로 향하는 통로라던 그분들의 가르침도 떠올렸다. 아버지가 "절대 포기하지 말려무나"라 하시면 어머니는 "절대 희망을 놓지

마"라는 말을 덧붙이곤 하셨다.

그럼 동생은 왜 삶을 포기했을까? 나는 데이비드가 사랑하던 사람들과 단절되었다고 느끼면서 희망을 잃었다고 확신한다. 마약으로 고립되고 가족과도 멀어진 상태에서 동생은 모든 인간관계가 회복불가의 수준으로 손상되었다 믿었고, 스스로 삶을 끝내기 훨씬 전부터 산소를 뺏긴 듯 숨을 헐떡이며 이미 죽어가고 있었다. 방향을 틀 때마다 막다른 길이 나왔고, 도움을 구하는 외침에 귀를 기울이거나 응답해주는 이는 아무도 없었다. 중독으로 막다른 길에 다다른 동생은 수치와 두려움, 자책감과 슬픔에 압도되어 더 이상 빠져나갈 길이 없다고 생각했다.

역설적이게도 데이비드의 죽음을 계기로 나는 인간관계에 대한 믿음이 더욱 깊어졌다. 동생의 삶을 돌아볼 때면 이젠 내가 놓치고 지나가버린 기회들이 눈에 보인다. 다정한 말이나 도움의 손길로 다른 결과를 만들어낼 수도 있었던 중대한 시점들 말이다. 동생이 세상을 떠나기 어느 지점들에서 방향을 잘못 틀었는지를 지침 삼아 나는 사람들이 올바른 방향을 택할 수 있도록 돕고, 동정심을 가지고 경청하고 반응하며, 안심과 위로의 말을 건네고, 절대로 희망을 놓지 않는 법을 이해하게 되었다. 또한 답보다는 질문에 더 초점을 맞추는 법을 터득했고, 우리가 무한대로 성장하고 변화하며 달라질 수 있다는 사실을 진심으로 믿게 됐다.

이것이 공감의 방식이다. 공감은 절대 포기하지 않는다. 또한 공감은 인간 영혼의 탄력성을 이해한다. 선의를 위해 건설적으로 쓰일 때 공감은 '승산 없는 싸움'이나 '절망' 같은 단어를 전면 거부한다.

내가 공감에 빠진 이유는 물론 동생을 구하고 싶었기 때문이다. 지금의 내가 데이비드과 이야기를 나누는 게 가능하다면 그를 살려낼 수 있을 거라고 믿고 싶다. 데이비드의 절망이 깊어지고 마약 때문에 모든 관계가 끊어지는 것을 지켜보면서 모두들 그를 위해 무엇을 할 수 있을지 고심하던 몇 달의 시간 동안, 나는 지체하지 않고 실질적인 행동을 할 수 있었을 것이다. 매일 동생에게 전화를 걸고, 수천 킬로미터를 이동하여 동생을 찾아가 널 믿는다고, 사랑한다고, 그 어떤 것도 널 도우려는 나를 막을 순 없을 거라 말해줬을 것이다.

내가 공감에 빠진 또 다른 이유는 사람들이 내 실수를 반복하지 않도록 이끌고, 우리 가정이 견뎌야 했던 것과 비슷한 고통을 피할 수 있길 바라기 때문이다.

그리고 마지막 이유는 나를 구하기 위해서다. 공감은 나를 치유했고, 용서를 가르쳤으며, 새로운 관계를 맺고 유지함으로써 삶에서 다시금 희망을 얻게 했다. 공감은 내 인생에 의미와 목적, 방향이 있다는 사실을 매일같이 상기시켜준다.

가끔씩 환자들은 묻는다. "제가 진짜 변할 수 있다고 생각하시나요? 제게 정말 희망이 있을까요?" 그럴 때 나는 그들에 대해 알게 된 사실들을 확실히 알려준다. 그들이 구체적으로 어느 부분에서 성장할 수 있는지, 그들이 자신의 고유한 경험 중 어떤 측면을 이해하고 극복해야 하는지 짚어주는 것이다. 또 그들의 옆에서 이야기를 들어주고, 그들의 고유한 생각과 감정을 존중하며 반응하기 위해 노력하겠다고도 이야기한다. 나는 절대로 희망을 잃지 않을 것이며, 그들이 더 이상 걸음을 내딛을 수 없다고 느낄 때면 다시 힘을 찾을 때까지 내 희망과 믿음을 빌려주겠노라 말한다.

　내가 이런 이야기들을 할 때면 환자들의 눈빛 속에 변화가 나타나는 것이 보인다. 희망의 불씨가 살아나고 새로운 의지가 타오르는 변화 말이다. 그리고 그들의 눈 속에는 나를 바라보고 있는 동생의 모습이 비친다.

3장

선천적 공감

:

누구나 품고 있는 공감 능력의 씨앗

공감은 모든 살아 있는 존재의 생존을 보장하기 위해
자연이 부여한 유전적 선물이다.

동생의 죽음을 겪고 그 이후의 삶을 삶아가며, 나는 가장 깊은 상처까지
도 치유하는 공감의 힘을 알게 되었다. 공감이 내게 준 통찰 덕분에 결국
나는 자신을 용서하는 과정을 시작할 수 있었다. 부모님이 끝없는 슬픔
으로 힘겨워할 때 공감은 내가 그분들과 소통할 수 있는 길을 열어줬다.
또한 얼마나 큰 염려와 절망을 느끼든 사람들 안에는 여전히 성장과 변
화의 창조적 가능성이 건재하고 있음을 내가 더 깊이 이해하게끔 이끌어
줬다.

　데이비드를 도우려 애썼던 이들이 공감의 인도를 따라 행동했더라면
동생은 지금 살아 있을 것이다. 종종 나는 동생의 절망에 나 자신이 어떻
게 반응했었는지 떠올리며, 25년이 지난 지금도 당시로 돌아가 내가 했
던 말과 행동을 바꿀 수 있기를 빌곤 한다. 지금 알고 있는 것들을 그때도

알았더라면 좋았을 것이다. 나는 진심으로 동생을 구할 두 번째 기회가 있기를 바라고 또 바란다.

환자들은 종종 내게 묻는다. "정말 깊이 후회되는 행동을 한 후 자신을 용서하는 방법은 무엇인가요?" 내 대답은 단어만 조금씩 바뀔 뿐 항상 거의 같다.

"우리는 과거의 행동을 현재에 반복하지 않음으로써 자신을 용서합니다. 관계를 통해 타인을 향한 관용을 키우고 확장할 수 있다는 사실을 스스로에게 증명하는 거죠. 당신은 타인과 소통할 때마다 관용과 용서와 사랑을 더욱 베풀 줄 아는 사람으로 변화되도록 최선을 다합니다."

이것이 바로 공감이 작동하는 방식이다. 이는 또 내가 아는 한 우리의 절망을 희망으로, 분노를 용서로, 연약함에 대한 두려움을 잠재력에 대한 믿음으로 바꿀 수 있는 유일한 길이다. 인간은 진화하는 존재고, 공감은 우리가 새로운 경험으로 들어가 적응하고 변화하게 하는 내적 동력이다. 공감은 강과 같아서, 그 흐름 속에 우리를 싣고 새로운 영역으로 데려가 우리 앞에 불가사의한 세계를 펼쳐준다. 이렇게 강력한 공감의 물살이 없다면 우리는 자신의 경직된 생각이 만들어낸 소용돌이 속에서 빙빙 돌며 과거로부터 헤어나지 못하고 두려움에 사로잡힌 채 탈출 방법을 찾지도, 탈출하고 싶은 마음을 갖지도 못할 것이다. 공감이 없는 삶은 앞으로 나아가지 못한 채 동그라미만을 그리며 정체된 삶이다. 그곳에선 늘 예측 가능한 패턴만이 반복되고, 단조로움을 깨어줄 신비나 놀라움은 존재하지 않는다.

공감이 없다면 우리는 사람들과 의미 깊은 관계를 맺을 수 없으며, 타인에게 관심을 가지고 싶은 욕구나 의향이 생기지도 않을 것이다. 그렇게 혼자만의 삶을 살 것이고, 감정과 생각은 서로 연관성을 잃으며, 사람과 사람을 연결시켜줄 이해의 다리가 놓이지 않은 자기만의 섬에 제각각 갇혀 지낼 것이다.

공감은 모든 살아 있는 존재의 생존을 보장하기 위해 자연이 부여한 유전적 선물이다. 서로 연결될 수 없다면 우리의 생존은 불가능하며, 그것이 바로 공감의 근본적 생물학 법칙이다. 그러므로 공감은 밧줄처럼 꼬여 있는 인간의 DNA에만 둘둘 감겨 있는 것이 아니라 코끼리, 침팬지, 애벌레, 개미, 그리고 믿을 수 없겠지만 단세포생물들의 유전형질에도 빼곡히 자리 잡고 있다. 공감의 진화를 논하며 그 기원을 거슬러 올라갈 때 과학자들은 원숭이, 새, 심지어 아주 작은 벼룩이나 하루살이조차도 언급하지 않고 세포점균류의 놀라운 생애주기에 대한 이야기를 시작한다.

처음 세포점균류(정원의 흙을 한 숟갈만 파내도 그 안에 수백만 개체가 존재할 것이다)의 이야기를 들었을 때는 별다른 감명을 받지 못했다. 나는 공감, 친밀감, 자아인식 간의 연관성이나 인간관계에 관한 이야기를 더 하고 싶었다. 그러나 놀랍게도 생명을 주는 공감의 힘, 이타주의나 자기희생처럼 고결한 '인간적' 이상을 담은 진실이 이들 안에 있다는 사실을 깨닫고서야 나는 이 하찮은 존재들에 흥미를 느끼기 시작했다.

점균류는 단세포생물로 생애를 시작하는데, 이 시기에는 가만히 앉아 먹이인 박테리아가 나타나길 기다렸다가 그걸 먹어치우는 것만으로도 만족하며 살아간다. 그러나 식량 공급이 부족해지는 순간에 이르면 이들은 스스로 먹이를 찾아 나서지 못하기 때문에 아주 큰 위기에 처한다. 바로 여기서 원시적 형태의 공감이 개입하기 시작한다. 이들은 페로몬이라 불리는 화학 신호에 응답하여 한곳에 모여든 다음, (비유를 하자면) 다함께 손에 손을 맞잡고 저녁 식사거리를 찾으러 행군한다[인간의 몸속에도 이와 동일한 신경전달물질인 고리형 아데노신 일인산(cyclic adenosine monophosphate)이 돌아다니고 있다]. 점균류 세포들은 마치 살아 움직이는 부품으로 이뤄진 작은 탱크처럼 무리를 이뤄 토양 속을 뒤지고 다닌다. 그러다가 안전하고 식량이 풍부한 안식처를 찾으면, 이민단의 선방에 있던 개체들은 자신의 번식 가능성을 포기한 채 죽어버린다. 후방의 개체들이 포식하고 번성할 수 있는 기회를 마련해주기 위해서다.

많은 과학자들이 점균류를 연구하는 이유는 점균류의 개별 세포들이 서로 소통하고 함께 모이는 능력이 곧 인간의 태아가 자궁에서 발달하는 방식의 원형(原型)이라 생각하기 때문이다. 그들 중 많은 이들은 '의사소통' 또는 '사회적' 유전자가 세포의 병합을 관장한다고 믿는다. 이 유전자는 세포가 공동체를 형성하여 상호 관계를 맺고 생존 확률을 높여가도록 장려한다. 각각의 세포는 다른 세포의 필요를 이해할 줄 알며, 자기 자신뿐 아니라 공동체 전체의 필요에도 유익한 방식으로 반응한다.

단세포생물조차도 이렇게 눈부시게 효율적으로 동종의 다른 개체와 의사소통을 할 수 있으니, 좀 더 고등한 생물들은 우리에게 어떤 이해와 통찰을 줄까? 진화의 사다리 윗부분에 있는 개미와 개미공생 (myrmecophilous) 애벌레의 관계는 조금 특이하지만 확실히 공감이 개입된 흥미로운 예에 해당한다. 개미공생 애벌레는 개미를 유혹하고 그들과 소통할 수 있도록 설계된 '개미 기관들'을 갖고 있다. 그중 애벌레의 꽁무니 쪽에 달린 기관은 개미와 접촉할 경우 아미노산이 듬뿍 들어 있는 투명 액체를 분비한다. 개미들은 그것을 빨아먹음으로써 최소한의 노력으로 건강에 매우 좋고 영양도 많은 간식을 얻을 수 있다.

이렇게 자신들이 필요로 할 때마다 공짜 식사를 제공받을 수 있으니 개미들은 애벌레의 주변을 떠나지 않으려 한다. 그런데 애벌레들이 원하는 것도 바로 이것이다. 자신들에게 위험이 닥쳤을 때 개미보다 충성스럽고 굳건하게 옆을 지켜줄 친구는 없기 때문이다. 말벌 등의 포식자로부터 위협을 받으면 애벌레들은 두 번째 '개미 기관'을 이용하여 개미들에게 도움을 요청한다. 자신들의 머리 뒤에 있는 한 쌍의 촉수에서 화학적 신호를 분출, 개미들로 하여금 방어 태세를 취하고 성가신 적들을 공격하게끔 준비시키는 것이다. 말벌이 침으로 애벌레를 쏘려 한다면 개미들은 목숨을 바칠 각오로 적을 무찌르려 할 것이다.

개미공생 애벌레는 '부정적' 공감의 전신(前身)으로서 아주 흥미로운 관점을 제공한다. 애벌레는 개미로 하여금 자신들의 생존 여부가 애벌레에게 달려 있다고 믿게 만든다. 그러나 사실 이 관계는 개미보단 애벌레들에게 훨씬 더 유익하다. 말벌들은 그저 통통하게 살이 오른 애벌레들을 실컷 잡아먹고 싶을 뿐 개미들에게는 별 관심이 없다. 그러나 개미들은 하루 종일 마음껏 이용할 수 있는 공짜 뷔페, 그리고 그에 더해 자신이 이해할 수 있는 언어로 소통할 줄 아는 애벌레들의 교섭 능력에 넘어가 그들과 한편이 된다. 유혹에 넘어간 개미들은 애벌레들과 동맹군이 되고, 그들을 보호하기 위해 목숨도 아끼지 않을 것이다.

진화를 통해 사고력과 판단력을 발달시키면서 동물들의 공감 능력(유익한 공감과 파괴적인 공감 모두) 또한 대폭 발전했다. 다른 개체와 소통하는 능력은 그들의 감정과 생각을 '읽는' 능력에 의해 강화된다. 사람들은 대개 독심술이 인간의 전유물이라고 생각하지만, 더 원시적인(더 정확하게는 다른 모습으로 적응한) 종들 또한 다른 개체의 생각과 의도를 추측할 수 있는 것으로 보인다.

과학저술가 조너선 와이너(Jonathan Weiner)는 그의 책 《핀치의 부리(The Beak of The Finch)》에서 한 여성과 진행한 인터뷰를 소개하며, 그녀가 매일 먹이를 주던 새와 어떤 놀라운 경험을 했는지 공유한다.

> 그날 나는 집 안에서 침대에 앉아 책을 읽고 있었어요. (…) 그런데 핀치 한 마리가 내 머리 바로 옆에 있는 베개로 날아와 앉더군요. 그 새의 부리가 조금 이상하다 싶어 자세히 보니 수두가 났더라고요. 수두는 보통 발에 생기지만, 고약하게 부리 안쪽에 생겨 자라기도 하죠.
> 나는 간신히 수포를 떼어버리고 상처 부위에 보라색 소독약을 발라주었어요. 도와주고 싶었거든요.
> 이 새가 그런 행동을 하는 걸 한 번도 본 적이 없지만, 그때 핀치는 분명히 내 얼굴 앞까지 날아와 나를 바라봤어요. 모이를 줄 때 머리를 기울이고 주인을 보긴 해도, 그건 정말 다른 느낌이었지요. 굳이 사람으로 치자면 아주 작게나마 도와달라고 외치는 것 같았어요. 물론 당신은 절대 모르겠지만요. 음식을 먹을 수 없어 거의 굶어 죽어가고 있는데 제가 밥을 먹을 수 있게 해준 거나 마찬가지죠. 누가 알겠어요? 저

한텐 그게 정말 '도와주세요'로 느껴졌어요.

　그 새가 어떤 생각을 하고 있었는지 알 길이야 없겠지만, 굶어 죽기 일보직전의 상황에서 최후의 수단으로 맘씨 좋은 인간에게 도움을 요청했다고 생각하는 것이 지나친 억지는 아닌 것 같다. 계산된 것이었건 우연이었건, 그 희한한 행동이 펀치 자신의 목숨을 구했을 수도 있다.

　동물에게 인간의 감정을 대입하는 것은 의인화의 오류라고도 불리며 그다지 훌륭한 과학으로 평가되지 않는다. 과학자들은 증거를 요구하지만 동물들에게는 의사를 표현할 언어 능력이 없기 때문에 우리는 그들의 감정이나 생각을 정확히 파악할 길이 없다. 하지만 지혜롭고 똑똑한 사람들 중에는 다른 종의 동물들도 기쁨, 슬픔, 심지어 더 '고차원'의 감정인 죄책감, 부끄러움, 비탄, 부러움 등을 느낄 수 있다고 믿는 이들이 많다. 뿐만 아니라 동물들은 사람을 포함한 여타 동물들의 감정을 포착하고 그에 반응하기도 하는데, 의심할 여지 없이 그건 공감적 표현이다.

　정신분석가로서 트레이닝을 받은 이력이 있는 작가 제프리 무세이프 메이슨(Jeffrey Moussaieff Masson)은 《코끼리가 울고 있을 때(When elep-hants weep)》에서, 천적관계인 코끼리와 코뿔소 사이에 일어난 공감적 만남에 대해 이야기한다.

　어미 코뿔소와 함께 함염지(salt lick, 동물들이 소금을 핥아 영양을 얻는 지역_옮긴이)에 갔던 새끼 코뿔소가 진흙탕에 빠지고 말았다. 어미는 새끼의 냄새를 맡으며 다치지 않았는지 확인한 다음 새끼를 남겨두고 숲 속으로 먹이를 찾으러 갔다. 그때 코끼리 한 무리가 함염지에 도착하자 어미 코뿔소는 그들을 공격하려고 돌아왔다. 코끼리들은 후퇴하고, 어미는 다시 먹이를 찾으러 새끼를 두고 숲으로 들어간다. 메이슨은 그 후에 일어난 일을 이렇게 묘사했다.

커다란 상아를 가진 어른 코끼리가 새끼 코뿔소에게 다가가서는 코로 새끼의 몸을 훑었다. 그리고 이내 무릎을 꿇더니 자신의 상아를 새끼의 몸 아래에 밀어 넣고 들어올리기 시작했다. 그 순간 어미 코뿔소가 숲속에서 맹렬히 달려왔고 코끼리는 몸을 피해 다른 함염지로 이동했다. 그 후 몇 시간 동안 어미가 숲으로 돌아갈 때마다 코끼리는 어린 코뿔소를 진흙에서 빼내려 애썼고, 어미가 새끼를 보호하러 달려올 때마다 후퇴하는 일이 반복됐다. 결국 모든 코끼리들이 함염지를 떠난 후에도 새끼는 여전히 진흙 속에 갇혀 있었다. 이튿날 아침, 사람들이 새끼를 구출하려고 준비하는 동안 새끼 코뿔소는 진흙이 말라버린 틈을 타 스스로 몸을 빼내고는 자신을 기다리는 엄마의 품으로 돌아갔다.

코끼리는 왜 어미 코뿔소의 분노를 무릅쓰고 그런 행동을 했을까? 이번에도 대부분의 과학자들은 동물의 행동에 인간 감정을 이입하는 것을 경계하겠지만, 나는 그것을 대체할 만한 다른 논리적 답변을 생각해내기 어렵다. 코끼리는 새끼 코뿔소가 곤경에 빠졌음을 깨닫고 계속 도우려 노력했던 듯하다. 명백히 이타적이고 자선적인 행위였던 것이다. 우리가 이해하는 공감이란 것이 다른 생명체의 경험을 정확히 이해하고 민감하게 반응하는 능력이라면, 이 코끼리가 공감을 느끼고 표현했다는 데 의심의 여지가 있을 수 있을까?

어떤 동물원 사육사는 상처 입은 참새 한 마리가 침팬지 우리에 잘못 내려앉는 장면을 우연히 목격했다. 우리에 있던 침팬지 한 마리가 잽싸게 작은 새를 손에 쥐었다. 그런데 사육사의 예상과 달리 침팬지는 새를 해치거나 오후의 간식으로 꿀꺽 삼켜버리지 않았다. 침팬지는 손을 동그랗게 모아 새를 조심스럽게 들고는 푹 빠진 듯 바라보았다. 다른 침팬지들이 모여들었고, 참새는 아주 정성껏 손에서 손으로 옮겨졌다. 이윽고 마지막 침팬지의 순서가 돌아왔을 때 침팬지는 창살로 걸어가더니 어안이 벙벙해져 있는 사육사에게 새를 건네줬다.

침팬지들은 아기 새가 곤란한 상황에 처했다는 사실을 알아차린 걸까? 또한 그것을 이해했기에 공감 어린 반응이 잇따르고 도우려는 욕구가 생겨난 걸까? 다른 사람의 절망을 바라보는 일만큼 우리의 심금을 울릴 수 있는 건 없을 것이다. 하루에 수백 명과 스쳐지나가면서도 우리는 그들의 마음 상태에 전혀 관심을 가지지 않을 수 있다. 그러나 친구가 됐든 낯선 이가 됐든, 고통스러워하는 누군가의 모습이 눈에 띄면 우리는 그것에 반응하고 싶은 강력한 욕구를 느낀다.

그와 동일한 공감 본능이 다른 종 안에서도 작동하고 있을지 모른다. 만일 참새가 건강하고 활발했다면 침팬지는 아무 생각 없이 참새를 집어 삼켰을 것이다. 고기가 한가득 들어찬 입을 오물거리며, 하늘에서 날고 있는 새를 능숙하게 낚아챈 자신의 능력을 자화자찬했을 수도 있고 말이다. 하지만 새가 상처를 입었다는 사실은 잠시 동안 침팬지에게 혼란을 일으켰고, 공감이 그 영향력을 발휘하기 시작하자 자동반사적인 행동

대신 세심한 배려가 나타났다. 뭔가 이상한데? 이 새는 왜 다른 새들처럼 날아다니지 못하고 바닥에 앉아 있지? 이 신기한 생물체를 어떻게 대해야 할까? 침팬지는 아마 이렇게 생각했을 것이다.

고민에 빠진 침팬지는 속도를 늦추고 아기 새를 관찰할 시간을 얻을 수 있었다. 어쩌면 새의 눈을 보고 그 안에 담긴 두려움을 읽었거나, 빠르게 박동하는 새의 심장을 느꼈거나, 필사적으로 탈출하려는 몸짓을 보았을 가능성도 있다. 침팬지가 정확히 어떤 생각과 감정을 품었는지 알 방법은 없다. 하지만 평범했던 삶의 공간이 고통과 두려움, 뜻밖의 상황으로 뒤흔들리며 공감 어린 만남의 장소로 변모했음은 확실히 알 수 있다.

'종을 초월한' 공감과 관련된 일화가 하나 더 있다. 이번에는 침팬지와 인간의 이야기다. 95년 전 아프리카에서 일하던 한 젊은 남자가 말라리아에 감염된다. 체리 커턴(Cherry Kearton)이라는 이름의 그 남자는 토토라는 침팬지와 함께 살고 있었다. 토토는 매일 하루 종일 아픈 친구의 곁을 지켰다. 커턴이 약을 달라고 하면 토토는 말라리아 약 퀴닌이 든 병을 가져다주었다. 또 책을 달라고 하면 토토는 커턴이 고개를 끄덕일 때까지 계속해서 다른 책을 손가락으로 가리켰고, 그가 원하는 책을 고르면 그것을 꺼내 누워 있는 친구에게 가져다줬다. 오랜 회복 기간 동안 커턴은 종종 옷을 갈아입지 않은 채 그대로 침대에서 잠이 들곤 했는데, 잠에서 깬 그는 토토가 신발을 벗겨두었다는 사실을 깨달았다.

토토는 왜 그런 행동을 했을까? 커턴은 그들 사이에 우정이 존재했으며 토토에게 인간의 감정과 생각을 이해할 줄 아는 아주 특별한 능력이 있었기 때문이라고 확신했다. 이에 대한 글에서 커턴은 자신의 말을 믿지 못하는 이들이 있으리라 인정하면서도 이렇게 썼다. "이 책을 읽고 어떤 사람들은 영장류와 인간의 우정은 말도 안 되는 이야기이며, '동물에 불과한' 토토가 내가 언급한 종류의 감정을 느꼈을 리 없다고 말할지도 모른다. 하지만 그 당시 내가 보고 느꼈던 토토의 다정한 관심을 그들도 느꼈다면 생각이 달라질 것이다."

원숭이 등 인간을 제외한 다른 동물들은 언어소통이 불가능하기 때문에 우리가 그들의 생각과 감정을 확실하게 알기는 어렵다. 그러나 그들의 행동이나 표정, 몸짓 등으로 생각과 감정을 유추할 수는 있다. 물론 우리는 인간을 대상으로 매일 이런 일을 하고 있다. 상대가 입술을 오므리거나 눈썹을 치켜들거나 이를 가는 등 미묘하게 표정이 변하는 것을 캐치하고, 얼굴 근육이 움직이면서 긴장이나 두려움, 혐오를 표현하는 것을 관찰하며, 주머니에 손을 넣고 편안히 있는 상태, 긴장 속에서 자세를 자주 바꾼다는 점을 알아채면서 무의식적으로 끊임없이 타인의 감정과 생각을 읽는 것이다. 이렇게 우리는 사람들의 비언어적 행동을 주의 깊게 관찰하여 그들의 생각과 감정을 놀라운 정확도로 추측해내기도 한다.

언어로 표현되지 않은 타인의 생각과 감정을 판독해내는 능력은 공감의 유전적 산물이다. 우리는 그것을 자신을 희생하던 점균류, 개미가 사랑하던 애벌레, 코뿔소를 구하려던 코끼리, 인간과 우정을 맺은 침팬지로부터 이어받았다. 살아 있는 모든 존재는 공감을 필요로 한다. 공감이 없다면 우리에게는 서로를 이해할 방도가 전혀 없을 뿐 아니라 타인에게 지지, 응원, 친절, 애정을 기대할 수도 없을 것이다. 또한 타인의 생각과 감정을 이해할 수 있는 능력이 없다면 그들의 의도를 읽어내는 것도 불가능해진다. 때문에 처음 보는 이들을 모두 적으로 간주하거나 그들에게 아무런 흥미를 느끼지 못할 것이고, 친구나 가족에게조차도 무관심한 태도로 대할 것이다. 타인의 고통과 절망을 보더라도 그들의 기분이 내 감정과 생각에 영향을 줄 수 있다는 사실을 이해하지 못하며, 그들의 운명이 내 운명과 단단히 얽혀 있다는 사실을 알 길이 없으니 도우려는 마음을 품지도 못한 채 아무렇지 않게 등을 돌려 떠나버릴 테고 말이다.

두뇌 속의
공감   ○ ● ○

공감은 우리의 발달과 궁극적인 생존에 결정적 역할을 하기 때문에 두뇌 회로에 직접적으로 배선되어 있으며, 특히 편도체와 신피질이라는 영역과 관련이 깊다. 아몬드 모양의 편도체는 두뇌 양쪽에 하나씩 존재하며 대뇌변연계라 불리는 원시 두뇌의 일부를 차지한다. 원시 두뇌는 감정을 관장하는 두뇌로 우리의 욕망, 분노, 열광, 환희를 즉시 생산하고 눈물을 만들어내며 가장 의미 깊고 사적인 기억을 저장하는 곳이다.

우리가 누굴 만나고 어떤 상황에 처하든 편도체는 항상 한 가지 질문에 강하게 집착한다. 그것은 '지금 내가 다치거나 해를 입을 위험에 처했는가?'다. 만약 답이 '그렇다'라면, 편도체는 당장 경보를 내보내 호르몬 분비를 촉진하고 근육을 움직여 우리를 행동하게 하며 심장에 혈액이 몰리게 할 것이다. 위기로부터 도망가거나 혹은 남아서 싸울 수 있도록 전반적인 준비 태세에 돌입시키는 것이다. 이렇게 실질적 위험이나 감지된 위험에 우리가 나타내는 자동반응을 투쟁 도피(fight or flight) 현상이라고 한다. 불안발작이나 공황발작을 경험해본 사람이라면 이렇게 강력한 정서 반응을 만들어내는 편도체의 위력을 증언해줄 수 있을 것이다.

아주 먼 과거에는 편도체가 뇌의 모든 신경망을 다스렸고, 다양한 종류의 물리적 위협에 대항하는 자동반응을 만들어내는 만능 제어실 역할을 했다. 그러다가 대략 1억 년 전부터 포유류들은 좀 더 '지적'인 작업에 특화된 두뇌 세포층을 발달시키기 시작했다. 그것이 바로 사고하는 뇌라고도 불리는 신피질인데, 이 부위는 원시적 대뇌변연계를 얇은 담요처럼 감싸고 있다. 이 영역 덕분에 우리의 포유류 조상들은 자신의 감정을 고찰하고, 생각한 결과에 따라 행동양식을 조절하는 것이 가능해졌다. 편도체의 영향력 아래에 있는 뱀이나 개구리는 배가 고플 때 자신의 새끼를 잡아먹기도 한다(또한 그보다 더 중요하게는, 그런 행동에 대한 자책이나 슬픔을 전혀 느끼지 못한다). 그러나 신피질의 제어를 받는 포유류들은 새끼를 보호하기 위해 자신의 목숨을 기꺼이 희생한다.

사고하는 뇌는 수백만 년 동안 감정적 뇌와 상호 관계를 발전시키면서 우리의 뜨거운 감정 사이사이에 냉철한 이성을 끼워 넣고, 깊은 성찰의 순간들을 할당하여 자동반응의 속도를 늦추는 역할을 했다. 두려움, 분노, 슬픔, 기쁨 같은 기본 정서들은 점점 더욱 미묘하고 복잡한 표현들로 확장됐다. 분노에서는 짜증, 억울함, 분개심 등의 복잡한 감정들이 뻗어나왔고, 만족과 자족의 느낌은 기쁨, 즐거움, 황홀감, 환희의 감정으로 진화했다. 헌신은 더욱 성숙하여 애정이 되었으며 자기연민, 절망, 당혹, 수치가 인간의 감정 목록에 추가되었다. 우리가 타인의 필요를 자신의 필요보다 더 우선시할 줄 아는 능력을 발달시킴에 따라 이타주의와 자기희생 역시 우리의 언어가 되었다.

한 연구팀이 야생원숭이들을 대상으로 다소 잔인하지만 흥미로운 실험을 진행했다. 원숭이들의 뇌에서 편도체와 신피질의 연결을 끊어버린 다음 그들을 자연 서식지로 되돌려보낸 것이다. 공감 능력을 지원하는 두뇌 회로의 배선이 끊어진 원숭이들은 이제 다른 동물의 호의와 적의를 이성적으로 판별할 수 없었다. 정상적인 원숭이들이라면 '이 커다란 원숭이는 사나워 보여. 하지만 눈빛이 부드럽고 내게 이빨을 드러내지도 않으니 걱정할 것 없어' 또는 '이 암컷은 나를 해치지 않을 거야. 내 주변을 어슬렁거리는 건 내게 매력을 느끼기 때문이야' 등의 생각을 할 수 있을 것이다. 그러나 뇌가 개조된 원숭이들은 과거에 알던 모든 친구나 가족들과 더 이상 접촉하지 않으려 했다. 편도체가 만들어내는 분노와 두려움에 지배된 그들은 사실상 고립 상태로 살았으며, 신피질이 불어넣는 친절과 충성, 헌신이나 사랑 같은 감정을 전혀 느끼지 못했다. 공감 능력을 뺏긴 이 동물들에게선 더 이상 아무런 친밀감도 바랄 수 없었다.

갓난아기로 돌아갈 수 있다면 우리도 공감 능력이 손상된 원숭이들의 생각과 감정을 더 잘 이해할 수 있을 것이다. 인간의 경우 편도체는 태어날 때부터 거의 완전히 발달되어 최고의 권력을 휘두르는 반면, 신피질은 서서히 발달하며 몇 년 또는 몇 십 년에 걸쳐 천천히 주도권을 얻어간다. 사실 우리의 두뇌 발달 과정은 뇌의 진화 역사를 그대로 반영한다. 고대의 포유류 조상들처럼 우리도 편도체의 지배를 받는 생물체로 생을 시작하는 것이다.

인간은 첫 숨을 들이마실 때부터 자신의 감정을 표현할 줄 안다. 아플 때는 소리를 지르고 겁이 날 때는 몸을 웅크리며 놀랄 때는 눈이 휘둥그 레진다. 신생아들은 종종 다른 아기들의 울음소리를 듣고 같이 울거나 흐느끼기 시작한다. 그런 감정이 무엇인지 인지적으로 이해할 길이 전혀 없음에도 서로 감정을 공유할 줄 아는 것이다. 발달심리학자들은 이러한 정서 전이를 교감적 고통(sympathetic distress)이라 부른다. 생후 2개월의 영아들은 다른 사람의 눈물을 보면 울음을 터뜨린다. 이 또한 편도체가 주도하는 무의식 반응으로, 남의 고통이 자신의 고통으로 인식되는 현상이다. 생후 10주의 영아들은 엄마의 행복, 슬픔, 분노의 표정을 보고선 자신의 얼굴 표정을 바꾸고, 4개월 된 아기들은 웃는 얼굴을 보면 자신도 행복한 미소를 짓는다.

8개월에서 만 1세 무렵의 아기들은 자신이 남들과 독립된 별개의 존재라는 사실을 이해하기 시작한다. 그러나 아직은 감정적 뇌에게 통제권이 있기 때문에 타인의 슬픔에 어떻게 대처해야 하는지에 대해서는 잘 모른다. 누군가가 슬퍼 보일 때 그를 달래고 위로하려는 첫 시도로 아이들은 타인의 행동을 '거울'처럼 똑같이 따라 한다. 다른 친구가 울 때 자기 눈에 눈물이 흐르지 않더라도 닦는 시늉을 하는 것은 그 때문이다.

그 후 몇 년간 신피질이 발달하고 점점 더 정교한 방식으로 편도체와 상호작용하기 시작하면서 아이들은 자신이 독립된 존재라는 사실을 더 잘 이해하고, 사람들에겐 각자의 생각과 감정이 있다는 사실도 인지한다. 아이들이 할 수 있는 위로의 행동 역시 점차 다양해진다. 생후 첫 해

동안 아이들은 어른의 얼굴 표정에서 얻은 정보를 바탕으로 행동 방식을 정한다. 1세 아이는 부모가 미소를 짓거나 고개를 끄덕이는 것을 봤을 때 생소한 장난감을 집어들거나 낯선 사람과 즐겁게 놀 확률이 높다. 반대로 부모가 인상을 찌푸리거나 걱정스러운 표정을 지으면 더욱 조심스럽게 행동할 것이다.

아이들이 가장 잘 알아보는 감정은 행복이고 그 뒤를 잇는 것이 슬픔, 분노, 두려움이다. 4~5세 무렵이면 이런 기본 정서들을 정확히 구분하는 것이 가능해진다. 다만 아이들은 자신들이 이런 감정을 이해하고 있다는 사실을 말로 표현하는 것이 가능해지기 훨씬 전부터 이미 이해하기 시작했을 것이라고 많은 연구자들은 믿는다. 또 그들의 표현을 빌자면 아이들이 수치심, 경멸, 혐오 등 보다 복잡한 감정을 '해독'해내려면 몇 년간 두뇌가 더 발달하고 다양한 관계도 체험할 수 있어야 한다.

6세 무렵의 아이들은 사람들이 실제 느끼는 감정과 겉으로 나타내는 표현에 차이가 있을 수 있다는 사실을 이해한다. 7세 정도에는 질투, 걱정, 자부심, 겸손, 죄책감 같은 감정들이 개입된 상황을 이해할 수 있게 된다. 표정이나 몸짓과 같은 비언어적 신호뿐 아니라 목소리 톤과 같은 언어적 신호를 종합해서 생각하는 것이 가능해지면서, 어린이와 청소년은 타인의 동기와 의도를 파악하는 일에 점점 능숙해진다. 9~11세가 되면 아이들은 비언어적 의사소통을 바탕으로 상대가 자신을 속이거나 이용하려 드는 것도 알아차릴 수 있다.

울 때 위로를 받고 웃을 때 미소를 돌려받으면서, 모든 연령대의 어린이들은 자신이 감정을 표현했을 때 이 세상도 위로와 안심을 담아 응답할 것이란 사실을 배워간다. 그러나 눈물과 두려움이 외면과 무시를 받는 일이 반복된다면, 그들이 인식하는 세상은 차갑고 무신경한 곳이 되어버릴 것이다. 무관심이 계속되면 아이들이 나타낼 수 있는 정서적 반응의 범위는 좁아지고, 다른 어떤 감정보다 두려움이 우위를 차지할 것이다.

이 상황을 이렇게도 표현할 수 있다. 사랑과 관심을 베푸는 사람들로부터 생애 초기에 얻은 경험들은 공감의 기저를 이루는 신경회로를 더욱 부드럽게 감싸고 강화시켜 우리를 정서적 충격으로부터 보호할 것이다. 이와 대조적으로 화를 내고 폭력을 휘두르거나 무관심한 보호자와 반복적으로 상호작용을 한다면, 공감을 주고받는 역할을 담당하는 회로에는 합선이 일어날지도 모른다. 특정한 정서적 경로를 따라 여행하는 동안 세상이 우리를 부당하게 대하고 우리 감정에 무관심하다는 사실을 반복해서 발견한다면, 우리는 결국 아무리 노력해도 얻을 것이 없다는 사실을 깨닫고 감정을 차단하기 시작할 것이다.

미러링   ○ ● ○

마치 거울처럼 우리는 삶에서 보는 것을 그대로 비추어낸다. 그러므로 우리의 공감 능력은 어린 시절의 경험에 따라 확대되거나 축소된다. 자신이 이야기할 때 아무도 들어주지 않고, 웃음을 터뜨려도 따라 웃는 이가 없으며, 공포나 두려움에 눈물을 흘려도 그것이 부적절하다거나 연약함의 증거라는 반응만 접하는 어린이가 있다고 가정해보자. 이렇게 타인으로부터 공감받지 못하는 아이는 자기 감정을 표현하는 일을 기피하기 시작할 것이다. 보호자가 무관심하고 우울해하거나 마음속에 분노와 억울함이 가득하면 아이가 들고 있는 거울에는 왜곡된 현실이 담기고, 혼란스러운 생각과 감정으로 만들어진 거울 속을 들여다본 아이는 찌그러지고 비현실적인 자신의 모습을 마주할 것이다. 어린아이들은 눈에 보이는 이미지가 비뚤어진 것이란 사실을 알 수 없으니 거울에 비친 모습이 진실이라 믿을 테고, 따라서 자아상도 거울의 균열을 따라 형성될 것이다.

반대로 제대로 된 거울이 주어진다면 어떨까? 아이가 다쳤을 때 부모님이나 보호자가 진심 어린 관심을 보이고 정성껏 상처를 치유해주며, 애정이 담긴 목소리로 말을 걸 뿐 아니라 지금 겪고 있는 일들을 이해한다고 말과 행동 모두를 통해 알게 해준다면, 아이는 용납과 이해를 얻었다고 느끼며 점차 자신 있게 스스로 표현할 수 있는 감정의 범위를 끊임없이 확장시킬 것이다. 왜곡되지 않고 투명한 거울을 들여다볼 때 우리는 비로소 참된 자신의 모습을 볼 수 있다.

깨진 거울에는 혼란을 일으키는 이미지가 비칠 테고, 그러면 우리는 자신의 감정을 이해하는 데 어려움을 겪을 것이다. 그러나 거울에 비친 내 모습이 선명하고 진실되다면 자신을 있는 그대로 볼 수 있으며 스스로 느끼는 감정이 합리적이고 타당하다 느낄 것이다. 미러링은 다소 설명하기 어려운 개념이지만 내 딸 에리카의 예가 이해에 도움이 될 것도 같다. 에리카는 어린 시절 장 쪽에 문제가 있어 수술을 여러 차례 했고 열댓 번쯤 병원 신세를 졌다. 몸이 허약하고 종종 크게 아프기도 해서 딸아이는 친구들과 달리기를 하거나 노는 것이 불가능했고, 결국 놀이에서 혼자 남는 일도 빈번했다. 에리카가 다섯 살이었을 때 전문 의료진은 딸에게 신장이 하나 더 있다는 사실을 발견했으며, 장장 여덟 시간에 걸친 수술로 그것을 제거했다.

몇 주 후 에리카가 집으로 돌아왔을 때 나는 아이의 상태를 확인하러 방으로 갔다. 문틈으로 보니 에리카는 침대에 앉아 자신의 등을 토닥이며, 달래고 안심시키는 목소리로 혼잣말을 하고 있었다. "괜찮아. 다 잘될 거야. 엄마가 도와줄 거야."

엄마처럼 다정한 목소리와 애정 섞인 격려로 자신을 진정시키는 딸의 모습은 그 어떤 책보다도 미러링의 힘을 잘 가르쳐줬다. 자신이 사랑받고 있으며 그럴 자격이 있다고 믿은 에리카는 엄마가 자주 들려줬던 말을 따라 하며 스스로를 돌볼 수 있었다. 엄마의 사랑스러운 목소리가 곧 그 아이 내면의 목소리가 된 것이다.

사람들이 누군가에게 공감을 베풀어 그의 생각과 감정을 정확히 이해하고 세심하게 반응해준다면, 그는 그런 다정한 관심을 받을 자격이 자신에게 있다는 사실을 배우게 될 것이다. 자신을 향한 공감은 외부 세계가 스스로의 가치에 대해 가르쳐준 진실을 내면에서 그대로 따라 할 때 큰 폭으로 성장할 수 있다. 점차 성숙해지고, 사고하는 뇌가 감정적 뇌로부터 주도권을 가져옴에 따라 인간은 성장과 자기발견을 향해 나아가기 시작한다. 지금까지 받은 것에 대해 타인에게 보답할 필요를 느끼고, 내면에 가져온 신뢰와 믿음과 사랑을 세상에 비춰주는 것이다.

사랑받는다 느끼지 못하고 감정을 지속적으로 무시받는 사람은 스스로를 돌보는 방법을 터득할 수 없다. 자신을 보살필 줄 모르기 때문에 타인이 상처 입고 절망에 빠졌을 때 돌봐주는 것도 이들에겐 어렵게 느껴진다. 이런 이들은 타인으로부터 겪었던 무시와 방치를 그대로 미러링하고, 채워지지 않은 자신의 필요와 욕구에만 초점을 맞추게 된다.

그러나 인간은 놀라울 정도의 탄성을 가진 존재이며, 태어나서부터 죽는 날까지 배우기를 멈추지 않는다. 어린 시절에 정서 결핍을 겪은 이들이라 해도 타인으로부터 공감과 적절한 지도를 받는다면 자신의 감정을 표현하고 공감을 확장하는 법을 배울 수 있다. 점균류, 애벌레, 새, 코끼리, 영장류와 인간이 다른 이유가 바로 이것이다. 모든 생명체는 선천적으로 공감 능력을 갖지만, 언어로 감정을 표현하고 타인들에게 자신의 생각을 이야기하며 슬프거나 길을 잃었을 때 도움의 손길을 요청할 수 있는 것은 인간뿐이다.

우리는 공감을 통해 두려움을 극복하고 타인과 연결되는 방법을 배울 수 있다. 내가 심리치료를 통해 하는 일이 그것이다. 사람들은 이제 더는 아무런 희망도, 또 노력할 필요도 없다고 확신하며 내 진료실을 방문한다. 그들은 어떻게 자신의 생각과 감정을 표현해야 하는지 모르겠다고, 또 더러는 더 이상 감정을 느낄 수 없게 되었다고까지 이야기한다. 그들이 바라보는 세상은 차갑고 무심한 곳이다. 그들은 정말 마지막이라는 심정으로 자신의 마음과 영혼을 열고 내면의 절망을 토로한다.

내가 지침으로 삼는 것은 개개인 각각의 고유한 경험이고, 내게 동기를 부여해주는 것은 공감 어린 관계가 가장 깊은 상처까지도 치유할 수 있다는 믿음이다. 이 지침과 믿음을 갖고 나는 사고하는 뇌와 감정적 뇌의 연결성을 강화시키려 노력한다. 나는 아주 조심스럽고 부드럽게 두뇌 회로의 미로 속을 탐색하며 망가졌거나 끊어진 부위를 찾아내고, 환자와 힘을 합해 너덜너덜해진 회로를 감싸고 봉합하여 공감의 흐름을 원활하게 만든다. 이런 일을 처음 경험하는 환자들도 생각보다 적지 않다.

몇 해 전 나는 삶에서 길을 잃고 제자리를 찾으려 애쓰던 한 16세 소년과 상담을 한 적이 있다. 타미는 내가 진료하는 병원에서 청소 일을 하던 여성의 아들이었다. 개인적으로 아는 사이는 아니었지만 부인과 나는 복도에서 마주칠 때마다 항상 가벼운 인사를 나눴었다. 남편이 갑작스럽게 심장마비로 세상을 떠난 뒤부터 그녀는 홀로 다섯 자녀를 돌봐야 했다. 장남이었던 타미는 술을 많이 마시기 시작했고 몇 과목에서 낙제를 받았으며 우울증이 아주 심했을 뿐 아니라 자살도 몇 번이나 시도했다. 어느 날 복도에서 나와 마주친 부인은 자신의 아들과 이야기를 나눠줄 수 있냐고 물었다.

첫 만남에서 타미는 말수가 적었고 속내를 드러내려 하지 않았다. 그러나 몇 주가 지나자 마음을 열고 아버지에 대해 얘기하기 시작했다. 나는 타미가 직접 대화의 방향을 정할 수 있게끔 이야기를 주도하게 한 뒤 잠자코 듣기만 했다.

"더는 이렇게 살고 싶지 않아요." 어느 날 타미는 말했고, 잠시 후 이렇게 덧붙였다. "아버지가 절 자랑스러워하셨으면 좋겠어요."

그날은 타미의 터닝포인트가 됐다. 타미는 술을 끊고 아버지가 가장 좋아했던 운동인 야구를 하기 위해 팀에 합류해서 최선을 다해 노력하기 시작했다. 운동에 소질이 있었던 타미는 금세 팀에 없어서는 안 될 중요

멤버가 되었다. 하지만 최고의 팬이 되어주었던 아버지가 스탠드에서 자신을 응원해줄 수 없다는 사실 때문에 그에게 경기는 매번 고문이나 다름없었다. 타미는 모든 경기가 월드시리즈라도 되는 듯 완벽을 기했지만 항상 자신의 성과에 실망하곤 했다.

타미의 마음속에는 혼자만의 맹목적인 믿음이 있었다. 훌륭한 야구 선수가 되면 아버지를 기쁘게 할 수 있고, 과거엔 아버지의 기대에 미치지 못했다는 죄책감을 덜어버릴 수 있을 거란 생각이었다.

"전 너무 이기적이었어요. 아버지가 경기에 와주시든 숙제를 도와주시든, 아니면 제가 속상해할 때 시간을 내서 함께 대화를 나눠주시든 한 번도 고맙다고 얘기한 적이 없었으니까요"라고 언젠가 그는 이야기했다. "청소년이라면 모두 한 번쯤은 자기 자신에게만 빠져 사는 시기를 보낸단다." 나는 이렇게 말하며, 자신의 생각과 감정에 사로잡히는 현상은 청소년기에 자연스럽게 나타나는 발달 과정이라고 설명했다. "사람들은 청소년기에 자아감각을 발달시키지. 더욱 안정적으로 자신을 바라보는 것이 가능해지기 전까지 자아감각은 계속해서 네 머릿속을 떠나지 않을 거야."

"그래도 전 좋은 아들이 아니었던 것 같아요." 타미는 말했다.

"넌 사랑이 많은 아들이었단다. 그 나이의 자녀로서 할 수 있는 최고의 애정과 존중을 보인 아이었지."

"선생님이 어떻게 아세요?" 타미는 의심보다는 희망이 담긴 눈으로 물었다.

"아버지가 얼마나 멋진 분이셨는지에 대해 열심히 설명하는 네 모습을 보면 알 수 있어. 아버지의 죽음을 슬퍼하고 그리워하는 모습에서도 알 수 있고."

시간이 흐르고 공감이 우리의 만남을 계속 인도하면서 타미는 자신이 무엇을 성취하느냐와 상관없이 아버지가 자신을 사랑했을 것이란 사실을 깨달았다. 자신과 타인에 대한 이해가 확장되면서 타미는 스스로의 장단점을 현실적으로 파악했고, 자기가 해낼 수 있는 일과 그렇지 않은 일이 각각 존재한다는 사실을 받아들이는 것도 가능해졌다. 또한 변화와 성장을 향한 노력과 진솔한 소통을 통해, 스스로를 해방시켜 본연의 모습으로 변화하려면 잘못과 단점을 모두 포함하여 자신을 용납할 수 있어야 함을 깨달았다. 공감은 타미의 생명을 구했다. 자신의 목숨은 구할 가치가 있는 것임을 이해하게끔 그를 인도했기 때문이다.

공감 능력은 배워서 익힐 수 있는 기술이며 인간관계 속에서 함양되고 발전될 수 있다는 사실을 나는 수백 명의 환자들과 만나는 경험에서 깨우쳤다. 심리치료 또는 건강한 결혼생활이나 깊은 우정을 통해 우리는 점진적으로 과거에 겪은 실망감을 해결하고 자아감각, 타인과의 연결 관계를 강화시킨다. 자신과 타인을 향해 정직과 용납과 용서를 베풂과 함께 공감을 표현하는 방법도 배우는 것이 이 과정의 핵심이다. 단순히 공감을 느끼는 것만으로는 부족하다. 변화하고 성장하며 자기 본연의 모습을 되찾으려면 관계 안에서 공감을 표현하는 방법을 배워야만 한다. 사실 공감을 경험하는 것의 열쇠는 바로 공감을 표현하는 데 있다. 사랑, 용서, 진실과 마찬가지로 공감은 우리가 먼저 그것을 베풀 줄 알아야만 우리에게 '주어'지는 것이기 때문이다.

4장

공감의
표현
:
공감을 나타내는 일곱 단계

'공감을 느끼는 것'보다 중요한 것은
'공감 어린 행동을 하는 것'이다.

1999년 4월 20일 콜로라도주 리틀턴 소재의 한 고등학교에서 총기난사 사건이 벌어진다. 부모들이 눈물을 머금고 충격에 휩싸인 학생들을 위로하고 있는 동안 언론사 기자들은 자신들이 목격한 놀라운 공감의 사례들을 보도하고 있었다. 그곳에 모인 사람들을 본 한 기자는 가까스로 눈물을 삼키고는 경의에 찬 목소리로 엄숙하게 말했다. "콜로라도주 리틀턴에서는 어디든 공감이 넘쳐납니다."

사실 이는 착각이었다. 그곳에 동정과 연민은 분명히 존재했지만 공감은 자신의 존재를 드러내는 데 더욱 어려움을 겪고 있었기 때문이다. 동정은 상대를 위로하려 하지만 공감은 상대를 이해하려 노력한다. 그렇기에 공감에는 일정한 정서적 거리가 요구된다. 비애, 두려움, 분노에서 잠시 물러나 이성이 감정들을 가라앉힐 수 있는 틈을 허락해야 하는 이유에서다. 편견은 떼어놓아야 하고, 단죄하고 질책하려는 무의식적 충동에는 맞서야만 한다. 남을 이해하고 궁극적으로 용서까지 해주려는 더 강렬한 필요에 의해, 복수심은 조용히 잠재워진다.

콜로라도 참사의 여파 속에서 공감은 결국 자신의 목소리를 찾았다. 사람들은 살인이 '왜' 그리고 '어떻게' 일어났는지 생각하기 시작했고, 답변하기 어렵거나 불가능할 수도 있는 질문들을 던지기 시작했다. 학생들이 폭력에 눈을 돌리기 전에는 왜 아무도 그들에게 관심을 주지 않았을까? 우린 아이들의 외로움과 소외감을 어떻게 알아차릴 수 있었을까? 그들을 돕기 위해 어떤 일을 할 수 있었을 것이며, 그 과정에서 어떻게 했어야 무고한 열세 명의 생명을 구할 수 있었을까?

이런 질문 앞에서 공감은 이미 주어진 답변을 거부하며 자신의 목소리를 내기 시작했다. 사고가 일어나고 며칠 후 나는 '누가 이 비극을 책임져야 하는가'라는 질문을 주제로 방영되는 TV 토크쇼를 보고 있었다. 모든 이들은 책임 지울 사람을 찾고 있는 듯했고, 범위는 점점 좁혀져 살인자의 부모에게로 집중되었다. 누군가 살인자의 어머니에 대해 돌고 있는 소문을 언급했다. 사고가 일어나고 이틀 후 그녀가 미용실에 다녀온 것 같다는 내용이었다. 사람들은 도대체 어떤 어머니가, 아들이 불과 며칠 전에 연쇄살인을 하고 스스로를 쏴서 자살했는데 아무렇지도 않게 머리를 하러 갈 수 있을지 궁금해했다.

거친 비판의 목소리가 방송을 통해 흘러나가는 동안, 지역 뉴스 진행자가 리틀턴 유니테리언 교회 소속의 조엘 밀러 목사를 인터뷰했다. "살인자들의 부모가 냉정하고 무신경하다는 소문이 있는데 그에 대해 해줄 이야기가 있나요?" 목사의 답변은 간단명료했다. "이 두 가정에 그간 어떤 일들이 있었는지 충분히 알지 못하니 우린 함부로 비판할 수 없습니다."

'충분히 알지 못하니 비판할 수 없다.' 이 문장에는 공감의 마음과 정신이 잘 담겨 있다. 공감의 핵심은 이해하는 것이고, 우리는 항상 무언가를 이해해야만 그것에 대해 설명할 수 있기 때문이다. 공감은 이해하기 위해 질문을 던지며 즉각적인 답은 거부한다. "잘 모르겠어"는 공감의 가장 강력한 언어 중 하나다. 공감은 모든 질문의 답을 알지 못한다는 사실을 인정하고, 더 폭넓은 이해를 얻기 위해 시야를 확대시킬 방법을 찾기 시작한다.

공감은 이해에서 시작되지만 많은 이들의 생각과 달리 거기서 끝나지 않는다. 상대의 생각이나 감정을 이해한다고 말하는 것은 갖은 노력이 들어가는 기나긴 과정의 첫 번째 단계일 뿐이다. 공감은 지식과 이해를 충분히 얻은 뒤 생각을 실천으로 옮긴다. 단순히 '공감을 느끼는 것'보다 중요한 것은 '공감 어린 행동을 하는 것'이다. 그것이 공감의 의미를 진정으로 깊게 만들어주기 때문이다. 머리로 이해한 것을 바깥으로 표현함으로써 우리는 해를 끼치는 것이 아니라 도움을 주기 위해 건설적인 공감 표현법을 배울 수 있다.

'공감 표현하기'는 우리가 무슨 말과 행동을 해야 할지 하나하나 정해주는 간단한 단계별 과정이 아니다. 사실 공감을 연구하는 심리학자들은 타인의 감정을 정확히 이해하는 데는 큰 노력이 필요하며, 개개인의 고유성 및 그들이 처한 상황의 특수성을 존중하는 방식으로 응답해야 한다는 점을 강조한다. 한 논문에서 심리학자 사라 하지스(Sara Hodges)와 대니얼 웨그너(Daniel Wegner)는 공감이 등산을 하는 과정과 비슷하다고 설명한다.

산을 오르는 것이나 공감을 추구하는 것은 모두 어렵고 노력이 많이 드는 일이다. (…) 성공적으로 정상에 오르려면 핸드홀드(손잡이)와 트레일마커(경로표시기)를 충분히 준비해야 하며, 계속해서 위로 올라가려는 노력을 쏟아부어야 한다.

우리로 하여금 공감의 길을 따를 수 있게 하는 '손잡이와 경로 표시기'는 매우 다양하지만, 종류를 막론하고 이들의 주요 용도는 우리의 생각과 감정을 타인과 잘 소통하게 하는 것이다. 앞서 3장에서 강조했듯 우리 두뇌 회로의 특정 영역에는 타인의 생각과 감정을 이해하는 능력이 배선되어 있고, 그렇기에 모든 사람에게는 선천적인 공감 능력이 존재한다. 하지만 정말 어려운 부분은 그 공감 능력으로 이해한 바를 사려 깊은 행동으로 연결시키는 것이다.

대부분의 사람들은 타인의 감정이나 생각에 대한 자동적인 감정 반응이 곧 공감이라고 생각한다. 여기서 중요한 것은 '자동적'이라는 단어다. 공감을 타인의 고통, 기쁨, 비애, 두려움에 대한 즉각적이고 자발적인 반응이라고 상상하는 것이다. 그러나 이런 관점에서라면 공감은 그저 밀려왔다 사라지는 소극적 감정, 즉 일종의 가상현실이다. 가상현실에서처럼 우리는 타인의 입장이 되어 그들의 경험을 수동적으로 흡수하고, 그들의 눈을 통해 간접적으로 세상을 보며, 그들의 감정을 느끼고 생각을 헤아려보는 것이다.

물론 다른 사람의 감정을 읽는 것은 의심할 나위 없이 막강한 능력이다. 하지만 공감이 거기서 끝난다면 별달리 하는 일이 없지 않겠는가? 공감을 사용하여 서로를 더 잘 이해할 수는 있겠지만, 우리가 무언가를 더 민감하게 느낀다 해서 그것이 늘 행동으로 이어지는 건 아니다. 미국의 영부인이 되기 24년 전, 힐러리 로댐 클린턴은 웰슬리대학교 입학식에서 연설하던 중 공감의 이런 측면에 대해 불만을 토로한 바 있다. "공감의 한 가지 문제는 (…) 우리에게 아무것도 해주지 못한다는 겁니다. 지금까지 우리는 충분히 공감을 받아왔습니다." 그녀는 이렇게 말하고 공감이 해결해주지 못했던 심각한 국가적 문제들에 관해 이야기했다.

그녀가 말한 것처럼 공감에는 이상하리만치 어떤 행동이나 조치가 들어 있지 않다는 사실에 동의하는 사람들도 적지 않을 것이다. 공감은 어딘가로 움직이거나, 행동을 하거나, 누군가를 변화시키지는 않는 것만 같다. 아무래도 우리에게 무엇을 주기보다는 가져가는 것이 더 많은 정서적 경험인 듯하고 말이다. 우리가 공감을 '느낀다'는 것은 확실한데, 과연 공감으로 무엇을 '할' 수도 있는 걸까?

그렇지만 공감에 관한 한 가지 불변의 진리가 있다. 타인의 생각과 감정을 알고 나서 아무 행동도 취하지 않는다면 그건 제대로 된 공감이 아니라는 진리가 그것이다. 누군가의 감정을 공유받고 그것에 취해 가만히 앉아 있기만 할 뿐 느낀 바를 행동으로 옮기지 않는다면 이는 공감의 자연적인 진행을 거스르는 것이다. 공감은 언제나 예외 없이 행동지향적이

83

기 때문이다. 공감은 정말 이해하고 싶은 마음으로 묻는다. '내가 무엇을 배울 수 있을까요?' 또한 깊은 감정과 열린 마음으로 이야기한다. '내게 가르쳐주세요.' 우리의 관계에서 우여곡절이 생길 때마다 공감은 궁금해한다. '내가 어떻게 도울 수 있을까? 난 무엇을 할 수 있을까? 이제 어디로 가야만 할까?'

공감을 행동으로 옮길 줄 아는 기술에는 연습이 필요하다. 또한 다른 모든 기술과 마찬가지로 공감적 반응에는 인내와 의지, 유연성이 요구된다. 나는 최근 고든이라는 환자와 아주 강렬한 만남을 가졌다. 깊은 분노와 좌절에 빠진 그에게 나는 내가 할 수 있는 모든 공감적 표현을 시험해봐야 했다.

33세의 고든은 예일대를 졸업하고 보스턴의 대형 은행에서 투자상담가로 일하고 있었다. 결혼해서 두 명의 청소년 자녀를 뒀고, 지적이고 논리정연했으며, 성격은 극도로 강했다. 고든의 상사는 그가 동료들과 자주 논쟁을 벌이고 때로는 험악한 분위기를 조성하는 것이 염려되어 심리치료를 받아보라고 강력히 권했다.

고든의 정기 상담일인 어느 수요일 저녁 7시, 푸른색 클래식 정장에 새하얀 셔츠를 멋지게 차려입고 번쩍번쩍한 구두를 신은 그가 진료실로 성큼성큼 걸어 들어왔다. 그러고선 의자에 앉아 나를 노려보며 말했다. "그래서요, 의사 선생님." 그는 비꼬는 말투로 '선생님'이라는 단어에 힘을 주었다. "이런 것에 효과가 있을 거라고 생각하세요?"

"무슨 말씀을 하시는 건지 모르겠군요." 나는 차분하게 말했다.

"무슨 뜻인지 모르시겠다고요?" 고든은 의자 팔걸이를 손으로 움켜쥐고선 몸을 앞으로 기울였다. "여기에 다니기 시작한 지 거의 1년이 다 되었어요. 그런데 아직도 제 말 뜻을 모르시겠다고요?"

"그렇습니다. 지금 이 순간 당신이 하는 말이 무슨 뜻인지 모르겠어요. 내게 설명을 좀 해주시겠어요?"

"선생님은 책도 쓴 양반이니 스스로 한번 알아내보시죠." 그 말과 함께 고든은 의자에 다시 등을 기댄 뒤 가슴 위로 팔짱을 끼고는 창밖을 응시했다. 의도적으로 내 눈을 피하려는 것이 분명했다.

"속상해하는 건 알겠어요. 또 당신을 괴롭히는 것이 뭔지에 대해 별로 말하고 싶어 하지 않다는 것도요." 내가 말했다.

고든의 얼굴에는 모든 것이 쓰여 있었다. '당신은 자신이 아주 똑똑하다고 생각하시죠?'

나는 계속해서 말했다. "예전에도 당신은 상처받거나 기분이 상한 일에 대해 내게 속 시원히 말해주지 않았어요. 무엇이 당신을 괴롭히는지 솔직하게 말해준다면 시간을 아낄 수 있을 것 같군요."

"나도 뭣 때문에 괴로운지 모르겠어요." 고든이 한 발 물러섰다. "의사는 내가 아닌 선생님이시니 스스로 알아내보세요."

"나한테 화가 난 것처럼 보이네요." 내가 말했다.

"그래요? 그래서 뭐요?"

"대답을 회피하지 말고 왜 나 때문에 화가 났는지 말해줄 수 있어요?"

"잘될 리가 없어요." 그가 말했다.

"뭐가 말이죠, 고든?"

"우리요. 선생님과 내 관계요. 이 관계는 잘 안 풀릴 거예요. 우리가 만나면 나는 사적인 이야기를 모두 털어놔야 해요. 하지만 선생님은 자신에 관한 중요한 이야기를 전혀 하지 않잖아요. 늘 빈틈없이 완벽하시죠." 이 대목에서 그는 거의 비아냥거렸다. "마치 모든 걸 다 알고 있다는 듯 말이에요. 그렇게 빈틈없는 사람에겐 신뢰가 가지 않아요."

"고든, 이걸 대답해주면 좋겠어요." 그의 답변을 진심으로 궁금해하고 있다는 사실이 목소리 톤으로 전해지길 바라며 나는 물었다. "'완벽'이라는 생각은 어디에서 온 건가요?"

"나도 몰라요. 선생님한테서 왔는지도 모르죠. 아무튼 늘 냉정을 잃지 않고 침착한 선생님을 보면 그저 이기고 싶다는 생각밖에 안 들어요."

"내가 보기에 당신은 그보다 더한 감정도 느끼고 있는 것 같은데요?"

"맞아요." 고든이 몸을 앞으로 기울이며 말했다. 그는 얼굴 근육을 팽팽하게 당긴 채 눈을 가늘게 떴다. "선생님을 때려눕히고 싶은 충동이 들어요. 다쳐서 쓰러진 당신 옆에 의기양양하게 서 있고 싶을 지경이에요. 이젠 끝내버리고 싶다고요."

그 지점에서 나는 여러 선택을 할 수 있었다. 그 분노의 이유나 대상이 부적절하다고 말하거나, 그의 분노를 누그러뜨리기 위해 다른 주제로 주의를 돌리거나, 똑같이 화를 내며 그를 위협하는 것 등 말이다. 하지만 공감은 나를 다른 길로 인도했다. 나는 고든의 감정과 생각을 이해하고 싶었다. 또한 맹렬한 분노가 들끓고 있는 그의 마음속 깊은 곳에까지도 내가 함께 갈 것이란 사실을 고든이 알아주길 바랐다. 설령 그가 우리의 관계나 그 가치에 의구심을 품고 내게 신체적 위협을 가한다 해도 상관없었다. 내가 그의 방식을 따를 것이며 그의 강한 성품에 두려워 나가떨어지지 않을 것임을 알게 해주고 싶었다.

　나는 고든의 언어 사용이나 감정 표현 방식을 통해 우리가 중대한 지점에 도달하고 있음을 알 수 있었다. 그전까지 내게 한 번도 보여주지 않았던 모습을 드러내는 고든을 보며 그 순간이 얼마나 중요한지 알아차릴 수 있었던 것이다. 그가 분노를 표출하는 건 어떤 깊은 상처를 감추기 위해서였고, 그것을 우리는 함께 탐구해야 했다. 내가 진심으로 그를 염려하고 있으며 그의 격한 감정에 겁먹지 않았다는 사실이 전해지길 바라며 나는 고든과 정면으로 부딪히는 쪽을 택했다.

　"정말 나한테 화가 난 것 같네요."

　"그렇다니까요. 선생님이 날 도와주지 않으니 화가 나요." 잠시 침묵하며 고민에 빠졌던 그는 이내 깊은 숨을 몰아쉬고 말했다. "아시다시피 저번에 저는 출장을 다녀오느라 상담을 두 번 놓쳤어요."

　"알아요."

　"출장 기간에 별별 일이 다 일어났어요. 실수를 하고 이성을 잃기도 하면서 나 자신에게 정말 실망했죠. 그러면서 선생님과 만나는 것이 대체 무슨 소용이냐는 생각이 들었어요."

　"그래서 나한테 화가 난 거군요?"

　"그때 선생님을 때려눕히고 싶다는 생각이 들었어요. 내가 선생님만큼, 아니 선생님보다 훨씬 잘난 사람이란 걸 증명하려고요."

　"자신에게 실망한 것과 날 때려서 굴복시키는 것 사이엔 어떤 관계가 있죠?" 내가 물었다.

　"날 도와주지 않은 것에 대한 복수를 원했어요. 내 인생에서 원하는 걸

하나도 얻지 못한다는 게 난 정말 지긋지긋해요." 고든은 한숨을 깊게 쉬고 의자에 푹 주저앉았다. 이젠 화가 좀 가라앉은 모양이었다. "이렇게 애쓰는 것이 지겹네요. 난 평생 노력했지만 다른 사람이나 나 자신의 기대에 미치지 못했어요."

"당신이 기대에 미치지 못한다고 누가 말하던가요?" 내가 물었다.

"그러니까…… 우리 아버지요. 아버지는 내가 자신처럼 크게 성공할 거라고 생각하셨어요. 난 아버지가 다녔던 아이비리그 학교에 입학했고 같은 회사에 취직했어요. 사람들은 모두 내가 아버지처럼 될 거라 생각했죠. 하지만 난 아버지와 달라요. 한때는 아버지를 이겨보려고도 했죠. 나도 그분처럼 승부욕이 강하거든요. 그렇지만 더 이상은 아버지처럼 살지 않을 거예요. 아버지는 항상 다른 사람보다 우위에 있으려 하는데, 나는 세상 모든 사람들과 경쟁하고 싶진 않아요. 하지만 어떤 때는 나 자신을 멈출 수가 없어요.." 고든의 목소리가 서서히 작아졌다.

"그런 삶 때문에 얼마나 큰 상처를 입었는지, 그리고 그걸 바꾸려고 얼마나 노력하고 있는지 알겠어요." 내가 말했다.

"이해한다고 말은 하시지만 그리 크게 신경 쓰시는 것 같진 않네요. 내가 옆에 없을 때는 내 생각조차 안하시잖아요." 분노 아래에 자리 잡고 있던 상처를 드러내 보이며 고든이 이야기했다. "이 높은 산을 혼자 오르려 애쓰는 기분이라고요."

"사실 난 당신 생각을 하고 있었어요." 그가 얼마나 고통스러워하는지를 이해하고 있다는 사실이 전해지길 바라며 나는 다정한 목소리와 표정으로 말했다. "난 종종 상담 시간에 힘들어 보였던 당신 모습을 떠올리곤

해요. 당신이 그렇게 괴로워한다는 것을 알게 되면서 나도 속상했죠. 약간의 도움을 받는다면 당신은 이 상황에서 벗어나기 위해 힘을 낼 수 있다고 믿어요. 하지만 솔직히 말하죠. 당신은 내가 수월하게 도울 수 있는 사람이 아니에요."

고든은 내 얘기를 주의 깊게 듣는 듯했다. 이 기회를 통해 나는 그의 발전을 방해하는 것에 대한 내 생각을 이야기하기로 했다. "가끔씩 당신은 나를 이기는 데만 너무 집중한 나머지 우리 만남에서 다른 걸 배울 기회를 놓치는 것 같아요. 무슨 이유에서인진 모르겠지만 당신은 내게 열등감을 느끼고 있거나, 아니면 내가 당신에게 우월감을 느낀다고 생각하는 듯해요. 그러니 싸우려 드는 거고요. 지금까지 우리가 힘을 합쳐 이런 생각들의 근원이 무엇인지 조금 찾아내긴 했지만 그래도 쉽지 않을 거라는 건 알아요. 특히나 스트레스를 많이 받을 때는 우리가 한 팀이고 정상에 오르기 위해 서로 도와야 한다는 사실을 믿기가 어렵죠."

"난 선생님을 때릴 수도 있었어요." 그가 힘없이 말했다.

"그럴 수 있죠." 그럴 마음만 먹는다면 사람들은 타인을 다치게 할 수도 있음을 인정하며 내가 대답했다. 자신의 분노가 내게 상처를 줄 수도 있음을 그가 알아차리길 바랐던 것이다. "하지만 당신이 때려눕혀 쓰러진 나를 내려다보면 그저 이겨서 기쁘다는 생각만 들까요? 나를 굴복시킨 다음엔 어떤 기분이 들 것 같은지 말해주겠어요?"

그는 잠시 나를 바라보며 자신의 감정을 적절히 표현해줄 단어를 찾고 있었다. 그때 그의 눈에 고인 눈물이 보였다. 고든이 자신을 추스르는 데는 약간의 시간이 걸렸고, 마침내 그가 입을 열었다. "내가 산 정상에 오를 수 있게 도와주세요."

"나한텐 정말 의미 깊은 말이네요." 내가 말했다.

이 대화는 공감이 실제 삶에서 따라야 하는 길이 얼마나 복잡하고 난해한지, 또 예기치 못한 곳에서 우여곡절이 나타날 때 얼마나 세심한 주의를 기울여 협상해나갈 필요가 있는지를 보여준다. 이 강렬한 소통 속에서 나는 고든에 대한 내 감정을 예전보다 훨씬 솔직하게 드러냈다. 이전 상담 시간까지 나는 공감의 인도를 따라 내 감정을 억제했다. 고든이 자신이 느끼는 분노의 깊이를 체험하고 앞으로 나아갈 방향을 스스로 정할 수 있게 두기 위해서였다. 그러나 이번 상담에서는 내가 개입해서 그가 과거와 현재를 구분할 수 있도록 도와야 한다는 느낌이 들었다. 고든은 과거의 진흙 수렁에 갇혀 점점 더 깊이 빠져들고 있는 듯했다. 나는 고든이 얼마나 힘겨워했는지를 이해한 다음, 공감의 인도를 받아 그가 내 눈앞에서 사라져버리기 전에 생명줄을 던져주었다.

공감이 우리의 관계를 인도하면서 길을 잃지 않도록 '손잡이와 경로 표시기'를 제공해준다면 우리는 목적지가 어디인지 더 또렷이 알 수 있으며, 길이 좁고 가파르더라도 자신감을 갖고 발을 디딜 수 있을 것이다. 공감은 우리가 경계심을 높이고 끈기 있게 주의를 집중시키게끔 돕는다. 심리학자 윌리엄 제임스(William James)는 이런 태도를 가리켜 '불굴의 상태(strenuous mood)'라 일컫기도 했다.

제임스는 우리가 순간순간의 경험뿐 아니라 삶 전반에 깊은 관심을 가지는 자세를 취할 때, 가장 힘겹고 불안정한 상황조차도 잘 헤쳐 나가는 방법을 터득할 수 있다고 믿었다. 등산가로서 쌓은 경험을 바탕으로 그는 자기 자신과 타인을 믿는 것의 중요성을 강조하며 이렇게 적었다.

(믿음은) 자신을 스스로 입증한다. (…)

예를 들어 내가 알프스를 오르던 중에 불운과 맞닥뜨렸다고 상상해보자. 아슬아슬한 점프를 하지 않으면 나는 이 상황에서 빠져나갈 수 없다. 과거에 비슷한 경험을 한 적이 없으니 이 점프를 무사히 해낼 수 있으리란 근거는 없다. 그러나 나의 내면에 있는 믿음과 희망은 내가 조준에 실패하지 않을 것이란 확신을 주며, 이런 주관적인 감정이 없었다면 불가능했을 담력을 발휘하여 발을 뗄 용기를 허락한다.

하지만 반대로 (…) 내 주관적인 생각은 아직 경험으로 입증되지 않았으니 그것을 바탕으로 행동할 순 없다고 판단한다면 어떻게 될까? 아마 나는 너무 오랫동안 주저할 것이고, 결국은 절망의 순간 기진맥진한 상태에서 덜덜 떨며 발을 헛디뎌 깊은 나락으로 굴러 떨어지고 말 것이다.

비약이 섞여 있긴 하지만, 분명 이 사례에서 지혜로운 쪽은 자신이 바라는 대로 믿음을 가지는 것이다. 여기서의 믿음은 목적을 달성하는 데 있어 빠뜨릴 수 없는 선행 조건이기 때문이다. 믿음이 자신을 스스로 입증하는 사례는 확실히 존재한다. 믿어라. 그러면 당신이 옳았음을 알게 될 것이다. 당신이 당신 자신을 스스로 구해내지 않았는가. 의심하라. 이번에도 당신이 옳았음을 알게 될 것이다. 당신은 파멸할 것이기 때문이다. 믿음과 의심의 유일한 차이점은, 믿음이 당신에게 훨씬 유익하다는 것이다.

제임스가 말한 '믿음'은 공감과 동의어로, 우리 자신과 타인에 대한 신뢰를 만들어내는 내면의 평온한 확신을 말한다. 공감이 없다면 우리는 깊은 나락 앞에 홀로 서서 두려움에 떨겠지만, 공감이 있다면 자신과 타인에게 이렇게 말해줄 수 있다. "할 수 있어. 떨어지지 않게 내가 옆에서 붙잡아줄게. 휘청거릴 때는 다시 균형을 찾을 수 있도록 도울 거야. 우린 함께 산에 오를 수 있어."

지금의 맥락에서는 등산의 비유가 잘 맞아떨어지지만, 나는 아주 중요한 포인트 하나를 강조하고 싶다. 공감은 손쉽게 익힐 수 있는 도구나 기술이 아니라, 끊임없는 관심과 주의 깊은 보살핌을 요구하는 선천적 능력이다. 공감은 우리에게 '손잡이'와 '경로표시기'를 제공하지만 그것들은 정상으로 가는 길을 안내하는 역할만을 할 뿐이다. 이런 도구들이 있다고 해서 균형을 잃지 않거나 성공할 것이라는 보장을 얻을 순 없다.

각각의 사람과 각각의 상황은 고유한 특성을 지니기 때문에 공감은 항상 정신을 바짝 차리고 주의를 기울이며 호기심과 경계가 가득한 눈으로 주변을 살펴야 한다. 게으름을 피우는 공감은 더 이상 공감이라 불릴 수 없다. 공감의 한 가지 영구적 속성은 집중력을 유지하는 것이기 때문이다. 우리가 자꾸 초점을 옮기고 눈을 피하며 '아무래도 좋다'는 식의 태도를 취한다면 공감은 설 자리를 잃어버린다. 설령 뒤로 물러서거나 옆으로 비켜서야 할지라도 공감은 언제나 기꺼이 움직일 수 있어야 한다.

공감을 표현한다는 것은 우리의 생각과 감정을 타인의 마음과 영혼에까지 전달시키기 위해 그것들을 언어로 나타낸다는 것이다. 여기에는 자아인식과 깊은 성찰, 그리고 상당량의 연습이 요구된다. 남에게 해로운 방식이 아닌 유익한 방식으로 사람들이 자신을 표현하는 법을 배울 수 있도록 나는 다음과 같은 지침을 고안했다.

공감 표현하기를 위한 일곱 가지 필수 단계

1. 열린 결말의 질문하기
2. 속도 줄이기
3. 성급한 판단을 삼가기
4. 내 몸에 집중하기
5. 과거로부터 배우기
6. 이야기가 펼쳐지게 하기
7. 한계 설정하기

1단계: 열린 결말의 질문하기

고든이 내게 '늘 빈틈없이 완벽하다'고 말했을 때, 나는 방어적으로 반응하며 그에게 문제를 되돌려주거나("그건 내 문제가 아니잖아요, 고든.") 혹은 이미 답이 정해져 있는 '닫힌 질문'을 사용하여 그의 말을 되풀이했을 수도 있다("고든, 내가 완벽한 척을 한다고 생각해요?"). 이런 방어적 질문은 사실상 "당신은 이게 정말 내 문제라고 생각하는 거예요?"라고 묻는 것이나 다름없다. 물론 문제의 소지가 있는 사람은 내가 아닌 고든이라는 은근한 암시도 내포되어 있고 말이다. 나는 그런 질문을 함으로써 비난의 화살을 그에게 슬며시 돌리고("정말 문제 있는 건 당신이에요.") 고든의 생각과 감정에 대한 내 해석을 그가 받아들이도록 유도했을 것이다.

닫힌 질문은 응답자를 자동적으로 권력 싸움으로 끌어들이고, 이미 정해진 답에 동의할지 말지 고민하게 만든다. 그에게 주어진 선택지는 "그래요, 내가 어디서부터 잘못했는지 알겠네요"와 같은 고분고분한 답변이나 "틀렸어요. 당신의 그 거만한 태도가 아주 지긋지긋해요" 같은 공격적인 답변, 그리고 아예 답변을 거부하는 것 등이다. 무엇을 고르든 한 명은 승자, 한 명은 패자가 된다. 물론 공감의 관점에서라면 모두가 지는 것이나 다름없다. 소통이 단절되고 이해에 진전이 없으며 어떤 당사자도 세심한 배려가 담긴 답을 할 수 없기 때문이다.

조엘이라는 환자가 상담 시간에 지각을 했다고 가정해보자. 만일 내가 "지난주엔 우리 사이에 작은 의견 충돌이 있었죠. 그것 때문에 기분이 언짢았나요? 내게 화가 났다는 사실을 알리기 위해 일부러 지각을 한 건가요?"라고 묻는다면 그건 닫힌 질문이다. 조엘이 내게 화가 났다는 결론을 나 혼자 미리 내렸기 때문이다. 이 질문을 이용하여 나는 환자가 나의 해석에 동의하도록 그를 유도했다.

한편으론 이렇게 열린 결말의 질문을 했을 수도 있다. "조엘, 이번 시간과 지난 시간에 지각을 했네요. 혹시 여기에 우리가 아직 얘기하지 못한 어떤 의미가 있을까요?" 이 질문에 대한 답은 아무 형태 없이 공중에 붕 떠 있다. 나는 사심 없이 정보를 얻기 위해 환자에게 더 자세한 설명을 요청하는 것뿐이다.

"요새는 늘 이런 식이에요. 계속 시간에 쫓기고 약속에 늦어서 아내와 자녀들을 실망시키고 상사를 화나게 했다니까요"라고 조엘은 대답할지 모른다. 또는 "집을 나서기 전에 아내와 심하게 다퉜어요. 제가 심리치료에 너무 큰돈을 쏟아붓는다더군요. 또 선생님과의 만남에 대한 얘기를 자세히 해주지 않아서 화가 난대요"라 할 수도 있다. 이런 답변들엔 조엘의 마음 상태에 관해 중요한 정보가 들어 있고, 그 덕에 우리는 더 생산적인 방향으로 대화를 진행할 수 있을 것이다. 아니면 조엘은 이렇게 간단히 대답할 수도 있다. "정말 말도 안 돼요. 여기 오는 길에 2주 연속으로 교통사고가 크게 났거든요." 이렇다면 우리는 이 주제를 잊고 환자에게 보다 중요한 문제들과 관련된 대화를 나눌 것이다.

닫힌 결말의 질문에 관한 또 다른 사례가 있다. 데이트를 하고 돌아온 10대 딸이 엄마와 대화를 나눴다. "그래서, 넌 그 남자애가 정말 멋지다고 생각하니?" 엄마가 묻는다. 엄마는 그 애가 그다지 멋지지 않다는 자신의 생각에 딸이 동의하도록 유도하기 위해 이 질문을 던졌다. 이제 딸에게는 딜레마가 생긴다. 엄마의 의견에 순순히 동의함으로써 엄마가 자신의 생각과 감정을 통제하도록 놔둘 수도 있고, 동의하지 않는다고 함으로써 불편한 분위기를 만들거나 심지어는 말다툼을 시작할 수도 있다.

이런 가정도 해보자. 당신은 방금 머리를 잘랐다. 미용사는 당신에게 거울을 건네줬고, 당신이 미처 얼굴을 비춰보기도 전에 "이 스타일로 바꾸니 훨씬 멋지네요. 정말 잘 어울린다고 생각하지 않으세요?"라고 묻는다. 사실 이런 질문들은 응답자의 의견이 아닌 자동적인 동의를 요구한다. 당신은 "네, 그래요. 잘 어울리네요"라 하면서도 속으로는 '25달러나 줬는데 잔디 깎기 기계가 지나간 것 같은 머리스타일이 되었군!'이라 생각할지도 모른다.

열린 결말의 질문들은 공감을 표현한다. 개개인의 고유한 반응과 응답을 존중하겠다는 의미가 그 안에 담겨 있기 때문이다. 우리는 열린 결말의 질문을 통해 상대에게서 무언가를 배우고 싶어 하며 그들의 관점이 어떤지 정말로 알고 싶어 한다는 사실을 전달할 수 있다. 당신은 통제권을 포기하고 특정 방향으로 대화를 유도하려 하지 않으며, 상대로 하여금 앞장서서 그가 원하는 곳으로 길을 안내하게 한다. 닫힌 결말의 질문은 사람들 눈앞에서 문을 쾅 닫아버리는 데 반해 열린 결말의 질문은 새로운 경험을 향한 문을 활짝 열고, 우리가 선입견과 고정관념에서 벗어나 무한한 가능성을 찾을 수 있게 한다.

2단계: 속도 줄이기

공감은 언제나 속도를 줄이기 위해 노력한다. 우리에게 깊은 자아성찰의 시간, 감정을 차분하게 가라앉힐 여유를 주기 위해서다. 감정이 뜨겁게 끓어오를 때는 공감을 표현하기가 쉽지 않다. 나와 고든의 대화처럼 격정적인 소통이 이루어질 때 중요한 것은 서로가 감정에 휩쓸리는 일을 방지하기 위해 속도를 줄이는 것이다. 이런 점에서 공감은 우리가 고삐를 당길 수 있도록 말의 입에 물리는 재갈과 비슷하다. 감정이 제멋대로 날뛰기 시작하면 공감이 개입하여, 빠른 질주를 우리가 감당 가능한 속보(速步) 수준으로 늦추는 것이다.

때로는 상황을 진정시키기 위해 뒤로 물러설 줄도 알아야 한다. 나는 마이크의 심리치료를 진행하면서 이와 관련된 경험을 했다. 알코올중독에서 회복 중이었던 36세의 마이크는 어느 날 난데없이 내게 결혼을 하겠다고 밝혔다.

"방금 전에 던킨 도너츠에 갔다가 낸시를 봤어요. 쿵 하고 한 대 얻어맞은 기분이 들었죠." 마이크는 활짝 웃으며 말했다. 평소 침착하고 차분했던 그는 그날 유난히 활기찬 모습이었다. "바로 그 순간 낸시와 결혼해야겠다고 생각했어요. 한 치의 의심도 없이요."

나와의 상담을 시작한 뒤 6개월이 지났지만 마이크가 낸시를 언급한 것은 이번이 처음이었다. "대단한 결심을 했네요. 어떻게 된 일이죠?" 내가 물었다.

"음, 오늘 알코올중독자 모임에 갔다가 던킨 도너츠에 들렀어요. 낸시를 봤는데 그녀가 제게 미소를 짓더군요. 그때 결혼을 해야겠다는 생각이 들었어요. 그렇게 된 거예요."

그 모임에 대한 이야기를 해달라고 하자 마이크는 인상을 찌푸렸다. "제가 결혼하려는 여자에 대한 얘기를 듣고 싶으셨던 게 아니었나요?"

"마이크. 낸시 이야기가 궁금하지 않은 건 아니에요. 하지만 상황이 어떻게 흘러갔는지를 모르면 당신의 처지를 제대로 이해할 수 없을 거예요. 과거로 다시 돌아가, 커피를 사러 던킨 도너츠에 가기 진에 어떤 일이 있었는지 되짚어봅시다. 모임에선 어떤 일이 있었나요?"

"그냥 정기적인 모임이었어요." 마이크는 앉은 자세를 고치며 말했다. 방금 전의 활력은 사라지고 그의 이마에는 주름이 잡혔다. "아시잖아요. 평소와 비슷한 이야기들이 오갔어요. 눈물을 흘리거나 감정이 북받친 사람들도 있었죠."

"정말로 평범한 정기 모임이었네요."

"네. 음, 사실은 아닌 것 같네요." 마이크의 주름살이 더 깊어지기 시작했다. "모임이 끝난 후에 어떤 영감과 언쟁을 벌였어요. 또 내 후원자가 내게 짜증을 냈죠."

"그 사람이 왜 짜증을 냈는지 아나요?"

"그가 나쁜 사람이니 그렇죠." 마이크는 경멸하듯 손을 휘저으며 말했다. "그래서 정말 화가 났어요. 얼마나 화가 났는지 그를 죽여버리고 싶었다니까요."

"있잖아요, 마이크. 난 그 부분이 잘 이해되지 않아요."

"어떤 부분을 말하는 거죠?"

"무엇 때문에 그렇게 화가 났던 거예요?"

"그 빌어먹을 모임에서 사람들이 나를 대하는 방식이 정말 지긋지긋해요. 난 그곳에 어울리지 않아요."

"그래서 소외감이 들고 모임이 괴롭게 느껴졌군요."

"네. 얼른 나와버리고 싶었어요."

"모임에서 나올 때는 어떤 기분이었나요?"

"화가 났어요. 내가 그곳에 어울리지 않는 것 같았어요."

"모임에서 나오고 얼마 지나지 않아 던킨 도너츠에 가서 낸시를 만난 건가요?"

"네. 대략 그렇게 된 거예요."

우리는 10~15분 동안 더 이야기를 나눴고, 마이크는 점점 생각이 깊어졌다. "오늘은 아주 감정적인 하루였네요. 그래서 선생님은 내가 분노로부터 탈출할 방법을 찾고 있다고 생각한 건가요?" 그가 물었다.

"내가 잘못 해석했다면 바로잡아주세요. 내가 느끼기에 당신은 모임에서 느낀 감정들로 동요하고 있었고, 자신을 진정시켜주거나 맘속의 갈등을 잊게 해줄 사람을 찾고 있었던 같아요."

마이크는 몸을 앞으로 기울이고 손을 모은 뒤 한숨을 쉬었다. "잘 모르겠어요. 선생님이 이렇게 제동을 거시니 꽤 혼란스럽네요."

"이게 옳은 방법일지도 몰라요. 이 상황을 어떻게 풀어가야 할지 혼란스럽고 확신이 서지 않는다는 것을 받아들이세요. 또 지금은 배움의 시간이며, 당신이 이번 일과 같은 인생의 중대 결정에 대해 생각할 때마다 앞으로 계속 배우고 성장할 거란 사실도 인정해보세요."

상담이 끝날 무렵 마이크는 이렇게 말했다. "제가 참 어리석었네요. 거의 알지도 못하는 사람과 결혼할 생각을 하다니. 전 이렇게 말도 안 되게 충동적일 때가 있다니까요. 가끔은 제가 왜 그러는지 모르겠어요."

"당신은 상처받거나 기분이 상할 때 바로바로 행동하는 것에 익숙한 것 같아요. 하지만 자신의 감정을 참고 견디는 법을 터득해나간다면 충동적인 행동도 점점 줄일 수 있을 겁니다. 그럴 능력이 있다는 걸 당신은 오늘 여기서 보낸 짧은 시간 동안 보여줬어요."

"제가 그랬나요?" 그가 물었다.

"네, 그래요."

감정이 격해졌을 때는 잠시 시간을 내서 생각과 반성을 해보는 것이 도움이 된다. 속도를 줄임으로써, 감정을 따라잡은 생각이 감정적 상황에 평정과 이성을 끼워 넣을 수 있게 해주는 것이다.

의식적으로 속도를 늦추기 위해 노력한다는 것은 곧 공감이 자신을 표현할 기회를 주는 것이다. 심리학 연구자들이 발견했듯 너무 뜨겁거나 차가운 환경에선 공감이 살아남을 수 없기 때문이다. 식물이 햇빛과 그늘의 적절한 균형을 필요로 하는 것처럼, 공감 역시 극단적인 환경에 노출되면 시들어버릴 것이다.

두려움이나 분노 같은 부정적 감정은 신진대사를 촉진하여 우리 몸을 강렬한 생리적 흥분 상태로 만든다. 심리학자 로버트 W. 레븐슨(Robert W. Levenson)과 애나 M. 루프(Anna M. Ruef)는 "보편적 믿음에 따르면, 생리적 흥분 상태를 고조시키는 상황에 처한 사람들에게선 지각적 초점이 좁아지는 증상이 나타난다"라고 말했다. 호르몬 분비가 왕성해지고 근육이 긴장할 때는 지각적 초점이 좁아진다. 실제로 이 순간 우리가 볼 수 있는 유일한 것은 자신의 분노와 두려움뿐이며, 그 외의 미묘한 감정들은 전부 희미하게 사라진다. 우리는 문자 그대로 감정에 '눈이 멀어', 투쟁이나 도피 중 하나를 통해 그 상황에서 살아남는 것에만 집중한다.

감정의 들끓음이 최고점을 지나면 공감은 자신의 영역을 넓히기 시작한다. 이제 좁은 초점에서 벗어나 다시 전체적인 그림을 볼 수 있게 되는 것이다. 속도를 줄이고 제대로 된 시각으로 감정을 되돌아보게끔 돕는 것은 공감을 표현할 수 있는 아주 강력한 방법이다. 공감이 영향력을 발휘하여 우리를 진정시키고 달래는 동안, 우리는 균형 감각을 되찾고 자신의 생각과 감정도 더욱 정확히 이해하게 된다. 마이크를 향한 나의 공감 덕분에 그는 속도를 늦추고 자신의 행동을 더욱 또렷이 이해할 수 있었다. 우리의 관계가 지속되면서 마이크는 자기 자신을 향한 공감을 확장시켰고, 이제는 외부의 도움 없이도 상황의 속도를 늦추는 법을 터득했다.

3단계: 성급한 판단을 삼가기

빠른 의사결정과 성급한 판단은 공감의 표현 방식이 아니다. 앞서 얘기했던 고든과의 심리치료 상황에서, 나는 그의 상태를 내 식에 따라 두세 줄로 요약하고선 그가 무엇을 생각하고 느끼는지에 관한 나름의 이론을 제시하며 나머지 상담 시간을 보낼 수도 있었다. 내겐 그의 생각과 감정, 과거 경험에 대한 충분한 지식이 있었기 때문이다.

나는 고든의 성미가 급하다는 것, 그리고 그가 종종 분노를 사용해서 사람들과의 안전거리를 유지한다는 사실을 알고 있었다. 이것은 그가 어떤 사람인지에 대해 내가 세운 이론이었으며, 그 이론의 근거는 내가 한 해 동안 그와 상담하는 과정에서 겪은 여러 경험들이었다. 그러므로 나는 "고든, 당신은 내게 위압감을 느껴서 화가 난 거군요" 또는 "당신이 날 때려 굴복시키고 싶다고 생각한 건, 날 보면 언제나 당신을 초라하고 어리석다 느껴지게 했던 아버지가 떠올랐기 때문이네요"라 말할 수도 있었다.

기본적으로 '철 좀 들어라'라는 뉘앙스가 담긴 이 말들은 사실상 상대가 불안정하거나, 겁에 질렸거나, 질투를 느끼고 있다는 걸 조금 더 자세히 풀어 이야기하는 것에 불과하다. 이런 말들은 우리 행동에 꼬리표를 붙이는데, 이는 타인의 행동을 더욱 깊이 이해할 방법을 찾으려는 공감적 표현과는 정반대에 있는 행위다.

또한 '철 좀 들어라' 같은 식의 언사들이 누군가의 행동을 고착화되고 변화불가한 것으로 한정 짓는 경향이 있는 데 반해, 공감은 언제나 우리의 생각과 감정을 구체적 상황과 연결시키려 한다. "회사에서 진행한 미팅 이야기를 할 때마다 당신은 꽤 동요하는 것 같더군요. 그때 어떤 일이 있었나요?" 어느 시점에서 나는 고든에게 물었다. 이 질문은 고든이 자신의 감정적 동요를 유발시키는 특정 사건들에 주의를 집중시킬 수 있도록 돕는다. 덕분에 그는 자신의 그런 반응이 어디에서 유래했는지를 되돌아보며 자아인식을 확장시킬 기회를 얻었고, 자기혐오적 언사들("나는 어리석어", "난 무능력자야", "난 절대 아버지처럼 성공하지 못할 거야")이 자기 자신을 지배하게 두는 일을 방지할 수 있었다. 절망의 순간에 처한 사람들은 종종 세부 사항들을 바라보는 시각을 잃고 일반론에 의지하곤 한다. 하지만 그것은 예외 없이, 타인에게 관용을 베풀지 못하고 가혹하게 심판하는 결과로 이어질 것이다.

공감의 힘은 순간순간의 경험에 초점을 맞추는 데 있다. 공감은 인간의 자연적인 본능, 즉 새로운 상황을 맞닥뜨릴 때마다 과거의 경험을 토대로 행동 양식을 요약하고 범주화하려는 본능을 피하려 한다. 지금까지 고든에 대해 무엇을 알게 되었든 간에 나는 '지금 이 순간' 그가 무엇을 생각하고 느끼는지 정확히 알 수 없다. 우리 모두가 그렇듯 고든도 변화하고 진화하는 사람이기 때문이다. 또한 공감은 늘 변화할 수 있는 인간의 본성을 존중하고 예우하는 방식으로 자신을 표현한다.

그리스 철학자 헤라클레이토스(Heracleitos)는 "우리는 같은 강에 두 번 들어갈 수 없다"라는 말로 오늘의 내가 어제와 다르다는 사실을 인정함으로써 공감을 표현했다. 타인에게 가장 큰 피해를 줄 수 있는 방법 하나는 그들의 성격이 절대 변할 수 없거나 경직되어 있다고 넘겨짚는 것이다. 그럴 때 우리가 상상하는 인생의 강이란, 다른 수원(水源)으로부터 단절되어 고여 있고 점차 썩어가는 얕은 웅덩이에 지나지 않는다. 누군가에게 "당신은 늘 그런 식이에요", "그게 내 원래 모습이에요. 날 바꿀 수 없어요", "당신의 속이 훤히 들여다보이네요" 같은 말을 던지는 것은 마치 강물 속에 돌덩이를 던지듯 공감의 자유로운 물줄기를 가로막는 장애물을 놓는 것과 같다. 이런 방식으로 우리는 변화의 가능성을 부인할 뿐 아니라 실제로 인격이 변하지 못하도록 차단도 할 수 있다.

"당신이 어떻게 반응할지 알아. 수천 번도 더 봐왔으니까", "물어보지 않아도 무슨 생각을 하는지 알 것 같아. 너보다 내가 널 더 잘 알거든" 이런 말이 오가는 것을 볼 때마다 나는 속으로 몸서리를 친다. 그런 말을 듣고 있는 내 머릿속에는 공감의 강에 나무들이 쓰러져 물의 흐름을 막는 장면이 그려진다. 과거를 토대로 미래를 예측할 수 있는 것은 사실이지만 공감은 우리에게 현실의 삶이 유동적이라는 것, 그리고 인간은 상황의 변화에 따라 순응하고 굽힐 줄 아는 적응 능력을 지닌 존재임을 상기시켜준다.

만일 사람들이 자신에게 주어진 존재 방식에만 영영 갇혀 있고 절대 변화할 수 없다면 어떻게 될까? 누구와 상호작용을 하든 뻔하고 익숙한 패턴과 기계적인 답만이 끊임없이 반복될 테고, 다른 관점을 취하거나 시야를 확장시키는 일은 거의 불가능해질 것이다. 이렇게 모든 것이 이론의 지배를 받고, 꼬리표에 따라 분류되며, 선입견을 바탕으로만 판단되는 제한된 세상은 마치 말라버린 강의 밑바닥과도 같다. 딱딱하게 굳고 바싹 말라 있으며, 다른 강이나 지류로부터 고립된 채 본연의 강력한 모습을 거의 찾아볼 수 없는 황폐한 곳 말이다.

4단계: 내 몸에 집중하기

고든이 격앙된 목소리로 나를 굴복시키고 싶다고 했을 때, 눈을 가늘게 뜨고 분노로 얼굴이 벌게진 그의 모습은 꼭 당장이라도 나를 덮칠 듯했다. 그 순간 빠르게 뛰는 내 심장이 느껴졌다. 내 자율신경계가 고든의 것을 미러링하기 시작하면서 나는 그의 분노를 글자 그대로 내 몸을 통해 느낄 수 있었다.

과학자들이 생리학적 동기화(physiological synchrony)라 부르는 이 현상은 우리의 마음(감정)과 신체(물리적 반응)가 긴밀하게 얽혀 있고 상호의존적이라는 사실을 강력히 뒷받침한다. 공감에는 확실히 물리적인 요소가 존재한다. 실제로 어떤 심리학 연구자는 공감을 '타인의 자율신경계를 자극시키는 신경 상태'라 정의하기도 했다. 다르게 표현하자면 우리의 신경계는 서로에게 '말'을 건다. 엄마가 아기와 놀아줄 때 둘의 심장은 속도를 맞춰 박동하기 시작한다. 당신이 강아지를 쓰다듬을 땐 당신뿐 아니라 강아지의 심박 속도도 함께 느려질 것이다. 한편, 분노와 적의를 품은 사람과 소통할 때는 우리의 신체 반응도 상대를 따라 변한다. 근육에 피가 쏠리고 혈압이 상승하며 스트레스 호르몬(아드레날린, 노르아드레날린, 코르티솔)이 혈액으로 솟구쳐 나오기 시작하면서 분노와 스트레스의 효과를 몸소 느끼게 되는 것이다. 자율신경계는 중추신경계(뇌와 척수)에서 뻗어 나와 신체의 분비선 및 내장근(혈관, 심장, 장기)에 감각 신호를 전달한다. 교감신경계와 비교감신경계라는, 독립적이지만 밀접하게 연관된 이 두 기관은 신체 반응을 제어한다. 먼저 교감신경계는 에너지 사용량을 증대시킨다. 긴장되는 상황에서 몸을 움직이게 하고 혈당량을 높이며 심장 박동과 혈압을 상승시키는 것이다. 반대로 부교감신경계는 우리가 긴장을 풀고 신체 에너지를 아끼려 할 때 주도권을 얻는다. 이러한 신경계통의 작용은 우리의 자각 없이 거의 자동적으로 일어나기 때문에 반사반응으로 간주된다. 대부분의 사람들이 자신의 심박 속도나 장 근육의 수축 및 이완을 스스로 제어할 수 없다는 것이 그 예다.

나는 '교감(sympathy)'이라는 단어가 자율신경계의 기능을 묘사하는데 쓰인다는 사실이 참으로 흥미롭다. 실제로 교감은 타인의 감정 상태에 대한 자율적·반사적 반응이기 때문이다. 그와 달리 공감(empathy)은 훨씬 복잡한 수준의 사고와 감정의 통합을 요구한다. 이런 점에서 중추신경계와 자율신경계 사이에서 일어나는 상호작용을 공감신경계(empathetic nervous system)라 부를 수 있을 것 같다. 우리가 자신의 감정과 생각을 타인에게 전달하기 위해 공감적 표현을 사용할 수 있는 것은 모두 이 신경계들 사이에서 지속적으로 이뤄지는 소통 덕분이기 때문이다. 실제로 공감은 몸과 마음의 통합 반응이며, 생각과 감정은 그 안에서 공감신경계를 통해 상호작용한다.

고든과 함께 있는 동안 심장이 빠르게 뛰고 집중력이 예민해지며 온 감각이 경계 태세에 돌입하는 반사반응이 내 몸에서 즉각적으로 일어난 것은 곧 생리학적 공감 작용이 일어났다는 증거다. 내 몸이 고든의 신체적 변화를 미러링한 것이다. 생리학적 동기화의 본질을 이해하고 있었기에 나는 내 감각을 이용하여 고든의 감정에 대한 중요 정보를 얻을 수 있었다. 내 신체적 반응은 그의 감정 상태에 대한 통찰을 제공했으며 분노라는 감정에 대한 내 개인적인 기억을 이끌어내기도 했다. 이 덕에 나는 분노와 적대의 감정이 피로, 정서적 긴장, 전반적인 불안정감과 같은 내면의 괴로움에서 파생되기도 한다는 사실을 다시 한 번 상기할 수 있었다.

우리의 몸은 다른 사람의 몸에 조율되어 있다. 우리에겐 타인의 신체적 반응을 자동적으로 감지할 수 있는 시스템이 선천적으로 내재되어 있으며, 우리는 그런 정보를 중요 단서로 삼아 타인의 생각과 감정을 유추할 수 있다는 뜻이다. 표정 모방은 생리학적 동기화의 전형적인 예다. 슬퍼하는 친구에게 당신이 이야기를 하고 있다고 가정해보자. 친구가 눈물을 흘리기 시작하자 당신의 얼굴 근육은 자신도 모르는 새에 친구의 표정을 따라 움직이기 시작한다. 그런데 더욱 놀라운 일이 일어난다. 친구가 느끼고 있는 감정과 똑같은 감정이 느껴지는 것이다. 우리는 얼굴 근육을 특정한 방식으로 움직이기만 해도 상대가 어떤 감정을 느끼는지 신체적·정신적으로 알 수 있다.

배우나 작가들은 표정 흉내에 담긴 힘을 이해하고 이 기술을 이용하여 특정 정서 상태를 연출하기도 한다. 다음의 지문에서 우리는 고전 공포 소설 작가 에드거 앨런 포가 다른 이의 마음을 읽어내기 위해 표정 흉내 내기를 사용했음을 알 수 있다.

누군가가 얼마나 똑똑하거나 멍청한지 혹은 착하거나 나쁜지를 알고 싶을 때, 아니면 지금 무슨 생각을 하는지 궁금할 때, 나는 최대한 그 사람과 똑같은 표정을 지어본다. 그리고 나서 가만히 기다리고 있으면 마치 내가 지은 표정과 상응하거나 조화를 이루려는 듯 마음속에 어떤 생각이나 감정이 떠오르곤 한다.

우리는 신체의 생리적 반응에 따라 기분이 좌우되기도 한다. 그렇기에 미소를 짓는 것만으로 신경계를 진정시키고 자신의 기분이 나아지게 할 수 있으며, 얼굴을 찡그림으로써 부정적이거나 비판적인 기분을 느낄 수도 있다. 한 심리학 실험에서 연구자들은 실험 참가자의 이마에 골프티(golf tees, 골프공을 올려놓기 위해 사용하는 막대_옮긴이)를 두 개 붙인 다음 두 막대를 최대한 가까이 이동시켜보라고 요청했다. 그 과정에서 자연스럽게 얼굴을 찌푸린 참가자들은 연구팀이 혐오스러운 그림을 보여주자 훨씬 부정적인 반응을 나타냈다. 또 다른 연구에선 윗니와 아랫니 사이에 펜을 물어 저절로 웃는 표정을 만들었던 참가자들이 재밌는 만화를 보고 훨씬 잘 웃는 경향을 보였다.

생리학적 동기화는 치료적 관계를 비롯한 모든 관계에서 핵심 역할을 한다. 나는 심리치료에서 내 표정과 몸짓으로 환자들의 정서 상태를 유도할 수 있다. 가령 내가 분노나 답답함을 느끼면 환자들은 내 부정적 감정을 알아채고 비슷한 강도의 반응을 나타낼 것이며, 내가 진정되어 있을 때는 그들의 신체 역시 내 차분함에 맞게 반응할 것이다. 대개의 경우 내가 미소를 지으면 사람들의 기분도 좋아질 것이고, 내가 인상을 쓰면 그들도 내 부정적 기분에 좋지 않은 영향을 받을 것이다.

이 지식에는 강력한 힘이 있다. 불안하거나 연약한 상태의 누군가가 내 엄격한 표정이나 짜증의 몸짓으로 인해 큰 상처를 입을 수도 있기에, 나는 이 지식을 극도로 신중하고 조심스럽게 다룬다. 내 신체반응이 타인에게서 강렬한 감정반응을 이끌어낼 수도 있음을 유념하여 표정이나 어조, 몸짓, 심지어는 자세에도 매우 신경을 쓰는 것이다. 또한 나는 내 신체반응을 모니터링한 뒤 거기서 얻은 정보를 다른 사람의 정서 상태를 이해하는 실마리로 사용한다.

심리치료에서든 삶에서든 우리의 감정이 신체에 어떻게 영향을 줄 수 있으며, 반대로 특정 생리적 반응이 어떻게 우리의 기분을 바꿀 수 있는지 이해하는 것은 매우 중요하다. 일례로 미소 짓기는 우리가 할 수 있는 가장 강력한 공감의 표현 중 하나다. 타인의 미소를 본 사람에게선 자신도 모르게 그와 똑같이 미소를 지으려는, 저항할 수 없는 욕구가 생기기 때문이다. 또한 얼굴 근육을 움직여 웃는 표정을 만들면 우리에게선 신체적 변화가 일어나 기분을 나아지게 만든다. 슬픔이나 염려를 느낄 때에도 미소를 지으면 기분이 좋아진다는 사실은 이미 수많은 연구를 통해 입증된 바 있다.

우리는 얼굴 근육의 위치를 바꿈으로써 자율신경계에 변화의 신호를 보내고, 정서적 변화는 그에 상응하여 시작된다. 미소를 나누는 엄마와 아기를 보자. 둘 사이에 존재하는 즐거운 감정은 전염되듯 퍼져나갈 것이고, 당신은 '마음에 영향을 끼치는 몸의 힘'이나 '몸의 경험을 변화시킬 수 있는 마음의 위력'을 이해할 수 있을 것이다.

5단계: 과거로부터 배우기

공감은 지금 이 순간 친밀감과 관계성을 만들어내는 기적을 일으키지만, 과거 역시 늘 지켜보고 있다. 우리가 과거를 알고 이해해야 하는 이유는 현재의 소통에 필요한 지침을 얻거나 미래를 예측하기 위해서가 아니라 오래 묵은 패턴, 판단, 이론, 이상 등이 현재 일어나고 있는 일들에 어떻게 간섭하고 있는지 파악하기 위해서다.

고든이 현재 느끼고 있는 분노와 수치심을 해결하게끔 도우려면 그의 과거를 이해하는 과정이 반드시 필요했다. 자신의 표현에 따르면 고든은 '사실상 모든 면에서 완벽한 인간'이었던 아버지 밑에서 자랐다. 그는 아버지가 멋지게 늙어가는 배우 멜 깁슨을 닮았고, 최고 우등생으로 예일대를 졸업했으며, 대형 화장품 기업의 부사장으로서 '떼돈'을 벌었다고 말했다. 아버지를 아는 이라면 누구나 그를 존경(또는 두려워)했다는 말도 덧붙였다. 고든은 잘생기고 똑똑하며 건강했을 뿐만 아니라 행복한 결혼생활과 경제적 안정까지 누리고 있었지만, 아무리 노력해도 아버지만큼 커다란 성공을 이뤄낼 순 없을 것이라 믿으며 삶을 살아왔다.

자신의 과거가 현재의 행동에 간섭하고 있음을 깨닫기 시작하면서 고든은 스스로의 감정을 더 잘 다스릴 수 있게 되었다. 그는 내게 잊을 수 없는 이야기를 하나 들려줬다. 어느 날 회사 주주들을 대상으로 가진 발표 자리에서, 고든은 극도로 긴장한 탓에 계속 목을 가다듬으며 이야기를 이어가고 있었다. 그런데 발표 중간에 사장이 자리에서 일어나 회의실을 떠났다. 자연스레 사장이 자신의 발표를 맘에 들어 하지 않는다고 여긴 고든은 큰 당혹감에 휩싸였다. 분노가 차오르고 심박이 빨라지며 이내 땀이 줄줄 흐르기 시작했다. 그런데 잠시 후 사장이 돌아오더니 강단으로 다가와서는 물 한 잔을 건네주었다. "실내가 무척 덥군. 이게 도움이 될 걸세." 그는 고든의 등을 다정하게 두드리며 이야기했다.

우리는 현재로부터 과거를 분리하는 법을 배우면서 객관성을 얻는다. 당신은 상대의 격한 감정이 꼭 지금 일어나는 일과 관련된 것이 아니라 과거에 해결되지 않은 갈등이나 어려운 상황들로부터 흘러나오는 경우도 많음을 알게 될 것이다. 치과에 갔는데 접수 직원의 태도가 퉁명스럽고 불친절하게 느껴지는 상황을 상상해보자. 당신이 잠시 시간을 내어 자신의 감정을 살핀다면 그 직원을 향한 적대감은 완전히 바뀔 수도 있다. 당신은 그 직원이 냉정하고 흠잡기 좋아하는 당신 어머니를 연상시킨다는 사실을 깨닫는다. 그 직원은 어머니와 외모뿐 아니라 목소리도 유사한 데다 비슷한 몸짓과 표정을 하고 있었던 것이다. 이처럼 공감은 우리가 여러 사실을 종합하여 대상을 더 깊이 이해하게 한 다음, 조금 뒤로 물러나 균형적이고 사려 깊은 반응을 하는 데 필요한 객관성을 얻게 만든다. 공감으로 시야가 확장된 당신은 그 직원이 사적 감정에서 그렇게 행동한 것이 아님을 깨닫고 그녀를 향한 화를 풀게 된다.

켈리라는 이름의 내 환자는 세상에서 가장 불만 많은 사람이었다. 그 무엇도 그녀를 기쁘게 하거나 그녀의 자존감을 높여줄 순 없을 것 같았다. 하루는 병원 소속의 사회복지사 에디가 엘리베이터 안에서 우연히 켈리와 마주쳤다. 에디는 미소를 짓고 활달하게 인사한 다음 켈리가 입고 있던 정장이 잘 어울린다고 상냥하게 말했다. 그런데 켈리는 하이힐을 신은 발을 홱 돌리더니 에디를 향해 한바탕 퍼붓기 시작했다.

"정말 얄팍하군요." 그녀는 에디의 이름표를 가리키며 말했다. "사회복지사라면 충분히 트레이닝을 받지 않았나요? 그런데도 내 외모에 대해 왈가왈부하며 나를 모욕하다니 믿을 수가 없네요. 난 평생 여자는 외모로 평가를 받는다고 억지로 믿어야 했어요. 그런데 당신은 도움을 받으러 병원에 온 내게 뻔뻔하게도 우리 문화의 얄팍한 실상을 그대로 확인시켜주는군요!" 이 말이 끝나자 문이 열렸고 켈리는 씩씩거리며 엘리베이터를 나섰다.

에디는 그대로 엘리베이터를 타고 곧장 내 방으로 찾아왔다. 방금 일어난 일을 이야기하며 그녀는 눈물을 흘렸고, 자신이 그렇게나 무신경했던 것인지 또 혹시 켈리의 치료를 망쳐놓은 건 아닌지 물었다. 나는 이와 비슷한 문제로 아버지를 찾아갔을 때 그분이 해주셨던 말을 에디에게도 똑같이 들려줬다. '근원이 무엇일지 생각해보라'는 말이었다. 아버지는 이렇게 말씀하시곤 했다. "자기혐오에 빠져 있는 누군가가 네게 험한 말을 한다면 그 말의 근원이 무엇일지 생각해보렴. 분노는 대개 오래 묵은 수치나 두려움에서 만들어지는데, 그 옛일은 너와 아무런 상관이 없단다. 넌 잘못된 시간과 장소에 우연히 있었던 것뿐이야. 사람들이 어떤 말을 해도 그들의 불안정함에 속지 말아야 한다."

나는 에디에게 그녀가 웃었든 찡그렸든, 기침을 했든 눈썹을 치켜떴든 켈리는 비슷한 반응을 보였을 것이라고 말해줬다. 사실 에디가 무슨 말과 행동을 했느냐는 크게 중요하지 않았다. 그날 누군가는 어딘가에서 켈리의 억눌린 감정을 받아내야만 할 운명이었다. 근원이 무엇인지 생각해보자. 사람들은 저마다 다양하고 복잡한 과거를 품고 살아가다가 그것을 현재의 만남에 끌어들이기도 한다. 그런 근원을 고려하지 못한다면 우리는 쉽게 혼란을 느끼고, 상대가 나타내는 감정 반응의 책임이 자신에게 있다고 성급히 결론 지을 것이다.

근원이 무엇인지 생각하는 일은 양방향으로 이뤄진다. 우리는 다른 사람의 과거를 예우하는 것에 더해 자신의 과거에도 주의를 기울여야 한다. 과거에 해결되지 못한 갈등들은 그게 무엇이었든 현재 삶의 소통 속으로 자리를 옮길 것이다. 자신을 이해하고 과거 속 갈등에 대한 의식을 발전시켜나가는 것은 타인을 향한 공감 능력을 키우는 데 꼭 필요한 과정이다.

6단계: 이야기가 펼쳐지게 하기

누구든 자신만의 특별한 이야기를 간직하고 있고, 모든 이야기는 그 사람의 속도에 맞게 펼쳐진다. 공감이 소통을 인도할 때 당신은 상대의 속도가 어느 정도쯤이어야 할지를 놀랍도록 정확히 판단할 수 있다. 가장 중요한 건 타이밍이다. 공감은 우리를 긴 여정으로 데려가며, 때로는 힘들고 험난한 길과 맞닥뜨리게도 한다. 우리는 길 중간중간에 멈춰 서서 휴식을 취하고 주위를 살피며 경로표시기를 유심히 들여다봐야 한다.

고든의 강한 적대심을 보고 그가 감정의 벼랑 끝에서 휘청거리고 있음을 알아챈 나는 적절한 타이밍을 잡아야 했다. 내가 공격적으로 대응해서 고든으로 하여금 싸우고 싶다는 마음을 일으켰다면 그를 낭떠러지로 밀어버리는 셈이 되었을 것이다. "당신은 특별대우를 받을 자격이 있다는 듯 행동하고 있군요. 고든, 남 탓은 그만하고 노력을 좀 해보지 그래요?" 또는 "당신은 지금 과민반응을 하고 있어요. 화를 내는 것을 보니 얼마나 불안정한 상태인지 알 만하네요"와 같은 이야기들을 함으로써 말이다. 어쩌면 "고든, 지금 이성을 잃은 것 같아요. 우선 다른 얘기부터 한 뒤 좀 진정이 되면 다시 이 주제로 돌아오죠"라며 성급히 그 상황을 마무리할 수도 있었을 것이다. 하지만 내가 이런 반응들을 보였다면, 두 사람이 서로를 깎아내리거나 억지로 '승자'와 '패자'를 만들지 않으면서도 소통하는 장면을 고든에게 실시간으로 생생히 보여주는 소중한 기회를 놓치고 말았을 것이다.

나도 고든처럼 성격이 강한 편이고, 그와 상담을 하면서 젊은 시절의 내 모습을 자주 보기도 했던 것이 사실이다. 그러나 그의 아버지가 아들에게 분노를 이용하여 남들을 압도하라고 부추겼던 데 반해 내 아버지는 분노가 실망과 상처, 답답함과 억울함, 부족함이나 무력감처럼 사람들이 밖으로 드러내기 꺼려하는 여타 감정들을 숨기는 수단임을 깨닫게 해주셨다.

분노는 우리가 스스로 약하고 무력하다고 '느낄' 때 나오는 표현이다. "어떤 상황에서는 네게 아무런 힘이 없다고 느껴질 수도 있어. 하지만 내가 보장하마. 네가 이용할 수 있는 자원은 언제나 있을 거야. 살면서 해결책이 완전히 없는 문제를 만나는 경우는 정말 드물단다"라고 아버지는 말씀하셨다. 자신이 무력하게 느껴지거나 남들에게 과소평가와 무시를 당하는 듯한 기분이 들 때면 좌절이나 수치 같은 감정 반응이 나타날 것이다. 이런 감정들은 분노와 공격성으로 이어질 뿐만 아니라 폭력을 야기하는 경우도 너무나 많다. 내 경험상 남들에게 제대로 이해받지 못했다는 느낌은 거의 어김없이 분노와 적의의 행동을 부추겼다.

수많은 남성들에게 있어 그들이 제대로 익힌 유일한 감정은 분노뿐이다. 남성에게서 나타나는 분노의 근원을 연구한 심리학자들은, 부모들이 아들들에게는 '화'라는 단어를 빈번히 사용하지만 딸들에게는 거의 쓰지 않는다고 보고한다. 또 부모들은 딸에게 문제가 생겼을 때 사교 능력과 재치로 그것을 해결하도록 장려한 반면, 아들이 분쟁에 휘말렸을 때는 보복을 용인하거나 심지어 두둔하기까지 했다. 심리학자 윌리엄 폴랙(William Pollack)은 《진짜 소년들(Real Boys)》에서 이렇게 이야기했다. "남성들은 대부분 분노 이외의 감정을 표현하거나 경험하는 것을 어려워한다. 어렸을 때부터 자신이 느끼는 감정을 충분히 전달하기 위한 수단으로 '분노'를 쓰도록 부추겨졌기 때문이다."

그러나 공감 어린 대우를 받고 타인에게 공감적으로 반응하는 법을 배운 아이들에게선 강렬한 분노가 사라지곤 한다. 공감이 어떻게 분노를 무장해제시킬 수 있는지에 대해 폴랙은 다음과 같이 설명한다.

> 관심을 받고 자란 소년은 남들을 더 잘 돌볼 것이고, 부모나 가족들과 교감을 느낀다면 다른 이들을 향한 교감도 더욱 잘 느낄 것이다. 또한 부모가 자신을 이해하고 공감해준다고 느낀 아이는 남들에게도 똑같이 해줄 능력이 생길 것이다. (…) 타인에게 공감을 느끼고 자신의 수치심을 극복한 아이라면, 누군가를 자신과 동등한 인격체로 인정하지 못하고 폭력을 가하려는 일은 없을 것이다.

다른 젊은이들이 그랬듯 나 역시 자라면서 스스로의 열정적 기질을 이해하고 통제하기 위해 애썼다. 부모님은 내게 이성이 감정을 조절하게 함으로써 속도를 늦추는 법을 알려주셨다. 또한 지난 30년간 심리학자로서 거친 각종 트레이닝과 경험을 통해, 나는 공감을 이용하여 내 강한 기질을 상쇄시키는 법을 익혀왔다. 분노와 좌절을 느낄 때, 또는 사람들이 내게 적의와 공격성을 보일 때 나는 그것들을 유발하는 것이 보다 심오한 감정들, 즉 오해, 불신, 버림받은 기분 등임을 이해한다. 이러한 지식은 '밝기조절기' 같은 기능을 하여 감정적 소통의 강도를 낮춰준다. 나는 공감의 인도를 받아 그들의 표면적 행동 아래에 숨어 있는 좌절감과 두려움을 알아보고, 내가 기꺼이 그들의 괴로움에 대해 들어주고 응답할 것임을 상대가 알 수 있도록 반응한다.

심리치료나 실생활에서, 분노와 공격성은 남성들이 흔히 지닌 내면의 공격적 충동이 밖으로 표출된 것이라고 종종 오해되곤 한다. 남성들은 선천적으로 폭력적이고 가학적이니 이런 즉흥적인 충동을 제어하는 법을 배울 필요가 있다는 이론이다. 이를 근거로 많은 의사가 분노와 적의를 나타내고 잠재적 폭력성을 보이는 환자들에게 약물을 권하기도 한다. 실제로 환자들이 분노에 차서 거친 말을 하거나 폭력을 휘두르려 할 때, 위협을 느끼는(또는 그러한 공격성에 어떻게 대처해야 할지 어려워하는) 의사들은 신경안정제나 진정제 혹은 항우울제를 처방하는 것이 효과적이라고 생각한다. 약물이 도움이 될 수 있다는 것엔 의심의 여지가 없지만, 이런 해결책은 환자들에게 잘못된 메시지를 전달하는 경우가 너무 많다. 그것은 마치 "당신은 상태가 너무 심각해서 내가 감당할 수 없으니 약을 복용하고 다시 이야기합시다"라고 말하는 것이나 마찬가지기 때문이다.

물론 우리에겐 공감이라는 대안이 있다. 공감이 있다면, 우리는 깊은 감정의 골짜기 앞에 위태로이 서 있더라도 이 관계가 우리를 안전한 곳으로 데려다줄 것이라 믿을 수 있다. 공감은 우리에게 이야기가 스스로 펼쳐지도록 허락하는 방법을 가르친다. 언제 앞으로 나아가며 언제 뒤로 물러나야 할지, 또 악천후를 만났을 땐 빨리 숨을 곳을 찾아야 하는지 아니면 자신이 그것을 극복할 만큼 강하다고 믿어도 되는지를 알게 해줌으로써 말이다. 우리가 이 골짜기 앞에서 누군가의 곁에 서 있을 때, 공감은 이것이 내가 아닌 다른 사람의 여정이란 사실을 상기시켜준다. 우리는 상대의 동반자, 조력자, 지지자가 되어주기 위해 그곳에 있을 뿐이다. 우리의 역할은 길을 인도하는 것이 아니라 따르는 것이고, 군림이 아닌 참여를 하는 것이며, 최종 결정을 내리는 것이 아니라 의견교환이 계속 이뤄지게끔 놔두는 것이다. 우리는 도울 수 있는 것들을 돕고, 이 경험의 참여자가 될 수 있음에 감사하며 이야기에 흠뻑 몰입하는 방법으로 공감을 표현한다.

7단계: 한계 설정하기

"나는 사적인 이야기를 모두 털어놔야 해요. 하지만 선생님은 자신에 관한 중요한 이야기를 전혀 하지 않잖아요." 이렇게 말하며 고든은 속 이야기를 털어놓으라고 내게 도발했고, 내가 빈틈없는 모습을 보이기 위해 자기에게 아무 이야기도 하지 않는다고 나를 비난했다. 나는 고든의 해석을 순순히 인정하고 그가 원하는 대로 해줄 수도 있었다. "나에 대해 뭐가 궁금한가요?"라 물어봤을지도 모른다.

심리치료에서든 실생활에서든 이것은 함정이다. 상대의 불안정감을 없앤답시고 개인적인 이야기를 털어놓는 것은 도움이 필요한 사람으로부터 관심의 집중을 옮기는 행위이기 때문에 거의 효과가 없다. 심리치료에서 의사들은 때때로 자신의 속마음을 드러냄으로써 신뢰와 유대를 구축할 수 있다고 합리화하며 자신의 걱정거리를 환자들에게 얘기하는 실수를 범한다. 이런 소통 방식은 일시적 안도감('선생님도 비슷한 경험을 하셨다니 기분이 좀 나아지네요')을 줄 수 있지만, 오히려 오랜 원망의 원인이 될 수도 있다. 다음의 사례를 살펴보자.

만성 우울증으로 고생 중인 어느 39세 여성이 심리치료를 받으며 의사에게 자살충동을 느끼고 있다고 이야기했다. "너무 힘들어요. 나 자신을 해치고 싶은 욕구가 감당할 수 없을 정도로 밀려와요."

의사는 매우 걱정스러운 표정으로 의자를 가까이 당겨 앉으며 말했다. "전 자살 이야기를 아주 심각하게 받아들입니다. 3년 전 제 조카가 자살로 세상을 떠났거든요."

아마 그는 유대감을 형성하거나 환자에 대한 염려를 전달하고 싶어서 이런 고백을 했을 것이다. 그 의도가 무엇이었든 결과적으로 환자는 혼란을 느꼈다. 그녀는 의사가 자신에게 왜 이런 얘기를 하는지 궁금해졌다. '조카에 대해 물어봐야 하는 걸까? 지금 그 일에 관한 대화를 나눠야 하는 건가?' 불현듯 분노가 찾아올지도 모른다. '나는 내 얘기를 하고 싶은 것이지 선생님의 사생활에 얽히고 싶은 건 아닌데?' 그러다가 죄책감이 생기기도 한다. '난 정말 이기적이야. 그게 항상 문제였지. 난 나밖에 모르는 사람이야.'

스스로의 문제를 이야기하는 누군가에게 자신의 시련과 고난을 언급하는 방식으로 응답한다면 오래 지속되는 위안을 주기란 거의 불가능할 것이다. 다른 사람들도 심각한 문제를 겪고 있음을 안다 해서 깊은 불안정감이 치유되진 않기 때문이다. 공감은 우리가 편견 없이 듣고 표면 아래의 의미를 포착하게 해주는데, 편견 없이 듣는 일에 반드시 필요한 것이 한계 설정이다. 타인에게 관심이 없거나 그들의 고통에 아무렇지도 않아야 한다는 뜻이 아니라 상대에게 객관적으로 반응하는 데 필요한 거리를 유지하겠다는 의지를 보여줘야 한다는 뜻이다.

한계를 설정하는 것은 공감에게 제 능력을 발휘할 기회를 주는 길, 그리고 우리가 현재의 당면 문제에 계속해서 주의를 집중하게 해주는 길이다. 결혼생활에서 문제를 겪고 있는 한 중년 환자는 내게 이런 이야기를 했다. 자신은 모든 남자들이 한 번쯤 불륜을 생각한다고 믿는다는 것이었다. "선생님도 불륜을 생각해본 적이 있나요?" 그는 내게 물었다. 내가 단순히 동정심을 느꼈다면 그에게 위로를 표현하고 그 주제에 대한 내 의견을 밝혔을 것이다. 하지만 공감은 나로 하여금 한계를 설정하여 환자의 필요와 염려에만 주의를 집중하게 해줬다. "다른 남성들이 불륜에 대해 어떻게 생각하는지 안다고 해서 만족스러운 결혼생활과 관련된 특별한 도움을 받을 수 있을 것 같진 않네요." 내가 이렇게 말하자 그는 곧바로 동의했다.

치료에서뿐 아니라 일상생활에서도 적절한 한계를 정하는 일은 매우 중요하다. 요청을 받을 때마다 어떤 주제에 대한 자신의 견해와 느낌을 밝히는 것이 능사는 아니다. 진정한 신뢰는 순간순간의 공감적 소통을 통해 쌓이는 것이기 때문이다. 또 상대와 똑같이 긴장하는 것은 그들의 괴로움을 덜어주는 방법이 아니며, 오히려 대개의 경우에는 그들을 더욱 걱정하게 만들 것이다.

고든의 사례에서 나는 나를 향한 그의 분노에 깊이 신경 쓰고 있다는 사실을 전하려 노력했지만, 그러면서도 대화의 주제가 내게 집중되는 것은 용인하지 않았다. 그렇게 한계를 설정하지 않았다면 우리의 대화는 곁길로 빠지고 결국엔 고든을 더욱 답답하고 화난 상태로 만들었을지 모른다. 내 역할은 상처를 입거나 후퇴하지 않으면서 고든의 강한 공격을 흡수하는 것이었다. 공감의 인도를 받은 나는 고든의 분노가 오래된 원망과 깊은 수치심을 감추려는 수단임을 알고 있었기에 두렵지 않았다. 나는 한계를 설정함으로써 그의 감정이 이리저리 분산되지 않고 집중된 상태를 유지하도록 도울 수 있었다. 이것은 폭풍이 한 시간 동안 몰아치는 것과 약한 비가 며칠 동안 쉬지 않고 내리는 것의 차이와 같았다.

이 진리는 심리치료실 밖의 삶에서도 동일하게 적용된다. 사람들과 동화되는 것도 좋지만, 때로는 우리 모두가 개별적이고 서로 다른 존재임을 아는 것도 매우 중요하다. 공감은 다름을 수용하며, 더욱 중요하게는 다름을 향해 관용을 베풀 수 있게끔 돕는다. 인간은 독립적이기도 하고 의존적이기도 한 존재이며, 가장 건강한 사람들조차도 상호의존적으로 살아가야만 한다. 우리는 모이기도 하고 흩어지기도 하면서 개입과 분리의 균형을 유지한다. 또한 공감을 지침으로 삼아, 관계 속에서 언제 개입이 필요하고 언제 거리를 두는 편이 유익한지를 분별한다.

내가 어디서 멈추고 상대가 어디서 시작해야 하는지 판단하는 것은 친밀한 관계에서 가장 중요하면서도 어려운 부분이다. 나와 상대의 경계선이 얽혀버리면 무엇이 내 것이고 무엇이 마땅히 상대의 것이 되어야 하는지 헷갈리기 시작한다. 자신의 균형감각을 유지하기 위해 객관성을 필요로 하는 공감은 이런 뒤죽박죽의 상태에서 괴로움에 빠질 수밖에 없다. 친밀한 관계 속에서 우리는 시작점과 끝점이 어디인지를 이해하여 공감이 만들어내는 균형 상태를 보존해야 한다. 이 균형 상태 속에서 우리는 상대의 특별한 필요와 욕구, 희망과 꿈을 항상 존중함과 동시에 자신을 분명하고 솔직하게 표현하는 데 필요한 통찰과 이해를 얻을 수 있을 것이다.

공감 표현하기에서 가장 중요한 것은 우리가 하는 말이 아닌, 소통 속에 담긴 근본 메시지다. 우리는 공감을 통해 자신이 상대의 이야기에 관심을 갖고 있다는 메시지를 전달하려 노력한다. 또한 낯선 이들도 서로 공감을 표현한다는 사실에서 짐작할 수 있듯, 우리가 이야기에 관심을 가지는 이유는 자신이 그 속에서 중요한 역할을 하기 때문만이 아니다. 우리는 그들의 이야기에 몰입하면서 자신이 도울 수 있는 부분을 찾으려 하고, 그럼으로써 자신의 시야를 넓힐 뿐 아니라 삶 자체와의 관계도 확장시킨다.

마하트마 간디의 일화에서는 공감의 핵심부에 있는 상호의존적 특성이 잘 드러난다. 간디는 인도의 한 작은 마을에서 가난한 이들을 돕기 위해 일하던 중 서구의 어느 기자와 인터뷰를 했다. 기자가 말했다. "가난한 사람들을 위해 정말 멋진 일을 하고 계시네요!" 간디가 대답했다. "나는 이들이 아닌 나 자신을 위해서 이런 일을 합니다." "그게 무슨 뜻이죠?" 기자가 묻자 간디는 이렇게 대답했다. "자신에게 공감하지 못하는 사람이 어떻게 다른 사람에게 공감을 할 수 있겠습니까?"

5장

공감적
듣기

:

타인의 고유한 경험에 대한 경청법

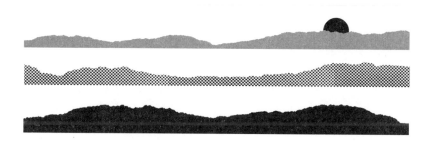

공감적 듣기는 항상 상대 중심적이며,
그 사람으로 하여금 자신의 고유한 경험이
제대로 이해받았다는 기분이 들게 하는 것을 목표로 한다.

몇 달 전 나는 공동으로 진행하는 보스턴의 어느 라디오 쇼에서 '사라져 버린 경청의 기술'이라는 주제를 집중적으로 다뤘다. 프로그램이 끝난 후 한 친구가 내게 자기 이야기를 해도 되는지 물었다.

"그럼요. 난 이야기를 좋아하거든요."

"이건 실제 얘기예요."

"그럼 더더욱 좋겠네요."

그녀는 공감적 듣기 능력이 부족한 상대와의 사이에서 겪은 일을 들려줬다. "난 어떤 남자와의 만남을 다시 시작해볼까 고민하고 있었어요." 그녀가 운을 뗐다.

"우린 작년에 헤어졌지만 그 사람은 다시 만나자며 끊임없이 절 압박하고 회유해왔죠. 난 그에게 마음이 울적하다고, 에너지와 열정이 없다고, 또 지금은 나 자신이 싫다는 얘기도 해봤어요. 하지만 그는 항상 비슷한 이야기를 하더군요. 내가 얼마나 멋진 사람인지 아냐고 묻는가 하면 나 자신을 믿어야 한다는 둥, 자기처럼 제 장점을 제대로 알아보는 사람은 아무도 없다는 둥 하는 얘기들을요. 그런 칭찬들은 내게 잘 보이기 위한 거란 의심이 끊임없이 들었지만, 그 칭찬에 점점 넘어가서 나는 그와의 관계를 다시 시작해볼까 고민하고 있었죠.

라디오에서 당신이 공감과 경청의 기술에 대해 말하는 것을 듣다가 갑자기 깨달은 게 있어요. 그 남자는 내 이야기를 전혀 듣지 않았고, 그저 내가 듣고 싶어 할 만한 말을 했던 거란 사실이었어요. 그러고 나선 더더욱 심오한 진실을 깨우쳤죠. 나 역시도 그 사람 말을 듣지 않고 있었더군요! 나는 그 사람의 아첨과 칭찬 속에 흠뻑 빠져서 그가 자기 맘대로 날 조종하게 내버려뒀어요."

고대 그리스의 철학자 제논(Zenon)은 "귀가 둘이고 입이 하나인 이유는 말하는 시간의 두 배 동안 듣게 하기 위해서다"라는 격언을 남겼다. 하지만 우리 중 누가 과연 말하기보다 듣기를 더 많이 할까? 우리가 들을 때는 정말 상대의 말에 귀를 기울이는 것일까, 아니면 내 차례가 왔을 때 무슨 말을 할지 미리 연습하고 있는 것뿐일까? 몇 가지 특정 문구만 기억하고 나머지는 흘려보내면서 좋은 부분에만 주의를 집중시키는 '복사하기-붙여넣기' 과정을 계속 반복하는 것은 아닐까? 상대의 말에 담긴 감정을 우리는 얼마나 잘 '듣고' 있으며, 말로 전해지지 않고 그냥 남아 있는 것들에 응답하기 위해 얼마나 의식적으로 노력하고 있을까? 우리는 어떻게 경청해야 하며, 더 중요하게는 어떻게 공감하며 들어야 할까?

듣는다는 것은 사실 쉬운 일처럼 여겨진다. 말하기를 멈추고 상대가 하는 이야기에 집중하면 되는 것 아닌가? 하지만 공감에 관련된 모든 기술 중 듣기는 가장 강력한 집중력과 주의력을 필요로 한다. 우리의 주의를 흐트러뜨릴 수 있는 요소가 너무 많기 때문이다. 많은 사람들은 상대가 이야기하는 동안 '한 귀로' 들으면서 자기 순서가 됐을 때의 할 말을 준비한다. 우리는 편견을 가지고 이야기를 들으며, 끝까지 듣기 전에 판단을 내린다. 상대의 이야기에 동감을 하고 자신이 들은 이야기를 개인적 경험과 모조리 연결시킨 후, 그 사람의 감정과 생각의 고유성은 존중하지 않은 채 "무슨 말인지 정확히 이해해" 또는 "지금 무슨 심정인지 알아"와 같은 말을 한다. 또 결국에는 속으로 판단하고 추측하느라 자신의 내적 목소리가 만드는 소음 속에서 주의력을 빼앗기고 만다.

 공감적 듣기는 타인의 경험에 완전히 참여하기 위해 자기중심적인 관점을 포기하는 일이다. 상대가 하는 말뿐만 아니라 몸짓이나 전체적인 태도, 자세, 표정에도 함께 주목하여 주의를 집중시키는 것이다. 공감하며 이야기를 들을 때 우리는 자신의 편견을 버리기 위해 의식적으로 노력하고, 타인의 감정에 휘말리지 않으며, 지나치게 다가가거나 물러서지 않으면서 서로 이어지는 법을 터득한다. 또한 모호함과 함께 살아가는 방법을 배우고, 우리가 모든 문제에 대한 답이나 해결책을 얻을 수 없다는 사실도 깨닫는다.

 이렇게 상대로 하여금 자신의 목소리가 '전해졌다'고 느끼게 할 정도로 깊고 명료한 감정과 함께하는 경청은 일종의 거룩한 듣기 행위다. 작가 더글러스 스티어(Douglas Steere)는 이렇게 설명했다.

거룩한 듣기란 영혼의 소리를 '들어' 타인의 삶을 발견하고 알아가는 것으로, 인간으로서 타인에게 베풀 수 있는 최고의 봉사 중 하나다.

공감적(거룩한) 듣기는 타인의 마음과 영혼 깊숙히 들어가 그곳에 숨겨진 두려움, 분노, 슬픔, 절망을 드러낸다. 이런 종류의 듣기는 학습이 가능하며, 사람에서 사람으로 전해질 수도 있다. 타인에게 공감하며 영혼의 소리를 듣고 이해할 줄 아는 이들의 곁에서 우리는 공감적 듣기를 배운다. 경청에 얼마나 큰 힘이 있는지 몸소 체험한 이들은 들을 줄 아는 능력이 어떻게 사람들을 가까워지게 하며 자기 자신 및 타인과의 관계를 강화시킬 수 있는지 이해하기 시작한다.

평가   ○ ● ○

경청하는 법을 내게 가르쳐준 분은 아버지다. 아버지는 언어의 힘을 이해함은 물론 우리가 전적으로 주의를 집중하며 들을 때 생기는 침묵의 공간에 더 큰 권위가 담겨 있음을 알고 계셨다. 나는 아버지가 이야기를 들을 때 의식적으로 주의를 집중시키는 모습을 관찰했다. 아버지는 질문에 쓸 단어를 아주 공들여 골랐고, 손쉽고 성급히 답하길 원치 않는다는 듯 종종 말을 멈추곤 했으며, 당신이 전심으로 집중하고 있다는 사실을 상대가 알아차릴 수 있도록 작은 몸짓들을 사용했다.

아버지에게는 대화에 완전히 몰두했다는 사실을 상대에게 전할 수 있는 방법이 하나 있었는데, 나는 그것을 '경청의 자세'라고 부른다. 아버지는 기도를 할 때처럼 의식적으로 마음을 진정시킨 후 정신을 가다듬고 지금 당장의 일 외의 그 어떤 것에도 주의를 빼앗기지 않으려 노력하셨다. 또 몸을 앞으로 숙이고 손을 모은 채 강렬한 눈빛으로 상대를 보며 질문을 하고는, 끼어들거나 방해하지 않으면서 이야기를 듣곤 하셨다.

상대가 말을 마치면 아버지는 침묵을 잠시 유지했다. 담배에 불을 붙이거나 커피를 한 모금 마시면서 상대가 한 말을 곰곰이 생각한 뒤, 차근차근 하나씩 질문을 하셨다. 나중에는 상대가 마음속에 있는 말을 전부 털어놓았는지 확인하는 것도 잊지 않으셨다. 이 단계를 모두 밟고 나서야 아버지는 신중한 고민을 거친 본인의 의견을 제시하셨다.

나는 대화 중인 아버지의 모습을 보는 것이 참 좋았다. 사람들이 아버지에게 반응하는 방식을 보면 그분께 재능이 있다는 것을 알 수 있었다. 아버지와 대화를 나눈 사람들은 변화했다. 아버지는 사람들의 잠재력을 잘 포착해냈고, 그들이 자신의 잠재력을 이끌어내려 노력하는 일에 관심을 갖게 만들 줄도 아셨다. 그런 진솔한 대화가 끝날 무렵이면 아버지는 항상 "물론 이것들은 모두 실현 가능한 일이란다, 아서. 네가 너 자신을 믿고 그 일을 이뤄내기 위해 노력하기만 한다면 말이다"와 같은 이야기를 하셨다. 또 비판을 아끼진 않으셨지만 상대가 존중받고 있다고 느낄 수 있는 표현 방식을 사용하셨다. 아버지의 솔직함은 올곧았고 단도직입적이었으며 사실에 기반을 두었고, 언제나 상대를 깊이 존중했다.

내 기억 속에 선명히 남아 있는 아버지와의 대화가 하나 있다. 고 3 시절의 내게는 풋볼이 인생의 전부였다. 옆구리에 공을 끼고 달릴 때의 기뿜은 그 무엇과도 비교할 수 없었던 것 같다. 언젠가 최대의 라이벌과 경기를 치렀던 날엔 결정적인 터치다운에 성공하며 팀의 승리를 이끌었는데, 그날 아버지가 스탠드에서 승리를 축하하며 하늘에 모자를 던지시던 모습은 아직도 눈에 선하다. 경기가 끝난 후 라커룸에서 내 친구 한 명은 나를 파티에 초대하겠다며, 그곳에 오기로 한 여자아이들에 대해 끝도 없이 이야기를 늘어놓았다. 그때 나는 이런 생각을 했다. 이 친구가 제정신일까? 인생 최고로 흥미진진했던 경기가 방금 끝났는데 누가 여자애들 생각을 할 수 있을까? 두 시간 전에 일어난 사건보다 더 흥분되고 신나는 일이 앞으로 일어날 수 있을까? 그 어떤 경험이 이 순간의 영광과 경이로움에 필적할 수 있을까?

내 삶의 우선순위에서 풋볼에 이어 큰 격차로 2위를 차지한 것이 여자애들이었고, 학업은 순위에 있지도 않았다. 내 성적을 보면 얼마나 공부에 무관심했는지 대강 알 수 있다. 나는 주로 C와 B를 받는 '평균' 학생에 속했다. 많은 책을 대충대충 훑기는 했지만 처음부터 끝까지 완독한 적은 없었고, 최소한의 노력으로 그럴듯하게 과제를 작성하여 턱걸이로 합격점을 얻곤 했다. 하지만 학업 성적이 변변치 않았음에도 나는 꽤 괜찮은 몇몇 학교로부터 풋볼 장학생 제의를 받을 수 있었다. 대학 소속 선수가 될까 세미프로팀에 들어갈까 고민하던 그때, 학생 지도 선생님이 교무실에서 얘기 좀 하자고 나를 호출하셨다.

마틴 선생님은 유쾌하지만 엄격한 분이셨다. "교내신문에서 네 사진을 봤고, 네가 풋볼 장학생 제의를 받았다는 걸 알게 되었단다. 대학에 가고 싶니, 아서?"

"아직은 잘 모르겠어요." 내가 대답했다.

선생님은 진지한 표정으로 나를 응시하셨다. "솔직하게 말해야겠구나. 나는 네가 대학 체질이 아니라고 생각한다." 이어서 마틴 선생님은 내가 풋볼을 하지 않았다면 대학에 입학할 수조차 없었을 것이라 하셨다. 내 성적은 평균이었고, 선생님이 보기에 나는 성적 미달로 대학에서 퇴학당할 가능성도 낮지 않았다. 그렇게 되면 이 고등학교의 평판에 좋은 영향이 있을 리 만무했다. 마지막으로 선생님은 군대 같은 다른 선택지를 고려해보라고 제안한 뒤 대화를 마무리하셨다. "군대에 가면 네가 성장하고 자신을 더 잘 알아갈 기회를 얻을 수 있을 거다. 장래에 뭘 하고 싶은지도 알아낼 수 있고."

그날 밤 나는 일을 마치고 돌아오신 아버지께 마틴 선생님과 만났던 일을 이야기했다. 아버지는 잠시 담배에 불을 붙이고 물으셨다. "그래서 아서, 선생님이 정확히 뭐라고 말씀하셨는지 말해줄 수 있니?"

"제가 대학에 가면 안 된다고 생각하신대요. 거기서 잘 해내지 못할 거라고 하셨어요."

"그렇게만 말씀하셨니?"

"선생님은 제 성적이 평균 수준이라고 하셨고, 풋볼에 소질이 있긴 하지만 그게 제가 대학에 가려는 유일한 이유일 거라고 하셨어요. 군에 입대하는 걸 고려해보라고도 하셨고요."

아버지는 잠시 나를 바라보며 조용히 내 기분을 살피셨다. "그래서," 이어 담배 한 모금을 빨아들이고 부드럽게 연기를 내뱉은 후 말씀하셨다. "네 생각은 어떤지 말해줄래?"

"선생님이 말한 것처럼 전 대학 체질이 아닌지도 몰라요." 아버지께 말하진 않았지만 나는 내 역량에 대한 선생님의 평가에 꽤 혼란스러워하며 낙심하고 있었다.

아버지는 나를 보며 계속 기다리셨다.

"그냥 잘 모르겠어요. 아무래도 지도 선생님이니 잘 파악하신 게 아닐까요?" 내가 말했다.

아버지는 담배를 비벼 끈 뒤 내게 미소를 지어 보이셨는데, 그 미소 안에는 이 세상 모든 사랑이 담겨 있었다. "네가 엄청난 모범생이 아니란 건 나도 안단다, 아서. 하지만 나는 동네 정육점 주인과 널 구분하지도 못하는 사람이 왜 네게 대학을 가지 말아야 한다고 하는지 궁금하던 참이었다. 무슨 이유로 그렇게 말씀하셨는지 들어보고 싶은걸? 같이 가서 선생님 말씀을 한번 들어보자꾸나."

이튿날 아버지와 나는 마틴 선생님의 사무실에 앉아 있었다. 아버지는 선생님의 책상 뒤쪽 벽에 쭉 걸려 있는 학위증서 액자들을 보신 뒤, 어제 내게 했던 말을 다시 해달라고 선생님께 아주 정중히 부탁하셨다. 마틴 선생님은 내 성적이 평균이고 내게 동기부여가 부족하다며, 자신의 소임은 어떤 학생들이 대학에 끝까지 남아 졸업할 수 있고 또 어떤 학생들이 다른 선택지를 고려해야 하는지 판단하는 것이라고 한참 동안 이야기했다. 주의를 완전히 집중하고 자신의 말에 동의하는 듯 고개를 끄덕이는 아버지를 보며 계속해서 얘기를 이어나갈 힘을 얻은 듯했다. 선생님은 운동이나 과외 활동에 대한 부정적인 의견을 밝혔고, 내게도 말했던 것처럼 특히 풋볼을 포함한 많은 운동선수들이 우리 고등학교에 좋지 않은 평판을 가져다주고 있다고 아버지에게 얘기했다.

"선생님," 어느 지점에서 아버지는 몸을 앞으로 숙이고 기도하듯 손을 모은 다음 말했다. "고등학교 시절에 운동을 즐겨하셨나요? 어떤 종목에서든 코치를 해보신 적은 있으신가요?"

마틴 선생님은 재밌고 놀라운 질문이라는 듯 코로 숨을 내뿜었다. "전 운동에 흥미가 없어요. 제가 관심 있는 건 학문이죠." 이렇게 대답한 뒤 선생님은 약 10분 동안 삶과 교육에 대한 자신의 철학을 이야기했다.

선생님이 말을 마치자 아버지는 중요한 대화에서 늘 빠뜨리지 않는 질문을 하셨다. "하실 말씀은 다 하신 건가요?"

마틴 선생님은 자신이 할 말을 충분히 한 것 같다고 대답했다.

"음, 선생님." 아버지는 아주 차분한 목소리로 말씀하셨다. "선생님께서 아주 많이 배우신 분이라는 건 잘 알겠습니다. 벽에 걸린 학위증서들을 보니 대학을 졸업하셨고 박사학위까지 있으시군요."

마틴 선생님은 자랑스럽게 미소를 지어 보이셨다.

"그래서 제 생각은 이렇습니다. 아서처럼 뛰어난 아이들의 잠재력을 알아보지 못하는 선생님 같은 분이 대학에 가서 박사학위까지 딸 수 있다면, 제 아들을 막을 수 있는 건 아무것도 없다고 봅니다. 시간 내주셔서 감사합니다." 아버지는 이렇게 말하고 일어나 선생님께 손을 내민 다음, 그 손을 꽉 쥐고 악수를 한 뒤 문을 나섰다.

35년 전의 이 경험은 공감적 듣기 기술에서 가장 중요한 교훈을 내게 가르쳐줬다. 언제나 상대가 충분히 설명하고 자신의 생각과 감정을 드러낼 기회를 주라는 것 말이다. 그렇게 그 사람의 목적, 동기, 의도, 두려움,

꿈, 욕망 등에 관해 가능한 한 많은 사실을 알아낸 다음 그 정보를 기반으로 평가를 해야 한다. 이러한 듣기와 평가의 과정을 거친 후에만 당신은 누구의 충고를 새겨듣고 누구의 충고를 무시해도 되는지 판단할 수 있다. 다른 사람의 특징을 제대로 파악해야만 그가 내 필요와 욕구를 존중하는 유익한 조언을 주고 있는지, 아니면 내 생각과 감정을 조종하여 자신의 목적을 이루려고 편견적인 관점에서 이야기하는 것인지를 알 수 있다는 뜻이다.

마틴 선생님의 말을 집중해서 듣거나 신중하게 단어를 골라 질문하시는 모습을 보면서, 나는 아버지가 선생님이 어떤 사람인지 파악하시는 중임을 깨달았다. '이 남자는 누구이며 어디에서 왔을까? 미리 정해둔 용건이 있는 건 아닐까? 이 사람은 아서라는 한 개인에게 관심이 있었던 걸까, 아니면 풋볼 선수나 밴드 멤버, 체스 플레이어, 치어리더, 부자, 가난한 사람, 흑인, 백인 같은 기준으로 아이들을 한데 묶어 동일하게 취급하고 있는 걸까?' 선생님의 사무실에 앉아 있던 아버지의 머릿속에는 이러한 질문들이 스쳐 지나갔고, 아버지는 마틴 선생님에게서 배울 점이 있는지 아니면 그가 자기 생각으로만 꽉 차서 타인의 생각과 의견을 들어볼 여유가 없는 사람인지를 알아내려 하고 계셨다.

"난 마틴 선생님의 근거가 타당한지 우선 들어본 뒤 판단하고 싶었고, 그분이 너에 대해 그런 결론을 내리게 된 경위가 무엇인지도 궁금했단다." 선생님과의 대화 후 아버지는 이렇게 말씀하셨다. 이제 대학은 물론 대학원까지 졸업했으니 타인의 넓이와 깊이를 측정하는 이 과정을 지칭하는 보다 전문적인 용어를 알고 있지만, 그럼에도 나는 그것을 '평가

(assessment)'라 부른다. 평가는 공감의 발달과 표현에서 우리가 함양할 수 있는 가장 중요한 기술이자 공감적 듣기의 핵심이다.

평가란 무엇일까? 간단히 말하자면 공감을 지침 삼아 어떤 사람이나 상황에 관한 사실을 알아내는 것이다. 평가는 특히 관계의 초기 단계에서 아주 중요하다. 상대를 잘 알지 못하는 상태에서 그들이 누구이며 그들의 목적이 무엇인지를 꽤나 짧은 시간 안에 파악해야 하기 때문이다. 예를 들면 당신은 자녀의 선생님을 평가할 때, 참관 수업이 열리는 교실에 단 몇 시간 동안 앉아서 그가 말하는 방식이나 학생의 질문을 듣는 방식을 파악하고, 또 그가 어떻게 질문에 답하거나 훈육 문제에 대처하는지를 눈여겨봐야 한다. 또 당신이 직원을 채용할 예정이라면 다양한 후보들과 면접을 진행하며 그들의 배경과 학력, 좋아하는 것과 싫어하는 것, 직업관, 가치관 등을 알아낼 수 있는 질문을 제시해야 한다. 당신은 후보자들의 이야기를 들으며 그들이 언급을 한 것과 하지 않은 것, 강조한 것과 은근슬쩍 넘어간 것들이 무엇인지 파악해야 할 것이다.

우리가 그 중요성을 자주 간과하는 것은 사실이지만, 평가는 사적 관계에서도 매우 중대한 역할을 한다. 38세 전업주부 레이는 아주 골치 아픈 이혼 절차를 밟고 있었다. 그녀는 첫 심리를 마친 뒤 변호사와 나눈 이야기를 내게 들려주었다. "변호사는 딱 15분간 남편의 이야기를 듣더니, 25년 동안 이혼 소송 일을 하면서 이렇게 매정하고 자신밖에 모르는 남자는 처음 만났다고 하더군요. 제가 뭘 놓친 걸까요? 변호사가 불과 15분 동안의 만남으로 알아챈 사실을 저는 왜 몰랐던 걸까요? 전 왜 이런 남자를 사랑하느라 5년이란 시간을 낭비했을까요?"

공감적으로 듣는 방법을 배웠더라면, 그리고 주의를 집중시키는 과정을 통해 남편의 특징을 평가할 줄 알았더라면 레이는 수많은 불행을 피할 수 있었을지도 모른다. 공감적 듣기는 우리가 형식적인 대화를 피할 수 있도록, 또 자신의 필요와 욕구에만 관심 있는 사람들과 일정 거리를 유지할 수 있도록 돕는다. 타인을 평가하는 법을 터득하지 못하면 우린 결국 잘못된 결정을 내릴 것이다. 신뢰하고 사랑할 사람이나 우릴 위해 일할 사람, 자녀들을 돌봐줄 사람을 잘못 선택할 수도 있고, 자신의 연약함과 불안정성을 토대로 무언가를 결정할 가능성도 있다. 또한 공감을 사용하여 자기 삶의 길을 만들어야 할 때, 타인으로 하여금 자신을 조종하거나 대신 결정하게 놔둘지도 모른다.

타인에 대한 평가

다른 사람의 성격과 동기를 정확히 파악하려면 자신의 시각을 조정함으로써 세상에 대한 관점을 넓혀야 한다. 타인의 소통에 맞춰 확장할 수 있는 이 능력이 바로 우리가 배우고 성장할 수 있는 길이다. 스스로에게서 벗어나 타인의 경험 속으로 들어간 뒤 마치 그 사람이 된 것처럼 세상을 보는 것이 공감을 실천하는 방법이다. 공감은 자신의 이론과 판단을 접어두고 새롭게 시작할 것을 요구한다. 우리는 성심성의껏 경청하는 자세로 타인의 생각과 감정 속에 들어가며, 그 경험에 따라 새롭게 조정된 시각을 얻어 자기 자신으로 복귀한다. 공감은 그 어떤 맥락에서든 시시각각 계속 이어지는 자기변화를 포함한다.

공감이 작용하는 방식을 설명하기 위해 내가 때때로 동료나 환자 들에게 취해 보이는 자세가 있다. 두 손바닥을 서로 마주보게 든 뒤 몇 센티 정도 떨어뜨린 자세다. "이것은 공감의 좁은 범위입니다. 말에 눈가리개를 채우는 것과 비슷하죠. 공감이 부족할 때 우리는 바로 앞에 있는 것들만을 보며 삶을 살아갑니다. 하지만 공감은 부드러운 손길로 눈가리개를 풀어 우리 시야를 넓혀주죠." 여기서 나는 천천히 양손의 간격을 벌린다. "그럼으로써 우리는 타인의 세상을 보는 것이 가능해집니다. 시야가 확장된 우리는 더욱 커져버린 전체 속에서 자신의 위치를 더 잘 파악할 수 있습니다."

열린 마음으로 이야기를 듣는 것은 자신을 겸손하게 만드는 경험이기도 하다. 그런 종류의 소통에서 당신은 확실하게 검증된(그러나 진부하고 따분하기도 한) 방식에 의존할 수 없기 때문이다. 당신은 모든 문제에 대한 답을 아는 것은 아니며, 어떤 문제에 관해선 만족스러운 답변을 전혀 못 들을 수도 있음을 기꺼이 인정해야 한다. 41세 주부인 드보라는 얼마 전 아기를 얻고 싶은 소망에 관해 나와 이야기를 나눴다. 임신을 위해 6년째 노력 중이었던 드보라는 두 번의 유산을 겪은 뒤 상담을 신청했다.

그날 드보라는 자신의 고통과 혼란에 대한 답을 달라고 내게 애원했다. 친구들은 새로운 임신촉진제를 써보라 조언했고, 의사는 최근 그녀에게 수술을 제안했다고 했다. 그 이야기를 들으며 나는 드보라가 원하는 것이 임신을 위한 조언은 아님을 분명히 알 수 있었다. 드보라는 자신이 영영 아이를 못 가질지도 모른다는 가능성에 대처할 수 있도록 내가 도와주길 원했다. 또 내가 자신의 괴로움을 이해하고 있다고 믿고 싶어했고, 고통스러운 현실을 이겨내기 위해 노력하는 동안 내가 곁에서 지지해주기를 바랐다.

"제가 어떻게 해야 할지 알려주세요." 그녀의 볼에 눈물이 흘러내렸다. "너무 고통스러워요. 어떻게 이런 슬픔을 갖고 살아갈 수 있을지 모르겠어요. 과연 제가 아이를 가질 수 있을까요? 가슴에 이런 구멍을 안고 어떻게 살아가죠?" 흐느낌 때문에 그녀는 거의 말을 잇지 못할 지경이었다. "선생님, 제발 도와주세요. 제가 뭘 붙잡고 살아갈 수 있을까요? 무엇이 제 기분을 나아지게 할 수 있을지 알려주세요."

우리가 아는 온갖 상투적인 말들로 내가 이런 순간에 그녀를 위로하려 했다면 그건 도움보다는 상처가 됐을 것이다. "이 일이 당신에게 얼마나 큰 의미고 얼마나 큰 고통인지 이해합니다." "괜찮을 거예요. 너무 걱정하지 말아요." "결국엔 다 잘될 거예요." "임신 가능한 시간이 아직은 남아 있어요." "어떻게 될지 아무도 모르니 희망을 버리지 마세요. 이 분야의 기술은 계속 발전하고 있는걸요."

또한 내가 그녀를 동정하려 했다면 그녀의 경험을 내 멋대로 해석하고 폄하하는 결과밖엔 되지 않았을 것이다. 왜냐하면 실제로 그녀의 심정이 어떤지 내겐 알 길이 없기 때문이다. 나는 아이가 없다는 것이 어떤 기분인지 모르고, 임신을 간절히 원하지만 그럴 수 없는 여성의 마음도 감히 헤아릴 수 없다. 그렇기에 드보라가 어떤 심정일지 상상은 해볼 순 있어도 완전히 안다는 것은 불가능하다.

그녀의 괴로움이 영혼으로 느껴졌기에 나는 그녀가 고통 속에 있음을 알 수 있었다. 그러나 그녀의 문제를 해결해주거나 괴로움을 없애줄 만한 그 어떤 얘기도 해줄 수 없었다. 드보라가 도와달라고 애원하는 동안 나는 어떤 방법도 찾지 못한 채 그저 막막한 심정뿐이었다. 그렇게 그녀를 바라보고 있는데 갑자기 내 눈에 눈물이 차오르는 것이 느껴졌다. 잠깐의 침묵이 흐르고, 그녀는 숨을 깊이 들이마셨다.

"고마워요." 그녀가 말했다.

"뭐가요, 드보라?"

"제 얘기를 들어주셔서요. 저한테 정말 필요했던 게 바로 이거였나봐요. 누군가 제 이야기를 들어주고, 이 일을 함께 느껴주고, 저로 하여금 말로 고통을 표현하게 해주는 거요."

후에 이 대화를 돌이켜보면서 나는 공감이 얼마나 어렵고 힘든 일이 될 수 있는지 생각했다. 처음에 드보라는 답을 원했다. 그러나 공감이 조용한 울림을 만들어내자, 그녀는 정서적으로 이해받는 것이 그 어떤 말과 비교할 수 없을 만큼 큰 위로가 된다는 사실을 깨달았다. 하지만 당시 나는 내가 드보라에게 정말 필요한 것을 주고 있는지 전혀 확신할 수 없었다. 다만 동정이나 진부한 말로 그녀의 괴로움을 덜어줄 순 없음을 알았을 뿐이다. 공감은 나를 인도하여 드보라의 고통을 조용히 존중하는 방식으로 응답하게 했다. 또한 내 감정이 진심임을 이해한 드보라는 감사로 내 공감에 응답했다.

이런 공감의 과정은 때때로 내 풋볼 인생에서 매우 중요한 한 순간을 떠올리게 한다. 어느 경기에서 우리 팀은 패스플레이를 하기로 얘기되어 있었는데, 주변을 보니 내 공을 받을 리시버들은 모두 상대팀 선수들에게 마크된 상태였다. 잠시 고민하던 나는 사이드라인을 따라 엔드존(end zone, 풋볼에서 터치다운을 하면 점수를 얻을 수 있는, 엔드라인과 골라인 사이의 지역_옮긴이)을 향해 무작정 뛰기 시작했다. 그 순간이 바로 모든 이론과 일반적인 경기 방식을 무시하고 자신의 직감을 믿어야 할 때다. 풋볼 전략가들이 '브로큰 필드 러닝(broken field running)'이라 부르는 이 개념은 공감을 비유하기에도 적합하다. 우리가 공감을 표현할 때에는 단순히 규칙서에만 의존할 수 없다. 살아 있는 사람들은 언제나 규칙을 어기기 때문이다. 실제 삶은 우리가 신중하게 세운 계획대로 진행되지 않는다. 때문에 스스로 생각할 줄 알아야 하며, 미처 예상치 못한 방향으로 일이 전환되는 상황에 늘 대비하고 있어야 한다.

영화 〈스타워즈(Star Wars)〉 첫 편의 멋진 마지막 장면에서 루크 스카이워커는 데스 스타를 파괴하기 위한 최후의 필사적 시도로 좁은 터널을 통과하여 날아간다. 그가 마지막으로 우주선의 컴퓨터 화면을 조작하고 있을 때, 차분한 목소리의 오비완이 그에게 충고를 보낸다. "포스를 사용해, 루크. 날 믿어. 포스는 항상 너와 함께 있을 거야."

'포스'는 다름 아닌 공감으로, 우리 시선이 닿는 곳 너머에 존재하는 것을 '보고', 손이 닿는 곳 너머에 존재하는 것을 '느낄' 수 있는 선천적 능력이다. 공감의 힘을 실현시키려면 자신의 경험에서 얻은 지혜와 철저한 반성을 통해 감정을 진정시킬 줄 아는 능력인 본능적 직감에 의존해야만 한다. 공감의 목소리에 귀를 기울이면서 우리는 내면의 힘을 신뢰하고 동시에 그 힘을 확장시키는 데 필요한 고통스러운 노력에 자신을 헌신하는 법을 배운다. 이러한 자기변화 과정은 평가하기의 두 번째 단계, 즉 자신을 평가하는 것으로 우리를 인도한다.

자기평가와 편견적 듣기

자신에게 귀 기울이는 법을 배우는 것은 타인에게 귀 기울이는 법을 배우는 것만큼이나 중요하다. 이기심이나 편견은 우리가 열린 마음으로 주의 깊게 듣는 것을 방해함으로써 공감 능력을 감소시킨다. 내 고등학교 지도 선생님과 대화를 나눴을 때, 아버지는 자신에게 편견이 있을 수 있으며 그것이 본인의 결정에 영향을 줄 가능성도 있음을 인지하셨다. 아버지는 마틴 선생님의 생각과 감정을 정확히 평가하기 위해 자신을 모두 '비워야' 한다는 사실을 알고 계셨다. 당신의 선입견을 솔직히 인정하고, 그것들을 배제한 채 이야기를 들으면서 배우려고 노력해야 한다는 것을 말이다.

아버지에겐 내 미래에 대해 확고한 생각이 있었다. 아버진 내가 대학에 가길 원하셨고 그것은 사실 그분의 가장 큰 꿈 중 하나였다. 대가족 일원 중 가장 먼저 고등학교를 졸업한 아버지는 교육의 가치를 신봉하셨고, 당신에겐 허락되지 않았던 대학 진학의 기회를 내가 대신 얻길 바라셨다.

하지만 능력 이상으로 날 밀어붙이거나 내 나름의 꿈을 좌절시키는 건 현명하지 않다는 것이 아버지의 생각이었다. 아버지는 날 잘 알고 계셨다. 나는 풋볼에 열정이 있고 언젠가는 세미프로로 뛰고 싶다는 이야기를 아버지께 여러 번 했었고, 아버지는 내가 학업에 관심이 없다는 것도 알고 계신 상태였다. 그렇기에 지도 선생님의 말에 일리가 있을 가능성도 있다고 생각하신 것이다. 아버지는 선생님으로부터 무언가를 배울 수 있고, 그의 도움으로 아들에게 더 좋은 조언을 해줄 수 있을지 모른다고 판단하셨다.

결정에 필요한 정보를 얻으려면 아버지는 편견을 배제하고 대화의 통제와 주도를 거부하는 공감적 듣기를 해야만 했다. 그래서 마틴 선생님의 시각 속으로 완전히 들어갔고, 그제야 비로소 선생님의 견해가 충분한 이해와 지식과 통찰을 바탕으로 만들어졌는지의 여부를 판별할 수 있었다.

선생님에 대한 판단을 미리 내리길 거부함으로써 아버지는 편견적 듣기의 덫을 피할 수 있었다. '편견적 듣기'는 사전에 이미 마음을 정해놓고 이야기를 듣는 것이다. 고작 몇 단어만을 듣고 자신의 경험을 토대로 빈 공간을 채워 넣기 시작하며, 막 펼쳐지고 있는 이야기에 귀 기울이기를 중단한다. 그런 사람들은 '저 사람은 늘 불만투성이인 아버지 얘기를 또 시작했군. 얘기가 어떤 방향으로 흘러갈지 알 만해' 내지 '또 자식 자랑을 시작한 거야? 예전에 이미 다 들었던 얘기잖아' 같은 생각을 할 것이다. 이들은 성의 없이 이야기를 듣는다. 상대에게 말을 하게 하고선 마치 잘 듣고 있다는 듯 고개를 끄덕이며 적당한 시점에 '네'와 '아니요'를 끼워 넣지만, 사실은 이 주제에 관해 어떤 이야기가 나올지 이미 다 알고 있다고 확신하는 것이다.

다음의 이야기에서처럼 편견적 듣기는 우리를 잘못된 결론으로 인도하기도 한다. 몇 년 전 내 사촌 파스콸레(우리는 그를 팻이라고 부른다)는 심각한 자동차 사고로 척추 두 개를 다쳐 병원에 입원했다. 병실에 달린 커다란 창문에 금이 가서 찬 공기가 들어오자 팻은 간호사에게 블라인드를 내려달라고 부탁했다.

그날 밤 정신과 레지던트가 아주 심각한 얼굴로 병실에 찾아와서는 팻에게 대화를 나눌 수 있는지 물었다.

"그럼요. 어떤 얘기를 할까요?" 늘 상냥하고 사교적인 팻이 말했다.

레지던트는 걱정스러운 표정으로 말을 꺼냈다. "당신의 마음 상태가 염려되어서요."

"그런가요?" 팻이 말했다.

"당신에게 우울증이 좀 있는 것 같아요."

"내게 우울증이 있는 것 같다고요." 팻이 그의 말을 반복했다. "그래요. 좋아요. 그런데 왜 그런 생각을 하게 됐는지 궁금하네요."

"오늘 밖의 날씨가 정말 화창했어요. 하지만 당신 병실의 블라인드는 하루 종일 내려져 있더군요." 레지던트가 말했다.

팻은 웃음을 터뜨리고 레지던트에게 그 화창한 날 자신이 어둠 속에 앉아 있어야 했던 이유를 설명해주었다. 그날 밤 내가 팻을 찾아갔을 때 그는 나를 놀려댔다. "아서. 너처럼 화려한 학위를 가진 사람들은 도대체 왜 그런다니? 남들의 머릿속에서 무슨 일이 일어나고 있는지 다 안다고 생각하는가봐?"

그 정신과 레지던트는 이미 자기 혼자 결론을 내렸기 때문에 팻이 무슨 말을 할지에 대해 별로 관심을 갖지 않았다. 이렇듯 자신이 모든 답을 알고 있다고 착각하고 있는 사람은 공감 능력이 아마 심각하게 손상되었을 것이다. 편견적 듣기는 닫힌 마음으로 이야기를 듣는 것이며 공감적인 행동이 아니다. 어떤 심리학자들은 이것을 원거리 듣기(distanced listening)라고도 일컫는데, 나는 이 단어를 들으면 인파로 북적이는 거리양 끝에 선 두 사람의 대화 장면이 떠오른다. 한 사람이 이쪽 끝에서 이야기하는 동안 반대쪽 끝의 다른 사람은 공손하게 고개를 끄덕이는 장면 말이다. 물론 그 사람은 상대가 하는 말을 한 단어도 제대로 알아듣지 못하고 있을 것이다.

편견적 듣기의 또 다른 사례가 있다. 우리가 최근 진행한 그룹 심리치료에서 엘리자베스는 남편과 갈라서기로 결정했는데 재산분배를 결정하는 과정에서 문제를 겪고 있다고 이야기했다. 같은 그룹의 탐과 테레사는 과거에 골치 아픈 이혼 과정을 겪었던 경험이 있었다. 엘리자베스의 말을 들은 두 사람은 그 즉시 그녀의 온화하고 관대한 성격을 남편이 이용하려 들 것이란 의견을 내놨다. 엘리자베스가 자신의 남편은 점잖고 착한 사람이며 절대 금전적으로 자신을 이용하지 않을 거라 단언하자 탐과 테레사는 함께 그녀를 윽박지르기 시작했다.

"엘리자베스, 당신은 너무 순진해요." 테레사는 고개를 저으며 말했다. "내 경험상 당신은 아무도 신뢰하면 안 돼요. 특히나 전남편이라면 더욱요."

"테레사 말이 맞아요." 탐이 맞장구쳤다. "나도 당신처럼 아내를 너무 믿었죠. 그랬더니 집과 차도 모자라 아이들까지 모두 아내 차지가 되었어요. 내 인생을 송두리째 뺏어갔다니까요."

그 후 우리 그룹은 탐과 테레사의 경험이 그들에게 어떤 편견을 가져다주었으며, 결과적으론 그것이 엘리자베스의 심정을 정확히 이해하고 그녀의 상황에 배려 깊게 반응하는 것을 어떻게 방해했는지에 관해 이야기했다. 탐과 테레사는 자신들의 편견 때문에 엘리자베스에게 공감하지 못했고 그녀의 상황이 자신들의 것과 다르다는 사실을 깨닫지 못했다. 물론 이혼이 골치 아픈 일이고 당사자들이 자신의 이득만 챙기려 한다는 건 보편적 사실이지만, 그것이 모든 상황에 완벽하게 적용되는 진리는 아니며 다양한 변주는 언제든 나타날 수 있다.

공감적 듣기와 정반대로, 편견적 듣기는 과거의 경험을 바탕으로 결론을 내리려 한다. 예를 들어 당신은 소송을 위해 어떤 상해 변호사와 알게 되면서, 이런 일을 하는 변호사들은 말만 번지르르하게 하는 사기꾼이며 다른 사람의 고난과 역경을 통해 돈을 버는 것에만 혈안이 된 이들이라 생각할지도 모른다. 그러나 당신이 공감적 관점을 취한다면, 기존에 가지고 있던 생각이 현재의 소통에서 검증될 때까지는 그것을 마음 한구석에 치워두려 노력할 것이다. 이것이 공정하고 열린 태도로 새로운 경험을 맞이하려는 공감적 욕구가 이끄는 의식적 과정이다. 당신은 이렇게 혼잣말을 해볼 수도 있을 것이다. '내게 편견이 있다는 건 알아. 하지만 이 변호사는 의뢰인이 잘되길 진심으로 바라며 진실과 정의를 추구하는 사람일지도 몰라.' (그러면서 이 소송에 담긴 자신의 동기 또한 되돌아볼 수 있을 것이다. 당신은 '진실과 정의'를 원하는가, 아니면 이 사건을 통해 벌 수 있는 돈에만 관심이 있는가?)

편견

사람들은 모두 삶에서 얻은 경험을 바탕으로 일반적인 이론을 수립해둔다. 그러나 공감은 우리에게 그런 편견은 마음속에만 간직하라고, 그래서 완전히 확정되진 못하게끔 방지하라고 촉구한다. 유연성과 융통성은 공감의 핵심인 데 반해 융통성 없고 경직된 태도는 항상 공감 능력을 저하시킨다. 사람들의 지위나 민족적 유산, 인종, 종교 등에 근거하여 만들어진 편견은 언제나 혼란과 적대심을 야기하고 서로에 대한 이해를 어렵게 만들 것이다.

25년 전 나는 매사추세츠주 네이틱에 있는 레너드 모스 병원(Leonard Morse Hospital)에 첫 출근을 하여 직원들과 오리엔테이션 미팅을 가졌다. 내가 자기소개를 하고 전반적인 업무 방식을 설명한 뒤 우리는 짧은 토의시간을 가졌다. 점심시간이 되자 한 젊은 여성이 내게로 걸어와 자신을 사회복지사라고 소개한 다음 이렇게 말했다. "그거 아세요? 전 당신이 시아라미콜리 선생님이라는 걸 잘 믿지 못하겠어요."

"왜 그렇죠?" 내가 물었다.

"음, 사실대로 말하면 저는 완전히 다른 사람을 기대하고 있었어요. 이탈리아 사람들은 항상 하얀 티셔츠를 입고 소매를 돌돌 말아 담배를 넣고 다닌다고 생각했거든요. 스리피스 정장 차림의 이탈리아인은 한 번도 못 봤어요!"

나는 그 말에 깜짝 놀랐고 잠깐 동안 불쾌한 기분이 들기도 했다. 하지만 그녀의 따뜻한 미소에는 날 상처 입히려는 의도가 담겨 있지 않았다. 모욕하려던 것이 아님을 깨달은 뒤 나는 이탈리아인들에 대한 그녀의 이해를 넓혀주는 편이 좋겠다고 생각했다. "난 이탈리아인이 맞아요. 하지만 담배를 피우진 않죠. 티셔츠는 운동을 할 때만 입는데 그게 늘 흰색인 건 아니랍니다. 또 난 첫 출근일엔 어김없이 양복을 입어요." 우리는 기분 좋게 웃었고, 그 공감적 순간은 끈끈하고 긴 우리 우정의 시작점이 됐다. 나는 생각한 그대로 이야기하는 그녀의 성향을 가치 있게 여기는 법을 배웠고, 그녀가 자신의 편견을 솔직하게 이야기함으로써 그 이상을 보기 위해 노력하고 있음을 곧 깨달을 수 있었다. 그날 그녀가 정말 하려던 말은 '내가 이탈리아 사람들에 대해 들어온 얘기는 이것이에요. 하지만 실제로는 어떤지 잘 모르겠어요'였을 것이다.

명백하게 드러난 편견만이 공감적 듣기를 방해하는 건 아니다. 우리 모두는 사람들을 카테고리별로 분류하고 특정 행동에 꼬리표를 붙이는 방식으로 자신의 세계를 정리하는 것에 익숙하다. 사실 우리는 일반화와 추상적 관념을 토대로 인간 행동에 대한 나름의 이론을 세우고 그것을 따라 살아간다. 일례로, 우리 문화 속에서 확연히 눈에 띄는 한 가지 고정관념은 여성이 남성보다 더 통찰력 있고 예리한 직감을 가졌다는 것이다. 그런데 심리학 연구자들에 따르면 진실은 훨씬 더욱 복잡하다. 일반적으로 여성이 상대의 얼굴 표정에서 감정을 더 정확히 읽어내는 것은 맞지만, 남성 역시 동등하게 타인의 생각과 감정을 능숙히 읽을 수 있다는 것이 최소한 열 가지 연구에서 확인되었다.

사실 선천적 공감 능력은 남녀 모두가 똑같이 타고나지만, 차이는 그 동기에 있는 것 같다. 심리학자 티파니 그레이엄(Tiffany Graham)과 윌리엄 이케스는 이렇게 지적한다.

사회적 세심함을 표출할 때 남성들은 충분히 강인하거나 사내답지 못하다고 인식되기도 한다. 이를 방지하기 위해 그들은 자신의 세심함을 효율적으로 숨기고 억제할 수 있도록 타인의 감정과 필요를 '차단'하거나 무시하는 법을 익힌다. 이에 관해 핸콕과 이케스는 "그러므로 남성들이 때때로 사회적 세심함이 결여된 듯 보인다면, 그것은 아마 능력 부족 때문이 아니라 남에게 비춰지고 싶은 이미지 때문일 것"이라고 이야기했다.

삶 전반이나 인간관계에 대한 우리의 이론은 획일화된 공식이나 본보기로부터 강한 영향을 받기도 한다. '건강한 결혼생활과 우정은 조건 없는 사랑을 바탕으로 형성된다', '강력한 육체적 이끌림은 성적 관계의 필수 요소다'와 같은 것들 말이다. 이런 공식들은 우리 자신의 고통스러운 경험 같은 것들과 섞여 복잡한 고정관념들과 정신적 편견을 만들어내며 타인의 고유한 경험을 이해하는 우리의 능력을 감소시킨다.

공감과
교감은 다르다 ○●○

최근 진행한 그룹 심리치료에서 55세의 미망인 로버타는 자신과 사귀고 있는 남성인 조에 대해 이야기했다. 그녀는 조가 가끔씩 잘난 체를 하고 지나치게 자기 뜻만 앞세워서, 그녀로 하여금 무언가를 스스로 결정하게 하기보다는 자신이 옳다고 생각하는 대로 행동하게 유도한다고 말했다.

"조는 가끔씩 절 어린애처럼 대해요. 나쁜 의도가 아닌 걸 알지만 이런 대우가 익숙하지는 않아요. 프레드(고인이 된 로버타의 남편)는 항상 다정하고 제 의견을 잘 들어줬거든요. 그는 내게 간섭하지 않고 늘 내가 결정을 내리게 해줬죠."

두 번의 이혼을 경험한 42세의 메릴린은 로버타가 이야기하고 있는 동안 점점 동요하는 모습을 보였다. 그녀는 한숨을 쉬고 자세를 계속 바꿨으며 어느 지점에서는 두 손으로 머리를 감싸기까지 했다. 로버타가 이야기를 마친 뒤 나는 메릴린에게 무슨 문제가 있는지 물어봤다.

"로버타의 남자친구가 그녈 학대하고 있는 것 같아요." 메릴린이 거칠게 말했다. "학대적인 관계를 몇 년씩 유지하면서 자존감을 완전히 망가뜨리는 여성들이 너무 많죠. 로버타가 그 남자한테 학대당하는 걸 보고 싶지 않아요."

그러고 나서 메릴린과 그룹의 다른 여성은 남녀 사이의 불공평한 권력 분배에 대해 이야기를 나눴다. 잠시 후 나는 그들의 대화를 멈추고 로버타에게 다시 주의를 집중시킨 다음 그녀가 어떤 생각을 하고 있었는지, 또 메릴린이 그녀의 관계에 학대라는 꼬리표를 붙였을 때 어떤 기분이었는지 말해줄 수 있냐고 물었다.

로버타는 메릴린을 향해 부드럽게 미소를 지은 다음 말했다. "그 단어는 우리 관계에 어울리지 않아요. 조는 절 학대하지 않거든요. 맞아요, 어떨 땐 자기 고집만 부리기도 하죠. 하지만 친절하고 너그러운 사람이기도 해요."

"당신은 전체적인 그림을 보려 하지 않아요." 메릴린은 방어적 어투와 떨리는 목소리로 말했다. "진실을 인정하기가 두려운 거죠."

나는 메릴린에게 주의를 돌려 질문했다. "혹시 로버타의 상황이 당신에게 어떤 의미가 있는 건 아닌가요?"

"잘 모르겠어요."그녀가 말했다.

"로버타의 이야기를 듣는 동안 무슨 생각을 하고 있었는지 알려주겠어요?"

"아버지 생각을 하고 있었어요."메릴린의 볼에 눈물이 흐르기 시작했다. 몇 분이 흘러서야 그녀는 다시 말을 이을 수 있었다. "로버타의 남자 친구처럼 내 아버지는 어떨 땐 친절했지만 다른 사람을 맘대로 조종하려고도 하셨어요. 10대였던 제가 밤늦게 귀가하는 날이면 아버진 늘 절 기다리고 계셨죠. 다른 식구들은 모두 잠들어 있었고, 아버지는 내가 몰래 들어올 수 없게 문을 잠가두셨어요. 그렇게 기다리고 있다가 절 무릎에 앉히고 제 몸을 만지곤 하셨어요."

메릴린이 나를 포함한 그룹원들에게 성적 학대 경험을 털어놓은 건 그때가 처음이었다.

이 일화에서 우리는 공감적(empathetic) 듣기와 교감적(sympathetic) 듣기의 차이를 볼 수 있다. 우리가 배웠듯 공감은 동정심과 이타심이 깃든 행동에 동기를 부여하는 선천적 능력인 데 반해 교감은 하나의 감정이며 타인의 두려움, 비애, 분노, 기쁨을 공유하는 수동적 경험이다. 교감의 의미는 상대와 '함께' 느끼고 경험하는 것이고, 공감은 상대의 경험이나 고통 속에 직접 '들어가는' 것이다. 큰 차이가 없어 보이겠지만 이를 '물과 기름을 섞는 것'과 '물과 우유를 섞는 것'에 각각 비유할 수 있을 것 같다. 교감의 경우, 물과 기름처럼 한곳에서 서로 접촉하고 소통하지만 언제나 각자의 정체성을 유지한다. 두 사람이 함께 있지만 각각 자신의 경험을 하고 있는 것이다. 이와 달리 공감은 물과 우유처럼 한데 섞여 새로운 전체를 만들어낸다. 두 사람이 하나의 경험을 함께 공유하는 것이다.

공감적 듣기는 항상 상대 중심적이고, 그 사람으로 하여금 자신의 고유한 경험이 제대로 이해받았다는 기분이 들게 하는 것을 목표로 한다. 이는 일반적 사항에서 구체적 사항으로, 모호함에서 분명함으로, 흔한 것에서 드문 것으로, 옛것에서 새것으로, 평범함에서 비범함으로, 익숙함에서 생소함으로 이동하는 것을 의미한다. 교감은 자신의 과거로 되돌아가 상대와 유사한 경험에서 가져온 일반적 이해의 감정을 표현하는 것이지만, 공감은 언제나 지금 이 순간 일어나고 있는 일들, 즉 현재에 초점을 맞춘다.

교감적 듣기는 지나친 일반화로 관계에 해를 끼칠 수도 있다. 고통이나 어려움을 당한 이들이 가장 바라는 것은 일반적 규칙이 아닌 예외적 상황으로 이해받는 것이다. 그런데 듣는 이가 자신의 경험을 토대로 비슷한 상황을 일반화하다 보면 역효과를 일으킬 가능성이 많다. 힘들어하는 청소년기의 자녀에게 부모가 "내게도 10대 시절이 있었단다. 지금 네 심정이 어떤지 잘 알고 있어"라 얘기하는 것은 큰 도움이 되지 않을 것이다. 자녀들은 세상에 존재하는 모든 10대들과 한데 묶여 인식되는 것이 아니라 고유한 개인으로서 자신을 나타내고 목소리를 전하고 싶어 하기 때문이다.

교감은 우리가 타인과 전혀 가까워지지 않은 상태에서 함께 괴로워할 수 있게 해준다. "코소보에 있는 사람들이 너무 안됐어" 같은 말들은 세상의 사건사고들을 대강 이해하고 나서 할 수 있는 교감적 표현이다. 친구들이 이성문제로 답답해할 때, 아니면 50세에 접어드는 두려움을 내비칠 때, 또는 부모님이 노쇠해지면서 겪게 되는 감정 굴곡에 대해 말할 때 우리는 "지금 어떤 시간을 보내고 있는지 이해해" 또는 "어떤 마음인지 잘 알아" 같은 말들을 하곤 한다. 하지만 가슴에 이해심이 가득한 공감은 알고 있다. 당사자가 아닌 우리는 상대의 기분이 어떤지 즉시 알 수 없다는 '사실' 말이다. 그렇기에 공감은 주의를 완전히 집중시킨 다음, 경청과 이해와 참여를 통해 다만 아주 잠시라도 상대의 마음과 영혼을 공유하려는 성의 있는 노력을 보인다.

46세의 루스는 유방암을 앓고 있었다. 암은 뼈까지 전이된 상태였고 의사들은 척수전이까지도 염려하고 있었다. 그녀는 다리에 보호대를 차고 지팡이를 사용해야 했으며, 신경과 의사는 나중에 휠체어가 필요할 것이라고 이야기했다.

어느 봄날, 특수 장비가 설치된 버스 한 대가 루스의 집 앞에 섰다. 그녀를 재활치료 수영장이 있는 레크리에이션 센터로 데려다주기 위한 버스였다. 버스 운전사는 활달하고 호기심이 많은 여성이었다. "어머, 다리가 왜 그래요?" 그녀는 물었다. 루스가 유방암에 걸렸다는 이야기를 하자 운전사는 깜짝 놀랐다. "저런. 난 큰 문제가 없는 내 인생에 감사해야겠어요. 항상 나보다 어려운 처지의 사람들이 있으니까요." 루스는 부드럽게 웃으며 자신의 괴로운 마음을 숨겼다.

레크리에이션 센터에 도착하자 라커룸에서 중년 여성이 나와 손을 내밀었다. 루스는 그녀가 친근하게 악수를 청할 것이라 생각했지만, 그 여성은 루스의 손을 자신의 두 손 사이에 넣고 포갠 다음 눈을 감고 고개를 숙였다. 그녀는 주님의 종에게 걸린 저주를 풀어달라고 간절히 기도하고, 경건한 표정으로 자리를 떠났다.

루스는 할 말을 잃었다. 무슨 말을 해야 할진 몰랐지만 어떤 기분인지는 알았다. 그녀는 보호대를 벗어던지고 그 여자를 쫓아가 쓰러뜨린 다음 땅에 질질 끌고 다니고 싶은 심정이었고, "당신의 기도 짓거리나 '오, 가여운 사람' 같은 취급 따위는 필요 없어!"라 소리 지르고 싶었다. "당신에게 나는 사람도 아닌 그저 색다른 구경거리일 뿐이군. 교회 저녁식사 모임에서 친구들에게 내 얘기를 하며 수영장에서 그 가여운 장애인 여자를 위해 기도했다고 신나게 떠들겠지."

하지만 루스는 그녀를 쫓아가지 않았다. 대신 버스를 타고 집으로 돌아가 친구와 친지들에게 편지를 썼다. 차분히 생각에 잠겨 감정을 가라앉힌 그녀는 위중한 병을 앓고 있는 이들에게 어떻게 이야기하고 들어주면 좋을지 제안하는 내용을 적어 내려갔다. 그녀는 공감을 가득 담아 이야기했으며, 공감적 경청을 통해 자신의 애정에 보답해달라고 사랑하는 이들에게 부탁했다.

날 위해 촛불을 밝혀주세요. 당신에게 위안이 된다면 기도를 하거나 좋은 생각을 해도 돼요. 9일기도나 묵주기도도 괜찮아요. 하지만 내 손을 움켜잡고 날 위해 기도하진 말아주세요. 그것이 내게 위안이 될지 먼저 물어봐줘요. 당신과 만난 그날에는 정말 위안을 얻을 수 있을지도 모르니까요. 하지만 내가 만약 아니라는 대답을 한다면 그냥 내 옆에 있어만 주세요. 기도는 우리 집에 들어오는 길에, 아니면 당신 집으로 돌아가는 길에 언제나 할 수 있어요.

나와 함께 울거나 웃을 준비를 해줘요. 우리의 만남이 강렬한 경험이 될 거라고 기대해주세요. 그건 내가 암에 걸리지 않았더라도 마찬가지 일 거예요. 알다시피 난 암 환자라는 설명 하나로만 정의되는 사람이 아니니까요. 내가 가엾다고 말하지 말아요. 내 상황에 공감과 위로를 해주려는 의도일진 몰라도 "오, 가여운 사람"이란 말을 들으면 나는 마치 내가 당신보다 못한 처지에 있고 당신은 나 같은 일을 당하지 않아 다행이라고 말하는 것 같아요. 자신의 건강과 행복에 안도감이 든 다면 우리 집에 들어오기 전이나 당신 집으로 돌아가는 길에 표현해주 세요.

거절당할 각오를 해주세요. 내게 전화도 하고 메일도 보내고 집에도 찾아와주세요. 만약 내가 이번에는 만나지 않는 것이 좋겠다고 말한다 면, 날 귀찮게 했을까봐 걱정되는 마음이나 언짢음은 스스로 잘 처리 해주세요. 그게 어려우면 상담을 받아봐도 좋아요. 이렇게 아픈 친구 가 있다는 것이 어떤 일인지 생각해보고 날 만나러 오세요. 난 다른 사 람들의 고민들에 신경 쓸 처지가 아니거든요. 그렇다고 당신 삶에 어 떤 일이 일어나는지 관심 없다는 뜻은 아니에요. 내가 "잘 지내?"라고 물어볼 때는 정말 답이 궁금한 거예요.

암에 관한 끔찍한 이야기들을 들려주고 싶다면, 이미 당신 곁을 떠났거 나 이 끔찍한 병을 이겨낸 그 사람을 정말로 존중할 마음이 들 때에만 그렇게 해주세요. 또한 나를 존중하지 않은 채 내 암 이야기를 다른 사 람에게 전하지 말아주세요. 내가 당신에게 되고 싶은 것은 삶을 가르쳐준 친구지, 죽어가는 것에 대해 많은 걸 알려준 친구가 아니랍니다.

완성하기

듣기는 하나의 기술이고, 공감적 듣기는 그 기술의 가장 고귀한 표현 형태다. 우리는 오랜 시간 동안 인내와 훈련과 노력을 바치며 점점 더 발전해간다. 그러나 일시적인 퇴보는 항상 있기 마련이다. 인간은 불완전하며 언제고 실수할 수 있음을 상기시키는 상황이 우리에겐 늘 발생한다. 최근 나는 친구이자 내 지도를 받는 동료인 안드레아와 함께 일을 하고 있었다(임상심리학 면허를 딴 임상의들은 실력을 향상시키고 어려운 케이스에서 객관성을 유지하기 위해 선배들에게 감독을 요청하기도 한다).

그날 나는 사적인 일에 정신이 팔려 있었다. 나중에 안드레아는 내가 계속해서 손가락으로 무릎을 두드리고 있었으며, 내 눈이 그녀를 보고 있긴 했으나 깜빡이거나 별 반응을 나타내진 않았다고 했다. 내 마음과 정신이 딴 곳에 있음을 깨닫자 안드레아는 말하기를 멈춘 다음 잠시 기다렸다.

"왜 그래?"

"오늘 선배는 저와 여기에 함께 있지 않네요." 그녀가 대답했다. 버림받고 상처 입은 기분이라는 것을 그녀의 목소리 톤과 표정에서 알 수 있었다. 친구이자 동료인 안드레아를 실망시킨 그 순간, 나는 공감적 듣기 기술이 얼마나 어렵고 부담스러운 일인지를 다시 한 번 깨달았다. 우리는 자신이 공감적 듣기 기술을 '보유하고' 있다고 말할 수 없다. 매 순간 그렇게 할 수 있도록 노력해야 하기 때문이다. 우리의 소통은 모두 다른 방식으로 이뤄지며 모든 관계는 저마다 특별하다.

하지만 흔들리고 실수하는 순간들로부터 우리가 얻는 것도 있다. 바로 이럴 때 상대와 나 자신을 향한 공감이 깊어지고 넓어지기 때문이다. 모든 사람은 실수를 저지르고, 나 역시 하루 단위로 실수를 한다. 두 명 이상의 사람들이 서로 동시에 공감을 주고받는 이상적인 상황을 떠올려보면 그것을 유지하기가 얼마나 어려울지 짐작할 수 있다. 그러니 친구가 "넌 나와 여기에 함께 있지 않아"라 이야기해도 그걸 모욕이라 여기진 않을 것이다. 비록 그 순간 찌릿한 당혹감을 느낄 수도 있지만, 우리는 인생의 다른 모든 것들과 마찬가지로 공감에서 완벽을 구현한다는 것 역시 불가능함을 깨닫고 빠르게 회복할 것이다. 그 누구도 완벽하게 공감을 할 수는 없다. 우리 모두는 실수를 한다.

하지만 다시 한 번 공감의 손길을 내미는 순간은 우리에게 더더욱 유익할 것이다. "미안해." 나는 안드레아에게 말했다. "딸을 걱정하고 있었어. 그 아이가 기관지염을 앓고 있는 데다 오른쪽 무릎이 아프다고 했거든." 안드레아는 내가 어디에 정신을 팔고 있었던 건지 이해했고, 우리는 다시 서로에게 집중할 수 있었다. 모든 사회적 소통에는 주고받음의 속성이 있다. 어느 날에는 듣는 역할을 했던 사람이 다른 날에는 주로 말을 할 수도 있는 것이다. 우리는 주기도 하고 받기도 하며, 듣는가 하면 말하기도 하고, 실수를 저질러 사과하기도 한다. 하지만 언제나 세심하게 서로를 이해하고 반응하기 위해 노력해야 한다. 그렇게 우리는 더욱 끈끈

한 관계를 발전시켜나간다. 완벽한 대화의 기술을 구사하려는 노력을 통해서가 아니라, 우리가 서로를 필요로 하며 혼자서는 잘 살아갈 수 없다는 사실을 인정함으로써 말이다. 공감은 상호작용의 과정이며 영혼을 섞는 일이다. 각각의 물줄기는 다른 지류와 합류하여, 스스로 방향을 잡고 목표를 향해 세차게 흘러가는 강력한 강이 된다.

몇 년 전 나는 홀로코스트 생존자이자 저명한 자기심리학자인 폴 오른스테인(Paul Ornstein) 박사를 내가 일하는 병원에 초청해서 강연을 부탁했다. 자기심리학(self psychology)은 타인과의 소통을 통해 우리의 자아의식이 발달해가는 과정에 초점을 맞추는 학문이다. 공감의 측면에서 자기심리학의 관심 주제는 그것이 어떻게 우리 자아에 활기를 부여하는가, 또 공감의 부족은 우리의 자아의식 및 타인과의 관계와 친밀감에 대한 깊은 갈망을 어떻게 감소시키는가 등의 것들이다.

짧은 강연을 마친 뒤 오른스테인 박사는 청중 중 누군가 혹시 최근에 경험한 환자 사례를 공유하고, 자기심리학의 관점에서 다함께 그 주제에 대한 토론을 해볼 수 있을지 물었다. 잠깐 동안은 아무도 움직이지 않았다. 아마도 저명한 심리학자에게 자기 일을 얘기한다는 것이 부담스러웠던 것 같다. 드디어 한 명이 손을 들었다. 병원의 사회복지사 소장인 일라리아가 '어려운 케이스'에 대해 토론해볼 용의가 있다고 한 것이다. 러시아 정교회 사제의 딸이었던 일라리아는 제2차 세계대전 당시 형제자매와 어머니를 두고 아버지와 함께 러시아에서 탈출했다. 전쟁이 끝난 후 가족은 다시 상봉했지만 그 몇 년 간 경험했던 고통은 지금도 여전히 일라리아를 괴롭히고 있었다. 그녀는 내가 아는 가장 다정하고 동정심 많은 사람 중 한 명이기도 했다.

좋은 임상의들이 늘 그렇듯 일라리아는 환자가 어떤 사람이며 어떤 문제를 겪고 있는지 설명하고, 환자의 원가족에 대한 의견을 제시했으며, 치료 중에 어떤 상호작용이 있었는지도 자세히 공유했다. 그런 다음 그녀는 오른스테인 박사에게 솔직하게 도움을 요청했다. "특별히 이 케이스 이야기를 하고 싶었던 이유는 제가 최선을 다하지 않고 있다는 걸 알기 때문이에요. 전 환자의 이야기를 잘 듣지 않았어요. 왜 그런지 몰라도 마음을 집중시킬 수 없었거든요."

"그런 혼란감이 들었을 때 어떻게 했나요?" 오른스테인 박사가 물었다.

"사실을 인정했어요." 그녀가 대답했다. "환자를 보고 '혹시 내가 잘 이해하지 못한다는 느낌이 드나요?'라고 물었죠. 그러자 환자는 '네. 하나도 이해를 못하시는 것 같네요' 하더니 제가 어떤 부분을 놓쳤는지 아주 분명하게 가르쳐주더라고요." 그녀는 민망하다는 듯 웃었다. "사실 이 케이스에 대해 얘기하는 것이 아주 쑥스러워요. 여러 지점에서 실수를 저질렀다는 걸 잘 알거든요. 하지만 무엇을 더 해야 할지 정말 모르겠어요."

"정말 잘 대처한 것 같은데요?" 오른스테인이 활짝 웃으며 말했다. "당신은 환자에게 자신의 이야기가 잘 전달되었다고 느끼는지, 그리고 당신이 그분의 말을 잘 이해하고 있다고 생각하는지 물어봤어요. 환자에게 자기 생각을 말할 기회를 준 거죠. 당신이 도움을 요청한 덕분에 그분은 의사가 솔직한 의견을 듣고 싶어 한다는 걸 알 수 있었어요. 그러니 거리낌 없이 당신이 뭔가를 놓치고 있는 것 같다고 말하고는 당신을 제자리로 돌려놓은 거죠."

이 일화에서 우리는 심리치료나 일상생활에서 활용할 수 있는 효과적인 듣기 전략을 배울 수 있다. 친구, 배우자, 자녀, 환자에게 한 번씩 이런 질문을 해보자. "당신이 하는 이야기를 지금 내가 잘 듣고 있다고 느끼나요?" 나는 환자들과 상담할 때 종종 이런 말들로 말문을 열곤 한다. "내가 오해하고 있다면 고쳐주세요, 지금 하려는 이야기가 (…)" "난 이런 느낌을 받았습니다. 물론 어디까지나 제 느낌이란 사실을 먼저 강조하고 싶군요. (…)" "놓친 부분이 있다면 보충해주십시오. 지금까지 듣기로는 (…)" 필연적으로 복잡할 수밖에 없는 공감적 듣기의 과정에서 나는 이런 단어와 표현을 사용하여 상대에게 도움을 요청하곤 한다. 환자들의 생각과 감정을 정확히 이해하기 위한 노력으로 나는 그들에게 내가 놓친 것들을 알려달라고, 또 내가 올바른 궤도에 있는지 확인해주고 혹시 길을 잃었다면 제자리로 인도해달라고 부탁한다.

심리학자 칼 로저스(Carl Rogers)는 《진정한 사람되기(On Becoming a Person)》에서 자신의 듣기 실력을 테스트할 수 있는 비슷한 전략을 제시한다.

다음번에 배우자나 친구 또는 소모임의 사람들과 언쟁을 하게 된다면 우선 잠시 이야기를 멈추고 이 규칙을 시험해보자. '각 사람은 앞서 말한 사람의 의견과 감정을 정확하게 다시 설명할 수 있고, 그것이 원래 말한 사람이 듣기에도 만족할 만한 수준일 경우에만 자기 의견을 얘기할 수 있다.' 이것이 어떤 의미가 될지 지켜보자. 단순히 말하면 당신은 자신의 관점을 내세우기 전에 먼저 상대의 기준계(frame of reference, 사람들이 대상을 측정하거나 판단하거나 느끼는 기준이 되는 체계_옮긴이)를 얻어야 한다. 타인의 생각과 감정을 대신 요약해줄 수 있을 정도로 잘 이해할 수 있어야 한다는 의미다. 간단해 보이지 않는가? 하지만 직접 시도해본다면 결코 그렇지 않다는 사실을 깨달을 것이다. 그런 어려움이 있음에도 당신이 다른 사람의 관점으로 보는 것이 가능해진다면 원래 하려 했던 말을 대폭 수정해야 할 것이다. 또한 당신은 언쟁에서 감정이 빠져나가고 의견의 격차가 줄어들었으며, 남아 있는 의견 차이는 이성적이고 이해할 만한 종류의 것들임을 깨달을 것이다.

공감적 듣기는 우리를 친밀한 이해의 터전으로 인도하고, 그곳에서 생각과 감정은 이성적이고 합리적인 방식으로 소통한다. 공감이 깃든 이 장소에서 우리는 자신 및 타인과의 관계를 향한 더욱 깊은 이해에 도달할 수 있다. 거울로 뒤덮인 이 세상은 우리의 공유된 경험 속에 담긴 고유성과 보편성을 함께 비춰내지만, 공감은 그 안에 있는 아주 세밀하고 미묘한 차이를 드러내 보인다.

타인을, 그리고 그들의 세상을 이해하려면 우리는 필연적으로 자기중심적인 관점을 포기해야만 한다. 공감이 가져다주는 타인중심적 관점에서 우리의 문제는 그렇게 크고 극복하기 어려운 것처럼 보이지 않는다. 우리의 세계는 확장되면서 더욱 복잡해지지만 분명 훨씬 더 흥미로운 장소가 된다. 우리는 그 세상을 자유로이 탐구하고, 타인의 삶 속에 자신을 흠뻑 빠뜨리는 과정 속에서 스스로를 변화시킨다.

이것이 바로 공감의 힘이다.

6장

공감과
사랑
:
이상화와극단화, 그리고통합

우리는 섹스를 할 때 몸을 만지지만,
마음과 영혼을 어루만지는 건
오직 공감이 우리를 인도할 때에만 가능하다.

롤로 메이(Rollo May)는 그의 책 《사랑과 의지(Love and Will)》에서 성행위를 '우리가 상상할 수 있는 가장 강력한 관계의 실행'이라고 설명했다. 그 말에도 일리가 있지만, 나는 섹스(심지어 정말 멋진 섹스조차도)로도 내면의 공허함을 채울 수 없다고 말하는 수백 명의 남녀와 이야기를 나눠봤다. 공감적 연결이 결여되어 있다면 섹스의 과정 자체는 좋을지 몰라도 최종 결과는 만족스럽지 못할 것이다. 메이 역시 책 뒷부분에서 그 점을 인정한다. 그의 환자들은 삶에 감성과 열정이 부족하다고 불평하며 '수없이 섹스를 해도 도통 의미를 찾을 수 없다'고 말했다 한다.

그렇다면 우리는 어떻게 섹스에 감성과 열정, 마음과 영혼 같은 '의미'를 되돌려놓을 수 있을까? 공감이 유일한 해결책이다. 공감만이 우리를 진정한 친밀함으로 데려다줄 수 있기 때문이다. 진정한 친밀함은 내가 타인의 생각과 감정을 이해하는 동시에 상대도 나의 내적 경험을 이해하고 있음을 아는 상태를 말한다. 섹스를 포함한 모든 친밀한 관계에서 우리가 추구하는 것은 서로의 영혼에 닿는 것이다. 그러나 공감의 인도가 없다면 우리는 영영 타인의 영혼에 가까이 다가갈 수 없다.

섹스는 채워야 하는 굶주림이나 목마름, 긁어야 하는 간지럼증도 아니다. 그랬다면 자위로 모든 성적 욕구를 만족시킬 수 있었을 것이다. 우리가 성적 경험을 통해 찾고자 하는 것은 단순히 쌓여버린 긴장을 해소시키는 것이 아니라 두 영혼의 일시적 결합을 통해 관계를 확증하고 확장시키는 것이다. 이것이 바로 두 마음과 두 영혼이 하나로 합쳐지는 순간인 궁극의 친밀함이다.

공감은 어떻게 친밀함을 만들어낼까? 단순한 신체적 이끌림이 아닌, 마음과 영혼을 아우르는 친밀함 말이다. 공감은 우리를 표면적인 관계로부터 벗어나게 하며, 불완전성과 다른 모든 것을 포함하여 상대를 전인적으로 받아들이는 깊고 진심 어린 관계로 이끈다. 나는 그 과정을 목격하는 것이 완벽한 관계에 대한 그 어떤 설명보다 공감의 힘을 더욱 잘 설명해준다고 믿는다. 이러한 포용의 과정은 우리의 내·외부에서 동시에 일어난다. 공감은 타인을 둘러싸기 시작함과 동시에 우리로 하여금 자신의 모든 한계와 단점을 수용하도록 이끌기 때문이다. 우리는 공감을 통해 서로를 진정으로 깊이 사랑하는 법을 배운다. 그렇기에 우리는 '내게 꼭 맞는' 사람을 찾는 것보다 '진짜' 사람을 찾는 것이 왜 행복 추구에 있어 보다 중요한 문제인지를 깨달을 수 있다.

케럴린의
이야기

○ ● ○

내게 가장 훌륭한 교사는 내 환자들이다. 그들 덕분에 나는 상담을 할 때마다 친밀함을 만들어내는 공감의 힘을 더 깊이 이해하게 된다. 케럴린은 아주 감동적인 케이스였다. 남편 없이 청소년기의 두 딸을 키우던 그녀는 알코올중독자 아버지와 만성 우울증을 앓는 어머니 밑에서 자랐다. 어린 시절의 가장 생생한 기억은 아버지를 기쁘게 하기 위해 노력했던 일들이었다고 한다. 심리치료 도중 그녀는 아버지의 인정을 받기 위해 어두컴컴하고 추운 지하실에서 셔츠를 다리던 시간들을 가끔씩 떠올렸다. 깨끗하게 다린 셔츠를 건네면 아버지의 기분은 최소한 아주 잠깐 좋아졌다. 그러나 얼마 지나지 않아선 케럴린을 혼내기 시작하거나, 짜증 섞인 말과 성가셔하는 손짓으로 그녀를 내쫓곤 했다.

아이들에게서 종종 나타나는 현상이듯, 공감이 부재했던 부모 관계는 케럴린이 자신과 타인에 대한 왜곡된 인식을 형성하는 계기가 되었다. 그녀는 아버지를 이기적이고 불안정한 현실 그대로의 모습으로 보지 못하고 이상화(idealize)하며 자랐다. 아버지의 분노를 강인함으로 착각했고, 그가 술에 취해 자신에게 비난을 쏟아부은 건 자신이 충분히 착하거나 똑똑하지 않고 어떻게 하면 아버지를 흡족하게 만들 수 있을지 잘 몰랐기 때문이라며 자책하곤 했다. 자신이 이상적인 관계를 맺고 유지할 줄 아는 완벽한 아이(이후에는 완벽한 성인)가 되지 못했다며 스스로를 책망할 때면 그녀 내면의 목소리는 아버지의 실제 음성과 비슷하게 아주 엄격하고 가혹했다.

30대 후반에 접어들고 알코올중독자 남편과 헤어진 케럴린은 작은 인문대학에서 부교수직을 맡고 있었다. 이제 그녀의 삶에서 가장 중심적 역할을 하는 건 섹스였다. 한 관계가 끝나면 곧바로 다음 관계가 시작되었으며 모두 비슷한 형식을 따랐다. 그녀는 술집 같은 곳에서 어떤 남자를 만나 그를 이상화하고 결국엔 함께 침대로 향했으며, 남자를 기쁘게 만들기 위해 최선을 다해 노력하던 어린 시절의 패턴을 반복했다. 하지만 끝내 그녀는 남자가 자신의 속을 꿰뚫어보리라는 두려움에 사로잡혔고, 자신들의 정서적 연결이 얼마나 얄팍했는지 깨닫고 실망하곤 했다. 몇 주 혹은 몇 달이 지나면 기존의 관계는 끝나고 새로운 만남이 시작되었다.

"난 모니카를 이해해요." 케럴린은 빌 클린턴(Bill Clinton) 대통령의 탄핵 심판이 진행되는 동안 내게 말했다. "그녀는 클린턴이라는 사람의 전체가 아니라 그의 3분의 1에만 관심이 있었던 거예요. 그건 클린턴도 바라는 바였죠." 그녀는 자세를 고쳐 앉았다. 짙은 색의 긴 머리와 눈을 가진 아름다운 그녀는 완벽한 메이크업에 선명한 붉은 빛으로 칠한 손톱, 짧은 명품 치마 차림의 매력적인 모습이었다. 케럴린은 옷매무새를 바로잡고 내게 애교 있는 웃음을 보냈다. "제 관심사도 같아요. 내게 꼭 맞는 사람보다는 지금 만날 수 있는 사람을 원해요."

5년 전 그녀는 자신과 꼭 맞는 사람을 찾는 일을 그만두었다. 임종을 앞둔 어머니를 만나기 위해 비행기를 타고 아이오와에 갔을 때, 몇 주간 홀로 남겨진 남편이 비서와 불륜을 맺은 것이다. 사실을 알게 된 케럴린이 남편에게 따졌지만 그는 아내의 분노를 이해하지 못했다. "당신은 날거의 한 달 동안이나 혼자 뒀어. 나 혼자 뭘 어떻게 했어야 했지?" 그는 소리치며 항의했다.

케럴린은 이 이야기를 하면서 눈동자를 굴렸다. "믿을 수 있어요? 이 남자는 엔지니어였어요. 바보가 아니었단 말이에요. 세상 돌아가는 이치를 그렇게 잘 아는 사람이, 왜 자신이 얘기하는 '쌓여버린 긴장'을 자기 손으로 해소하지 않고 다른 사람이 대신 해결하게 한 거죠?"

재치 많은 케럴린은 남편의 배신에서 비롯된 괴로움을 유머로 숨기려 했다. 언젠가 그녀는 부부 심리치료를 받고 나서 남편을 떠나기로 결심했다는 이야기를 해주었다. 심리치료 상담 중 케럴린이 흐느끼기 시작했지만, 남편은 그녀가 얼마나 이기적이며 자기에게 제대로 관심을 주지 않는지에 대해 말하길 멈추지 않았다고 한다. "당신은 피를 흘리며 바닥에 쓰러져 있는 내 몸을 짓밟고 있어!" 한 지점에서 그녀는 이렇게 소리쳤다. 의사는 케럴린을 진정시키려 했지만 남편이 그를 가로막으며 말했다. "시도도 하지 마세요. 케럴린은 이런 상태가 되면 되돌릴 수 없어요."

이혼 절차가 시작되자 케럴린은 불륜을 거듭했다. 이런 성적 관계들은 항상 그녀에게 엄청난 흥분을 선사하며 시작됐다. "그이는 톰 셀릭(Tom Selleck, 미국의 영화배우_옮긴이)을 꼭 닮았어요." 자신이 차지한 남자를 이렇게 소개했던 그녀는 한 달 후 다른 남자를 설명하며 "이 사람은 정말 활달하고 매력적이에요. 게다가 지난번 남자보다 더 잘생겼다니까요!"라 말했고, 몇 달 후엔 '상냥하고 단순하며 아무 요구도 하지 않는' 또 다른 남자 얘기를 내게 들려줬다.

그렇게 패턴은 반복됐다. 케럴린은 새로운 남자를 이상화했지만 불과 몇 주 혹은 몇 달 후에 그들의 단점을 발견하고선 그 남자가 '이기적이고, 배려가 없으며, 거짓말쟁이, 불한당, 술주정뱅이, 사기꾼'이라고 말하곤 했다. 그녀는 자신이 너무 '어리석었'거나 '순진'했다고 거세게 비판한 다음 또 다시 그 수순을 밟았다. 케럴린이 고르는 남자는 항상 잘생기고 바람기가 많으며 카리스마('정말 사람들을 움직일 줄 아는 남자') 있는 타입, 또는 냉담하고 요구가 별로 없으며 감정적으로 잘 엮이려 하지 않는 유형이었다.

"난 불륜이 좋아요. 화장을 지우지 않아도 되거든요." 언젠가 내게 했던 그 말이 그녀를 한마디로 압축해서 설명해줬다. 화장을 지우지 않는다는 것은 곧 자신에게 여전히 숨을 방패가 있는 셈이라는 것이 그녀의 이유였는데, 몸은 완전히 벌거벗을 수 있어도 감정은 노출시키지 않겠다는 의미였다. 그녀는 누군가가 가면 뒤의 자신을 꿰뚫어보고 내면의 불완전함이 완벽한 겉모습과 어울리지 않는다는 것을 알아챌까봐 몹시 두려워했다.

어느 날 케럴린은 비밀을 하나 털어놨다. "요즘 만나는 남자는 나보다 어려요." 무릎 위에 단정히 포갠 손을 내려다보며 그녀가 말했다. "그 사람 나이는 내 나이의 절반밖에 안 되죠. 결혼도 했고요." 잠시 침묵이 흘렀다. "그리고 와이프가 첫아이를 임신 중이라고 하네요."

그녀에게 더 할 말이 있음을 알았기에 나는 기다렸다. "이 얘기를 선생님께 하고 싶진 않았어요. 제가 나쁘다고 판단하실 거라 생각했거든요." 또 다시 얼마간이 흘렀다. "아니, 아니에요. 사실 판단을 한 건 저예요. 아마 선생님이 저로 하여금 진실을 보게 할 것이 두려웠나봐요."

"진실이요?" 내가 말했다.

"아시잖아요. 전체적인 그림이요." 그녀는 뿌루퉁하게 아랫입술을 내밀었다. "이 생각을 너무 많이 하고 있는 것 같네요. 이러면 재미가 없어지는데."

"왜 진실이 재미를 없애버린다고 생각하나요?" 내가 물었다.

"난 이 관계를 보고 싶지 않아요. 지금 내가 하고 있는 일을 똑바로 봐야 하니까요. 아내가 있고 곧 아기가 태어날 남자와 잠자리를 갖는 거 말이에요. 모든 게 너무 슬프고 무모하고, 또 절망적인 것 같아요."

"확실히 재미가 없어 보이긴 하네요."

"그렇죠." 그녀가 인정했다. "이제는 섹스마저도 즐겁지 않아요."

이런 종류의 대화들 속에서 케럴린은 경계를 늦추고 남에게 보이고 싶지 않은 자신의 모습을 드러내기 시작했다. 케럴린을 향한 내 공감에는 그녀의 생각 및 감정을 이해하고 싶은 마음과 그녀가 순간순간 겪는 경험에 세심하고도 솔직하게 반응하려는 노력이 담겨 있었으며, 그 덕분에 케럴린은 두려움과 숨김이 없이 자신을 표현할 자유를 얻을 수 있었다. 그녀는 내가 진심으로 자신을 대할 것임을 알았고, 그녀 역시 내게 솔직해지기 위해 필사적으로 노력했다. 그녀는 '화장'을 지워버리고, 자신이 세상에 보여주는 30퍼센트가 아닌 온전한 스스로를 드러내고 싶어 했다.

내가 그녀를 단죄하고 떠나가거나 어떤 방식으로든 그녀의 행동을 통제하려 들진 않는다는 사실을 받아들고 나서, 케럴린은 자신의 두려움과 불안정성에 대해 좀 더 편안한 마음으로 이야기했다. 그녀는 내 공감을

'빌려'서 자신의 내면을 비추는 거울로 사용했다. 평생 그녀를 가혹하게 벌주던 목소리는 서서히 내 목소리로 대체되기 시작했다. 비판하지 않되 항상 진실을 고집하며 이해와 공감을 담은 목소리 말이다. 심리학자들은 이렇게 타인의 목소리를 듣고 자신의 것으로 만드는 과정을 내면화(internalization)라 부르는데, 이 내면화 과정이 계속해서 진행되는 모습은 아이들이 부모님 목소리에 담긴 의미를 포착하고 받아들이는 과정에서도 확인할 수 있다. 타인의 목소리가 케럴린 아버지의 것처럼 나무라는 말투라면, 어린이 내면의 목소리도 자책하는 목소리가 될 것이다. 케럴린은 내 공감 어린 목소리를 빌려 쓰기 시작하면서 자신에게 더욱 이해심 있고 따뜻하게 말을 걸 수 있게 됐다.

어느 날 케럴린은 생각에 깊이 잠긴 얼굴로 상담 시간에 도착했다. 날카롭고 번뜩이는 재치는 사라지고 그전까진 한 번도 보지 못했던 여린 모습이 역력했다. "오늘 길거리에서 아버지를 봤어요. 저만치 앞에서 걷고 계시더군요. 몇 년 동안 못 뵀지만 바로 알아볼 수 있었죠. 아버진 겁에 질리고 외로워 보이는 자그마한 노인이었어요. 그분을 보면서 아버지가 이제 내게 아무런 힘을 쓸 수 없고, 상처도 입히지 못할 거란 사실을 깨달았어요."

그녀는 새롭게 얻은 통찰에 흥분한 채 몸을 앞으로 기울였다. "정말 놀라운 순간이었어요, 선생님. 마치 영화 〈오즈의 마법사〉에서 조그맣고 통통한 남자가 커튼 뒤에 있다가 나오는 장면 같았거든요. 난 영화를 보는 내내 떨리는 마음으로 이 엄청난 힘을 가진 자가 누구일지 궁금해했는데, 알고 보니 그저 자그마한 노인이었던 거예요. 우리랑 똑같이 매일 아침에 일어나 거울을 보면서, 자기가 전지전능한 존재가 아니란 걸 받아들이는 사람 말이에요. 거리에 서 있는 동안 불현듯 이런 생각들이 뇌리를 스치고 지나갔어요. 이젠 아버지가 두렵지 않아요. 화도 나지 않고, 더 이상 아버지를 증오하지도 않아요." 그녀는 깊게 한숨을 쉬고 덧붙였다. "그저 그분이 안됐다고 생각할 뿐이에요."

몇 달 후 크리스마스가 다가오기 직전, 추위에 양볼이 빨개진 케럴린이 활짝 웃으며 진료실에 들어왔다. "어젯밤에 나가서 4.5미터짜리 트리를 사왔어요. 지금까지 본 것 중에 가장 큰 트리였지요. 그걸 설치하느라 거실에 있는 짐을 모두 차고로 옮겨야 했다니까요. 아이들은 제가 제정신이 아닌 것 같다면서 병원에 입원해야 하는 거 아니냐고 묻더라고요. 다들 한바탕 웃었죠."

케럴린이 기분이 좋았던 진짜 이유는 트리가 아닌 다른 것에 있었다. 몇 달 동안 그녀는 대학의 부총장과 만나고 있었다. "맹세컨대, 그 사람은 빌 클린턴 대통령과 생긴 것도 그렇고 하는 행동도 똑같아요." 그녀가 말했다. "정말 매력적인 데다 호감 가는 미소가 판박이라니까요. 내 팔꿈치를 만지거나 등을 비비고 눈을 똑바로 바라보는 것에서 정말 나를 소중히 여긴다는 느낌이 들어요." 그녀는 몸을 파르르 떠는 척하더니 온화하게 웃었다.

"난 그이의 소소한 게임에 잘 놀아나요. 그거 있잖아요. 30퍼센트만을 보고 나머지는 무시하는 거요. 그러다가 문득 이런 생각이 들기 시작했죠. 이 남자는 누구지? 무엇에 정말 관심이 있는 거지? 가까스로 그 사람의 다른 10퍼센트를 보려고 했을 때, 내 눈앞에 서 있던 그가 영업사원 같다는 생각이 들었어요. 윙크며 목소리 톤이며 가짜 미소 같은 것들에서 말이에요. 그러고 나니 또 다른 10퍼센트가 보였죠. 날 사랑한다고 거짓 말하는 거요. 그리고 또 다른 10퍼센트는 그가 아내와 아이들에게 거짓 말을 하는 부분이었어요. (…) 그 순간 감정적으로 완전히 발가벗겨진 그 의 모습이 보였고, 갑자기 그 사람이 꼴도 보기 싫어졌어요!

그래서 엊그제 전 밤중에 일어나 혼잣말을 했어요. '케럴린, 남은 인생 동안 이 케케묵은 패턴을 반복하며 살 순 없어. 넌 더 좋은 걸 누릴 자격 이 있다고.' 그러더니 어떤 이유에선지 내 전남편이 떠올랐어요. 그는 알 레르기가 있다며 절대 트리를 사지 못하게 했었죠. 선생님은 트리에 알 레르기가 있다는 사람을 본 적 있나요? 이튿날 밖에 나가서 4.5미터짜리 트리를 사와 자축한 건 그 때문이었어요. 선생님, 정말로 그건 제가 지금 까지 본 것들 중 가장 예쁜 트리예요."

일평생 케럴린은 자신이 만난 남성들이 쌓아올린 이미지에 걸맞게끔 살아야 한다는 강박에 시달렸다. 스스로를 향한 공감이 너무도 부족했기 에 처음에 그녀는 아버지의 지시를 따랐고, 그 후로는 남편과 연인들의 요구에 마지못해 응해왔다. 우뚝 솟은 크리스마스트리는 그녀가 이제 오 래된 패턴으로부터 벗어날 것임을, 또 복잡하고 불완전하지만 온전한 하 나의 인간으로 자신을 받아들일 준비가 되었고, 자신을 옭아매던 이미지 로부터 탈출하는 것이 가능해졌다는 사실을 상징했다.

공감의 힘을 통해 케럴린은 섹스 그 자체로는 친밀감을 만들어낼 수 없음을 깨달았다. 우리는 섹스를 할 때 몸을 만지지만, 마음과 영혼을 어 루만지는 건 오직 공감의 인도를 받을 때에만 가능하다는 것을 알게 된 것이다. 공감은 우리를 타인의 진실 깊숙이 데려다주며, 상대의 실제가 어디서 끝나고 우리의 것은 어디서 시작하는지 이해할 수 있게 해준다. 또 우리가 누구를 신뢰하고 누구를 기피해야 하며 자신을 어떻게 보호하고 방어할 수 있는지, 그리고 언제 앞으로 나아가고 언제 기다려야 할지를 알려준다.

우리는 모든 인간관계에서 친밀함의 여러 단계를 거친다. 그 다양한 단계를 앞뒤로 오가면서, 평탄친 않지만 언제나 아름다운 '서로를 알아가는 길' 위를 여행한다. 친밀함의 첫 단계는 '이상화'로, 이 시기에 우리는 상대에게 홀딱 넘어가 객관성을 잃고 왜곡된 방식으로 삶을 바라본다. 다음 단계는 '극단화'다. 모든 것이 '멋지고 완벽하며 내가 늘 바라왔던 상태'라 여기던 우리는 정반대의 시각으로 옮겨 가 상대의 자그마한 흠과 문제에도 집착하게 된다. 상대의 불완전함을 알아차린 뒤엔 어디론가 달려나가 숨고 싶은 기분이 든다. 이런 약점들이 왠지(정확히 어떻게인지는 모르겠지만) 우리 자신의 부족한 부분을 비추는 것 같기 때문이다.

우리는 종종 극단화 단계에서 유턴하여 이상화의 땅으로 곧장 되돌아간 후 모든 것을 처음부터 다시 시작하기도 하지만, 언젠간 순탄한 여행길을 만날 수 있길 바라며 울퉁불퉁하고 구불구불한 길을 계속 따라가기도 한다. 인내, 헌신, 객관성, 그리고 가장 중요한 공감과 함께 우리는 세 번째 단계인 '통합'에 들어간다. 그 땅에선 시야가 확장되어 전체적인 그림을 보는 것이 가능해지고, 상대를 '좋은 부분'과 '나쁜 부분'이 모두 포함된 통합된 전체로 바라볼 수 있다. 우리는 정말 중요한 것이 무엇인지 분별해내고 사소한 것들은 넘어갈 줄 아는 방법을 터득한다. 이정표를

보고선 길을 잘못 들었으니 출발점으로 돌아가야겠다고 결심하는 것이
아니라, 주기적으로 도로의 '턱'과 마주하고 또 그럴 때마다 '속도를 줄
이고 주의를 다시 가다듬어야겠다'고 스스로를 상기시키며 계속 앞으로
나아가는 것이다.

이 세 가지 단계의 특징을 탐구하면 공감이 어떻게 우리 관계를 강화
시키고 타인과 자신을 향한 더욱 깊은 이해로 우리를 이끄는지 배울 수
있다.

관계의
세 단계   ○ ● ○

1단계: 이상화

"사랑에 빠지는 것은 우리 사회가 용인하는 유일한 형태의 정신병이
다." 놀랍도록 인간적이었던 정신분석학자 엘빈 샘라드(Elvin Samrad)가
약 40년 전 했던 말이다. 사랑에 빠지는 것을 포함한 모든 종류의 정신병
에서는 어김없이 우리의 집중력과 객관성이 사라지는 증상이 관찰된다.
즉, 똑바로 보거나 생각하거나 느끼지 못한다는 얘기다. 이 단계에서는
모든 것이 우리가 사랑하는 대상을 중심으로, 어지럽고 스릴 넘치는 감
정의 롤러코스터 속에서 빙빙 돌고 있는 것만 같다. 격렬한 놀이기구 위
에서 이성은 모습을 감추고, 우리는 궁극의 모험처럼 느껴지는 이 경험
에 휩쓸려 제정신을 잃는다.

케럴린은 사랑에 빠질 때마다 이번만큼은 제대로 된 인연을 만난 거라 믿었다. '이번'에는 자신에게 딱 맞는 남자를 만날 것이라고, '이번'에는 자신의 필요에 맞게 그 남자를 변화시킬 수 있을 것이라고, '이번'에는 최선을 다해서 그 남자를 기쁘게 하겠다고, '이번'에는 그 남자가 자기 없인 못 산다는 사실을 깨달을 것이라고 말이다. 하지만 이상화가 점점 사라지기 시작하면서 그녀는 늘 환멸과 낙담을 맛봐야 했다.

이상화 단계에서 공감이 고전을 면치 못하는 것은 당연하다. 공감이 균형감을 얻고 방향성을 잡으려면 객관성에 의지해야 하기 때문이다. 객관성이란 세상을 왜곡 없이 있는 그대로의 실제로 볼 줄 아는 능력인데, 사실 공감은 많은 방면에서 객관성과 동일한 의미를 지닌다. 정신분석학자 에리히 프롬(Erich Fromm)은 《사랑의 기술(The Art of Loving)》에서, 타인을 사랑하는 행위의 중심에는 객관성이 있다는 점을 강조한다.

> 상대의 실체를 보기 위해, 더 정확하게는 내가 그 사람에 대해 갖고 있는 환상, 즉 비이성적으로 왜곡된 이미지를 깨버리기 위해 나는 타인과 나 자신을 객관적으로 알아야 한다. 우리는 인간을 객관적으로 알게 될 때에만 사랑의 행위를 통해 그의 궁극적 본질을 알 수 있다.

객관성이 그렇게 중요한 이유는 무엇일까? 객관적 진실을 마주했을 때 케럴린의 말마따나 '재미가 없어지는' 건 왜일까? 이미지는 벽에 걸린 그림처럼 아름답고 유혹적이지만 고정적이고 정지 상태에 있기 때문에 그 안에 들어가거나 그걸 변화시키기란 불가능하다. 메인 해안의 절벽에 부딪히는 파도를 찍은 사진은 아름다운 이미지일 수는 있어도, 파도가 바위를 때리는 소리를 들려주거나 소금물이 얼굴에 흩뿌려지는 느낌을 전해줄 순 없다.

이미지는 사물이지만 인간은 피와 살로 이루어져 있어서, 쉽사리 두통과 치통을 느끼고 기분이 언짢아지거나 고약한 성질을 부리기도 한다. 사람을 사물화하는 것은 그들의 영혼을 망가뜨리는 일이다. 내 환자 한 명은 자신이 정확히 언제부터 남편과의 관계에 의구심을 품기 시작했는지 기억한다고 했다. 어느 날 남편은 그녀의 몸에 팔을 두르고 사랑한다고 말한 다음 이렇게 이야기했다. "당신은 완벽한 엄마이자 우아한 주부이며, 사랑 많고 세심한 아내야. 평생 이 모습 그대로였으면 좋겠어."

만일 다른 사람을 물건이나 사물로서 사랑한다면 우리는 상대가 언제나 똑같은 상태로 남아 있길 바랄 것이다. 그래야만 자신의 욕구를 만족시키기 위해 마음속에 공들여 만들어낸 이미지와 상대가 서로 부합될 것이기 때문이다. 이렇게 초점이 자아에만 집중되는 증상을 심리학자들은 나르시시즘이라 부르고, 이는 우리가 상대를 지속적으로 발달하고 성장하는 인간으로서 바라보지 못하게 방해한다. 나르시시즘에 빠진 상태에서 보는 타인은 우리에게 이익을 줄 수 있는 영역에서만 가치를 지닌다. 또한 현실은 내 필요와 욕구, 두려움과 갈망의 관점에서만 정의되며, 세상은 내가 사랑받으려는 욕구에만 맞춰 좁혀진다. 공감은 우리에게 더 많이 알고, 더 깊어지며, 자신을 드러내고, 상대의 현재와 미래의 모습을 모두 알고 싶어 하는 갈망을 준다. 하지만 수많은 이들에게 있어 사랑을 움직이게 하는 것은 공감이 아니라 전적으로 자신들의 필요일 뿐이다.

지나친 필요에 의해 움직이는 사랑을 나는 '이미지 사랑(image love)'이라 부른다. 이것은 실제 인간이 아닌 이미지를 대상으로 한 가공의 사랑이다. 불완전할 수밖에 없는 인간과 달리 이미지는 항상 흠이 없고 완벽한 모습을 유지하기 때문에 처음엔 우리에게 위로를 준다. 이미지 사랑은 우리가 타인과 너무 가까워지지 못하게 함으로써 상대의 완벽하지 못한 모습을 알아채지 못하게(또는 우리 자신의 완벽하지 못한 모습을 인정하지 못하게) 막는다. 그런데 이미지를 사랑하는 사람들은 자기 자신도 이미지가 되려 한다. 이것이 우리가 이상화 단계에서 유념해야 하는 중심 포인트다. 케럴린이 말했듯 화장을 지우면 자신을 드러낼 수밖에 없는데, 이미지를 계속 유지하려 애쓰는 이들은 그런 위험을 감수하지 못할 것이다.

이상화 단계에서 우리는 자신과 상대에 대한 이미지를 만들어내는데, 사실 그런 이미지는 항상 우리 실체의 일부분을 부인하는 특징 묘사나 고정관념에 지나지 않는다. 이 단계에 갇혀 앞으로 나아가길 두려워한다면 우린 실망에서 벗어나지 못할 것이다. 시간이 흐르면 흐를수록 그 누구도 이상적 이미지에 맞게 살 순 없음이 더욱 명백해질 것이기 때문이다. 어떤 이들은 피부에 사마귀나 여드름이 나고, 발가락에 무좀이 생기거나 이 사이가 벌어지기도 한다. 또 누군가는 웃을 때 콧바람이 세게 나오거나 잠자는 동안 코를 골고, 껌을 딱딱거리며 씹거나 국물을 후루룩대며 마시는 고약한 버릇이 있을 수도 있다.

우리는 결국 자기 자신에게도 실망한다. 케럴린은 화장을 지우지 않아도 되기 때문에 불륜이 좋다고 말했다. 하지만 화장을 하고 나서 그것이 말끔하게 잘 유지되고 있는지 계속 신경 쓰는 것은 결국 그녀의 가장 큰 강박 중 하나가 되었다. 케럴린은 마스카라가 번질까 걱정했고, 이상형으로서 손색없는 새 애인이 자신의 흠과 결점들을 눈치챌까 염려했다. 자신의 문제가 탄로 날 것이 두려워질 때면 그녀의 머릿속에선 아버지의 못마땅한 시선 아래 어린 자신이 웅크리고 있는 장면이 떠오르곤 했다. 그녀는 자신을 숨겨줄 화장이나 가면 없이는 연인을 기쁘게 할 수 없다 여겼고, 그렇기에 자신은 늘 변변치 못하고 기준 이하인 '부족한' 사람이라고 생각했다.

우리가 스스로 만들어낸 이상적 이미지는 '범행 현장'이라는 곳으로 우리를 다시 데려간다. 이는 과거에 해결되지 않은 미스터리들이 현재의 우리를 계속해서 괴롭히는 것을 빗댄 표현이다. 케럴린의 이상적 이미지는 어린 시절의 경험들이나 부모, 특히 아버지로부터 느낀 공감의 부재에 기인한다. 어렸을 때 그녀는 누군가를 행복하게 하려면 그 사람을 위해 뭔가를 해야 한다는 교훈을 배웠고, 남자를 기쁘게 하기 위해 더 많이 노력할수록 관계의 평화를 유지시킬 확률도 높아질 것이라 생각했다. 알코올중독자였던 그녀의 아버지는 수없이 불륜관계를 맺었고 여성들의 못마땅한 요구에 늘 불평을 해댔다. 거기서 케럴린은 교훈을 얻었으며, 전남편이 그녀에게서 만족을 얻지 못했다고 불평하며 바람을 피웠을 때 그 교훈은 사실로 확정되었다. 그녀는 아버지와 남편의 불륜이 그들의 불안정성을 반영한다고 현실적으로 평가하지 못했고, 그 대신 본인에게 잘못이 있다고 믿으며 남자들을 더욱 잘 만족시킬 또 다른 방법을 찾기 위해 애썼다. 그녀는 성적 능숙함을 얻는 것을 목표로 삼았고, 그녀의 이상적 이미지는 '멋진 애인'이 되는 것이었다.

모든 아이들은 자신이 원하는 바를 모두 해낼 수 있는 세상에 살고 있다고 생각한다. 말하자면 '혼자서도 잘해요' 현상이다. 아이들은 부모, 친지, 선생님 들과 공감적 소통을 하며 더욱 현실적인 자아관념을 형성해나간다. 존중 어린 대우와 공감을 받은 아이들은 자신이 모든 것을 다 해낼 순 없음을 깨우치고, 수치심을 느끼지 않으면서 자신의 한계를 받아들이는 법을 배워간다. 우리가 그들과 소통할 때 공감을 지침으로 사용한다면, 아이들은 자신이 설령 무언가를 잘 해내지 못하더라도 어른들은 여전히 자신을 한 개인으로서 존중하며 사랑할 거란 사실을 서서히 알게 될 것이다.

아무리 열심히 노력해도 모든 것을 달성하거나 모든 분야에서 최고가될 순 없음을 성장하며 깨달을 때, 공감은 아이들이 자신의 한계를 이해하며 그 현실적인 실망감에 대처할 수 있도록 돕는다. 공감에 둘러싸여 자라난 아이들은 내면의 위로하는 목소리를 발달시킬 수 있다. 자기가 홈런을 쳐서 경기를 승리로 이끌지 못하거나 인기투표에서 1위에 오르지 못해도 여전히 사랑받을 가치가 있다고 확신시켜주는 목소리 말이다. 반대로 공감이 결여되거나 부족한 환경에서 자란 아이들은 '넌 충분히 최선을 다하지 않았어'라는 메시지를 끊임없이 반복하는, 내면의 엄격한 목소리를 발달시킬 것이다. 이 목소리는 종종 자신이 부족하고 필연적으로는 충분히 괜찮은 인간이 아니라는 자멸적 결론으로 아이들을 이끌기도 한다.

성장 과정에서 과거의 경험이 관계에 미치는 영향을 우리는 계속 과소평가한다. 그러나 아무리 건강한 사람이라도 과거를 품고 다닌다. 이 사실을 인지하게 하고 인식의 길라잡이가 되어 아직까지 과거가 현재를 멋대로 인도하려 하는 부분이 어디인지 식별하도록 도울 수 있는 것은 공감뿐이다. 최근 상담을 진행한 앤드루의 사례를 통해 이 포인트를 더욱 잘 이해할 수 있을 것이다. 33세의 앤드루는 자신에게 '중대한 문제'가 있다고 말하며 상담을 의뢰했다. "전 사랑에 빠졌고 정말 행복해요. 하지만 상대에게 충실하지 못해요." 이 말을 한 그는 얼굴이 새빨개졌다. "정말 끔찍하기도 하고 부끄럽습니다. 제가 이런 말을 털어놓을 수 있는 대상은 선생님밖에 없어요. 그러니 절 이해해주세요. 그리고 제가 얄팍하고 형편없는 사람이곤 생각하지 않아주셨으면 해요. 전 도저히 애니와 결혼할 수 없겠다는 생각이 들었어요. 애니는 엉덩이가 너무 크거든요. 사실 전 큰 엉덩이에 대해 민감한 편입니다."

앤드루가 곤란해하고 있다는 사실은 내게도 느껴졌다. 때문에 아무렇지 않은 내 몸짓이나 목소리 톤의 작은 변화도 그를 못마땅하게 여기는 것으로 비춰질 수 있음에 유의하며, 나는 그의 말에 매우 집중했고 중립적인 말투를 유지하려 애썼다. 연인의 몸에 대한 앤드루의 고민은 그저 '완벽한 몸매'에 대한 표면적 관심이 아니라 그 순간 우리 둘이 아직 이해하지 못한, 보다 심오한 무언가와 연관된 것임을 난 알 수 있었다.

"당신의 감정이 아주 깊은 것을 보니 여기에 또 어떤 것들이 연루되어 있는 건지 궁금하네요." 이 말에 앤드루는 안도한 것이 분명했다. 자신을 이 수치심과 죄책감에서 해방시키려는 탐구의 여정에 내가 함께할 뿐 아니라 자신의 생각과 감정을 단죄하기보다는 이해하려 한다는 사실을 목소리 톤이나 침착한 태도에서 읽을 수 있었기 때문이다.

"잘 모르겠어요." 그가 깊은 한숨을 쉬며 말했다. "전 애니의 모든 것이 좋아요. 탄탄한 몸도 좋고 활동적인 모습이 특히 매력적이에요. 하지만 엉덩이가 큰 여자와 결혼하는 것은 상상할 수도 없어요."

그 지점에서 나는 통찰력은 있을지 몰라도 그에게 그다지 유용하지는 않았을 심리학 해석을 제시했을 수도 있다. "당신은 자신감이 부족하다고 느끼는 감정을 그녀에게 투사하고 있는 것 같네요" 또는 "당신은 상대에게 헌신하는 것이 두려워 관계의 피상적인 면에만 집중하고 있군요" 같은 것들 말이다. 또 왜 여성 앞에서 '자신감의 부족'을 느끼는 건지를 단도직입적으로 물어볼 수도 있었다. 하지만 나는 이렇게 하기보다는 공감을 사용하여 그림을 확장시키고 진실이 드러날 수 있는 장을 마련할 수 있길 바라며 이렇게 말했다.

"내가 제대로 이해했는지 들어보세요. 당신은 애니의 강하고 운동신경이 뛰어난 몸을 좋아해요. 하지만 그녀의 엉덩이에 집중하기 시작하고부터, 그녀를 향한 긍정적인 인식과 감정은 특정 신체 부위에 대한 강박으로 옮겨갔어요."

"맞아요. 애니는 강한 여성이에요. 하지만 체구가 크기도 하죠. 전 항상 그런 몸을 난감하게 느껴왔거든요." 그가 말했다.

"체구가 큰 여성에게 왜 난감함을 느끼게 되었는지 말해줄 수 있을까요?"

"그런 여성들은 너무 독단적이에요. 어떤 유형인지 아실 거예요. 뭐든지 맘대로 하려 하고 남을 통제하려 드는 유형이요……." 그의 목소리가 점점 작아졌다.

"체구가 크면서 늘 제멋대로 통제하려는 여성이 주변에 있나요?"

"네. 회사에요. 어디든 있죠."

"지인들 중 체구가 큰 여성들은 모두 그렇게 위압적인 성격인가요?"

"아니요, 모두 그렇진 않아요." 그가 잠시 생각한 후에 말했다. "체구는 아주 작지만 똑같이 위압적인 여성들도 있죠. 음, 사실 나와 함께 일하는 여성들은 대부분 성격이 좋고 배려심도 많아요."

앤드루가 자신의 생각과 감정을 정리하려 하는 동안 다시 한 번 긴 침묵이 이어졌다.

"체구가 큰 여성들을 위압적으로 느끼는 것이 익숙한가요?" 내가 물었다. 상대에게 어떤 생각이나 느낌을 습관적으로나 관례적으로 떠올리는지 물어봄으로써 그 행동의 역사적 뿌리를 파헤칠 수 있는 경우가 많기 때문이다.

"네." 그가 짧게 대답했다.

"이런 감정을 느낀 것이 언제인지 기억하나요?"

"어렸을 때를 말씀하시는 건가요?"

"꼭 그렇지는 않아요. 단지 당신이 과거의 어느 때 이런 느낌을 받았는지가 궁금했던 참이에요."

"지금 이 순간에는 글쎄요, 잘 모르겠어요……." 재차 긴 침묵이 흘렀다. "이런 기분을 느끼기 시작한 건 아주 오래전부터였던 것 같아요." 또다시 잠시간 그는 침묵을 지켰다. "어머니는 체구가 크셨어요."

상담 후반부에 앤드루는 오랫동안 어머니 이야기를 들려줬다. "어머니 앞에선 내가 항상 작아 보였어요. 지금도 그분 생각을 하니 내가 작아지는 기분이네요. 전 아담한 여자가 더 안전하게 느껴져서 좋아요. 자신감이 부족해질까봐 두려운 것도 덜하고 그 여자가 나중에 우리 어머니처럼 돌변할 거라 걱정하며 살지 않아도 되죠."

이렇게 우리는 앤드루의 어린 시절인 범행 현장으로 되돌아갔다. 덩치가 컸던 앤드루의 어머니는 아버지가 어린 네 아들을 두고 가정을 떠난 뒤 홀로 자식들을 길러야 했으며, 어린 앤드루는 어머니로부터 자주 무시를 당했다. 이 두려움을 바탕으로 그는 날씬하고 작은 체구에 엉덩이가 크지 않은 이상형의 이미지를 구축해왔다. 최소한 외모 면에서는 어머니와 극과 극인 이미지였다.

공감의 인도를 받은 앤드루는 피상적 언어와 즉각적 판단을 넘어 자신의 고정관념을 새로운 시각으로 바라보는 것이 가능해졌고, 자신이 과거와 현재를 어떻게 혼동하고 있는지도 똑똑히 알 수 있었다. 그는 자그마한 여성이 자신의 과거를 바꿔주거나 부족한 자신감을 느끼지 못하게 보호해줄 순 없으며, 반대로 커다란 덩치의 여성이 과거의 패턴을 자동적으로 반복하지도 않을 것이란 사실을 이해하고 받아들였다. 범행 현장으로 돌아온 그는 오랜 과거를 땅에 묻는 작업을 시작했다.

이상적 이미지는 상상으로 만든 것이지 실제가 아니다. 진정한 친밀감을 경험하려면 타인을 복잡한 인간의 모습 그대로 보려 해야 한다. 눈을 열고 이미지 이상의 것들을 보기 시작하면 공감이 처리해야 할 문제도 더욱 늘어난다. 우리는 종종 '나쁜 부분'에 갇혀 '좋은 부분'에 충분히 주의를 기울이지 못하기 때문이다. 이것이 바로 내가 극단화라 부르는, 어렵고 노력이 필요한 단계다.

2단계: 극단화

현실이 찾아옴과 동시에 우리가 만들어낸 이미지에도 균열이 생기기 시작한다. 이상화 단계에서 이미지 사랑에 눈이 흐려져 간과했던 결함들이 이제야 눈에 들어오는 것이다. 시야가 맑아지면 상대의 거슬리는 버릇이나 신체적 결함, 정서적 약점을 보게 된다. 너무 크게 웃거나 말할 때 끼어드는 사람, 부적절한 농담을 하는 사람을 내가 이상화해왔다는 사실을 깨닫고선 깜짝 놀라기도 한다. 상대는 부정적이거나 관용이 없는 말을 내뱉고, 요청하지도 않았는데 말참견을 하는가 하면 멍청하게 서서는 아무 말도 하지 않곤 한다. 도통 섹스를 하지 않으려 하거나, 잠시도 나를 가만두지 않거나, 땀을 너무 많이 흘리거나, 발이나 입에서 냄새가 나기도 하고 치열이 고르지 않을 수도 있다.

엄청난 에너지를 들여 쌓아올린 이상적 이미지에 길게 갈라진 틈이 생기면 우리는 쉽게 판단하고 일반화하여 이야기하기 시작한다. "그 사람은 허풍쟁이야." "그녀는 게을러." "그 사람은 소극적이야." "그녀는 공격적이야." "그는 어떤 일도 즉흥적으로 하지 않으려 해." "그녀는 너무 변덕스러워." "그 사람한텐 결벽증이 있는 것 같아." "그녀는 물건들을 잘 치우지 않아."

케릴린의 경우, 그녀는 극단화 단계에서 한 가지 사실을 불현듯 깨달았다. 자기가 이상화했던 남자가 실은 한때 자신이 생각했던 것만큼 완벽하진 않다는 사실이었다. 그녀는 남자가 상스러운 농담을 즐겼고 잠자리도 형식적으로 가졌다고 말했다. 그녀의 필요나 욕구에는 아무런 관심이 없었으며 대화 기술도 너무 제한적이었고, 지루하고 이기적이며 냉정한 것 외에도 여러 문제가 있었다고 케럴린은 이야기했다.

케럴린은 구체적 사항에서 일반적 사항으로 빠르게 옮겨갔다. "그 남자뿐 아니라 모든 남자들은 다 그런 식이에요. 결국은 다 이렇게 끝나곤 하죠." 이런 일반화의 원은 점점 반경을 넓혀 케럴린 자신을 포함한 세상 모두를 둘러쌀 것이다. "전 정말 바보예요. 늘 같은 실수를 하죠. 내게는 왜 발전이 없을까요?" 그녀는 이렇게 말하곤 했다. "전 정말 왜 그럴까요? 더 현명하게 생각했어야 하는데. 제 삶은 너무 얄팍하고 눈속임으로 가득해요. 모든 것이 겉치레에 불과하다고요. 나는 깊은 관계를 유지할 수 없는 사람이란 사실을 이젠 인정해야 할 것 같아요."

이상화 단계에서 케럴린은 상대의 거울에 비친 자신의 모습을 볼 수 있었다. 아름답고 아무 흠도 없는 모습 말이다. 하지만 연인의 이미지에 균열이 생기기 시작하자 자신의 이미지 역시 그것과 똑같아졌다. 이미지 속에 붕괴된 자신의 모습과 연약함이 담겨 있다고 확신한 그녀는 겁에 질려 관계를 끝내버린 뒤 처음부터 다시 시작하곤 했다. 그렇게 하면 정복의 기쁨은 물론 상대와 자신을 이상화하면서 밀려오는 흥분도 다시금 느낄 수 있었다.

극단화 단계는 굴곡이 많고 혼란스러움도 야기하지만, 공감의 인도를 받는다면 새로운 현실을 받아들이고 모든 이에겐 약점과 결함이 존재한다는 사실을 인정할 수 있을 것이다. 그 인정과 함께 우리는 서로의 단점을 자세히 들여다봐야 하는 어려움에 직면한다. 그럼으로써 자신의 어떤 부분을 바꾸고 바꿀 수 없는지 배워가고, 변화와 성장의 과정에 얼마만큼의 시간과 관심을 할애할 수 있을지 파악하는 것도 가능해진다. 사람들은 저마다 다른 삶의 방향성을 따라 산다는 사실을 깨닫고 나면 자신은 공감을 통해 다른 관점에 적응할 수 있는지의 여부, 그리고 상대는 내 고유한 삶의 방식을 수용하기 위해 자신의 가치관을 바꿀 의향이 있는지를 알아낼 수 있다.

공감이 없다면 우리는 현상을 유지하려고만 하고, 장애물과 맞닥뜨리면 그것을 극복할 힘이 자신에게 있음을 제대로 깨닫지 못한 채 문제를 해결하려 애쓸 것이다. 또는 케럴린이 그랬던 것처럼 그 지점에서 돌연히 관계를 끝맺고 처음부터 다시 시작하려 하거나 말이다. 공감의 인도가 없다면 우리는 극단화 단계를 헤치고 나아가 통합의 단계에 진입할 희망을 잃을 것이다.

극단화 단계의 주요 특징에는 '일반화', '이분법 현상', '투사'가 있다.

일반화: 어떤 51세 남성이 절박한 심정으로 조언을 구하기 위해 작가 앤 랜더스(Ann Landers)에게 편지를 썼다. 그는 '세 번의 결혼식을 치른' 여자와 최근 결혼을 했으며, 아내에게는 늘 남자들을 깎아내리는 고약한 버릇이 있다고 얘기했다. 그녀는 남편의 동성 친구들을 못 견뎌했고 딸의 남자친구들을 비아냥대기도 했다. 그녀가 가장 행복해 보일 때는 다른 여자들과 함께 자신이 남자들로부터 어떻게 상처를 입었고 어떤 부당한 대우를 받았는지 얘기하며 신세한탄을 하는 순간이었다. 바람둥이나 도박꾼, 술주정뱅이에 관한 얘기를 들을 때마다 그녀는 그것이 '남자들의 전형적 특징'이라고 말했다. 또 하루는 한 이웃이 새로 입양한 강아지를 데리고 놀러와 그 강아지가 남자들을 좋아하지 않는 것 같으니 조심

하라고 하자 이렇게 얘기하기도 했다. "아주 똑똑한 아이네요."

"그렇게 끊임없이 남자를 깎아내리는 태도가 우리 관계에 악영향을 끼친다는 것을 아내에게 어떻게 이해시킬 수 있을까요?" 그는 편지에 이렇게 적었다.

앤 랜더스는 남자에게 답장을 하면서 먼저 결혼 전의 관계 초기에 여자의 부정적 시각을 발견하지 못했던 이유는 무엇인지 물었다. 더불어 아내의 말이 얼마나 남편을 상처 입히는지 알려주라고 조언하며, 심리치료도 도움이 될 수 있다고 말했다.

앤 랜더스의 방식은 길고 상세한 답을 허락하지 않는다. 그러나 공감적 관점에서 나는 이 여성의 배경이나 남성과의 전력에 대해 더 많은 것을 알고 싶었다. 분노는 종종 오래 묵은 수치심과 관련성이 있다. 그 아내는 평생 남성들에게서 어떤 상처를 받아온 걸까? 그녀는 언제부터 모든 남성이 다 똑같다고 생각하기 시작했을까? 또한 그런 일반화로 그녀는 어떤 위안이나 보호를 얻을 수 있을까? 그녀는 과거의 언제, 어디에서 남성의 공감 없는 모습에 실망을 느꼈던 걸까?

이런 질문들에 답하려면 오랜 시간이 걸리겠지만, 이 과정은 모든 당사자들에게 새로운 사실들을 알려줄 것이다. 공감 어린 대우를 받은 아내는 남성을 향한 자신의 염려가 늘 묵살되는 것은 아님을 알게 되며, 자신의 생각과 감정에 대한 새로운 통찰을 얻을 수 있다. 또한 다른 모든 남성들과 한통속으로 묶는 일반화를 통해 남편의 고유성을 부인한 것이 그에게 어떤 상처를 주었는지도 깨달을 것이다.

그녀의 남편은 아내가 과거에 공감 어린 대우를 받지 못했기에 제한된 시각으로 세상을 봐야 했고, 그럼으로써 부정적 시각이 생겼다는 사실을 더 잘 이해할 수 있을 것이다. 과거의 그녀는 생각과 감정 면에서 세심하고 사려 깊은 이해나 응답을 받지 못했다는 사실을 참작하는 것이 가능해진다는 의미다. 그리고 나서 공감은 남편이 현재 상황에서 현실을 직면하고 문제를 해결해나갈 방법을 찾게 도와줄 것이다. 남편은 과거에 어떤 일들을 겪었기에 이렇게 자명한 사실들을 볼 수 없도록 눈이 가려졌던 것일까? 그의 아내는 변할 수 있을까? 아니면 그녀의 신념체계는 이미 너무나 확고히 자리가 잡혀버려 이젠 그것을 고치려는 어떤 노력에도 저항만을 할까? 아내에게 맞추다 보면 남편은 결국 자신에게 유익한 것들 모두를 포기해야만 하는 것이 아닐까?

자아성찰에 상당한 노력을 기울이지 않는다면 이런 질문에 대한 답을 얻을 수 없을 것이다. 공감은 승산 없는 싸움에 에너지를 낭비하지 않도록 우리를 보호해주겠지만, 때로 우리는 모든 표지판이 '출발'이란 메시지를 표시하고 있음에도 앞으로 나아가기를 망설인다. 아직 젊고 다소 순진했던 아주 오래전의 시절, 나는 이혼을 고려 중인 한 커플과 상담을 한 적이 있다. 남편은 자신이 아내를 향한 '로맨틱한 감정'을 잃었다고 공공연히 인정했지만, 아내는 남편의 감정이 변하지 않을 것임을 알면서도 그와 헤어지지 않기로 결정했다. 두 사람 모두 지적이고 공통점이 많은 사람들이었다. 둘은 최근 이슈에 대해 대화를 나누기도 하고 고전문학을 함께 읽었으며 보스턴 팝 콘서트나 영화관에 함께 가곤 했다. 성적 파트너는 앞으로 영영 못 될 수도 있지만 남편과의 관계 안에는 자신들을 함께 하게 해주는 좋은 점들이 여전히 존재한다고 그녀는 말했다.

이 관계는 아내에게 끝내 만족을 줄 수 없을지 모른다는 내 염려가 그녀에게 전해진 것 같았다. 그녀는 어느 날 내게 말했다. "선생님은 아마도 실망을 하신 것 같네요. 하지만 제 나이가 되시면, 섹스도 중요하지만 더 귀중한 것들이 있다는 사실도 아시게 될 거예요. 양질의 시간을 함께 보내는 일과 같은 것들 말이에요."

공감만으로 만사가 다 해결되는 것은 아니다. 하지만 공감으로 가는 과정은 최소한 우리가 복잡한 세상을 성의 없는 일반화로 축소시킴으로써 지름길로 가려는 것을 거부하고 고된 여정에 참여하리라는 사실을 확증해준다. 공감은 우리의 생각과 감정에 '좋은 것'이나 '나쁜 것'이라는 꼬리표를 붙이길 거부하며, 우리 경험의 모든 면면을 엮어 새로운 경험과 통찰을 얻을 때마다 변화할 수 있는 통합된 전체를 만드는 쪽을 선택한다. '전체 그림'을 보려는 마음가짐을 가지고 나아갈 것인지, 아니면 처음부터 다시 시작할 것인지를 우리는 오직 공감을 통해서만 판단할 수 있다.

포인트는 일반화를 피하는 것이다. 포괄적인 관점으로만 상황을 보려는 것은 공감적 사고방식이 아니다. 공감은 고유한 개인에 관한 사실, 또는 바로 이 순간에 벌어지고 있는 특별한 상황에 관련된 사실들을 알아내려 노력한다. 또한 일반화된 발언을 접하면 그것을 해체하려 한다. 개괄적이고 모호한 진술로는 개인의 행동을 설명할 수 없기 때문이다. 공감은 우리에게 '전형적인 남자'나 '전형적인 여자'란 것은 없다는 사실을 일깨워준다. 모든 인간은 일반적인 규칙이 아닌 예외에 해당한다.

사람들은 스트레스를 받고 피곤하거나 혼란스럽고 감정적으로 예민

할 때 일반화에 의지하곤 한다. 모든 것을 하나로 묶어 생각하면 대상을 이해하려 노력하지 않아도 되니 더욱 수월할 테고, 모호하거나 헷갈리는 것들을 한데 모아 작은 상자에 깔끔하게 넣어 보관할 수 있다면 기분은 홀가분해질 것이다. 가령 '남자들은 모두 믿을 수 없다'라고 말함으로써 왜 어떤 남성들은 신뢰할 만하고 또 어떤 남성들은 그렇지 않은지 설명해야 하는 어려움을 피할 수 있는 식이다. '화성에서 온 남자와 금성에서 온 여자' 같은 표현은 우리가 사는 세상과 그 속의 사람들을 깔끔하고 간편하게 개념화하는 방법이다. '남자들은 후퇴하려 하고 여자들은 맞붙으려 한다'라는 말은 남녀의 차이를 단 몇 단어로 축약하려는 대략적인 시도에 불과하다. '여성들은 섹스하기 전에 대화를 나누고 싶어 하고, 남성들은 곧바로 잠자리를 시작하고 싶어 한다'라는 진술은 보편적 사실일 수야 있지만 모든 개인에게 적용될 순 없다. '남성들이 가장 좋아하는 정서는 분노, 여성들이 가장 좋아하는 정서는 슬픔이다' 역시 어느 정도 사실일 수는 있겠으나 모든 상황에 들어맞는 이야기는 아니다. 일반화를 통해 세상을 단순하게 바라보다 보면 마음이 편해질 수도 있지만, 심리학자 비키 헬예손(Vicki Helgeson)은 특정 선입견에 기초한 행동을 지나치게 고수하는 태도는 건강에 해가 되기도 함을 지적했다. 헬예손의 연구에서 경쟁심과 호전성 등 전통적인 남성성 척도에서 높은 점수를 받은 남성들은 상대적으로 공격성이 적고 언쟁을 즐기지 않은 사람들보다 심각한 심장마비를 일으킬 확률이 높았다. 마찬가지로 자기희생적인 고전적 여성상에 보다 부합하는 여성들은 위험한 심장질환을 앓을 확률이 더 높았다. 이처럼 어떤 문화적 고정관념 속에 자신을 가두는 행위는 심장에 해로운 불균형 상태를 초래하는 것으로 보인다.

공감은 전체적인 진실을 보려 한다. 그렇지 않으면 타인이나 스스로와 맺는 관계가 위태로워질 수 있기 때문이다. 반쪽짜리 진실로는 얄팍한 관계밖에 만들 수 없으며, 그곳에서 우리가 볼 수 있는 것은 반쪽짜리 그림뿐이다. 그러나 인간은 마음과 생각이 자유롭게 섞일 수 있는 보다 깊은 연결 상태(이를 친밀감이라 부른다)를 갈망한다. 우리는 그 깊은 곳에서만 고유한 존재로서 이해받고, 흉터나 잡티나 결점 등의 것들을 모두 포함한 온전한 사람으로서 진정한 사랑을 받을 수 있다.

이분법 현상: 일반화는 내가 '이분법 현상'이라 일컫는 상태로 이어진다. 상대는 날 사랑하거나 사랑하지 않는다. 당신은 내 편이 아니면 내 적이다. 당신은 나를 있는 그대로 받아들이거나, 내게 변할 기미가 보이지 않기 때문에 다른 사람을 찾는다.

이분법적 행동은 세상을 흑과 백으로 축소시켜 공감을 차단시킨다. 반면 공감은 늘 모호성과 양면 가치가 존재하는 회색 지대를 떠돌아다닌다. 공감과 모호성은 친구로서 서로를 이해할 줄 안다. 이 둘 모두는 인간의 복잡성을 인지하고, 우리가 이쪽과 저쪽에 동시에 있을 수도, 굽어 있으면서 곧을 수도, 편견이 있으면서 인내할 수도, 감사하면서도 탐욕스러울 수도, 정직하면서 속일 수도, 용서하면서도 분개할 수도, 희망하면서 절망에 찰 수도 있음을 알고 있다. 공감은 이러한 모순을 눈치 채고 이유를 궁금해한다. 나는 왜 이렇게 뒤죽박죽일까? 나는 왜 친절하다가도 어느 순간 잔인한 사람이 될까? 나는 왜 변화해야 할까? 나는 왜 변화하면 안 될까?

공감의 세상에는 언제나 현실의 복잡한 우여곡절을 수용할 수 있는 여유 공간이 있다. 공감은 모호성을 포용함으로써 우리가 마음을 열어두고 충돌하는 감정들을 정리할 수 있게 한다. 그에 따른 최종 결과로 얻는 것은 역설적이게도 명료성이다. 이 세상, 그리고 나를 포함한 그 안의 사람들은 단순히 흑과 백이 아니라 내 환자가 말했듯 '회색으로 가득하다'는 사실을 받아들이고 나면 고정관념에서 벗어나 훨씬 더 유동적이고 기동성 있으며 쌍방적인 관계를 맺을 수 있다. 또 사람들을 범주화하는 것의 오류를 깨닫고, 그렇게 하기보다는 상대를 완전히 유일무이하고 독립적인 존재로 바라보기 위해 헌신적 노력을 기울인다. 이런 방식으로 공감은 사람들을 차이에 대한 관용, 즉 세상을 확장시켜 하나 이상의 관점을 수용할 수 있는 능력으로 인도한다.

이분법의 양극화에 적합한 해독제는 양면적 가치를 인정하는 태도다. 우리 모두는 온통 뒤섞인 존재들이고 그것은 인간의 본성이기도 하다. 저마다 고유하고 예외적인 존재인 것은 맞지만 한편으론 평범한 존재이기도 하다는 것을 깨우치며 우리는 겸손을 배운다. 겸손은 우리가 세상의 전부가 되진 못하지만 최소한 특별한 일부는 될 수 있음을 인정하는 것이다. 무엇이 되고 싶은가? 이는 공감의 혼이 담긴 질문이다. 그 목표에 어떻게 도달할 것인가? 이는 공감의 진심 어린 응답이다.

공감이 우리에게 자동으로 답을 주진 않을 것이다. 그러나 공감은 언제나 우리를 질문의 핵심 속으로 더 가까이 데려가고 싶어 한다. 지금 원하는 곳에 있지 못하고 해야 할 다른 일이 많다면, 우리가 그다음으로 시도해야 할 것은 무엇일까? 친밀한 관계를 만들어내는 과정의 핵심 속에는 자신을 알아가는 모험이 있다.

넘어지고 다시 일어서는 것은 인생이라 불리는 옷감을 꿰매어 연결시키는 한 올 한 올의 실가닥이다. 공감의 조언에 의지하여 우리는 옷에 묻은 먼지를 털어내고 계속해서 나아가, 뒤죽박죽인 현재의 자기 모습과 앞으로 변화되길 원하는 자기 모습(여전히 뒤죽박죽이지만 좀 더 마음이 편안한) 사이의 균형점을 찾는다. 깨진 거울 속에 비친, 불완전하지만 현실적인 자기 모습을 겸허히 받아들이는 것이 가능해지면 타인의 불완전함을 받아들이는 법도 터득할 수 있을 것이다. 겸손은 관용으로 이어진다. 서로 충돌하고 복잡한 자신의 본성을 용납하는 것은 결국 비슷하지만 다르게 뒤죽박죽인 타인의 모습에 대한 용납으로 이어진다.

공감은 유연성을 요구한다. 실제로 공감의 본성은 굽히고 숙일 줄 아는 능력이며 그 덕에 우리는 변신과 변화의 가능성을 점쳐볼 수 있다. 연구심리학자 사라 하지스와 대니얼 웨그너가 공감에는 '철저한 변화'가 수반된다고 표현한 것처럼 말이다.

어떤 상황에서 타인에게 공감하는 것은 단순히 공간적 시점을 바꾸는 것 이상의 일이다. 우리는 상황에 대한 판단 방식을 바꿈은 물론 사건에 대한 기억, 그에 관한 정서적 반응, 타인의 특성과 그들의 목표에 대한 개념, 심지어 자신에 대한 이해 또한 바꿔야 한다.

투사: "제게 화가 나셨나요?" 최근 아내와 이별한 52세의 공인회계사 데렉이 물었다.

"아니요." 나는 솔직하게 답했다. "하지만 무엇 때문에 내가 화났다고 생각하는 건지 말해주시겠어요?"

"글쎄요. 대기실에 들어오실 때 화난 것처럼 보이시던데요."

"내가요?" 난 그의 생각에 반박하고 싶어서가 아니라 진심으로 흥미가 생겨 이렇게 물어봤다. "내 어떤 점이 그래 보였나요?"

"저랑 눈을 마주치지 않으시더라고요." 답하던 그가 갑자기 얼굴을 찌푸렸다. "지금 생각해보니 왜 선생님이 제게 화나셨을 거라 생각했는지 모르겠네요. 아마도 지난주 상담 때 뭔가 잘 안 풀려서 그랬나봐요."

"왜 그랬죠?"

"지난주에 아내와 싸운 것의 원인을 선생님은 아내가 아닌 제 탓으로 돌리시는 듯한 느낌이 들었거든요."

"그래서 책망받은 기분이었군요?"

"제 입장을 보지 못하시는 것 같아 선생님께 짜증이 났었어요. 속상하고 화도 났죠. 지금도 화가 풀리지 않은 것 같아요." 그가 말했다.

이 대화에서 환자는 내가 그에게 화가 난 줄 알았다고 얘기했지만 실은 그가 내게 화난 것이었다. 이것이 '투사', 즉 자신이 내면에서 부인했던 생각이나 감정, 행동을 상대에게서 보는 것이다. 내 환자는 자신의 분노를 내게 투사하고 있었다. 그 감정이 자신에게 너무 압도적으로 느껴져 어떻게 처리해야 할지 알 수 없었기 때문이었다.

투사는 종종 무의식적으로 일어난다. 과학자들은 이를 '투사적 동일시(projective identification)'라 부르는데, 이는 내(투사자)가 상대와 무언가를 동일시한 다음 자신의 내면을 살피거나 스스로를 평가하는 일 없이 그것에 대해 불평을 한다는 의미다. 투사는 방어기제지만 궁극적으로는 자신을 파괴시킨다. 투사를 할 때 우리는 자신의 어떤 일부를 자기 것이 아니라 부인하고, 그 원치 않는 부분을 떼어내어 다른 이에게 붙여버리려 한다. 투사는 사람들이 이상화 단계에서 자주 경험하는 '이미지 사랑' 현상과 밀접하게 관련되어 있다. 이미지 사랑에서 내가 보는 상대는 나를 구원으로 인도해줄 완벽한 짝이다. 그러나 상대가 완벽하지 않음을 깨닫거나 아무도 나를 구하러 오지 않을 때, 나는 모든 잘못을 상대(또는 다른 사람)에게 돌리려는 유혹을 받는다. 때문에 투사를 하면서 자기 문제를 가져다가 상대에게 붙여버린 다음, 그가 자기 인생을 힘들게 했다고 탓하곤 한다.

이미지 사랑이나 투사는 자기 자신에게 편안한 마음을 가지려는 노력을 대변한다. 그러나 이 두 전략 모두는 우리를 현실이나 자신, 그리고 아끼는 사람들로부터 멀어지게 함으로써 역효과를 일으키곤 한다. 남을 이상화하는 이유는 자신이 이상적 존재가 되길 원하기 때문이고, 남에게 자신의 감정을 투사하는 이유는 그런 감정이 자기 것으로 쌓아올린 이미지와 부합하지 않기 때문이다. 그러니 자신을 비추는 그 이상화된 이미지에 금이 갔다는 사실을 알아챌 때에는 얼마나 고통스럽겠는가? 공감이 있어야만 우리는 깨진 거울 속을 들여다보고 완전하지 않은 타인과 자기 모습을 받아들이는 법을 배워갈 수 있으며, 거울에 비친 모습이 자기 모습의 전부인지 아니면 그저 일부분인지를 알아낼 수 있다. 또 이미지를 현실과 일치하도록 바꾸는 데 필요한 힘과 노력을 쏟는 것 역시 공감이 있을 때에만 가능한 일이다.

케럴린은 언제나 이상적인 남자를 찾고 있었다. 잘생긴 것은 물론 자신이 원하는 목표를 명확히 식별하여 때로는 인정사정없을 정도로 집요하게 그것을 추구할 줄 아는 정치적 타입의 남자 말이다. 그녀의 궁극적 목표는 완벽함이었고, 그것을 성취하기 위해 자신을 밀어붙였다. 케럴린은 이상적인 짝을 찾아 헤맸고, 최신 유행 다이어트를 시도했으며, 비싼 옷들을 옷장에 꽉꽉 채우는가 하면 매주 50킬로미터씩 달리기도 했다.

상담 초기에 케럴린은 나조차도 이상화하려 했다. 난 그녀가 나를 자신의 편으로 만들기 위해 은근히 노력한다는 점을 알아차리지 않을 수 없었다. 나는 공감 어린 소통을 하면서 내가 케럴린이라는 실제 인간에 관심이 있다는 사실을 전해주려 노력했다. 그녀가 열심히 쌓아올린 이미지는 언제나 통제력을 잃지 않고 남들의 기대에 부응하며 화장이 지워지지 않은 아름답고 섹시한 여성이었다. 그러나 나는 그 아름답지만 얄팍한 겉모습이 아닌 케럴린, 즉 살아 있고, 무언가를 갈망하며, 희망과 절망을 품을 줄 아는 인간으로서의 그녀를 알고 또 이해하고 싶었다.

나는 공감을 통해 케럴린이 자신의 이미지를 확장하고 보다 개방적인 태도로 새로운 경험을 맞이할 수 있길 바랐다. 또한 타인이 그녀에게 바라는 것이 아니라 그녀 자신이 가장 가치 있게 여기는 것을 기준으로 스스로를 평가하게 만들 방법을 찾고 싶었다. '나는 누구일까? 나는 삶에서 무엇을 얻고 싶은 걸까?' 공감이 가장 주목하는 질문은 이런 것들이다. 공감을 통해 케럴린은 자신이 어떤 사람이 되어야 할지 남들이 정하도록 놔두지 않고 자기 내면에서 그 답을 찾을 수 있는 방법을 배워나갔다.

이 공감적 과정에서 케럴린은 스스로를 소중히 여기고 자신의 직감을 믿는 법을 배웠다. 심리학자 칼 로저스는 이 과정을 '진정한 사람되기'라 일컬으며 다음과 같이 적었다.

> 개인은 평가의 주체가 자신 안에 있다는 사실을 점차 깨달아간다. 타인의 승인이나 거절을 구하는 빈도가 적어지고, 삶의 기준을 찾고 의사결정과 선택을 하는 과정에서 타인을 향한 의존도가 점차 낮아진다. 그는 선택권이 자신에게 있으며, 정말 중요한 유일한 질문은 '나는 자신에게 깊이 만족하고, 나를 진정으로 표현하며 살고 있는가?'다. 나는 이것이 창조적인 인간에게 있어 가장 중요한 질문이라고 생각한다.

진실하고 솔직하게 자신을 표현한다는 것은 도려내거나 무시하고 싶은 자신의 일부마저도 포용함을 의미한다. 이렇게 자신의 불완전성을 인정하는 과정에서 공감은 극단화 단계를 빠져나갈 길을 보여준다. 자신에게 개선이 필요하다는 사실을 받아들였다면 타인에게도 해결해야 할 과제가 있음을 인정해야 하기 때문이다. 모든 건강한 관계의 특징이기도 한 '자기이해'와 '타인에 대한 이해'의 과정이 진행되는 동안, 공감은 내가 누구이며 타인과 어떻게 (불완전하게) 연관되어 있는지를 서서히 깨달아가도록 돕는다.

변화를 향한 이런 이해와 용납, 헌신의 과정은 쉽게 찾아오지 않는다. 공감이 항상 강조하는 것은 성장이다. 환자가 더 이상 앞으로 나아가지 못하고 용납과 용서만을 요구한다면("아시다시피 전 완벽하지 않아요"), 내 역할은 이해받고 싶은 그들의 필요를 인정하되 그들이 변화하고 성장할 수 있는 부분에 계속 집중하는 것이다. 듣기 기술이 부족한 환자에겐 "당신이 왜 다른 생각에 사로잡혔는지 이해합니다. 하지만 내가 얘기할 땐 집중을 해줬으면 해요"라고, 자신의 행동을 책임지지 않으려 하는 환자에겐 "열심히 노력하고 있군요. 하지만 자신의 문제를 계속 남의 탓으로 돌린다면 빠른 진전은 없을 거라고 확신합니다"라 이야기하는 것처럼 말이다.

래리 맥머트리(Larry McMurtry)의 소설 《머나먼 대서부(Lonesome Dove)》의 한 장면에서, 늙어가는 두 명의 카우보이는 실수를 대하는 데 있어 극명히 다른 각자의 자세에 관해 대화를 나눈다. 잘못을 저지르지 않는다면 실수하고 그것을 인정하는 것에 대해 염려하지 않아도 된다고 콜은 이야기하지만, 어거스터스는 우리가 인정하건 그렇지 않건 항상 실수를 한다는 점을 콜에게 상기시킨다.

"스스로 옳다는 확신이 있으니 사람들이 내게 말을 걸든 말든 신경 쓰지 않지. 잘못하는 것을 계속해서 연습할 수 있다는 사실이 기쁘네."
"잘못하는 것을 왜 연습해야 할까?" 콜이 물었다. "난 오히려 잘못은 피하기 위해 노력해야 한다고 생각하네."
"실수를 피할 순 없어. 그저 그것에 어떻게 대처할지를 배워야 하지." 어거스터스가 말했다. "삶에서 겨우 한두 번만 실수를 마주한다면 우린 엄청나게 괴로워할 수밖에 없을 거네. 하지만 나는 매일 내 실수를 직면하지. 그러다 보면 대부분은 건식 면도만큼 그리 나쁠 것도 없어."

우리의 실수를 직면하는 것은 이 과정의 첫 부분이다. 그리고 바꿀 수 있는 것들을 바꾸기 위해 조치하는 두 번째 부분도 처음 것만큼이나 중요한 단계다. 자꾸만 남을 탓하려 하고, 거짓과 속임수를 쓰며, 경청하지 않고 자기중심적인 방식만을 고집한다면 그런 불완전한 모습들을 그저 인정하는 것만으로는 충분치 않다. 그런 부분들에 대해 뭔가 조치를 취해야 한다는 뜻이다. 불완전성은 우리 힘의 뿌리이자 성장의 동인이지만, 그러려면 이 불완전성을 행동 조치의 발판으로 사용할 줄 알아야만 한다. 해결해야 할 과제가 더 있다는 사실(이 과제는 영영 사라지지 않을 것이다)을 인정할 때에만 우리는 자신을 변화시키는 사랑의 성숙하고 변화무쌍한 단계인 통합으로 나아갈 수 있다.

3단계: 통합

통합된 사랑이야말로 우리가 갈망하는 사랑이다. 우리 안의 '빈 공간', 곧 우리가 무시하거나 경멸해온 부분들을 채워줄 수 있는 유일한 종류의 사랑이기 때문이다. 이상화 단계에서 우리는 이상적인 상대가 내 안의 큰 구멍을 메워주길 바라고 기도한다. 그러나 극단화 단계에서 우리는 상대가 이상적이지 않을 뿐 아니라 고쳐나가야 할 문제들을 갖고 있다는 사실도 (종종 고통 속에 울부짖으며) 깨닫게 된다. 통합 단계에서 우리는 정직한 소통과 현실적인 기대, 상대의 고유성에 대한 진심 어린 존중을 통해 서로의 성장을 촉진할 수 있도록 최선을 다한다.

통합된 사랑은 상대와 기꺼이 하나가 될 의향과 또 다시 분리될 수 있는 능력 모두를 포함하는 과정인 상호적 공감의 산물이다. 우리는 전심을 다해 타인의 경험 속으로 들어가되, 언제나 자기 자신으로 돌아올 줄도 알아야 한다.《치유하는 관계(The Healing connection)》에서 정신과의사 진 베이커 밀러(Jean Baker Miller)와 심리학자 아이린 피어스 스타이버(Irene Pierce Stiver)는 상호적 공감의 힘을 '관계의 모든 참여자가 진정한 생각과 감정을 토대로 하나되는 것'이라 정의하고 그것의 힘을 강조하며 이렇게 말했다.

> 각각의 사람이 상대의 감정과 생각을 받아들이고 그에 응답할 수 있기 때문에, 자신의 감정과 생각은 물론 타인의 감정과 생각 또한 확대시킬 수 있다. 두 사람은 동시에 관계를 확장시킨다.

여기에서 다시 한 번 우리는 공감의 확장성을 볼 수 있다. 개개의 사람이 관계를 확장시키려 노력할 때 성장과 변화의 가능성은 무한대가 된다. 공감은 우리의 눈을 열고 이전엔 보지 못했던 것들을 보게 함으로써 우리의 세상을 확장시킨다. 통합된 사랑은 오직 상호 간의 공감이 관계에 영감을 불어넣을 때에만 형성된다. 공감이 양방향으로 흘러야만 관계는 조화로운 상태를 유지할 수 있기 때문이다. 그렇다면 관계에서 상호적 공감을 형성하고 유지시키는 방법은 무엇일까? 다음의 세 가지 제안이 도움이 될 수도 있다.

자신의 이론을 끊임없이 재평가하라: 모든 사람들은 좋은 관계가 무엇인지에 관한 자신만의 이론을 가지고 있다[심리학자들은 이것을 인지도

(cognitive map)라 부르기도 한다]. 우리는 모든 친밀한 관계에서 발생하는 혼란과 뒤엉킴을 풀어내려 애쓰면서 이런 이론 모델에 의존한다. 이 이론들은 마치 지도처럼 우리의 지침이 되어 우리가 어느 지점에서 길을 이탈한 것인지 파악하게 한다.

일반적 가설을 중심으로 한 인간관계 이론들 중에는 놀라울 정도로 단순한 것들도 많다.

- 서로 사랑하는 이들은 싸우면 안 된다.
- 항상 남자가 여자를 따라다니는 관계여야 한다. 남자들은 자신을 따라다니는 여자를 존중하지 않는다.
- 여자들은 말로, 남자들은 행동으로 사랑을 전한다.
- 남자들은 섹스의 지배를 받고 여자들은 관계의 지배를 받는다.
- 남자들은 경청에 서투르고 여자들은 경청을 잘한다.
- 좋은 관계의 한 가지 특징은 무조건적인 사랑이다.
- 건강한 성생활은 행복한 결혼생활에 필수적이다.
- 사랑에 홀딱 빠진 느낌이 들지 않는다면, 관계에 어떤 문제가 있는 것일 수도 있다.
- 엄마의 본분은 집에서 아이들을 돌보는 것이다.
- 아빠의 본분은 가족을 부양하기 위해 돈을 많이 버는 것이다.

이런 일차원적 이론들은 곧고 좁은 길과 같아서 단 한 번의 실수로도 우리에게 큰 실망을 안겨준다. 가령 왕성한 성생활은 많은 커플들에게 있어 중요한 고려사항인 것이 사실이지만, 행복한 결혼생활을 이끄는 이들 중에는 섹스를 크게 강조하지 않는 사람들도 많다. 또 자신을 따라다니는 여성과 사랑에 빠지는 남성, 혹은 본인이 더욱 적극적으로 구애하는 걸 선호하는 여성들을 보면 앞서 소개한 이론이 늘 옳기만 한 것은 아닌 듯하다. 한편 무조건적인 사랑의 경우, 이론 자체는 괜찮지만 실제로 상대가 무례하게 굴고 나를 존중하지 않는다면 어떻게 하는 것이 좋을까? 감정적으로나 신체적으로 상처 입게끔 자신을 그냥 내버려 두는 것은 모든 관계의 기본으로서 존중을 강조하는 공감의 변질일 뿐이다.

케럴린은 남성을 기쁘게 하는 것이 여성의 역할이란 이론을 믿으며 몇 년간 살아왔다. 이론에 갇힌 그녀에게는 별로 여유가 없었다. 자신에게 오류를 허락하는 공간을 너무 적게 남겨둔 탓에 그녀는 삶에서 남자를 화나거나 짜증나게 만들 때마다 내면의 강렬한 혼란을 경험해야 했다. 케럴린은 이 이론의 근원이 알코올중독자 아버지에게 있다는 사실을 이해하고 그것을 타파함으로써 자신의 복잡한 속성을 존중하는 새로운 이론들을 수립해나갈 수 있었다. 그렇게 더욱 범위가 확장된 이론 속에서 그녀는 본연의 자유로운 모습을 찾아, 확장된 자신(이론의 제한을 덜 받는)의 진가를 알아봐주는 사람들과의 친밀함을 찾아 나설 수 있었다.

자기만족을 경계하자: 관계의 안정화가 지속되기 시작하면 우리는 자기만족에 빠진다. 그리고 그런 만족감이 밀려들면 수고가 많이 드는 공감의 과정에 참여하려는 동기가 줄어든다.

"그녀가 어떤 생각을 하고 있는지 전 알아요." 한 50세 남성이 아내를 두고 말했다. 가슴 위로 팔짱을 낀 그의 자세는 '사건 종료'라 말하고 있었다.

"내가 무슨 생각을 하는지 당신이 어떻게 알아?" 대답하는 아내의 볼이 순식간에 분노로 붉어졌다.

"뻔하거든." 그가 자기만족의 미소를 지으며 말했다. "우린 27년을 함께 살아왔어. 이제는 당신이 무슨 생각을 하는지 알 만도 하지."

"당신은 나에 대해 아무것도 몰라. 한 번도 안 적이 없고 앞으로도 영영 모를 거야." 그녀가 날카롭게 얘기했다.

"난 그저 당신을 친밀하게 잘 안다고 말하는 거야. 그게 뭐가 문제지?" 오해를 받았다는 듯 혼란스러운 목소리로 그가 말했다.

'이미 모두 겪어봤다'라는 식의 접근법은 관계에 치명적일 수 있다. 심리치료에서든 실생활에서든, 나는 자신의 모든 행동과 생각과 감정이 읽히고 예측 가능하다고 믿고 싶어 하는 이를 단 한 명도 만난 적이 없다. 인간은 끊임없이 변하는 존재이기에, 얼마나 오래 함께 살았든 상대의 모든 것을 속속들이 알 수는 없다. 공감은 그렇게 우리로 하여금 다른 존재가 되고 새로운 모습을 갖춰가게 하는 성장과 변화의 과정을 장려한다.

어느 여름날 나와 아내는 오랜 친구인 밸러리와 함께 해변에서 점심을 먹고 있었다. 현지 식당에서 칠면조 샌드위치를 먹는 동안 아내와 밸러리는 내게 참치 샌드위치가 그립지 않은지 물었다. "당신처럼 한 가지 음식에만 빠져서 매일매일 그것만 먹는 사람은 처음 봤다니까."

"난 참치를 좋아하지 않아." 내가 말했다.

아내와 내 친구는 깜짝 놀라 나를 바라보며 한목소리로 물었다. "그럼 왜 점심마다 그걸 먹는 거야?"

"건강에 좋으니까."

이 짤막한 실생활의 예에서 알 수 있듯, 정말 오랫동안 알고 지낸 사람들조차도 여전히 우리를 깜짝 놀라게 할 수 있다. 심리치료에서 나는 환자들에게 상대에 관한 놀라운 사실들을 찾아보라고 조언한다. 그들이 삶의 '중대한' 사건(자녀를 대학에 보내거나, 폐경기를 맞이하거나, 점점 연로해지시는 부모님이 앓는 새로운 질환에 대처하는 일 등)이나 '사소한' 일들(매일 아내에 대해 불평하는 친구의 말을 들어주거나, 떼쓰는 자녀를 훈육하거나, 무례한 이들을 만났을 때 분노와 짜증을 다스리는 일 등)을 겪으며 어떤 생각을 하는지 알아낼 수 있는 질문을 해보라고 권하는 것이다. 삶은 도전과 변화로 가득하니, 가장 친밀한 친구들이라 해도 당신에게 뜻밖의 놀라움을 선사할 것이다. 그들의 이야기를 듣는 동안 당신이 '나는 답을 알고 있어'라고 자동적으로 가정하는 것을 피하려 기꺼이 노력한다면 말이다.

인지 교란을 조심하자: 밀착(enmeshment)이라고도 불리는 인지 교란의 특징은 자신과 타인의 경계선을 혼동하는 것이다. 하지만 나와 상대가 '하나'라면(어떤 이들은 이것이 친밀함의 궁극적 목표라 이야기하기도 한다) 상대의 종료 지점은 어디고 내 시작점은 어디란 말일까? 공감은 나와 상대가 하나인 동시에 둘이기도 하다(또한 필연적으로 그 상태로 남아 있어야 한다)는 사실을 이해하도록 돕는다. 아무리 사랑 넘치고 친밀한 관계 속에 있다 해도 우리는 항상 자신으로 돌아와야 한다. 그 사실을 아는 공감은, 우리가 편안하게 자신의 모습으로 존재할 수 있기를 바라며 자아를 확장시켜줄 방법을 모색한다.

중요한 것은 상호의존성이다. 우리는 언제든 타인과 연합할 수 있다는 사실을 알기에 독립적인 자기 자신으로 존재하는 것에 만족하고, 다시 하나가 될 수 있음을 인지하고 있기에 서로 떨어져 있는 시간을 인내하고 즐길 수 있다. 함께 있을 때 관계 안에 존재했던 공감을 기억하기에 우리는 홀로 있어도 안심하고 만족한다.

고등학생 시절 나는 터치다운으로 득점을 올리고 나서, 아빠가 종종 그랬듯 하늘로 모자를 던지는 모습을 상상하며 스탠드를 올려다봤다. 그런데 그날 밤 경기를 마치고 집에 돌아오자 어머니는 아버지가 가구 배송 문제로 내 경기를 보러 오실 짬을 내지 못했고 아직도 일터에 계시다는 말을 해주셨다. 그 얘기를 들은 나는 가슴이 철렁하면서 '만일 아버지가 경기장에 못 오셨다는 걸 알았다면 난 터치다운을 할 수 있었을까' 하는 생각이 들었다.

지금은 그 질문의 답을 안다. 아버지가 세상을 떠나신 지 12년이 흘렀지만 난 여전히 그분이 나와 함께 계시는 상상을 하고, 하루에도 몇 번씩 아버지의 존재를 느낀다. 일례로 나는 매주 한 번씩 오래달리기를 하는데, 몇 킬로미터씩 달리다 보면 척추 관절염 때문에 아픔이 느껴지기 시작한다. 이겨낼 수 있다고 스스로 얘기하곤 하지만 어떨 땐 고통이 너무 심해서 계속 달릴 자신이 없어진다. 그런 순간에는 어김없이 아버지가 옆에 계시는 기분이 든다. 나를 믿는다고 응원해주시는 아버지의 목소리가 들려오면 나는 계속 달릴 힘을 얻고 고통은 결국 사라진다. 이렇게 아버지는 죽음 후에도 내 곁에 함께 계신다.

나는 항상 하시디즘(유대교의 경건주의적 신비 운동_옮긴이) 철학자이자 탁월한 이야기꾼인 마르틴 부버(Martin Buber)의 철학적 사색으로부터 위안을 받아왔다. 부버가 '나와 너 관계(I-Thou relationship)'를 논하면서 이야기한 것은 공감이 관계를 인도할 때 끊임없이 발생하는 연합과 분리의 과정이라고 나는 확신한다.

'나-너'라는 기본 단어는 온전한 존재들만 내뱉을 수 있는 말이다. 내가 동인(動因)이 된다면 우리가 온전한 존재로 집중 및 융합되는 것은 불가능하지만, 한편으로 그 일은 나 없인 일어날 수 없는 것이기도 하다. 나는 '너'와의 관계를 통해 내가 되며, '나'가 됨으로써 '너'라고 말할 수 있다.

"'나'가 됨으로써 '너'라고 말할 수 있다"는 아주 강력한 공감적 진술이다. 나에 대해 더 알아가고, 나 자신이 누구인지 발견하며, 내 생각과 감정 및 느낌을 인지함으로써 '나'가 될 때 비로소 나는 '너'라고 말할 수 있다. 나는 충만히 '나'가 될 때에만 온전한 사람으로서 완전하고 진심 어린 태도로 관계에 들어갈 수 있다. 자기발전의 포인트는 다른 인간과의 관계에 자신을 집어넣는 것이다. 삶에서 가장 중요한 것은 관계다. 부버가 말했듯 모든 진정한 삶은 만남이다.

'모든 진정한 삶은 만남이다.' 공감은 나와 너의 만남을 완전히 실현시킨다. 타인의 기분을 알아채고 그의 생각과 감정에 귀를 기울이며, 언어로 표현된 말뿐 아니라 그 말을 둘러싸고 있는 침묵에도 주목하고, 표정과 몸짓을 관찰하며, 스스로를 진정시킬 줄 알고 자신의 감정을 표현하는 방법을 터득하는 것…… 이것이 바로 우정과 친밀함, 사랑을 쌓아올리는 데 필요한 기본 재료다.

사랑을 만들고 유지하는 것에 있어 공감이 어떤 중요한 역할을 하는지 보여주는 오래된 이야기가 하나 있다.

사소프의 랍비 모세 레이브는 한 여관에서 술 취한 농부가 친구에게 묻는 말을 듣고 어떻게 사랑해야 하는지를 배웠다. "날 사랑하는가?" 두 번째 농부가 말했다. "물론이지. 자네를 형제처럼 사랑하네." 하지만 첫 번째 농부는 고개를 흔들며 고집했다. "자네는 날 사랑하지 않아. 내게 무엇이 부족한지, 또 무엇이 필요한지도 모르지 않나." 두 번째 농부는 시무룩한 표정으로 아무 말도 하지 않았다. 그러나 모세 레이브 랍비는 그 말을 이해했다. '상대의 필요를 알고 그가 느끼는 슬픔의 무게를 이해하는 것이 인간의 진정한 사랑이다.'

치료를 하면서 나는 이와 비슷한 대화를 계속해서 봐왔다. 이런 대화는 대개 서로를 사랑하긴 하지만 자신의 감정을 충분히 표현하거나 상대의 경험에 진심으로 참여하는 데 필요한 지식과 기술이 부족한 두 사람 사이에서 다음과 같이 이어지곤 한다.

"당신은 날 사랑하지 않아." 한 사람이 말하면 다른 한 사람이 대답한다.

"무슨 소리야. 나는 당연히 당신을 사랑해."

"하지만 당신은 내게 뭐가 부족하고 뭐가 필요한지 모르잖아. 심지어 당신은 내가 누구인지도 잘 몰라. 그런데 어떻게 날 사랑한다고 말할 수 있지?"

공감은 우리에게 타인의 필요를 이해하는 데 필요한 통찰력과 지식을 제공하며, 상대가 느끼는 슬픔의 깊이나 기쁨의 크기 같은 것들을 공유해준다. 공감이 부여하는 이해와 적극적 관심이 없다면 사랑은 아무런 의미도 없는 단순한 단어이자 텅 빈 지적 개념에 불과할 것이다. 공감은 사랑에 크기와 무게, 균형을 부여한다. 공감은 사랑의 피와 살이며, 박동하는 심장이자 탐구하는 영혼이다.

공감은 사랑의 존재 이유다.

7장

공감의
어두운단면

:

파괴적공감으로부터나를지키는방법

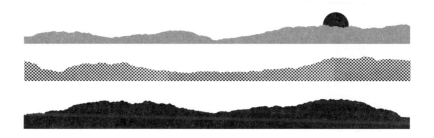

공감은 우리가 위험을 감지하도록 돕는 역할도 한다.
우리를 속이고 이용하고 해치려는 사람들의
마음과 생각을 볼 수 있게 하기 때문이다.

한낮의 대도시, 켈리라는 이름의 27세 여성은 양손 가득 식료품을 들고 아파트로 돌아가고 있었다. 정문이 잠기지 않은 것을 보고 그녀는 왜 아무도 안전에 신경을 쓰지 않는지 궁금해하며 문을 걸어 잠갔다. 그녀가 무거운 짐을 들고 힘겹게 계단을 걸어가던 중, 3층에서 쇼핑백이 찢어져 고양이 먹이 통조림들이 계단 아래로 굴러 떨어지고 만다. "잡았다! 내가 가지고 올라갈게요." 어떤 남자의 목소리가 들려왔다. 켈리는 어딘지 께름칙한 그 목소리가 맘에 들지 않았다. 상냥한 얼굴의 젊은 남자가 통조림을 들고 올라와서는 미소를 지으며 무거운 짐을 들어주겠다고 이야기했다. 그녀는 정중하게 거절했다. "몇 층으로 가는데요?" 남자가 집요하게 물었다. 켈리는 왠지 대답하고 싶지 않았지만 그렇다고 불친절하게 보이긴 싫었다.

"4층이요." 그녀가 말했다.

"나도 4층에 가요." 그가 말하면서 켈리의 짐을 가져가려는 듯 손을 내밀었다. 다시 한 번 그녀는 혼자 할 수 있다고 말하며 거절한다.

"자존심을 너무 내세우는 거 아니에요?" 그가 말했다.

불길한 예감을 애써 무시하고 켈리는 쇼핑백을 그에게 건넨다. 누구를 만나든 불신하는 의심 많은 여자로 비치기는 싫다는 생각이 머리에 스친 것이다. 그녀는 현관 앞에서 낯선 남자에게 고맙다고 인사를 했지만, 그는 한사코 안에 들어가서 짐만 들여놓고 바로 돌아가겠다고 이야기한다.

켈리의 부엌으로 간 남자는 물건들을 식탁에 올려놓았다. 그리고 미소가 사라진 얼굴로 뒤를 돌아봤다. 그는 총을 꺼내고 그녀를 강간하기 시작했다.

그 일이 벌어진 다음, 남자는 옷을 입고 켈리에게 총을 겨누며 움직이지 말라고 경고한다. 그는 부엌에서 물을 한 잔 마시고 집을 나설 것이며 그녀를 해치지 않겠다고 약속했다.

켈리는 난생 처음으로 자신이 엄청난 위험에 처해 있음을 깨닫고 진심으로 두려움을 느꼈다. 남자의 일거수일투족을 바라보는 동안 그녀의 모든 감각은 경계 태세를 취했다. 부엌으로 가는 길에 시계를 흘낏 본 남자는 시간이 촉박한 듯했지만 열려 있는 창문을 굳이 닫고 스피커 소리를 키우는 데 시간을 썼다. 뒤돌아 그녀를 바라보며 그는 무서워하지 말고, 해치지 않겠다고 한 번 더 약속했다. 바로 그때 켈리는 깨달았다. 남자는 자신을 죽일 것이 분명했다.

그녀는 침대 시트를 몸에 감고 침대에서 일어났다. 강간범은 부엌에서 서랍을 여닫으면서 무언가를 찾고 있었다. 칼이었다. 그녀는 남자가 눈치 채지 못하도록 집에서 천천히 빠져나와 복도를 지나 이웃집 문을 열었다(그녀는 어떤 이유에선지 그 문이 잠겨 있지 않을 것임을 알았다). 안으로 들어간 그녀는 손가락을 입술에 대고 조용히 해달라는 표시를 한 다음 등 뒤의 문을 걸어 잠갔다.

이상은 개빈 드 베커(Gavin De Becker)의 베스트셀러 《서늘한 신호(The Gift Of Fear)》의 도입부다. 드 베커는 두려움이 켈리의 협력자였다고, 왜냐하면 그녀의 목숨을 구하기 위해 무엇이 필요한지 정확히 알려준 주인공이 바로 두려움이기 때문이라고 설명했다. 마침내 두려움의 목소리에 귀를 기울이고 나서야 그녀는 어둠 속에 도사리고 있는 위험을 감지하고 도망칠 수 있었다. 두려움이란 자연이 우리에게 준 선물이며 '위협에 대한 경고를 보내고 위태로운 상황에서 우리를 인도할 준비가 항상 되어 있는 훌륭한 내면의 수호자'라고 드 베커는 결론 지었다.

나는 그것이 이야기의 전부가 아니라고 생각한다. 내 확신에 따르면 켈리의 목숨을 구한 것은 두려움이 아닌 공감이다. 공감은 그녀가 느꼈던 두려움의 근원이자 동기부여의 원동력이었다. 켈리에게 통찰을 줌으로써 그녀를 움직여 목숨을 구할 행동을 취하게 한 것은 공감이었다. 그런데 더욱 중요한 것은 공감이 켈리를 해치는 데도 악용되었다는 사실이다. 상대를 교묘하게 속이고 파괴할 수도 있는 사람들로부터 자신과 사랑하는 이들을 보호하려면 그 사실을 꼭 알아차릴 수 있어야 한다. 이 폭력적인 만남에서 공감은 가해자와 피해자 모두가 사용한 무기이자 방패였고, 결국엔 공감을 더 많이 가진 사람이 승리했다.

처음 부분으로 다시 돌아가 공감의 관점으로 이야기를 분석해보자. 드베커는 강간범이 며칠 또는 몇 주 동안 희생자를 관찰했을 것이라 얘기했다. 남자는 켈리를 스토킹하면서 그녀의 모든 움직임을 관찰했고 어떤 취약점이 있는지 주의 깊게 찾으려 했다. 그러고 나서 그는 자신의 직감과 굶주림, 솟구치는 아드레날린의 조합을 통해 작전 개시에 적당한 순간을 정확히 고를 수 있었다.

범인의 가장 강력한 도구는 공감이었고, 그것은 그가 손에 들고 있던 총이나 부엌에서 찾으려 했던 칼보다 더욱 강력했다. 그는 켈리의 표정과 걸음걸이, 친구들과 대화하는 방식, 낯선 이를 대하는 태도 등을 관찰했고, 공감을 사용하여 그녀의 생각과 감정을 '읽을' 수 있었다. 켈리를 지켜보는 동안 범인은 그녀가 혼자 살고 있으며 겁이 많고 안전에 대한 걱정이 크다는 사실을 알아냈다. 범행 준비를 위해 서성거리던 그는 켈리가 자신을 도와준 상냥한 낯선 사람의 압박에 굴복하리라 확신했다. 아마도 거리에서 모르는 사람에게 미소 짓는 그녀를 봤거나, 그녀의 수줍지만 진심 어린 미소를 보고선 그녀가 이용당하기 쉬운 타입이라고 추측했을 것이다.

이 살인미수범은 공감에 의존했고, 켈리의 관점을 취해 그녀가 무엇을 생각하고 느끼는지 이해한 뒤 그녀를 좋은 목표물로 삼을 수 있겠다고 결론지었다. 범인은 켈리의 성격에 대해 알아낸 것들을 바탕으로 그녀의 반응을 예측했으며, 정확히 자신이 원했던 대로 그녀를 조종할 수 있었다. 그는 친절한 사람으로 가장하고 켈리의 확신을 뒤흔들 만한 단어나 표현들을 사용해가며 그녀의 방어 태세를 체계적으로 흐트러뜨렸다.

"너무 자존심을 내세우는 거 아니에요?" 계단에서 짐을 들어주겠다는 제안을 켈리가 거절하자 범인이 했던 말이다. 이 말은 켈리의 심기를 불편하게 했다. 쌀쌀하고 거만한 사람으로 보일지 모른다는 생각에 자아감이 흔들렸던 것이다. 켈리는 남들과 거리를 두는 유형의 여자가 되고 싶지 않았다. 지나친 자존심은 우리 문화에서 장려하지 않는 성격적 특성인데다 특히 여성에 대해선 더욱 그렇기 때문이다. 진부하지만 여전히 보편화된 고정관념에 따르면 여성들은 온화하고 순종적이어야 하며 친구에게든 낯선 이에게든 마음을 잘 열고 그들을 신뢰할 줄 알아야 한다.

온화하고 고분고분한 이상적 여성상은 이제 아주 오래전의 이야기가 되었지만, 이 강간범의 사악한 말장난은 켈리의 정신적 취약 지점을 관통해서 공감의 보호 기능을 차단했다. 공감이 안내하는 손길이 사라지자 켈리는 눈앞에 단서가 있음에도 남자의 속임수를 간파하지 못했다. 괜찮다고 하는 자신의 말을 남자가 들으려 하지 않았을 때, 공감은 그녀로 하여금 '이 남자는 왜 내 말을 제대로 듣지 않는 거지?', '왜 내게 계속 강요하는 걸까?'와 같은 질문을 해보도록 인도했을 것이다. 친절해 보이는 남자이긴 하나 정말 선한 사람이라면 도움을 사양하는 상대에겐 더 이상 성가시게 굴지 않는다는 결론에 도달할 수 있었을 테고 말이다. 하지만 '너무 자존심을 내세우는' 것에 대한 두려움에 덧붙여 남을 친절히 대하고 잘 믿는 사람이 되고 싶은 마음까지 들자 공감은 힘을 잃고 말았다. 자신의 직감과 본능을 무시한 채 켈리는 이 젊은 남자가 선의로 다가왔다고 믿는 편을 선택했고, 그 탓에 하마터면 목숨을 잃을 뻔했다.

계단에서의 첫 만남 당시엔 낯선 남자의 공감이 켈리의 것보다 더 강력했다. 그러나 강간이 끝난 후 남자에게는 자기만족이 밀려들었다. 그는 모든 통제권이 자신에게 있다고 믿으며 경계를 늦췄다. 어쩌면 다른 피해자들과의 경험에 의존했을 수도 있겠다(다른 피해자들이 있었다는 사실은 추후 밝혀졌다). 그들은 너무 큰 공포심에 사로잡혀 있었고, 해치지 않겠다는 남자의 말을 믿고 싶었기에 그 어떤 저항도 하지 못했다. 범행을 거듭하면서 범인은 인간 행동에 관한 일반적 이론을 얻을 수 있었으며, 그것을 근거로 켈리가 '자기 것'이라 착각했다. 상처를 입혔으니 그녀는 두려움으로 얼어붙어 움직이지 못할 거라 믿은 것이다. 어리석게도 그는 그녀에게 더 이상 주의를 집중하지 않았다.

범인에게서 공감이 빠져나가는 동안 켈리의 공감은 다시 채워지고 있었다. 집 안을 돌아다니는 그를 바라보며 켈리는 남자가 조금 전에 그랬듯 상대의 생각과 감정을 읽고 있었다. 위험을 감지한 그녀는 집중력을 발휘하고 공감을 이용하여 범인의 다음 행동을 예측했다. 켈리는 그가 창문을 닫는 모습을 봤으며, 해치지 않겠다고 '뜬금없는' 약속을 했다는 것에 주목했다. 또 남자가 스피커 음량을 높이는 것을 봤고, 부엌에서 서랍을 여닫는 소리도 들었다. 이 모든 단서를 종합하고 공감에 의지해서 그의 행동을 예측한 그녀는 남자가 자신을 살해할 계획임을 알아챘다.

공감은 켈리에게 통찰을 줬고, 통찰은 그녀를 움직여 행동하게 했다. 또한 공감은 그녀로 하여금 진정하고 두려움을 넘어서게 했으며 지성을 가다듬어 안전한 곳으로 인도했다.

공감은 그녀의 목숨을 구했다.

켈리의 이야기에서는 공감의 어두운 단면이 극명히 드러난다. 타인을 교묘하게 속이거나 상대의 본능적인 방어 태세를 무너뜨리는 일에 공감이 어떻게 파괴적으로 쓰일 수 있는지 일깨워주는 것이다. 그러나 공감은 위험을 감지하도록 돕는 역할도 한다. 우리를 속이고 이용하고 해치려는 사람들의 마음과 생각을 볼 수 있게 하기 때문이다. 그렇게 얻은 지식으로 우리는 상처 하나 입지 않고 위험한 상황이나 관계로부터 벗어날 수 있다.

그러나 공감의 어두운 단면은 엄청난 위력을 지니며, 특히 마음이 약하거나 절망에 빠진 사람들에게는 끔찍한 무기가 될 수도 있다. 아돌프 히틀러는 공감의 어두운 면이 지닌 힘을 이해했고, 자신의 예리한 통찰력을 이용하여 독일인들의 필요와 욕구를 읽어내고 그들의 감정을 조종하려 했다. 그는 냉정하고 무자비했지만, 열띤 연설을 통해 가난과 수치에 대한 사람들의 두려움을 이용하고 자신이 기도의 응답이자 미래를 향한 희망의 화신임을 그들에게 주입시키려 했다.

1933년 약 2000만 명의 청취자를 대상으로 전파된 연설의 마지막 부분에서 히틀러는 광신도를 방불케 하는 열정을 담아 사랑, 증오, 명예, 영광에 대해 이야기한다.

나는 우리 국민들을 향한 믿음에서 절대 벗어날 수 없고, 우리 조국이 다시 한 번 일어설 것이라는 확신에서 도망칠 수도 없으며, 그에 대한 나의 사랑으로부터 멀어질 수도 없습니다. 국민 여러분, 바위같이 견고한 믿음을 가지십시오. 오늘날 우리를 증오하는 수백만 명의 사람들이 언젠가 우리 뒤에 서서, 우리가 어려움을 이기고 값비싼 비용을 들여 함께 일궈낸 결과물에 환호하는 날이 올 겁니다. 그것은 바로 위대함과 명예, 힘과 영광, 정의가 넘치는 새로운 독일제국입니다. 아멘.

몇 년 후 뉴스 특파원 윌리엄 샤이러(William Shirer)는 뮌헨의 크롤 오페라하우스에서 히틀러가 했던 연설에 뒤따랐던 소란을 묘사했다.

그들은 눈물과 함성 속에 자리에서 벌떡 일어났다. (…) 극도의 흥분으로 얼굴이 일그러진 채 그들은 손을 들어 나치식 경례를 했고 연신 큰소리를 지르며 환호를 보냈다. 광신으로 불타는 그들의 눈빛은 새로운 신, 메시아를 향해 고정되어 있었다.

1936년 9월 뉘른베르크 전당대회 연설에서 히틀러는 공감의 어두운 면이 어떻게 사람들의 자부심을 이끌어내고 감정을 격앙시켜 병적 흥분에 이르게 하고 소속감과 목적의식을 만들어내는 데 쓰일 수 있는지 보여주었다.

여러분 모두가 나를 볼 수 있는 것은 아니며, 나 역시 여러분 전부를 볼순 없습니다. 하지만 나는 여러분을 느끼고 여러분은 나를 느낍니다! 보잘것없는 우리를 위대하게 만든 것은 조국을 향한 믿음입니다. (…)

여러분은 매일 경험하는 삶의 투쟁과 우리의 조국 독일을 위한 투쟁의 작은 세계에서 빠져나와 비로소 이런 감정을 경험할 수 있게 되었습니다. 이제 우리는 함께 있습니다. 우리는 그와 함께 있고 그는 우리와 함께 있습니다. 우리 모두는 독일 국민입니다!

나치 수용소에서는 또 다른 전략이 채택됐다. 히틀러의 부하들은 단결이 아닌 해체를 위해 공감의 어두운 면을 이용했다. 그들은 수감자들에게 인간 이하의 대접을 했는데, 그것은 무력한 동물들에게 베풀 만한 관심이나 염려만도 못한 것이었다. 나치는 희망과 믿음, 삶을 향한 의지를 불어넣어줄 만한 인간관계를 모두 단절시키려 했다. 수용소에서 가장 치명적이었던 독은 수백만 명의 목숨을 빼앗은 가스가 아니라, 공감의 부재로 사람들의 마음과 영혼을 서서히 질식시키는 완전한 비인간화였다. 공감을 제거한 것은 산소를 빼앗은 것만큼이나 수감자들에게 치명적 영향을 끼친 조치였다.

수감자들의 유일한 희망은 서로에게서 위안과 힘을 얻는 것이었다. 엘리 비젤(Elie Wiesel)은 《모든 강은 바다로 흐른다(All Rivers Run to the Sea: Memoirs)》에서 인간의 영혼을 생존시키는 관계의 위력을 다음과 같이 풍부한 언어로 표현한다.

내게 동기부여를 해준 것이 있다면 그것은 아버지의 존재였다. (…) 우리는 서로 의지했다. 내게 아버지가 필요했듯 아버지도 나를 필요로 하셨다. 나는 아버지 때문에 살아야만 했고 아버지는 나를 위해 죽지 않으려 노력하셨다. 아버지는 내가 살아 있는 한 당신이 쓸모 있을 뿐 아니라 심지어 없어선 안 되는 존재가 될 것임을 알고 계셨다. 내 눈에 비친 아버지는 언제나 그랬듯 같은 남자, 같은 아버지였다. 만약 내가 없어진다면 아버지는 당신의 역할과 권위, 정체성을 잃어버리실 테고, 반대로 아버지가 안 계신다면 내 삶의 모든 의미와 목적은 사라질 것이 분명했다.

이 부분에서 독일의 심리 전략은 종종 실패했다. 그들은 수감자들이 가족이나 친구는 잊어버린 채 자신만을 생각하며 자기의 필요에만 집중하게 만들려 했다. (…) 하지만 실제로는 정반대의 일이 일어났다. 자신의 몸이라는 한정된 세계 속으로 후퇴했던 사람들은 살아서 나갈 확률이 적었다. 그러나 그와 달리 형제나 친구, 이상향을 위해 살았던 이들은 더 오랜 시간을 버텨낼 수 있었다. 내 경우는 아버지 덕분에 살아남을 수 있었고, 아버지가 안 계셨다면 분명 저항하지 못했을 것이다. 그곳에서 아버지는 무거운 걸음걸이로 한 번씩 내 미소를 보러 다가오곤 하셨고, 나는 아버지께 미소를 지어드렸다. 아버지는 내 버팀목이자 산소 같은 존재였다. 내가 아버지에게 그런 존재였듯 말이다.

공감이 버팀대라는 사실을 이해하고 그 진리에 따라 살기 위해 온 힘을 바칠 때에만 우리는 우리를 속이고 파괴하려 드는 이들을 무장해제시키는 데 성공할 수 있다. 자신만을 생각하고 다른 이의 필요를 무시하는, 자기 욕심으로 한정된 세계를 향해 도피하는 것은 곧 공감의 전력 공급을 차단하고 의미 있는 세상으로부터 스스로를 단절시키는 것이나 다름

없다.

강간범, 사람들을 선동하고 이성을 둔화시켰던 전시(戰時) 연설, 강제 수용소 등은 공감의 어두운 면을 보여주는 예들이지만, 공감이 늘 이렇게 극단적으로 사악하고 목숨을 뺏는 일에만 연관되는 것은 아니다. 공감의 어두운 단면은 미묘하고 감지하기 어려운 방식으로 일상생활 곳곳에 침투하여 불이 환히 켜진 방 안에서 당신과 나 같은 사람들에 의해 사용되기도 한다. 비록 그 존재를 인식하지 못할지언정 우리는 매일 어두운 단면과 조우하고 있다.

최근 나는 〈뉴스위크(Newsweek)〉를 뒤적이다 한 면 전체를 차지하는 광고 하나를 보게 됐다. 한 매력적인 여성이 백미러로 뒤차의 헤드라이트를 응시하고 있는 사진이었는데, 여성의 표정에는 두려움과 혼란이 담겨 있었다.

광고에는 굵은 대문자로 '포식자(PREDATOR)'라는 단어가 쓰여 있었고, 그 뒤로는 소문자로 다음과 같은 내용이 전달된다. '먹이가 되지 않는 방법. 당신은 쫓기고 있다. 핸들을 꺾어보지만 남자는 여전히 뒤를 바짝 따라오고 있다. 겁에 질린 당신은 어떻게 해야 할까? 집으로 향해서는 안 된다. 사랑하는 이들이 있는 곳으로 남자를 이끌 수는 없다. 당신은 조명이 밝고 사람이 많은 곳으로 향해야 한다.'

알고 보니 이것은 (공익광고같이 생겼고, '홀로 운전할 때'라는 제목의 무료 소책자까지 제공했지만) 셸(Shell) 주유소의 협찬 광고였으며, 마지막을 장식하는 문구는 '셸에게 맡기세요'였다. 홀로 범죄의 표적이 되는 것에 대한 우리의 두려움을 이용하여 더 많은 고객을 유치하려 한 것이다. 확실히 공감의 어두운 면을 참신하게 활용한 예이긴 했다.

우리는 때론 미묘하게, 때론 노골적으로 우리를 조종하려 하는 인쇄물이나 방송 광고에 둘러싸여 살아간다. 어떤 아버지와 아들이 낚시를 하고 있다. 아버지가 맥주를 한 모금 마시자 아들이 가까이 다가와 다정한 미소를 지은 뒤 말한다. "사랑해요, 아버지." 아버지는 아들의 꿍꿍이를 알아채고 말한다. "그래도 내 버드 라이트(Bud Light)를 줄 순 없지." 이 광고에서 재밌는 점은, 아빠는 아들의 속뜻을 간파하지만 시청자들은 광고를 보고 웃으며 광고주가 바란 대로 맥주 한 잔을 간절히 원하게 된다는 것이다. 아버지와 아들의 사이를 갈라놓을 정도로 끝내주게 맛있는 버드 라이트를 마시고 싶어지지 않은가?

유명 라디오 진행자 폴 하비(Paul Harvey)는 얼마 전 식료품점 계산대에서 목격한 어느 늙은 여성에 관한 일화를 들려줬다. 그녀는 자신의 뒤에 서 있는 중년 남성에게 몸을 돌리고는 그가 아들과 정말 닮았다고 이야기하며 이렇게 말했다.

"우리 아들은 최근에 세상을 떠났어요." 남자는 조의를 표했다. 노인은 잠시 머뭇거리더니 자신이 가게를 나설 때 작별 인사를 해달라고 부탁해도 되는지 묻는다. "크고 분명한 목소리로 '잘 가요, 엄마!'라고 외쳐줄 수 있을까요? 마지막으로 한 번만 이 말을 듣고 싶어서요." 그녀가 설명했다.

노인의 다정한 미소에 마음이 동한 남자는 그렇게 해주기로 했다. 출구 쪽으로 걸어간 그녀가 그를 향해 뒤를 돌아보자 남자는 "잘 가요, 엄마!"라고 외쳤다. 그녀는 손을 흔들고 밝은 미소를 지어 보인 뒤 가게를 나섰다.

남자는 계산대 점원이 빵, 치즈, 우유, 고양이 사료 같은 식료품을 계산하는 동안 가볍게 대화를 나눴다. "전부 해서 126달러입니다." 점원이 유쾌한 목소리로 말했다.

"계산이 뭔가 잘못된 것 같네요." 노년 여성과의 만남에서 얻은 기분 좋은 감정들에 여전히 잠긴 채 남자가 말했다. "제가 계산할 물건은 이 장바구니 하나밖에 없거든요."

"그분이 말씀 안 하셨나요?" 점원이 물었다.

"누가요? 그리고 무슨 말이요?" 남자는 당황하며 대답했다.

"이런, 어머니요. 아들이 계산할 거라고 하시던데요."

아무런 의심이 없던 남자는 공감에 관한 아주 값비싸고도 귀중한 교훈을 얻었다. 공감의 어두운 단면은 가장 예상 밖의 순간 당신에게 몰래 다가오고, 친절하고 정 많고 배려 깊어 보이는 사람들에 의해 퍼져나간다.

폴 하비의 이야기를 듣고 나는 10년도 더 지난 옛일을 바로 떠올렸다. 당시 나는 매사추세츠주 네이틱에 있는 레너드 모스 병원에서 수석심리학자로 일하고 있었고, 매일 점심시간 후에는 정신과 병동 앞 야외에서 직원 및 환자들을 대상으로 그룹 심리치료 시간을 가졌다. 뉴저지 출신의 조는 병동에 새로 입원한 환자였다. 그는 코카인 중독자였으며 적금을 탈탈 털어 도박으로 탕진한 후에도 버릇을 고치지 못해 도둑질까지 했다. 그래도 조는 매력적이고 말이 많았으며 사람들과 금세 친해지는 스타일이었다.

그가 병원에 오고 얼마 지나지 않아 환자들은 현금이나 보석, 시계 같은 귀중품들이 사라진다며 불평하기 시작했다. 이 일이 서너 차례 보고되자 나는 특별 회의를 소집했다.

"도둑은 우리 중에 있습니다." 내가 말했다.

"저기요, 박사님! 지금 무슨 상황인지 내가 설명해볼게요." 조가 소리쳤다.

"조, 지금은 상황이 심각해요. 딴 길로 샐 여유가 없다니까요." 나는 그에게 조금 언짢은 기분을 느끼며 말했다. 다른 직원들 몇몇처럼 나 역시 범인이 조가 아닐지 의심하고 있던 참이었다.

"전 지금 도우려고 그러는 거예요. 아시겠죠?" 조가 말했다. 나는 그를 의심했던 것에 약간 죄책감을 느끼며 고개를 끄덕였다. "잘 봐요. 모두들 날 범인으로 의심하고 있죠." 그가 이어서 말했다. "뻔히 알고 있으니 그런 생각을 하지 않았다는 말은 하지 말아요. 그런데 난 이 얘길 꼭 해야겠어요. 범인은 범인을 알아보거든요. 나는 누가 병실에서 물건을 계속 훔쳐왔는지 알아요. 그건 바로 청소부 마조리예요."

아무도 조의 말을 믿지 않았다. 마조리는 자그맣고 머리가 하얗게 센 60대 여성이었고 늘 상냥했으며 남을 기쁘게 하려고 안달이었기 때문이다. 그러나 몇 주 뒤 우리는 마조리에게 전과가 있었고 그녀가 단순절도범이 아닌 헤로인 밀매자이기도 했음을 알게 됐다.

마조리가 체포된 뒤 나는 조를 한쪽으로 데려가 어떻게 그녀가 범인인지를 알았냐고 물었다. 그는 내게 뒤틀린 미소를 지었다. 가방끈 긴 박사님이 고등학교 중퇴자 절도범에게서 무언가 배울 것이 있다고 인정한 게 기쁜 모양이었다. "그 사람과 이야기를 하고 나서 알 수 있었어요." 조가 설명했다. "보세요, 박사님. 여기 있는 사람들은 모두 내 과거를 알아요. 간호사든 의사든 내게 말을 걸지 않으려 하고 나와 있으면 불편해하죠. 이해해요. 난 중독자인 데다 절도범이니까요. 지금은 박사님이 나와의 대화를 꺼리지 않는다는 걸 알아요. 하지만 그렇다고 저랑 같이 볼링을 치러 갈 사이는 아니잖아요? 사실 제가 여기 온 날부터 마조리는 제 옆으로 와서 함께 담배를 피우더군요. 내 할머니뻘쯤 되는 이들은 상대를 동지처럼 느끼지 않고서야 나 같은 사람 옆에 다가와 앉아서 터놓고 대화를 할 리가 없어요. 유유상종이라는 말도 있잖아요, 박사님. 나는 마조리를 처음 본 순간부터 그 사람이 도둑이라는 걸 알았어요."

이 일화는 나로 하여금 공감에 관한 기본적인 교훈 몇 가지를 되새기게 했다. 첫째, 성급하게 결론을 내리지 말자. 둘째, 전체적 그림을 보지 못하게 방해하는 편견을 조심하자. 셋째, 우리는 인간 본성의 복잡성에 대해 모든 이들로부터 기꺼이 배울 준비를 해야 한다. 교사가 되기엔 자격미달처럼 보이는 사람들까지 포함해서 말이다.

공감의 어두운 면은 우리 사회 속에 명백히 존재하는데, 의료 분야만큼 그것이 왕성한 활동을 펼치는 무대도 없을 것이다. 그러나 우리는 그곳에서 어두운 단면을 만나리라 예상하지 못하고 더더욱 잘 속아 넘어갈지도 모른다. 현대인은 건강에 관한 강박에 사로잡혀 있고, 도처에 횡행하는 사기꾼은 건강보조제나, 노화방지제, 자연 우울증치료제, 체중감량제 등을 팔러 다닌다. 이런 제품을 파는 장사꾼들은 과체중, 주름, 질병, 노화, 죽음에 관한 우리의 두려움을 이용할 줄 안다. 우리에게 어떤 신체적·정서적 문제가 있든 간에 그들은 엄청난 가격표가 붙은 특효약을 만들어 선보일 것이다(건강보조제가 유익하지 않다는 말이 아니다. 나도 전반적 웰빙의 중요성을 굳게 믿고 있으며, 보스턴 소재의 대형 병원에서 대체의학센터를 총괄하기도 한다. 그곳에서 나는 많은 시간을 할애하여 환자들에게 어떤 제품이 건강에 유익하고 쓸모없는지, 그리고 어떤 경우에는 해로울 수 있는지를 알려주고 있다).

어느 날 나는 출근길에 라디오 프로그램을 듣고 있었다. 유명 의사가 출연해 청취자들의 전화를 받고 건강 관련 문의를 들어주는 코너였다. 그 의사는 청취자 전원을 대상으로 도움을 요청하는 공지를 발표했다. 각자가 이용하는 약국의 이름과 주소가 담긴 엽서를 보내주면, 다양한 약의 종류를 확인할 수 있는 약물정리표를 무상으로 보내준다는 내용이었다(약국 명단을 확보해서 새롭게 출시한 건강보조제 영업에 활용할 것이란 내용은 그의 설명에 없었다).

한 노인 여성이 건강 문제로 전화를 걸자, 의사는 15~20초간 이야기를 듣더니 말을 가로막고 그녀의 약국 이름과 주소를 보내줄 수 있는지 물었다. "그렇게 해주면 정말 최고일 것 같은데요." 그가 달래듯 말했다. 그녀가 기꺼이 그러겠노라 이야기하고 질문을 반복하자 의사는 재차 말을 가로챘다. 자신이 얼마나 중요한 부탁을 하고 있는지 그녀가 제대로 이해했다는 확신이 없는 듯했다. "내게 주소를 보내줄 수 있나요? 날 위해 그래줄래요? 약속하나요?"

"네, 약속해요." 그녀가 말했다.

그 여성의 질문에 대한 의사의 답은 끝내 없었다.

'그렇게 해주면 정말 최고일 것 같은데, 날 위해 그래줄래요?' 한 번도 만난 적 없는 사람이 친한 척하고 부탁을 들어달라며 당신을 추켜세우려

한다면 위험 신호를 알아차리고 경계 태세를 취해야 한다. 낯선 이들이 진심으로 상대를 친절히 대하는 경우는 거의 없다고 말하려는 것이 아니다. 그러나 당신의 문제는 못 본 체하고 당신으로 하여금 자신의 관심사에 응답하게끔 안간힘을 쓰고 있다면, 그런 이들의 친근한 태도 뒤에는 더 어두운 동기가 숨어 있을 공산이 크다. 이 만남에서 누군가는 이득을 취할 것이며, 그것은 당신이 아닐 확률이 높다.

몇 해 전 나는 노인들을 대상으로 '널리 쓰이는 건강보조제 요법의 잠재적 위험'에 대해 강연해달라는 초청을 받았다. 내가 이야기를 마치자 70대 중반의 노인이 자신을 소개하고 도움을 요청했다. 엠마는 부드럽게 내 손을 잡고(우리가 대화하는 20분 동안 그녀는 절대 그 손을 놓지 않았다) 자신의 이야기를 들려주기 시작했다. 그녀는 최근 남편을 잃었으며 자식과 손주들은 수천 킬로미터 떨어진 곳에 살고 있었다. 우울증과 불면증에 시달리다가 의사를 찾은 그녀는 항우울제와 수면제를 처방받았다. 그러나 이미 고혈압과 혈전증 관련 약을 복용 중이었던 엠마는 과다한 약물 대신 건강보조제로 동일한 효과를 얻을 수는 없는지 의사에게 물었다.

"난 그런 것들을 믿지 않습니다." 의사는 경멸적인 표정과 무시하는 말투로 이야기했다. "건강보조제 같은 건 모두 엉터리예요."

엠마는 의사로부터 버림받은 기분으로 어떤 선택을 내려야 할지 더욱 혼란을 느끼며 가까운 건강식품점에 들렀다. 젊은 판매원은 친절했고 다 이해한다는 듯 엠마의 이야기를 들어줬다. 그녀는 엠마에게 의사들이 건강보조제에 관해서는 거의 배운 것이 없을뿐더러 지식이 있더라도 매출에 도움이 되지 않으니 대체 제품을 추천하진 않을 것이라 말했다. 판매원의 조언에 따라 엠마는 45달러어치의 건강보조제를 구입했다. 그녀가 산 것은 면역력 보강을 위한 마늘, 기억력 증진을 위한 은행, 우울증을 위한 세인트존스워트, 불면증을 위한 멜라토닌, 마황이 함유된 체중조절제였다.

판매원은 엠마에게 마늘과 은행은 혈전증 약과 병행하여 복용하면 안 된다는 것이나 세인트존스워트를 고혈압약과 함께 쓰면 안 된다는 사실을 말하지 않았다(아마 그녀도 몰랐을 확률이 높다). 마황은 중추신경계를 강력히 자극하는 탓에 고혈압이나 심계항진의 원인이 될 수 있으며, 체중 조절 용도로 사용되면 절대 안 된다. 또한 MIT 임상연구소 의사들에 따르면 엠마가 '정량' 투여하고 있는 멜라토닌 알약 3밀리그램은 수면 유도에 필요한 양의 열 배 수준이었다. 노인들은 간의 호르몬 대사 속도가 더 느리기 때문에 훨씬 적은 양의 멜라토닌을 필요로 함에도 말이다.

나는 매일 이와 비슷한 이야기를 듣고, 매일 같은 종류의 분노와 답답함을 느끼곤 한다. 이 착하고 온화한 여성은 전통의학과 대체의학 세계에 각각 도움을 요청했지만 양쪽 모두 그녀에게 실망을 안겨줬다. 엠마의 경우 남편의 죽음에 대한 슬픔은 물론 외로움과 두려움을 이겨내기 위한 고된 노력 때문에 우울증과 불면증(그리고 어느 정도는 면역억제, 기억력 감퇴, 급작스런 체중증가)이 나타났다는 점은 누가 봐도 명백하다. 그럼에도 의사는 그녀의 정서적 고통을 완전히 무시하고 증상 완화에 필요한 약물만을 처방했으며, 그녀의 문제에 관한 '대체적' 접근법을 곧바로 기각했다. 건강식품점의 직원은 의지할 곳 없는 엠마의 처지를 이용하여 그녀가 각각의 증상에 맞는 건강보조제를 모두 사도록 권했다. 또한 그녀는 충분한 교육과 트레이닝을 받지 못했기 때문에 건강보조제와 처방약 사이에서 일어날 수 있는 길항 작용에 대해 아무 조언도 해주지 못했다. 노인이 되고 배우자를 떠나보내며 가장 사랑하는 사람들과도 멀리 떨어져 지내야 할 때 느끼는 우울, 걱정, 외로움, 두려움은 어느 정도 '정상'적인 반응이라는 걸 의사도 판매원도 엠마에게 말해주지 못한 것이다.

공감의 어두운 면에 대처하는 법을 배우는 것은 다른 사람에게 친절하고 배려 깊게 대하는 것만큼이나 당신의 신체·정서적 건강에 중요한 일이다. 엠마는 어떻게 자신을 보호할 수 있었을까? 점점 더 상업화되어가는 이 세상에서 우리는 넘쳐나는 과대광고와 장사꾼의 틈바구니를 어떻게 무사히 헤쳐 나갈 수 있을까? 또 통찰력과 직감으로 타인을 이용하려드는 이들로부터는 어떻게 공감을 사용하여 자신을 보호할 수 있을까?

나는 이런 질문에 대한 답을 다음의 열 단계에서 찾을 수 있을 것이라 생각한다. 우리는 각각의 단계를 연구하고 그것들에 익숙해지며 삶에 실천할 수 있도록 최선을 다해야 한다. 공감은 우리를 위험으로부터 '보호하기' 위해 진화된 생물적 본능이라는 사실을 늘 유념하자. 남을 속이거나 해치기 위해 공감을 사용하는 것은 이러한 생명 연장의 에너지를 오남용하는 행위로, 공감의 장점보다는 단점을 반영한다. 그러나 공감의 긍정적이고 보호적인 면은 결국 어두운 면의 힘을 잃게 만들 것이다.

공감의 어두운 면으로부터
자신을 보호하는 열 가지 단계 ∘ • ∘

1단계: 진정한 공감과 기능적 공감의 차이를 익혀라

에이드리엔은 진료실로 들어와 자신의 가죽 서류가방을 바닥에 내던지며 말했다. "쓰레기 같은 고객들은 이제 정말 지긋지긋해요. 그래요, 그래요. 난 참을성이 없어요. 하지만 그 작자들은 정말 멍청하고 자기 생각만 한다니까요. 다들 빨리 한 밑천 잡아볼 생각에만 정신이 팔려 있죠." 그녀는 목소리를 점점 낮추더니 입술을 뿌루퉁하게 내밀었다.

"제게 공감 능력이 전혀 없다고 생각하시죠?" 그녀가 말했다.

"당신에게 공감이 있다는 건 알아요." 나는 부드럽게 말했다. "예전에 많이 봤거든요. 하지만 지금 이 순간 당신이 공감을 아주 잘 표현하고 있다고 하긴 어렵군요."

우리는 꽤 긴 시간 동안 대화를 나눴다. 그녀는 개인 상해변호사로 매주 60시간씩이나 일했으며 결혼생활에도 어려움이 있었고 청소년기 아들의 충동적 행동들에 큰 스트레스를 받고 있었다. 그날 에이드리엔은 진료실을 나서며 삶의 균형을 찾고 더욱 이해심 있는 자세로 고객들과의 관계를 이어나가는 데 최선을 다하겠다고 말했다.

한 주 뒤 에이드리엔은 상담 전에 가방을 내던지는 도입부를 똑같이 반복했다. 다만 이번에 화를 내는 대상은 고객이 아닌 나였다. "선생님이 내 한 주를 망쳐놨어요." 그녀가 말했다. "며칠 전 제2차 세계대전 참전용사라는 사람이 내 사무실에 찾아왔어요. 그 사람은 장애를 입어 제대로 걷지 못했고 아들이 음주음전 차량에 치여 세상을 떠났다고 말했죠. 제가 큰 폭의 연봉 인상을 기대했던 건 선생님이 이해해주셔야 해요. 그 남자는 나이도 많고 상이군인인 데다 외아들을 잃었어요. 정말 꿈의 케이스였죠. 그 사람이 슬픔에 잠겨 울고 있기에 난 함께 점심을 먹자고 제안했어요. 그런데 그 사람은 식당 메뉴에서 가장 비싼 게 요리를 시키더군요. 믿겨져요? 식사 후엔 택시를 부를 돈이 없다고 하더라고요. 나는 버스를 타라고 말하고 싶었지만 그냥 돈을 주고 말았어요. 이 케이스가 날 부자로 만들 거라고 기대하면서요."

에이드리엔은 깊게 한숨을 쉬었다. "빌어먹을 일 같으니라고." 그녀가 말하면서 눈을 굴려 천장을 바라봤다. "아무튼 그 노인은 이튿날 아들의 사망진단서를 준비해오기로 했는데, 내 사무실에 와서는 그걸 깜빡했다고 하더군요. 그리고 내게 또 점심을 먹으러 가자기에 전 이미 식사를 했다고 말했죠. 그랬더니 저한테 집으로 돌아갈 택시비를 달라는 거예요. 그제야 깨달았죠. 이 작자가 내게 사기를 치려 하는구나. 음주운전자나 죽은 아들 같은 건 애초부터 없었어요. 그 사람의 꿍꿍이는 그저 공짜 점심을 최대한 많이 얻어내는 것이었다고요."

에이드리엔은 나를 향해 몸을 기울였다. 그리고 비밀을 하나 가르쳐주겠다는 듯 눈을 반짝이며 말했다. "제 말 잘 들으세요, 선생님. 이건 중요하니까요. 공감은 날 이용했어요. 공감은 아무짝에도 쓸모없어요."

"그 사람에게는 쓸모가 있었죠."

"왜 그렇게 생각하시죠? 제게 말해주세요. 박사님이 정의하는 공감은 대체 뭔가요?"

"내가 정의하는 공감은 다른 사람의 생각과 감정을 정확히 이해할 수 있는 능력입니다." 내가 답했다. "노인은 그것에 아주 능숙했고요."

"그러니까 박사님은, 저보다 그 노인이 상대를 더 잘 파악했다는 건가요?" 그녀는 몸을 다시 의자에 기대고 눈을 가늘게 뜨며 물었다.

"얘길 들어보니 그분은 당신 속을 책 보듯 훤히 읽은 것 같네요. 당신이 이 케이스를 절호의 기회라 여기고 미끼를 물 것이라 생각한 거죠. 자기 처지를 이용해 돈을 벌고 싶어 하는 당신의 욕망을 이용해서 공짜 점심과 택시비를 얻어내려고 한 거예요."

"전 그를 인도적으로 대하려 했어요. 저번에 고객들을 쓰레기라고 불렀던 것 기억하시죠?" 그녀가 항변했다.

나는 그녀를 조금 놀리기로 했다. "쓰레기에도 공감 능력이 있을 줄은 꿈에도 몰랐죠?"

'진정한 공감'에게 동기를 부여하는 것은 타인을 향한 진심 어린 걱정과 도우려는 마음이다. 그러나 '기능적 공감'은 상대가 내게 무엇을 줄 수 있는지(혹은 어떻게 그들로부터 가까스로 빠져나올 수 있을지)가 주 관심사다. 진정한 공감을 품은 사람들은 관심과 존중으로 타인을 대하며, 언제나 순간순간의 소통을 통해 진실을 구하려 할 것이다. 그와 달리 기능적 공감이 이끄는 소통에서는 사람들이 개인적 이득과 만족만 얻으려 하기 때문에 상대의 생각과 감정에 관심을 두지 않는다.

상대적으로 예측하기 쉽고 위력이 약한 기능적 공감도 있다. 자동차 판매원이 소비자에게 불필요하거나 원치 않는 추가 옵션을 끼워 팔려 할 때를 예로 들 수 있다. 얼마 전 나는 아내 캐런과 자동차를 구입하러 가서 계약을 결심하고 매니저와 악수를 한 다음, 주말에 메인주에 가는 길에 대리점에 들러 새 차를 찾기로 했다. 우리가 대리점에 도착한 금요일 저녁 7시경, 날은 어둡고 추웠으며 대설경보까지 내려져 있는 상황이었다. 그런데 판매원이 몰고 온 차는 지붕에 스키캐리어가 달려 있었고, 그것을 본 나는 이렇게 물을 수밖에 없었다. "난 스키캐리어를 주문하지 않았는데요?" 판매원은 미안하다고 사과하며 그렇게 짧은 기간 안에 준비할 수 있는 건 이 차뿐이었고, 이 차를 가져가지 않으면 우리는 두 주를 더 기다려야 할 것이라고 말했다. 캐런은 거의 울 지경이었고 딸들은 뒷좌석에서 덜덜 떨고 있었다. 보기 좋게 당했다는 사실을 깨달은 나는 할 수 없이 스키캐리어 추가비 200달러를 내기로 하고, 다시는 그들과 거래하지 않겠다고 말했다. 그날 이후 나는 실제로 그 업체와 완전히 거래를 끊어버렸다.

기능적 공감에는 종종 사악한 면이 있기도 하다. 잘생긴 테니스 선수가 부유한 미망인들과 친구가 되어 사랑과 우정을 나눌 듯했는데 결국엔 그들의 돈만 빼앗고 종적을 감췄던 악명 높은 일화가 한 예다. 그런가 하면 의뢰인에게 주말에는 비용이 두 배로 청구된다는 이야기를 고의로 빼먹는 변호사, 있지도 않은 보장 내역으로 신혼부부를 속여 다달이 30달러를 더 받아내는 보험설계사도 있다. 여러 종류의 잡지를 구독하면 큰 상품을 탈 확률이 높아진다며 경품 행사 직원이 노인들을 꼬드기기도 하고, 어떤 주유소 직원은 다른 주에서 온 젊은 여성 운전자들에게 쇼크업소버(shock absorber)를 새로 사지 않으면 위험해질 거라 겁을 준다. 카지노 업자들은 자제력이 낮은 도박꾼들을 찾아낸 뒤 경비를 모두 대주겠다며 도박여행을 권유하기도 한다(최근 나는 어느 TV 쇼를 보던 중, 한 상습 도박꾼이 루이지애나의 카지노에서 200만 달러 이상의 전 재산을 탕진했다는 이야기를 접했다. 도박꾼 어머니의 장례식에까지 따라간 업자들은 카지노가 모든 비용을 부담하는 여행에서 소형 제트기를 쓸 수 있게 해주겠다는 제안을 했다고 한다).

그러나 기능적 공감과 진정한 공감은 대개 공존하고 있으며, 이는 건강한 관계 안에서도 마찬가지다. 존은 아내와 섹스를 하기 위해 아내에게 등 마사지를 해주겠다고 말한다. 아내를 진심으로 사랑하고 그녀의 피로를 풀어주고 싶어 하지만 그에겐 섹스라는 또 다른 용건이 있는 것도 사실이다. 이런 사례도 있다. 케이트와 조시는 오래된 친구지만 몇 년 동안 대화를 하거나 만나지 못했다. 그런데 어느 날 케이트의 어머니가 돌아가시면서 그녀에게 막대한 유산을 남긴다. 그녀는 상속받은 주식과 현금을 어떻게 처리해야 할지 혼란스러워하며 재무설계사인 조시에게 이메일을 보냈다. 몇 문단에 걸쳐 자신의 최근 소식을 알린 케이트는 그와의 우정을 얼마나 소중하게 여기는지 설명한 다음, 마지막 문단에서 자신의 고민을 언급하고 조언을 구한다. 케이트는 조시를 진심으로 아끼지만 친구에게서 뭔가를 얻고 싶어 하는 것도 사실이다. 진정한 공감과 기능적 공감이 동시에 작용하고 있는 것이다.

심리치료에서도 진정한 공감과 기능적 공감이 공존하는 경우는 많다. 어떤 이들은 내가 환자들을 진료하며 돈을 벌고 있으니 내 공감이 전적으로 기능적이라 주장할지도 모르겠다. 내가 이야기를 주의 깊게 듣고 환자들에게 세심히 반응하는 것이 모두 돈 때문이라며 말이다. 하지만 돈만 보고 이 직업을 택했다면 의사들 중 이 일을 계속하려는 사람이 얼마나 될지 나는 잘 모르겠다. 이 분야에 몸담는 사람들의 대부분은 타인의 고통을 덜어주고 싶은 마음을 계기로 일을 시작하기 때문이다. 우리가 일을 하는 이유의 상당 부분은 사람들에게 관심이 있고, 모든 사람이 살아가기에 더 좋은 세상을 만들고 싶기 때문이다. 그저 듣기 좋은 대사 같을지는 모르겠으나 사실이라고 장담할 수 있다.

공감의 이중 역할이 혼란스럽게 느껴질지도 모르겠다. 관계를 통해 무언가 얻으려 한다면 그 공감은 진심일 리 없다는 게 사람들 대부분의 생각이기 때문이다. 하지만 공감이 있는 곳에는 항상 얻을 것이 있다. 설령 아무것도 돌려받을 의도가 없는 상태에서 공감을 나누더라도 그것에서 우리는 항상 유익함을 얻는다. 공감 어린 반응을 통해 타인 및 사회 전반을 향한 관계를 강화시키고 자신의 경계를 넓히며 시야를 확장시킬 뿐 아니라 스스로에게 더 만족감을 느끼는 보너스도 얻을 수 있기 때문이다. 확실히 이런 것들은 우리가 얻을 수 있는 유익함이며, 우리가 왜 그토록 쉽게 공감을 '팔아먹을' 수 있는지를 설명해주기도 한다. 일단 공감을 실천하면 사람들은 자신에게 더 만족하게 되고, 염려와 스트레스가 줄어드는 것을 경험하며, 주변 사람들과 훨씬 친밀하게 연결된다고 느낀다.

그렇기에 공감에는 언제나 균형이 담겨 있다. 그리고 그것이 바로 우리가 추구하는 균형 상태다. 진정한 공감을 바탕으로 하는 관계는 안정적이고 굳건하며 탄탄하다. 그러나 기능적 공감에 의해 주로 움직이는 관계는, 어느 순간부터 마치 나보다 덩치가 두 배인 사람과 시소를 타는 것처럼 불안정하고 균형이 맞지 않는다는 느낌을 주기 시작할 것이다.

우리의 목표는 균형을 찾아내는 것이다. 관계의 동력원이 기능적 공감이라면, 당신은 상대가 자신의 이익을 위해 움직인다는 사실을 인지하고 스스로를 보호해야만 한다. 또한 대부분의 노동조합이 그렇듯 어떤 관계가 기능적 공감을 원동력으로 삼아 시작되었다면 그것의 발전 양상을 주의 깊게 지켜봐야만 한다. 기능적 관계도 진정한 관계로 발전할 수 있고, 그와 마찬가지로 진정한 관계 역시 기능적 관계가 주를 이루는 형태로 발전할 수 있다. 공감의 힘은 시간이 흐르면서 관계 속에 담긴 진실을 드러내는 능력에 있다.

2단계: 당신의 갈망을 파악해라

갈망, 동경, 꿈, 욕망, 희망, 열망. 이것들은 모두 같은 것, 즉 당신이 삶에서 바라는 것을 대변한다. 당신은 안전을 원하는가? 결혼? 자녀? 오래 지속되는 사랑? 평화와 고요? 경제적 독립? 평온, 영적인 깨달음, 물질인 소유, 전원주택, 하와이에 있는 콘도? 삶의 빈 공간이 무엇인지를 드러내는 갈망들은 당신을 공감의 어두운 면에 취약하게 만들 수도 있다.

자신의 갈망이 무엇인지 알려면 자신이 인생 전반에서 무엇을 가장 중시해왔는지를 자문해봐야 한다. 더불어 과거에 품었던 자신의 갈망과 현재의 욕구를 연결시켜보는 과정도 필요하다. 과거는 언제나 현재에 영향을 미친다. 또 비밀스럽게 간직하는 바람이나 밖으로 표현하는 욕구들은 과거의 어느 지점이 현재에 간섭하고 있는지 짚어주기도 한다.

38세의 오스카는 재능이 많고 크게 성공한 예술가였다. 그의 수채화는 유명인사나 부자들의 집을 장식하곤 했지만, 아무리 많은 그림을 판매하고 수많은 이들로부터 극찬을 받아도 오스카는 여전히 다른 무언가를 갈망했다. 심리치료에서 그는 아버지와의 관계에 대해 이야기했다. 독일 이민자였던 그의 아버지는 재능은 있지만 인정받지 못한 조각가였다. 35세에 가벼운 심근경색을 일으킨 후 몸이 쇠약해진 아버지는 자신의 꿈을 직접 이루는 대신 장남인 오스카에게 기대를 걸며 이렇게 말하곤 했다. "네겐 재능이 있단다. 네가 충분히 노력한다면 현대판 반 고흐가 될 수 있을 거야."

오스카는 탁월한 실력을 얻기 위해 자신을 채찍질하면서 아버지의 꿈을 이뤄드릴 수 있길 희망했다. 25년이 흐른 지금, 아버지가 돌아가시고 나서 10년여가 지났지만 그는 여전히 스타덤에 오르길 갈망하며 부단히 노력 중이다. 그는 언제나 닿을 수 없는 곳을 향하려 한다. "전 최고가 되고 싶어요. 아버지가 자랑스러워하실 수 있도록요. 아버지가 내 성공을 보고 웃으며 당신의 일생이 가치 있는 삶이었다고 여기신다면 좋겠어요."

오스카의 과거사적 갈망은 과거를 다시 쓰고 싶어 하는 그의 마음을 반영한다. 심리치료에서 그는 과거의 자신(아버지를 위해 세상을 바꿀 수 있다고 믿으며 자란 아이)과 현재의 자신(괴로운 과거를 바꾸기 위해 자신을 능력 이상으로 밀어붙이며 가망 없는 노력을 하는 남자)을 향한 공감을 발견했다. 그는 공감의 인도를 받아 과거의 억압으로부터 탈출할 수 있었다.

과거사적 갈망은 과거를 복제하려는 노력과 관련이 있을 수도 있다. 아버지가 66세에 심장마비로 돌아가신 뒤 6개월 동안 나는 당시 일하고 있던 보스턴과 메인에 각각 집 한 채씩을 샀다. 메인에 있는 집은 내가 열 살 때 가족과 함께 휴가를 보낸(아버지가 내셨던 유일한 휴가였다) 거리에 있었다. 집을 두 채나 소유할 금전적 여유는 없었지만 그건 아무래도 상관 없었다. 나는 과거를 복제하고, 내 어린 시절의 특징이었던 가정의 화목함을 그대로 보존하고 싶다는 갈망에 따라 행동했다. 어렸을 적 부모님이 내게 보여주셨던 사랑과 다정한 보살핌을 나는 내 아이들에게도 그대로 주고 싶었다.

아내와 자녀들에게 완벽한 환경을 만들어주고 싶다는 갈망과 아버지를 잃은 슬픔에 동기부여가 된 나는 공감의 어두운 면에 취약했다. 도급업자, 부동산업자, 변호사, 은행원, 목수, 배관공, 전기공을 비롯하여 집의 매매와 건축, 보수 및 관련 대출의 진행에 연관된 모든 이들은 나를 손쉽게 이용할 수 있었을 것이다. 부모님과 동생을 기념하고 싶은 열망에 사로잡힌 나는 이성적 판단을 할 수 없었다.

공감은 우리가 자신의 갈망을 이해하고 그것이 우리 삶에 미치는 영향을 측정할 수 있게 돕는다. 스스로에게 물어보자. 나는 무엇을 원하는가? 내겐 무엇이 필요한가? 어떤 물질적 소유물이 진정으로 내 삶의 질을 높여줄까? 나는 어떤 업적을 달성해야만 만족하고 안심할 수 있을까?

우리는 스스로 선택한 분야에서 두각을 나타내길 원하고, 대부분 칭찬과 존경과 사랑을 받고 싶어 한다. 내 환자 한 명은 이렇게 이야기했다. "사람들이 식당에서 날 보고 다가와서 사인을 해달라고 요청할 정도로 멋진 사람이 되고 싶어요."

"무엇으로 유명해지고 싶나요?" 내가 물었다.

"모르겠어요." 그는 어깨를 으쓱하고 미소를 지으며 말했다. "그건 별로 중요하지 않아요. 어쨌건 사람들이 내 사인을 원했으면 좋겠어요."

성공, 명성, 존경, 조건 없는 사랑에 대한 갈망은 종종 실망스런 과거에 대한 보상심리로 만들어지기도 한다. 당신의 과거사적 갈망을 이해하려면 과거를 다시 방문해 어느 지점에서 공감이 부족했는지를 찾아보는 과정이 필요할 것이다. 갈망은 종종 빈 공간을 채우기 위한 노력 속에서 만들어진다는 사실을 기억하자. 이런 공간들은 어디에 있으며, 어떠한 근본적 공허함을 대변하는 것일까? 그것들은 언제 어떻게 만들어졌으며, 왜 지금까지 계속 채워지지 않았을까?

과거를 향한 이 여정의 인도자는 언제나 공감이 되어야만 한다. 우리는 책임을 돌릴 다른 사람을 찾아 나선 것이 아니라(7단계 참고), 자신이 누구이며 어떤 생각과 감정을 왜 느끼는지에 관해 더 많은 통찰을 얻도록 노력해야 한다. 자신의 갈망을 이해하게 된다면 곁을 떠나지 않는 과거의 환영도 잠재울 수 있을 것이다.

3단계: 타고난 본능에 의지하는 법을 배워라

타고난 공감적 본능은 당신이 위험에 처했을 때 당신을 보호해줄 것이다. 물론 충분히 주의를 기울일 때에만 말이다. 이 장의 시작 부분에 등장했던 강간 피해자 켈리는 공감에서 흘러나오는 신호음을 들었지만 그것을 차단시키기로 결정했다. 친절하고 남을 잘 믿는 사람이 되고 싶은 욕구는 공감이 올린 경고 신호를 덮어버렸고, 그로써 그녀는 강간범의 속임수와 조종에 취약한 상태가 되었다.

위험한 상황이 닥치면 인간의 감정적 뇌는 즉시 경보기를 울려 몸속에 아드레날린이 솟구치게 하고 호르몬 분비를 촉진하며 심장 박동이 빨라지게 만든다. 고양이는 겁에 질리면 등을 구부리고 털을 쭈뼛쭈뼛하게 세우고, 인간은 그렇게 되진 않는 대신 닭살이 돋는다. 갑자기 오한을 느끼고 소름이 돋거나 심장이 빠르게 뛰기 시작한다면, 그것은 우리의 원시적 두뇌가 조심하라는 메시지를 전달하기 때문이다. 상대의 얼굴에 잠깐 스친 다른 표정, 상대가 했던 대화에 어울리지 않는 말, 입은 웃고 있지만 그렇지 않은 눈, 초조하게 다리를 떠는 행동, 덤불 속에서 나는 바스락 소리나 끼익 하는 브레이크 소리처럼 얼핏 보기엔 사소해서 우리가 의식적으로 알아채지 못하는 신호들조차도 우리 뇌는 포착해낸다.

감정적 뇌는 이렇게 잠재 위협을 알리는 징조들을 사고하는 뇌가 알아차리기도 전에 모두 처리한다. 그래서 우리는 종종 위험한 상황이라 믿을 만한 합리적 이유를 전혀 찾을 수 없을 때에도 두려움을 느끼거나 위협을 감지하곤 한다. 그러나 감정적 뇌는 때때로 아무 위험이 없는 상황에서 과민 반응을 하기도 한다. 삐걱거리는 계단 소리에 심각한 공황발작을 일으키거나 다람쥐가 나무 위로 후다닥 올라가는 소리에 심장 박동이 빨라지기도 하는 것처럼 말이다.

4장에서 나는 속도를 줄이는 것의 필요성을 언급했는데, 이는 위험한 순간에도 동일하게 적용되는 보편 법칙이다. 자연적 본능에 주의를 기울이는 것도 중요하지만, 논리적으로 사고하는 뇌에게 제 능력을 발휘할 기회를 줄 줄도 알아야 한다. 공감의 이성적 반응은 두려움에 얼어붙은 우리로 하여금 몸을 움직여 목숨을 구할 행동을 할 수 있게 만든다. 크나큰 위험에 빠졌다는 사실을 깨달았을 때 사고하는 뇌에 의지한 켈리는 집 안을 돌아다니는 강간범을 관찰해 그의 의도를 정확히 해석했고, 목숨을 구하기 위해 어떤 일을 해야 하는지 알아냈다. 이것은 사고하는 뇌와 감정적인 뇌가 안전을 유지시켜주기 위해 어떻게 우리를 인도하고 서로 의지하는지를 보여주는 완벽한 예다.

4단계: 작은 것에 주의를 기울여라

두려움, 염려, 분노, 절망은 필연적으로 우리의 초점을 전체 그림 중 고립된 일부로만 한정시킬 수밖에 없다. 심리학 연구에 따르면 정서적 자극이 고조된 상태에선 정보를 처리하고 기억에 저장하는 능력이 현저히 줄어든다고 한다. 가령 누군가로부터 총이나 칼로 위협받으면 그 흉기에만 주의력을 고정해버리고, 다른 세부 사항을 알아채는 능력은 저하되는 것이다. 그렇기에 업무나 부모 역할, 운동 경기, 인간관계 갈등 등으로 스트레스를 받는다면 시야가 좁아지고 공감 능력이 감소되는 일이 불가피할 것이다.

더 큰 그림을 볼 줄 아는 우리의 능력은 자신의 갈망이나 동기에 제한을 받기도 한다. 계단에서 낯선 사람이 무거운 짐을 들어주겠다고 제의했을 때 켈리는 불길한 예감을 강하게 느꼈지만 그것을 무시하기로 결정했다. 의심 많은 사람이 되고 싶지 않았기에 감정적 뇌와 사고하는 뇌 양쪽이 전달한 경고 신호를 흘려 넘긴 것이다. 켈리의 시야는 성폭행을 당하고 나서야 넓어졌다. 목숨의 위협을 느낀 그녀는 전체적인 그림에 주의를 기울이기 시작했고, 서로 연관성이 없으며 사소해 보이는 세부 사항들을 종합해 하나의 전체를 만들어낼 수 있었다. 자신을 죽이려 하는 강간범의 계획을 그녀가 알아차릴 수 있었던 것은 자신의 두려움을 보는 대신 공감이 확장시켜준 시각에 의존했기 때문이다.

폭력은 확실히 우리 세상을 구성하는 한 부분이지만, 눈앞에서 총을 휘두르는 범죄자와 마주치는 경험을 할 사람은 우리 중 거의 없을 것이다. 그러나 건강과 웰빙에 관해 조금 더 강도가 약한(하지만 반드시 덜 해롭다고 말할 순 없는) 위협과 직면해야 하는 상황은 찾아오기 마련이다. 노먼 커즌스(Norman Cousins)의 책《치유하는 마음(The Healing Heart)》의 도입부에서 의사인 버나드 로운(Bernard Lown)은 본인이 직접 겪은 이야기를 공유한다. 울혈성 심부전증으로 10년 이상 투병생활을 하면서도 여전히 아이를 키우고 도서관 사서 일을 지속했으며 지역사회 활동에 적극적으로 참여한 어느 중년 여성의 이야기다.

그녀는 매주 검진을 받으러 심장과 외래환자 진료실을 찾았다. 하루는 그녀의 의사가 담당 의료진과 함께 다가와 따뜻이 인사하고는 곁의 의료진에게 "이 환자분은 T.S.입니다"라는 말을 했다. 그런데 몇 분 후, 그녀는 호흡이 가빠지더니 온몸이 땀에 흠뻑 젖고 심박이 아주 빨라지기 시작했다. 담당의 중 한 명이었던 로운은 건강해 보이던 환자의 상태가 급격히 악화되는 것을 보고 깜짝 놀라 그녀에게 무엇을 그렇게 염려하는 거냐고 물었다. "전 T.S.가 무슨 뜻인지 알아요. 말기(terminal situation)라는 뜻이죠?" 그녀가 말했다. 로운은 T.S.가 심장 상태를 지칭하는 의학 용어인 삼첨판협착증(tricuspid stenosis)의 줄임말일 뿐이라고 그녀를 안심시켰으나 이미 늦었다. 그날 저녁, 그녀는 난치성 심부전증으로 숨을 거뒀다.

그 여성의 심장이 약했던 것은 사실이지만 그녀의 사인은 강렬한 두려움으로 인한 쇼크사였다. 자신이 말기 환자라 믿은 그녀는 희망이 사라졌다 여겼고, 희망이 사라지니 삶의 의욕 또한 희미해졌다. 그래서 그렇게 세상을 떠난 것이다. 이런 사례는 현대 의학 세계에서 드물지 않게 나타난다. 의사가 암 환자에게 "당신의 병은 치료가 불가능합니다. 더 이상 우리가 할 수 있는 건 없어요"라 말한다면, 환자의 세상은 그 즉시 절대 빠져나올 수 없을 것처럼 보이는 죽음이란 운명으로 좁혀진다. 의사의 공감 없는 태도는 환자의 세계를 한정시킬 것이며, 희망은 빠져나가고 믿음은 후퇴하며 어둠이 뒤덮을 것이다.

심리치료와 삶에서 나는 주변 시야(peripheral vision)에 의존할 수 있도록 항상 스스로를 상기시킨다. 내가 미처 알아차리지 못한 것이 무엇일까? 나는 무엇을 놓쳤을까? 타인을 더 잘 이해하고 더 세심히 반응하기 위해 내 시각을 넓힐 수 있는 방법은 뭘까?

나는 남편의 불륜으로 인한 좌절 속에서 날 찾아왔던 한 환자를 절대 잊지 못할 것이다. 우리는 몇 개월가량 상담을 진행했고 나는 계속해서 그녀가 제시한 주제인 '남편의 배신'에 초점을 맞추고 있었다. 그러던 어느 날, 치료가 끝날 무렵 그녀가 남편을 상담 시간에 데려오고 나서야 나는 모든 실상을 알게 되었다. 그녀는 눈물을 흘리며, 남편이 신의를 저버리기 몇 년 전 자신도 상사와 짧은 불륜을 가졌었다고 나와 남편에게 고백했다.

그날 나는 내 편견과 선입견을 더욱 잘 인지하기 위해 눈을 더욱 크게 뜨고 있어야 한다는 사실을 배웠다. 확실히 나는 성 편견에 영향을 받았고, 아내가 남편에게 충실했던 동안 남편은 아내를 속여왔을 거라 자연스레 생각했다. 또한 내가 '곤경에 처한 여인 증후군(damsel-in-distress syndrome, 남성들이 곤경에 처한 여성을 내버려두지 못하고 그들을 구해내는 영웅 역할을 하고 싶어 하는 증상_옮긴이)'에 취약하다는 사실도 알게 됐다. 부당한 대우를 받았다는 환자의 설명을 아무 의심 없이 믿었고 그녀에게 자신을 보호하는 데 필요한 것들을 가르쳐야 한다고만 생각했기 때문이다.

공감은 우리의 시야를 확장시켜 우리 경험의 전체 장면을 파노라마로 보게 하며, 아주 사소한 디테일들까지도 담아낼 수 있는 광각 렌즈를 제공한다. 또한 공감은 시간의 흐름에 따라 작용하면서, 각 장면이 움직이는 영상처럼 형태를 갖춰 우리로 하여금 사건을 연속적으로 바라볼 수 있게 해주기도 한다. 자신의 외도는 숨긴 채 남편의 불륜을 모두 그의 탓으로 돌렸던 여성의 사례에서 나는 단서가 되어줄 연속적인 세부 사항들을 포착하지 못했다. 왜 그녀가 이렇게 답이 없는 상황에서 벗어나려 하지 않는지 이해되지 않았던 것이 한 예다. 나는 내가 무언가를 놓치고 있다는 기분이 들었지만 그것이 무엇인지는 끝내 발견하지 못했다. 나쁜 남자에게 맞서는 방법을 알려주는 '영웅'이 되는 것에만 온 정신을 쏟았기 때문이다.

공감은 항상 시간의 흐름에 따라 진실을 드러낸다. 타인의 성격이나 진의에 대한 통찰은 찰나의 깨달음으로 찾아오는 일이 매우 드물고, 오랜 시간에 걸쳐 서서히 형성되어 신뢰할 만한 깨달음을 통해 얻는 경우가 대부분이다. 사람들의 기분 상태와 행동에서 나타나는 미묘한 변화에 주의를 기울이자. 상황에 들어맞지 않는 세부 사항이나 사실들을 경계하자. 그리고 모든 가능성에 마음을 열어두자. 시각이 넓어지면 마음과 생각도 함께 확장되면서 자신과 타인을 돌볼 때 필요한 인내와 유연성, 지혜를 당신에게 선물할 것이다.

5단계: 초대받지 않은 친밀함에 주의해라

낯선 이가 당신에게 사적인 질문을 하거나 자신의 개인적인 정보를 드러낸다면 조심해야 한다. 친밀함은 항상 정식 초대장을 받고 등장해야 하는데, 이는 당신이 미리 계획을 세우고 충분히 준비가 됐다고 느낄 때에만 할 수 있는 경험이다. 친밀함은 갑자기 생겨나는 것이 아니다. 누군가가 당신과 잠시 대화한 것만으로 친밀감을 만들어내려 한다면 그 사람은 관계 외의 다른 무언가를 염두에 두고 있는 것이다.

물론 몇 가지 예외도 있다. 어떤 낯선 사람이 어머니의 장례식에 나타나 물어보지도 않고 나를 따뜻하게 안아준다. "나는 네 어머니의 어린 시절 친구란다." 낯선 사람은 다정하고 진심 어린 목소리로 말한다. "널 오래전부터 알아온 것 같은 기분이 드는구나." 이런 경우 당신은 낯선 사람이 자신에게 진심 어린 관심과 배려를 표현하고 있다고 꽤 확신할 수 있을 것이다. 하지만 그와 반대로, 서로 알게 된 지 10분 만에 당신에게 어깨동무를 하는 영업사원은 자신의 이득을 위해 당신에게 친한 척을 하고 있는 것이 거의 틀림없다. 당신이 그 자동차나 명품 옷을 구입한 후에(아니면 사지 않기로 결정한 후에) 그들은 과연 당신을 기억할까? 또 여전히 당신의 친구가 되길 원할까?

우리는 장기적인 관점에서 생각할 줄 알아야 한다. 또한 낯선 이가 지나친 호의를 베풀고 야단스럽게 고마움을 표하거나 '공짜' 선물을 주려

하는 것도 경계해야 한다. 투자를 한 사람은 그에 따른 수익을 기대하기 마련이다.

폭력 전문가 개빈 드 베커는《생애 최고의 선물을 보호하는 법(Protecting the Gift)》에서, 시카고발 로스앤젤레스행 비행기를 탔다가 자신이 목격한 한 사건에 대해 이야기한다. 그의 옆자리에는 10대 소녀가 혼자 앉아 있었는데, 통로 대각선 쪽에 앉아 있는 한 남자가 몰래 이 소녀를 훔쳐보고 있었다. 남자는 적당한 순간을 기다렸다가 건너편으로 와서 손을 내밀고 자신을 빌리라고 소개했다. 이 매력적인 소녀는 조심스럽게 그와 악수를 한 뒤 자신의 이름을 알려줬고, 그들은 곧 대화를 시작한다. 남성은 그녀가 로스앤젤레스에 있는 친구를 만나러 가는 길이라는 사실을 알아냈다. 친구들은 그녀가 더 늦은 항공편으로 오는 줄로 알고 있었기 때문에, 그녀는 공항에서 어떻게 친구의 집에 찾아가야 할지 모르겠다고 말했다. 남자는 스카치위스키를 주문한 다음 소녀에게 맛을 보라고 권했고, 그녀가 거절했음에도 마실 때까지 계속해서 권유하는가 하면 그녀의 눈이 아름답다고도 이야기했다.

남자가 일어나 화장실에 가자 드 베커는 그녀에게 잠시 이야기를 나눠도 되겠냐고 정중히 물었다. 그녀는 조금 망설이다가 고개를 끄덕였다. "저 남자분은 공항에서 당신을 태워다준다고 말할 겁니다. 하지만 그분은 좋은 사람이 아니에요." 드 베커가 말했다. 아니나 다를까, 드 베커는 수화물 찾는 곳에서 남자가 그녀에게 다가가 차를 태워주겠노라고 제안하는 장면을 목격한다. 그녀가 정중하지만 확실하게 거절을 표하자, 남자는 분노의 몸짓을 하고 씩씩거리며 자리를 떴다.

친밀함의 가능성은 종종 관계의 초기 단계에 감지되기도 한다. 당신은 아주 오래전부터 알았던 것처럼 금방 마음을 편안하게 해주는 이들을 만난 적이 있을 것이다. 하지만 진정한 공감을 토대로 형성되는, 우리가 신뢰할 수 있는 친밀함은 오랜 시간에 걸쳐 만들어진다. 짧은 혹은 긴 진심 어린 대화를 나눈 후에, 아니면 성공적인 첫 데이트를 한 다음에 상대가 아무리 가깝게 느껴지더라도 절대 서두르면 안 된다. 재촉받고 있다고 느껴진다면 경계선을 확실히 긋고 당신이 무엇을 기대하는지 분명하고 명확하게 알려주자. 상대가 당신의 경계선을 존중하지 않으려 하고 마음을 불편하게 만드는 행동을 강요한다면 "싫어요"라고 말해라. 당신의 타고난 직감을 신뢰하고, 결정을 내렸다면 망설이지 마라. 아무리 좋아 보이는 사람일지라도 그가 당신을 속이게 내버려두어선 안 된다. 그런 이들이 화와 짜증을 내며 당신에게서 멀어지더라도 상대의 감정을 상하게 했다거나 잠재적인 우정 관계를 망쳐버렸다며 죄책감과 수치심을 느낄 필요는 없다. 오히려 공감을 사용하여 당신 자신을 보호했다는 사실에 자부심을 갖자.

6단계: 냉정과 열정의 극단을 조심해라

39세의 레스토랑 경영자 스탠은 연인의 '악명 높은' 신경질에 대해 내게 이야기하고 있었다. 스탠이 레스토랑 매니저(공교롭게도 젊고 매력적인 여성이었다)와 30분간 통화를 하자 애인은 극도로 질투를 했으며, 사업 관련 논의를 했던 거라고 설명하려던 그를 손바닥으로 때렸다는 것이다. 그날 저녁 늦게 그녀는 자신의 행동을 뉘우치며 스탠에게 사과했다.

"그녀는 정말 다정하다가도 어느 순간 그렇게 이성을 잃곤 해요." 그가 손마디를 딱딱 꺾으며 말했다. "전 때때로, 아니 거의 항상 갈피를 못 잡겠어요. 제가 어떻게 해야 할까요?"

"당신의 이야기를 주의 깊게 듣고 있었지만, 어떤 계기로 여자친구에게 그렇게 애정을 갖게 되었는진 잘 모르겠네요. 당신은 그녀가 신경질을 잘 부리고 언제 갑자기 화를 낼지도 전혀 알 수 없다고 했어요. 아마 그분은 친구와 가족을 포함한 많은 사람들과 소원해졌을 것 같네요. 또 당신은 그녀에 대해 '소중한 사람이긴 하지만 사랑하는 것 같지는 않다'는 말도 했었죠. 그런데도 당신은 그녀와 결혼을 하려 하고 있어요."

이 현실적인 평가는 기나긴 대화의 문을 열어줬다. 스탠은 자신이 여성들과 가진 경험이 그다지 없으며 나머지 인생을 혼자 사는 것이 두렵다고 했다. 또 지금 연인과의 관계가 결혼을 하고 아버지가 될 수 있는 최고이자 최후의 희망이라 믿는다고도 털어놓았다. 공감에 의지하여 속마음을 전부 솔직하게 이야기한 뒤 그는 전체적인 그림을 볼 수 있게 되었다. 상담이 끝나갈 무렵 스탠은 지금부터 조금 속도를 늦추고, 이 관계에 대해 마음이 더 편해질 때까지는 미래에 대한 계획을 세우는 걸 보류하겠다고 말했다.

일반적으로 공감은 지나치게 뜨겁거나 차가운 환경에서 잘 버티지 못하고, 냉정한 자기반성이 과열된 감정을 다스리는 균형적인 온도를 필요로 한다. 당신이 아끼는 누군가가 뜨거움과 차가움의 극단을 오가고 있다면 당신의 감정 역시 그들의 기분에 따라 급격히 변동할 것이고 균형을 찾는 것도 매우 어려워질 것이다. 그러나 공감을 주고받는 데 있어 균형은 필수적이다. 정서적 기후를 예측할 수 없다면 언제 상황이 급변할지 알지 못하는 상태에서 끊임없이 안절부절해야 하고, 긴장과 염려가 고조됨에 따라 머릿속은 복잡해지며, 이성적이고 합리적으로 반응하기란 점점 더 어렵게 느껴질 것이기 때문이다.

상대와 자꾸 엇갈리는 기분이 들면서 무슨 말과 행동을 해야 할지 판단이 서지 않거나, 그 사람으로부터 정열적인 애정 표현을 들었다가도 연락이 두절되고 방치되는 일이 반복된다면 무언가 단단히 잘못된 것이 틀림없다. 극단적인 태도는 우리를 혼란스럽고 무력하게 만든다. 그것들은 우리에게 에너지를 공급하기보다는 빼앗아가며 필연적으로 공감의 힘을 격감시킨다.

갈등의 상황에서 어떤 반응들은 해가 되지만, 또 어떤 것들은 관계의 안정화에 도움이 되기도 한다. 남성과 여성이 친밀한 관계에서 공감을 사용하는(또는 사용하지 않는) 방식을 연구하는 심리학자들은 커플들이 언쟁에 휘말렸을 때 발생할 수 있는 행동 범주를 네 가지로 분류했다. 심리학자 빅터 비소네트(Victor Bissonnette)와 케릴 러스벌트(Caryl Rusbult), 셸리 킬패트릭(Shelley Kilpatrick)은 〈공감 정확도와 결혼생활 갈등의 해결(Empathic Accuracy and Marital Conflict Resolution)〉이라는 학술 논문에서 이를 소개했다. '퇴장'과 '무시'는 궁극적으로 관계에 해가 되며, '발언'과 '충성'은 관계를 안정적이고 튼튼하게 유지하는 데 도움이 될 것이다.

퇴장(Exit) 행동은 관계를 끊겠다고 협박하거나 분노와 불만 속에 자리를 떠나는 것, 가학적(소리 지르거나 때리기)으로 반응하는 것 등을 포함하는 것으로 '뜨거운' 극단이라 할 수 있다. 무시(Neglect)는 소극적인 파괴 행동('차가운' 극단)으로, 여기엔 현재 상황에 대해 말하기를 거부하거나 잘 듣지 않으면서 건성으로 고개만 끄덕이곤 더 이상의 소통을 피하는 것, 반복적으로 논쟁을 회피하거나 관련 없는 문제로 상대를 비판하는 것 등이 포함된다. 연구자들은 '갈등 상황에서 퇴장이나 무시 행동을 하지 않는 것이 장기적 커플 기능에 매우 중요하다'라 결론지었다.

발언(Voice)과 충성(Loyalty)이라는 건설적 반응 속에는 '서늘한' 중간 지대가 있다. '발언'은 친구, 가족, 의사 들로부터 조언을 구하는 등의 상황 시, 결론을 얻기 위해 대화를 하려는 적극적인 시도와 기꺼이 문제의 해결책을 찾으려는 노력을 지칭한다. 좀 더 소극적인 건설적 반응인 '충성'에는 상황이 호전되기를 기다리거나 갈등 속에서도 낙관적인 태도를 유지하는 것, 누군가 내 상대를 비판할 때 그를 감싸주는 것 등이 포함된다.

공감은 건설적인 행동에 무게중심을 싣는다. 상대의 생각과 감정을 정확히 추측하는 것이 가능하다면 파괴적 행동을 하려는 자신의 충동 역시 보다 수월히 억제할 수 있을 것이다. 서로를 깎아내리고 상처 입히기보다는 상대를 더욱 이해하려고 함께 노력한다는 의미다. 공감은 우리로 하여금 이기심을 내려놓게 한다. 그러나 관계가 안정적이고 건강하게 유지되려면 공감이 양방향으로 흘러갈 수 있어야 한다. 한쪽에서 상대의 생각과 감정을 정확히 헤아릴 수 있다 해도 다른 한쪽이 그렇게 하지 못한다면 그 관계는 균형을 잃고 불안정해질 것이기 때문이다.

공감의 어두운 단면은 아주 가깝고 애정 넘치는 관계에도 존재할 수 있다. 그럴 때 우리는 시간과 연습, 그리고 무엇보다 공감을 통해 이 관계가 더욱 균형적이고 상호공감적인 형태로 발전할 수 있는지의 여부를 판단할 수 있다. 그렇게 발전하지 못한다면 상대에게 맞추려는 당신의 노력은 금방 깨질 평화를 유지하기 위한 임시방편에 불과해진다. '대가를 치르고 얻은 평화는 전쟁이나 마찬가지다'라는 속담은 갈등 상황에도 적용된다. 득보다 실이 많은 관계를 유지하기 위해 모든 에너지를 쏟아붓고 있다면, 당신은 공감의 어두운 면에 항복하여 스스로의 자존감과 안정감을 위태롭게 만들고 있는 것이다.

7단계: 남 탓하는 사람을 피해라

공감의 어두운 면으로부터 자신을 보호하기 위해 우리가 할 수 있는 가장 중요한 조치 중 하나는 남 탓만 하려는 사람들을 식별해내는 것이다. 기꺼이 책임감 있게 행동하려는 의지와 그럴 수 있는 능력은 공감의 필수 요소이며, 누군가가 그러한 자질을 갖췄는지 평가하고 싶다면 그의 책임 전가 행동을 살펴보면 된다. 다음은 그런 행동의 전형적인 예들이다.

- 내가 할 수 있는 건 아무것도 없었어. 전부 ○○의 잘못이야.
- 그 사람이 무슨 일(말)을 했는지 넌 상상도 못 할 거야.
- 아무도 날 인정해주지 않아.
- 그 사람들은 언제나 제멋대로야.
- 나는 최선을 다했지만 나머지 팀원들이 게으름을 피웠어.
- 여기서 열심히 일하는 사람은 왜 나밖에 없지?
- 이 세상은 왜 이렇게 잘못된 거야?

책임 전가의 발달적 기원을 이해하는 것은 중요하다. 어린아이들은 발달 초기에 자기 자신을 고유한 자아의식을 지닌 독립적 인간으로 인식하지 못하고 부모나 양육자의 확장으로 여긴다. 그렇기에 장애물을 만나거나 논쟁에 휘말릴 때면 문제가 발생한 원인을 보호자의 책임으로 돌리곤 한다.

딸 앨레이나가 두 살이었을 때의 일이다. 내가 서재에서 계단으로 내려와 거실로 향하는 순간, 아이가 거실 탁자에 부딪히고 말았다. 그때 앨레이나는 아파하면서 이렇게 소리쳤다. "아빠, 왜 그랬어요?"

아직 분리된 자아감각이 발달되지 않은 앨레이나의 머릿속에서는 자신에게 일어난 모든 일이 나와 아내의 책임이었다. 나는 아이를 달래고 위로해주면서 딸이 일시적 트라우마를 극복할 수 있도록 도왔다. 나는 스스로를 다치게 한 책임이 본인에게 있다는 사실을 인정해야 한다고 아이를 가르치려 들지 않았다. 이런 개념을 이해하기엔 아직 어리다고 생각했기 때문이다. 대신 공감을 가지고 딸이 이해할 수 있는 수준에서 그 아이의 생각과 감정에 반응했다.

아이들은 자라면서 자신을 사랑해주는 어른들과의 공감 어린 소통을 통해 실패를 견디고 그에 대처하는 법을 터득하며, 설령 자신이 실수를 하더라도 용납되고 사랑받을 것임을 조금씩 알아간다. 자신의 업적이나 실패에 대한 책임을 받아들일 줄 아는 능력이 신장되면서 아이들의 자아감각 또한 확장된다. 그러나 자신의 생각과 감정을 이해받지 못하는 아이들은 자기의 자존감을 훼손시키지 않기 위해 계속해서 다른 이에게 책임을 전가할 것이다.

남에게 책임을 전가하는 '성인'들의 사례가 궁금하다면 〈제리 스프링거 쇼(Jerry Springer Show)〉로 채널을 돌려보자. 남자들은 여자들이 바람을 폈다며 그들을 탓하고, 여자들은 남편이나 연인이 자신의 절친과 잠자리를 했다며 그들을 탓하거나 친구를 비난한다. 어떤 어머니는 가정을 망쳤다며 딸을 탓하고, 옆집 이웃끼리는 집값이 떨어졌다며 서로를 비난하기도 한다.

여기서는 다들 남에게만 책임을 돌리려 한다. 이 프로그램 어디에서도 공감을 찾을 순 없을 것이다. 서로 공격하는 사람들을 보며 대리만족을 얻는 방청객에게서도, 출연자들의 터무니없는 행동에 결국은 고개를 가로젓는 진행자에게서도, 자신의 사적 문제가 타인의 오락거리로 이용되든 말든 방청객 앞에서 거리낌 없이 얘기하는 출연자들에게서도 말이다. 나는 이런 TV 토크쇼들의 주 목적이 혹시 시청자들로 하여금 책임감을 훌훌 털어버리게 하는 것은 아닌지 궁금하다. 우리 역시 때로는 잔인하고 심술궂게 행동하기도 하지만, 이런 쇼에 출연하는 이들과 견줄 만큼 지독한 일에 휘말리는 경우는 흔치 않기 때문이다. 본인의 사정을 속속들이 털어놓는 출연자들을 보면서 우리는 책임감에서 벗어나볼 기회를 얻는다. 가장 친한 친구를 속이거나, 남편에게 소리를 지르거나, 심지어는 부모에게 신체적 공격을 가하는 등 아무렇게나 원하는 대로 간접경험을 해보는 것이다. 그렇게 해도 다른 누군가에게 책임을 돌리면 그만이니 말이다.

나는 어떤 문지기의 이야기를 참 좋아한다(〈제리 스프링거 쇼〉에 대해 몇 분간 글을 쓰며 느꼈던 불편한 감정이 이 이야기 덕분에 바로 진정되는 것 같다). 문지기는 마을의 성문을 지키며 새로운 방문객들에게 인사를 던지곤 했다. 어느 날 한 아버지가 수레에 짐을 잔뜩 싣고 가족과 함께 문 앞으로 와서 물었다. "여긴 어떤 사람들이 삽니까?"

"당신이 살던 마을에는 어떤 사람들이 있었죠?" 문지기가 물었다.

"그들은 하나같이 도둑들이었어요. 탐욕스럽고 이기적이며 남을 배려하지 않고 냉정했죠……."

"여기 사는 사람들도 비슷합니다." 문지기가 대답했다.

또 다른 수레가 도착했고, 이번에도 어떤 아버지가 물었다. "선생님, 여기에는 어떤 사람들이 사나요?"

"당신이 살던 마을에는 어떤 사람들이 있었죠?" 문지기가 똑같이 되물었다.

"친절하고 배려와 정이 많은 사람들이 있었습니다." 남자가 대답하자 문지기가 말했다.

"여기 사는 사람들도 비슷합니다."

삶에서 우리는 심은 대로 거둔다. 자기 문제로 늘 모든 사람을 탓하는 이라면 그 역시 그에게 탓을 돌리려는 이들을 많이 만날 것이다. 타인에게 책임을 전가하는 사람들의 주변에는 비슷한 부류의 이들이 모여든다. 그러나 그들이 필요로 하는 것은 자신들이 불만과 비난의 씨앗을 심어줄 수 있는, 즉 죄책감을 느낄 줄 아는 영혼들이다. 죄책감이란 비옥한 토양이 없다면 책임 전가의 씨앗은 뿔뿔이 흩어지고 말 것이다. 그러니 남을 탓하는 사람들을 피하려면 자신이 어떤 수준의 죄책감을 느끼고 있는지 잘 알아둬야 한다. 어떤 사람들과 함께할 때마다 늘 죄책감을 느낀다면 그들의 책임 전가 행동을 주의 깊게 평가해보자. 그들은 자신의 문제에 대해 남을 탓하는가? 아니면 자신의 행동을 기꺼이 책임질 의향이 있는가? 그 사람은 자신에게 일어나는 모든 안 좋은 일이 남들의 잘못 때문이라 이야기하는가?

자기 문제에 대한 책임을 일관적으로 남에게 전가시키는 행위는 유연성의 결여 및 명백한 공감의 부족을 암시한다(심리학자들은 책임 전가에 능한 사람일수록 인격장애를 앓을 가능성이 높다고 믿는다). 책임 전가와 공감은 정반대의 행동이다. 책임 전가는 거짓이 바탕이지만 공감은 늘 진실을 기반으로 하기 때문이다. 또한 남을 탓하는 행위는 책임을 타인에게 떠넘기는 것이 목적인 반면 공감은 자신의 생각, 감정, 행동에 대해 기꺼이 책임지려는 자세를 요구한다.

8단계: 자기중심적 재해석을 경계해라

우리의 감정은 확실히 전염적이다. 자기중심적인 필요를 위해 타인의 정서를 자극할 줄 아는 사람들은 우리의 생각과 감정을 들끓게 해서 파괴적인 산불로 번지게 만들 수도 있다. 최근 나는 〈시카고 트리뷴(Chicago Tribune)〉에서 '혐오 록(Hate Rock)'이라는 제목의 글을 읽었다. 글은 빠르게 성장하고 있는 백인우월주의자(스킨헤드족)들의 음악계를 소개하고, 그들이 인종차별 및 살인에 관한 선동 메시지를 퍼뜨리기 위해 어떻게 악의적 가사를 사용하는지 설명하고 있었다. 글에 따르면 이런 노래들은 랩 같은 가사를 반복하며 젊은이들을 서서히 이 운동에 '모집'한다. '지금껏 진정한 홀로코스트는 없었으나 이제 곧 등장할 것이다 / 오븐에 불

을 붙여라! / 오븐에 불을 붙여라!'

인종차별주의적 성향이 있든 없든 가리지 않고 수천수백만 명의 젊은 이들에게 이렇게 혐오로 가득한 메시지가 전파되면서 공감의 어두운 면은 활동을 개시한다. 이 비트에 맞춰 춤을 추면서 사람들의 감정은 더욱 격양되고 머리는 무감각해질 것이다. 그렇다면 사람들이 실제로 이런 활동에 선동될 수 있을까? 최근 나는 인터넷상의 '혐오 사이트' 수가 지난 5개월간 1400개에서 2000개로 증가했다는 글을 읽었다. 혐오는 바이러스와 같아서 전염성이 있고 인터넷, 인쇄물, 라디오, TV 같은 매체를 통해 전파됨은 물론 야외 집회나 정치 시위 현장 같은 곳에서 침탈과 억압을 받은 사람들의 마음을 손쉽게 사로잡기도 한다.

공감의 어두운 단면은 우리의 삶 속에도 미묘하게 스며들어 있다. 가령 여성인 당신이 3퍼센트의 연봉 인상을 통보받고 크게 실망한 상황을 가정해보자. 퇴근 후 한 동료가 급여가 얼마 오르지 않아 속상하다며 함께 술을 마시자고 권한다.

"존(상사)이 남자들을 편애하는 것 같지 않아요?" 술이 어느 정도 들어간 후 동료가 묻는다.

"잘 모르겠어요." 당신은 이렇게 이야기하고 덧붙인다. "하지만 인상률이 만족스럽지 못한 건 사실이에요."

"존이 당신을 대하는 모습을 봤어요. 그는 전혀 당신을 존중하지 않더군요. 그건 우리 회사에 있는 다른 여성들에게도 마찬가지죠. 난 우리 같은 불만을 가진 여사원들을 더 알고 있어요. 함께 힘을 합해서 민원을 제기해보지 않을래요?"

혼란스러운 순간이다. 연봉 인상률 때문에 실망한 것은 사실이지만, 당신은 입사 2년차일 뿐이고 아직 배워야 할 것이 많다고 생각하기 때문이다. 하지만 동료의 말이 사실인지 궁금하기도 하다. 그렇게 많은 여사원들이 직장에서 불만을 품고 있다면 상사가 정말 성차별을 하고 있는 건지도 모른다. 그녀를 따라서 상사에 대한 민원을 제기해야 할까? 아니면 이듬해엔 연봉이 더 많이 오르길 희망하며 계속 일을 해야 할까?

공감은 당신으로 하여금 생각과 감정을 명확히 정리하게 한다. 이튿날 당신은 머리를 식히고 자신의 상황을 돌아본 다음, 지금 느끼는 주된 감정은 분노가 아닌 실망이라는 결론을 내린다. 연봉이 더 많이 오르길 바란 건 맞지만, 동료와 달리 당신은 상사로부터 차별받는다고 생각할 이유가 없다고 판단했다. 의혹을 없애기 위해 당신은 상사와 미팅을 잡고, 인상률이 어떤 방식으로 결정되는지 설명해줄 수 있냐고 묻는다. 상사는 숨김없이 솔직하게 답을 해준다. 알고 보니 입사 3년 미만의 직원들의 연봉은 일괄적으로 3퍼센트만 인상된 상황이었다. 상사는 당신의 업무에 만족하며 함께 일하는 것이 즐겁고, 앞으로 더 중요한 일을 맡길 예정이라고도 말했다. 이제 당신은 상사가 자신의 말을 지킬지 지켜봐야겠다 다짐하고 미래를 더욱 낙관적으로 느끼면서 사무실을 나선다.

누군가 자신의 필요를 채우기 위해 당신의 감정을 자극하려 한다면 그 관계의 표면 아래에는 공감의 어두운 면이 들끓고 있을 것이다. 또 하나의 예가 있다. 결혼생활의 갈등으로 우울증을 앓는 33세 여성이 어느 여의사에게 심리치료를 신청했다. 이혼 후 혼자 지내고 있던 35세의 의사는 곧바로 환자에게 동질감을 느꼈고, 몇 주의 상담 기간 동안 남편과 헤어지라고 은근히 환자를 부추겼다. 또 다시 몇 주가 지나자 의사의 태도는 더욱 강압적으로 변한다. 그녀는 자신의 경험과 남자에 관한 일반적 이론(환자의 고유한 상황에 관한 공감적 통찰이 아닌)을 토대로, 환자가 행복을 찾을 수 있는 유일한 길은 남편을 떠나 혼자 사는 것이라고 설득한다. 환자는 그 조언을 뿌리치고 몇 달 뒤 치료를 중단했다.

이와 비슷한 상황에 닥쳤을 때 기억해야 할 것이 있다. 사람들은 저마다의 힘든 경험을 토대로 자기만의 해결책을 가르치려 할 수도 있다는 사실이 그것이다. 의사나 교사, 회사의 대표거나 심지어 대통령이라 해서 그 사람을 전적으로 신뢰할 수 있는 것은 아니다. 타인을 신뢰한다는 것은 훌륭한 가치지만 노력을 통해 획득되어야만 하며, 신뢰는 종종 악용되기도 한다. 어떤 이유에서든 누군가와의 관계가 불편하게 느껴진다면 자신의 직감을 믿고, 주의 깊게 경청하며, 평가 기술을 활용하자. 상대가 숨겨진 용건을 억지로 밀어붙이려 하는 것은 아닌지 확인하기 위해 말이다.

나는 매주 알코올 및 마약중독자들을 위한 외래 치료 프로그램으로 그룹 심리치료를 진행한다. 하루는 상담을 진행하던 중 한 환자가 갑자기 흐느끼며 울기 시작했다. 바로 며칠 전 자살을 시도했다가 새로 입원한 환자였다. 그녀는 자신이 자살 시도를 하기 전 결혼생활에서의 문제로 집중적인 심리치료를 받고 몇 달간 회복 중에 있었다고 그룹원들에게 말했다. 또한 남편의 과도한 음주와 주기적인 화풀이로 인해 알코올에 의존하곤 했지만, 자신은 여전히 남편을 사랑하고 그가 없는 삶은 상상할 수 없었다고도 이야기했다.

과거에 상담을 받으면서 그녀는 자신이 어떤 길을 택해야 할지 갈피를 잡지 못하고 있다고, 그러니 남편을 떠나야 하는 건지 단도직입적으로 말해달라고 의사에게 부탁했다. 의사는 그 관계가 환자에게 위험할 뿐만 아니라 결국엔 실패할 수밖에 없다고 믿었고, 그래서 그녀에게 짐을 싸서 집을 떠나라고 조언하며 이렇게 말했다. "나는 당신이 남편을 사랑한다고 생각하지 않아요. 그리고 장기적 관점에선 혼자 있는 것이 당신에게 더 이로울 것 같습니다."

상담이 끝나고 몇 시간 만에 그녀는 자살을 시도했다고 한다. 며칠 후 나와 만났을 때 그녀는 혼란스럽고 아주 겁에 질린 모습이었다. "제가 무엇을 해야 할지 알려주시겠어요?" 그녀가 물었다. 많은 질문과 답을 통해 우리는 그녀의 결혼생활이 얼마나 엉망진창이고 때로는 무질서하기까지 했는지 알 수 있었다. 하지만 남편에 대해 말하는 모습을 보고 있노라면 그녀가 남편을 사랑하며 관계를 포기할 준비가 되어 있지 않다는 사실을 분명히 알 수 있었다. 그녀는 자신이 존경하고 의지했던 의사가 남편과 헤어져야 한다고 말한 순간 자신이 어떤 길을 택하든 불행해질 운명이라는 생각이 들었다고 했다. 그녀는 궁지에 몰려 절망에 빠졌으며, 탈출할 수 있는 유일한 길은 스스로 목숨을 끊는 것이라 믿었다.

그녀는 내게 자신이 남편을 사랑하고 있으며 그와의 관계엔 아직 희망이 있음을 믿는다고도 이야기했다. 지금은 남편 곁에 머무르고 싶다는 것이 그녀의 결론이었다. "언젠가는 남편을 떠날지도 몰라요. 하지만 지금은 그이가 살아남았으면 좋겠어요." 그녀가 이야기했다.

이런 일화들에서 우리는 공감의 어두운 면이 항상 악을 위해서만 사용되는 것은 아님을 알 수 있다. 당신을 진정으로 위하고 잘되길 바라는 사람들조차도 미묘하지만 해로운 방식으로 당신을 조종해서, 당신의 생각과 감정에 대한 자신의 해석을 당신이 받아들이게끔 유도할 수 있다. 당신이 아끼는 사람이 자신의 목적을 위해 당신을 이용하는 것 같다고 느껴진다면, 당신 자신보다 당신을 더 잘 아는 사람은 없다는 사실을 기억해내야 한다. 유익하고 참된 답은 오직 각고의 노력과 인내, 훈련, 공감의 개입을 통해서만 찾을 수 있다.

공감은 시간을 필요로 하며 억지로 재촉할 수 없다. 내가 치료 중인 환자에게 문제에 대한 궁극적 해결책은 나에게만 있다고 설득하며 통제권을 얻으려 하는 것은 신이 되려는 시도다. 사람들에게 '내' 답을 강요할 권리는 없다. 나는 그저 그들이 '자신'의 답에 더 가까워지는 데 도움이 될 만한 솔직하고 현실적인 평가를 제공할 수 있을 뿐이다. 그럴 때에도 나는 내 해석이 또 하나의 가능성일 뿐이며, 새로운 통찰을 얻기 위해 탐구할 또 다른 길이 될 수 있다는 점이 잘 전달되도록 주의를 기울인다. 내 역할은 환자들 옆에서 함께 걷는 것이지 그들이 마땅히 가야 한다고 생각하는 길로 그들을 인도하거나, 더 나쁘게는 그들의 뒤를 따라다니며 실수나 사고가 일어날 때마다 다 안다는 듯 고개나 끄덕이고 혹 잘못된 방향을 제시할까 두려워 설명이나 충고하길 거부하는 것이 아니다. 다시 한 번 공감은 중간 지대에서 균형을 찾는다. 문제를 함께 해결하기 위해 애쓰고, 판에 박힌 이론으로 현실을 축소시키는 것이 아니라 그 상황에 담긴 고유한 사실을 찾아내려고 노력하는 것이다.

나는 집에서 공감적인 방식으로 10대의 두 딸을 양육할 수 있도록 최선을 다하고, 항상 성공하는 것은 아니지만 언제나 노력 중이다. 내 역할은 아이들을 위한 최선이 무엇인지 알 것 같은 때조차도 딸들이 자신의 선택지를 직접 검토하고 스스로 결론을 내릴 수 있도록 돕는 것이라 믿는다. 아이들의 결정이 내 생각과 일치하지 않을 수도 있지만, 건강과 안전에 위협이 되는 것이 아닌 이상 나는 그들의 고유한 방식을 존중하려고 한다.

내 딸 에리카는 중학교 때 학교 대표 육상선수로 활동했고, 고등학교 때는 육상팀 주장을 맡기도 했다. 그러나 그렇게 늘 달리기를 좋아했음에도 고등학교 2학년 봄에는 부상과 질병으로 팀에서 나와야만 했다. 어느 늦은 밤 딸은 내 서재로 와 자신이 3학년에 올라간 뒤에도 계속 달리기를 해야 할지 고민이라고 이야기했다. "전 너무 잘 다치는 것 같아요. 특히 장거리 경주에서는 더 그래요. 이젠 제 몸을 쉬게 해줘야 하는 걸까요?" 딸이 말했다. "달리기를 하면 즐겁고 건강에도 좋아요. 하지만 경쟁 스트레스에 지치는 것도 사실이에요." 에리카는 오랫동안 이야기를 했다. 나는 얘기를 들어주기도 하고 질문도 하면서 아이가 서로 충돌하고 있는 자신의 생각과 감정을 잘 살펴볼 수 있게 도우려고 노력했다. 마지막에 딸은 이듬해엔 경주에 참가하지 않겠다고 결정했고, 나 역시 그것이 옳은 결정이라는 사실에 동의했다.

그 대화는 손쉽게 다른 방향으로 흘러갔을 수도 있다. 운동 경기를 좋아하기도 했고 딸에게 재능이 있다고 굳게 믿었으니 나는 에리카에게 집중적인 물리치료를 받아보라고 제안하고, 스트레스를 받을 때면 언제든 상담을 해줄 것이며, 코치에게 찾아가 딸을 잘 돌봐달라고 요청해주겠다고 제안하면서 에리카의 결정에 영향을 주려는 시도를 했을 수도 있었다는 뜻이다. 하지만 그렇게 하는 대신 나는 딸의 이야기를 들어줬고, 아이는 자신에게 맞는 방식이 무엇인지를 내게 보여줬다. 나는 딸의 자아성찰 과정과 그로써 얻은 최종 결정을 존중해줬다.

공감은 언제나 모든 사람의 고유성을 존중하며 그들의 문제와 사안에 맞는 개별적 답을 찾으려 한다. 표준 이론에 딱 들어맞는 이는 세상에 아무도 없으며, 사람들에게 깔끔하게 꼬리표를 붙이고 그들을 잘 분류해서 도장을 찍거나 선반에 쌓아둘 수도 없다. 또한 우리가 아무리 많은 지혜와 경험을 축적했다 할지라도 남이 가야 할 길을 대신 선택해줄 수는 없는 일이다. 그렇다고 솔직한 피드백을 제공하는 책임을 회피하라는 의미는 아니다. 다만 어떤 설명이나 견해를 전달할 때에는, 진실을 이해하려는 노력이 지속되는 한 언제나 재해석과 의미 확장의 가능성을 염두에 두어야 한다는 점을 기억하자는 뜻이다.

9단계: 일관성 없는 행동을 경계해라

내 성격은 물론 타인의 성격을 파악할 수 있는 한 가지 좋은 방법은 일관성을 보는 것이다. 영화 〈웨딩 싱어(The Wedding Singer)〉의 멋진 한 장면에서 드루 베리모어는 슬픔에 빠진 애덤 샌들러에게 연인 관계에 문제가 생길 거라고 생각한 적이 있는지 묻는다. 샌들러는 잠시도 고민하지 않고 대답했다. "우린 예전에 그랜드 캐니언에 함께 갔어요. 난 처음이었고 린다는 몇 번 가본 곳이었죠. 그래서 비행기를 탈 때 그녀가 내게 창가 자리를 줄 줄 알았는데 그러지 않더군요. 엄청나게 대단한 일은 아니지만 이렇게 사소한 일들이 정말 많았던 것 같아요. 멍청한 소리 같죠?"

"전혀 그렇지 않아요. 정말 중요한 건 사소한 것들이라고 생각하니까요." 베리모어가 말했다.

일관성 없는 행동과 같이 '사소한 것들'은 관계를 망가뜨릴 수 있다. 누군가가 어느 때는 다정하다가도 순식간에 이기적으로 변하고, 친절하다가도 갑자기 배려 없이 행동하며, 생각이 깊다가도 이유 없이 비상식적으로 행동한다면, 그리고 그런 패턴들이 뚜렷하게 반복된다면 공감은 우리에게 조심하라고 경고를 보낸다. 사람들은 어떤 이유에서든 자신의 필요와 욕구에 정신이 팔려 있을 때 일관성을 잃곤 한다. 필요하다면 친절하고 배려 깊게 행동할 수도 있지만, 자신의 필요와 욕구에 부합하지 않을 때는 이기적이고 배려 없는 사람으로 돌변해버리는 것이다.

모든 사람들은 한 번씩 일관성을 잃기도 한다. 그러나 일관적이지 않은 행동의 패턴이 반복된다는 것은 공감이 부족하다는 점을 암시한다. 공감은 다른 사람의 생각과 감정을 이해하는 일에 기꺼이 시간과 에너지를 쏟으려는 태도에 의존한다. 그러나 일관성이 부족하다면 공감의 힘은 차츰 사라지고 말 것이다. 그렇기에 우리는 모든 관계 속에서 일관성에 각별히 주의해야 한다. 누군가를 막 알아가는 단계에 있다면, 특별히 얻을 것이 없어 보이는 상황에서 상대가 어떻게 행동하는지 주의 깊게 봐야 한다. 그가 웨이터, 버스나 택시 기사, 슈퍼마켓에서 함께 줄 서 있는 낯선 이들을 어떤 태도로 대하는지에 주목해라. 자신을 위해 봉사하는 이들에게 그는 상사를 대할 때와 같은 수준의 관심과 배려를 베풀고 있는가? 시어른들의 눈앞에선 그들에게 다정하고 예의 바르게 행동하지만 만남 이후 며칠 내내 그들을 흉보진 않는가? 세무감사원과 환경미화원에게 그는 똑같이 친근한 태도를 보이는가? 낯선 이와 전화로 이야기할 때 어떤 모습인가? 하루 종일 마주치는 모든 이들에게 세심하고 이해심 있는 태도를 일관적으로 보이는가, 아니면 자신에게 득이 된다고 생각하는 이에게만 그렇게 하는가?

심리치료에서는 갈등 상황이 발생했을 때 환자의 일관성 없는 행동이 잘 드러나곤 한다. 치료 첫 8주 동안 크리스토퍼는 품위 있고 유쾌할 뿐 아니라 사려도 깊은 사람이었다. 그러던 어느 날 그는 아무런 예고 없이 상담에 빠졌고, 내게 전화를 걸어 상황을 설명하지도 않았다. 그다음 주가 되자 그는 아무 일도 없었다는 듯 상담을 받으러 왔다. 내가 그에게 왜 연락하지 않았는지 묻자 그는 언짢아하며 방어적으로 말했다. "일이 좀 있었어요." 이렇게 말하며 그는 두 손을 들고선 더 이상 참견하지 말라는 듯 경고했다. 그는 이 주제에 관해 더 이야기하길 거부했다.

3주 후 크리스토퍼는 또 다시 상담을 건너뛰었고, 병원에서는 사전고지 없이 상담을 빠진 책임을 물어 그에게 청구서를 보냈다. 그 후로 일주일간 그는 매일 내게 전화를 걸어 소리를 지르며 병원을 고소하겠다고 협박했고, 내게 '상황을 바로잡으라'고 요구했다. 하지만 그가 심리치료를 시작하기 전에 병원의 취소 규정에 동의했었다는 사실을 내가 설명하자 그는 돌연 상담을 중단했다.

환자들은 가끔씩 내게 추가 상담을 요청하기도 하고, 나는 가능한 한 그 요청을 들어주려고 노력한다. 그러나 특히 명절처럼 너무 많은 사람들이 감정기복을 느끼는 기간에는 도무지 추가 상담을 배정할 짬이 나지 않는다. 이런 실망스러운 상황에 환자가 어떻게 반응하는지를 보면 그 사람의 성격에 대해 많은 것들을 알아낼 수 있다. 일례로 줄리는 항상 자신이 받기보다는 베푸는 사람이라고 자주 불평을 하던 환자였다. 그녀는 모든 사람들이 자신을 이용하려고만 할 뿐 시간을 내서 자기 얘기를 들어주진 않는다고 했으며, "내 인생은 형편없어요!"란 말을 입에 달고 살았다.

크리스마스 3주 전, 줄리는 자신이 우울감을 겪고 있어 추가 상담이 필요하다고 말했다. 스케줄을 확인해보니 빈 시간은 없었지만, 나는 여유가 생기면 전화를 주겠노라고 그녀에게 약속했다. 그런데 그녀는 매일 빠짐없이 병원에 전화를 걸어 취소된 상담이 있는지를 문의했다. 나 역시 매일 빠짐없이 그녀에게 전화를 다시 걸어 아직 취소 건은 없지만 그녀의 부탁을 잊지 않았고 비는 시간이 생기면 꼭 알려주겠다고 말했다. 이런 상황이 1주일간 지속되던 어느 날 밤, 나는 병원의 응급 상황 때문에 자정 무렵까지 집에 돌아가지 못했고 줄리에게도 미처 전화를 할 수 없었다. 이튿날 아침 나는 자동응답기에서 줄리의 메시지를 확인했다. "아무래도 선생님은 절 도울 생각이 없으신 것 같아요. 선생님껜 저보다 다른 사람들이 더 중요한가보네요. 이젠 다른 의사를 찾아봐야겠어요."

내 친구는 최근 시아버지에 관한 재밌는 이야기를 들려줬다. 친구와 남편이 시부모님과 함께 저녁을 먹으러 갔는데, 시아버지는 계속해서 혼자 대화를 주도하며 자신이 천주교로 개종한 일과 '더불어 사는 세상'에 관한 인생철학을 새롭게 얻었다는 이야기를 하고 있었다. "난 모든 사람이 저마다 가진 삶의 방식을 존중하고 싶단다." 시아버지는 차분하고 평화로운 목소리로 말했다. 그런데 그로부터 15분 뒤쯤, 귀에 피어싱을 한 젊은 남자가 그들이 앉은 테이블 옆을 지나갔다. 시아버지는 얼굴이 붉어지더니 주변 사람들이 모두 들을 수 있을 정도의 큰 소리로 사납게 이야기했다. "저 남자의 귓불에서 당장 귀걸이를 뜯어내고 싶군!"

여기서 내가 주목하는 모순의 속성은 사람들이 스스로 정의하고 설명하는 자신의 모습과 실생활에서 행동하는 방식의 불일치다. 말은 실천보다 훨씬 쉽기 마련이며, 일관성이 없다는 것은 자신의 말을 행동으로 잘 옮기지 못하고 있다는 확실한 증거다. 스트레스를 받을 때와 같이 특별한 상황에서는 우리도 일관성 없이 행동하는 경우가 있다. 그러나 이것이 어려운 시기와 평온한 시기를 막론하고 계속해서 예측 가능한 패턴으로 이어진다면, 지금은 공감이 부족한 상태이며 머지않아 어두운 면이 나타날 것이란 사실을 우리는 확실히 알 수 있다.

10단계: 공감은 친절과 동의어가 아님을 기억하자

조지는 알코올중독에서 회복 중에 있는 40대 중반의 남자였다. 그는 한 해 전 자신의 아버지가 알코올중독으로 돌아가신 이튿날 있었던 일에 관해 이야기했다.

"내게는 다섯 형제가 있어요. 우린 아버지를 위해 도체스터에 있는 바에서 아일랜드 전통 방식의 경야(經夜, 죽은 사람의 장례식을 치르기 전에 가족이나 친구들이 모여 밤을 새는 일_옮긴이)를 하기로 했죠. 모두들 주당이다 보니 제가 바에 들어가자마자 누군가가 '조지에게 위스키를 줘요!'라고 외치더군요. 그런데 형 리엄이 한 치의 망설임도 없이 소리쳤어요. '내 눈에

흙이 들어가도 절대 안 돼요!' 그래서 저는 아버지의 경야 내내 술집의 어두운 구석에서 혼자 씩씩대며 토라져 있었어요. 형이 피도 눈물도 없는 사람이라고 생각하면서요. 생각하면 할수록 화가 나길래 집에 돌아와 인사불성이 되도록 술을 마셨어요. 이해심 없는 형에게 복수하고 싶었거든요."

이 지점에서 조지는 턱에 손을 대고 볼 쪽으로 손가락을 뻗은 다음 이틀간 자라난 수염을 문질렀다. 그는 반짝이는 눈으로 나를 바라보며 겸연쩍은 미소를 지었다. "나머지 이야기는 아시죠? 나는 또 한 번 술에 빠져서 다시 치료를 받아야 했고, 알코올중독자 모임에 성실히 참여하면서 내가 안다고 생각했던 것들이 틀렸을 수도 있다는 사실을 깨우쳤어요. 그날은 형이 절 우습게 보고 창피를 주려 했다고 생각했지만, 지금은 형이 절 구하기 위해 그랬다는 걸 알아요. 형은 건설 일을 하고 고등학교도 나오지 않았어요. 거친 사람이죠. 물론 날 걱정하고 있다고 조금 다른 방식으로 말해줬더라면 분명 더 좋았을 거예요. 하지만 형이 어떤 사람인지 알고 그 입장에서 생각해보니, 형은 그저 자신이 마땅히 해야 한다고 느낀 그대로 행동했을 뿐이라는 걸 깨달았어요. 형으로서는 최선을 다했던 거죠."

때로는 공감의 어두운 면처럼 보였던 것들이 실제론 투박하지만 한결같은 손길이 되어 우리를 거친 풍파 속에서 통찰과 이해로 인도하기도 한다. 공감이 항상 우리가 듣고 싶어 하는 답만을 주는 것은 아니다. 사실 공감은 종종 우리의 자멸적 행동을 고치게 하려는 목적으로 스스로를 꼼꼼하고 날카롭게 돌아볼 것을 요청한다. 치료를 진행하면서 나는 환자들을 계속해서 괴롭히는 생각, 감정, 행동에 주의를 환기시켜야만 한다. 나는 늘 공감을 지침 삼아 그들의 이야기를 주의 깊게 듣고, 열린 결말의 질문을 하려고 노력한다. 또한 내 생각을 표현할 때는 환자가 그것에 대해 부담 없이 반대 의견이나 새로운 방향을 제시할 수 있게끔 각별히 주의하려 애쓴다. 그렇지만 공감의 인도를 받는 나의 주 관심사는 환자가 성장하고 자신이 원하는 모습을 이뤄가는 데 도움이 될 설명과 의견을 제공하는 것이다. 이렇게 현실적인 평가는 마치 삼키기 힘든 쓴 약과 같다. 때때로 환자들은 분노와 좌절감 속에서 나를 몰아세우기도 한다. 어떤 이들은 시무룩하게 입을 닫는가 하면 갑자기 치료를 중단하는 이들도 더러 있다.

심리치료를 중단하거나 화가 나서 며칠 혹은 몇 주씩 상담에 나오지 않는 환자들이 생기면 나는 죄책감을 느끼곤 했다. 치료를 계속하게 할 만한 의욕과 힘을 그들에게 불어넣기 위해 어떤 말이나 행동을 했어야 했을지 궁금해하며 말이다. 그러나 사실 환자들은 그들이 잘되길 바라는 내 마음은 물론, 어떤 방식으로든 스스로에게 해가 되는 일을 할 때 내가 자신들의 기분을 언짢게 하거나 상처 입히는 것이 두려워 개입하길 주저할 사람이 아니라는 것도 알고 있다. 그들은 자신을 변화시키는 일이 간단하고 쉬운 일이 아니며 헌신과 큰 노력을 필요로 한다는 것을 이해한다. 얼마간의 시간이 흐른 후 그들은 다시 나를 찾아와 이런 말들을 하곤 한다. "새롭게 불륜을 시작하려고 했는데 선생님이 망쳤어요." "정말이지 선생님 때문에 술을 많이 마실 수가 없다니까요." "내가 일 중독자라는 걸 선생님이 밝혀낸 이후로는 더 이상 가족과 오래 떨어져 시간을 보내는 나 자신을 합리화할 수 없어요." 공감이라는 저항불가한 변수는 사람들을 다시금 노력과 인생과 성장으로 이끈다.

공감의 힘은 진리를 향한 헌신에 있다. 진리가 오직 하나라는 뜻은 아니다. 모든 경험은 제각기 진리의 다양한 양상을 드러내기 때문이다. 진리와 의미를 추구하는 것은 어렵고 험난한 과정이지만 그 보상은 측정할 수 없을 정도로 높은 가치를 지닐 것이다. 우리 모두는 인생에서 목적과 의미를 추구한다. 그러나 다차원적 형태를 지닌 공감의 어두운 면에 유혹된다면, 우리는 이 여정을 억지로 중단하고 불균형과 혼란 속에서 방향을 찾지 못한 채 오랫동안 절망할지도 모른다. 신체적 손상은 공감의 위협 중 하나에 불과하다. 우리는 마음과 영혼에 더욱 자주 상처를 입을 것이고, 이런 상처는 종종 더욱 견디기 힘들어질 것이다.

공감은 우리의 모든 말과 행동에서 거짓을 피하게 함으로써 자신과 타인을 보호하는 방법을 가르친다. 어쩌면 그것은 헌신과 의지력, 끈기와 인내, 훈련을 요구하는 험난한 길이 될 수도 있다. 하지만 자신이 누구이고 어떤 사람이 되어야 하는지 이해하는 것, 그리고 자기 본연의 모습을 찾기 위해 노력하는 이들을 어떻게 도울 수 있을지 알아내는 것은 오직 공감의 힘을 통해서만 가능한 일이다.

공감의 힘을
키우는
여덟 가지
키워드

2부

세상 곳곳을 다니며 친절이나 무관심, 혹은 적대감으로 사람들을 대하는 것은 아주 거대한 거미줄을 흔드는 행위다. 내가 선의나 악의로 만진 삶은 또 다른 삶을 흔들고, 그 삶은 또 다른 이의 삶을 건드려 흔들 것이다. 어디서 멈추며 얼마나 멀리 전해질지 아무도 알 수 없을 때까지, 이 흔들림은 계속해서 번져나갈 것이다.

- 프레드릭 비크너(Frederick Buechner)

공감의 힘은
경험할수록 강해진다

우리의 인도자이자 수호자인 공감은 사람들을 친밀하고 오래가는 관계로 인도하고, 해치고 속이려는 이들로부터 보호하기도 한다. 1부에서는 공감의 생물학적 뿌리를 알아보고 자신과 타인, 이 세상을 이해하는 데 있어 공감이 어떤 필수적 역할을 하는지 살펴봤다. 공감은 실질적인 생존 기술로, 타인의 생각과 감정을 이해하게 해주는 선천적 능력이자 우리가 친밀한 우정을 쌓고 애정 어린 공동체를 만들어가게 하는 추진 동력이다. 사회적, 지성적, 도덕적 행동의 기본 요소인 공감은 인정을 베풀고 이타적 행동을 하도록 동기를 부여하며, 인간 존재 의미의 핵심으로 우리를 데려가준다.

나는 다년간의 경험을 통해 공감에 실제적 효과가 있다는 사실을 몸소 깨달았다. 공감을 실천함으로써 우리는 자아인식을 향상시키고 관계를 강화시킬 수 있으며, 처음에는 낯설고 정이 가지 않았던 사람들도 더욱 잘 이해할 수 있게 된다. 공감은 우리의 시각을 넓히고 마음을 활짝 열어 우리 삶에 헤아릴 수 없는 신비와 복잡성을 더해준다.

2부에서는 공감이 그 영향력을 발휘하는 모습을 탐구하고, 공감을 경험할 수 있게 하는 여덟 가지 행동 혹은 존재 방식을 소개하려 한다. 때로는 도덕 원칙이나 영적 원리로 분류되기도 하는 정직, 겸손, 용납, 관용, 감사, 믿음, 희망, 용서가 그것들이다. 이런 실체들은 형태가 없지만 뚜렷이 느낄 수 있는 공감의 표현 수단이며, 이들을 통해 우리는 타인과 친밀감을 형성하게 하는 자신의 선천적 능력을 더욱 깊이 이해할 수 있다.

이것들은 새롭고 희귀한 개념이 아니다. 어릴 때부터 우리는 이 개념들에 담긴 본질적 가치에 대해 부모님, 선생님, 목사님, 지역사회 리더들로부터 배워왔으니 말이다. 다만 문제는 그 안에 담긴 실용적 가치에 관한 설명이 결여된 채 이 용어들이 너무 빈번히 사용되면서 의미를 상실했다는 것이다. 일례로 우리는 정직이 숭고한 목표라고 생각하지만, 그것이 왜 우리의 개인적 발전에 중요하며 장기적으로 어떤 혜택을 가져다줄 수 있을지에 대해선 잘 모른다. '정직하게 행동하기'라는 도덕적 의무는 조금 더 현실적인 문제들 앞에서 너무 자주 퇴색되곤 한다. 부정행위로 대학에 합격하거나 자신의 불륜을 숨겨서 결혼생활을 흠 없이 유지할 수 있다면, 우리가 정직을 통해 얻을 수 있는 보상은 무엇일까?

자기계발서들은 우리에게 낙관적으로 살고 관용하며 남을 용납하라고 강권한다. 하지만 어떻게 하면 반복되는 실패에도 희망을 잃지 않을 수 있는지, 또 너그럽지 못한 이들에게 관용을 베풀거나 습관적으로 남을 상처 입히는 이들에게 도움의 손길을 내밀면 어떤 유익함이 있을지에 대해선 거의 설명하지 않는다. 사람들은 우리에게 감사할 줄 알아야 하고 믿음을 가져야 한다고 종용한다. 겸손은 미덕이라고들 하고, 용서를 하면 치유가 된다고도 한다. 이런 말들이 듣기 좋은 것은 맞지만, 철저하게 실용적인 현대적 사고방식을 가진 우리는 즉각적 보상이 주어지지 않는 가치를 위해 시간을 투자하는 일에 의구심을 갖는다. 또한 감사, 신뢰, 겸손, 용서가 도덕적·영적 발달에 이로울 수 있음을 이해하면서도, 포괄적인 일반 법칙이나 단순화된 단계별 지시만을 따른 뒤 행복이나 자아실현에 가까워지지 못했다는 사실에 결국 실망하기도 한다.

우리에게 필요한 것은 이 실체들이 우리의 자아감각과 타인과의 소통에 어떤 영향을 주는지 확인할 수 있는 맥락을 보는 것이다. 공감은 우리에게 보다 넓은 시각을 제공함으로써 정직, 겸손, 용납, 관용, 감사, 믿음, 희망, 용서가 어떻게 우리로 하여금 타인의 생각과 감정을 이해하게 하는지, 또 어떻게 유익하고 건설적인 방식으로 반응하게끔 돕는지 보게 한다. 공감은 이 개념들을 종교와 철학이라는 먼지투성이 선반에서 꺼내 당신과 나처럼 평범한 사람들의 손에 건네준다. 더 중요하게, 공감은 다른 사람의 영혼이라는 성역에 진입하려면 우리가 어떻게 이런 기술들을 이용할 수 있는지 보여준다.

나는 '영혼(soul)'이란 단어를 신중하게 사용한다. '영성(spirituality)'과 마찬가지로 이 관념은 최근 몇 년간 너무 열성적으로 추종된 탓에 거의 품귀 상태에 이른 것이나 다름없기 때문이다. 영혼은 무엇으로 이루어졌을까? 영적 경험을 구성하는 것은 정확히 무엇일까? 공감은 우리와 직접적인 관련이 있고 실용적 중요성을 지닌 답으로 우리를 다시 한 번 인도한다. 공감의 사전에서 '영혼'은 모든 인간이 지닌 보이지 않고 느낄 수 없는 한 부분으로, 우리 자신보다 더 깊고 넓은 무언가와 애착을 형성하려는 갈망을 가진 존재다. 인간의 영혼은 타인과의 연결을 갈망하며, 공감은 타인과의 친밀한 유대를 만들어내는 데 필요한 동력을 제공한다. 공감이 없다면, 우리의 영혼이 타인의 영혼과 이어지길 갈망한다 해도 그 간절한 소원을 이룰 수 있는 수단은 존재하지 않는다. 공감은 연결을 향한 우리 영혼의 갈망을 완성시키는 힘으로, 타인에게 위로를 부탁할 용기와 에너지를 불어넣음은 물론 누구를 신뢰하고 불신해야 할지 판단하는 지혜를 선사한다.

이후의 장들을 읽을 때는 다음 표처럼 각 경험에 어두운 단면의 반영이 존재한다는 사실을 유념하기 바란다. 예를 들어 완벽주의에 시달리는 사람들은 결점 없는 신체, 아름다운 얼굴, 똑똑한 자녀, 이상적인 직업, 모범적인 결혼생활 같은 것들을 바라며 셀 수 없는 시간을 보낸다. 그런데 완벽을 추구한다는 것은 우리가 용납을 하는 데 어려움을 겪고 있다는 직접적인 증거가 된다. 공감의 사전에서 내리는 '용납'의 정의는 '나를 포함한 모든 사람들의 마음 중심에 있는 불완전성을 보고 이해하며 포용할 수 있는 능력'이기 때문이다.

이러한 경험들의 어두운 단면을 알아둔다면, 어느 영역에 집중해서 공감을 강화시켜야 할지 판단하는 데 도움이 될 것이다. 가령 한때 소중히 여겼던 이에게 이제는 분개심과 증오를 느끼고 있다면, 원망이 용서를 방해하며 공감 능력을 저하시키고 있음을 짐작할 수 있다. 원망을 품고 절망에 항복하며 자만에 빠져 남들과 거리를 둠으로써 공감이 들어설 자리를 없애버린다면 친밀한 관계를 생성하고 유지하기는 훨씬 어려워질

공감 행동	어두운 단면의 반영
정직	부정직, 속임수, 기만
겸손	오만, 자만, 이기주의, 거만
용납	완벽주의
관용	불관용, 편견, 선입견
감사	불평, 탐욕, 무심
믿음	냉소, 의심, 회의
희망	절망
용서	원망, 분개, 증오

것이다. 부정직, 오만, 완벽주의, 불관용, 탐욕, 회의, 절망, 분개는 우리를 타인으로부터 고립시키고 소외시킨다. 고립되고 소외되었다는 것은 신체적, 정신적, 영적으로 큰 위험에 처했다는 뜻이기도 하다. 현대 연구가 강력하게 뒷받침하듯 외로움은 문자 그대로 우리 생명을 위협한다.

그렇기에 나는 우리의 목숨을 살리는 경험, 즉 긍정적이고 건설적인 목적을 위해 공감의 힘을 강화시키는 경험들을 다음 장들에서 제시하려 한다. 그것들을 통해 우리는 자신과 타인, 그리고 삶 자체와의 더욱 심오하고 뜻 깊은 관계 속으로 인도될 것이다.

8장

정직
:
나와 상대를 정확히 인식하기

우리는 남보다 자신에게 거짓말을 하는 것이 몸에 더 깊이 배어 있다.

-표도르 도스토예프스키(Fyodor Dostoevskii)

정직은 공감의 생명선이자 산소이며 호흡이다. 정직이 없어지면 공감도 존재의 이유를 잃을 것이다. 진실하게 사람들을 대할 수 없다면 어떻게 의미 깊은 관계를 만들 수 있을까? 또한 먼저 상대에게 진솔하게 다가가지 않으면서 어떻게 그 사람으로부터 솔직함을 기대할 수 있을까?(물론 여기에서 얘기하는 것은 관계를 강화시키는 건설적 공감이지, 타인의 생각과 감정을 읽어내서 얻은 지식으로 그들을 통제하거나 조종하려는 파괴적 공감이 아니다).

그러나 타인에게 솔직해지려면 그보다 먼저 자신에게 솔직해져야 한다. 진정한 지혜는 언제나 자기이해에 뿌리를 내리고 있으며, 타인과 잘 어울릴 수 있는 능력은 곧 그에게 지혜가 있음을 알리는 분명한 징후다. 소크라테스는 "너 자신을 알라"라고 이야기했다. 이것은 고대 그리스 시대만큼이나 21세기에도 여전히 유효한 명령이다. 자신을 잘 알려면 자신에게 아무것도 숨기지 않고 완전히 솔직해져야 한다.

자신뿐 아니라 주변 사람들에 대한 인식에도 정직할 줄 알아야 한다. 다음의 훌륭한 이야기에는 이 논점이 잘 드러난다. 존경받는 어느 티벳 종교 지도자에게 한 제자 무리가 다가가 자신들을 추종자로 받아줄 수 있는지 물었다. "그래요. 하지만 조건이 하나 있습니다. 여러분은 과거 모든 스승들과의 인연을 끊어야 합니다."

과거의 스승들에게서 귀중한 교훈을 얻고 은혜를 입었던 제자들은 그럴 수 없다고 애원했지만 지도자는 뜻을 굽히지 않았다. 결국 마지막엔 한 제자만 빼고 모두들 그의 조건을 수락하기로 했다.

만족한 기색이 역력했던 지도자는, 스승을 떠나지 않기로 한 제자를 포함한 모두에게 이튿날 첫 수업을 받으러 오라고 이야기했다. 제자들이 모두 나타나자 지도자가 말했다. "과거의 스승들을 버린 여러분은 언젠가는 내 곁도 떠날 것입니다. 여러분은 진리를 탐구하는 과정에서 그것을 잃고 말았어요. 난 여러분을 제자로 받아줄 수 없습니다."

모두가 자리를 떠나고, 스승은 남아 있던 한 제자에게 말했다. "자네는 간절한 소망이 좌절될지도 모르는 상황에서 자신과 타인에게 정직할 것이란 사실을 증명했네. 정직이 자네의 인도자이니 우린 서로에게 귀중한 교훈을 가르쳐줄 수 있을 걸세."

그러고 나서 스승은 제자 앞에 무릎을 꿇고 겸손하게 말했다. "자네가 내 스승이 되겠다고 약속한다면, 나도 자네의 스승이 되어주겠네."

나는 몇 년 전 심리학 박사 과정을 시작하면서 정직과 자아인식의 관계 면에서 중요한 교훈을 배웠다. 첫 강좌는 '감수성 훈련'이었는데, 교수님은 열여덟 명의 학생들에게 한 가지 과제를 내주셨다. 성장 과정에서 양육방식 때문에 겪어야 했던 어려움에 대해 부모님에게 자세히 이야기해보라는 과제였다. 교수님은 부모님을 면대면으로 만나 솔직하게 이야기하는 것의 중요성을 강조하며, 우리 심리 문제의 근원을 어린 시절 부모와의 소통 방식에서 곧장 추적해낼 수 있을 것이라 말씀하셨다.

나는 이 과제에 회의적이었지만 의심을 내려놓고 아버지께 전화를 드려서(그분과 먼저 연습을 해보는 것이 좋겠다고 생각했다) 함께 저녁식사를 하자고 한 뒤, 심리학 수업시간에 다루고 있는 문제에 관해 대화하고 싶다는 내용도 덧붙였다. 식당(교수님이 제안하신 대로 나는 '중립 지대'를 선택했다)에서 만난 아버지는 유난히 생각에 깊이 잠긴 모습이셨다.

"그래, 어서." 아버지는 짙은 갈색 눈으로 날 응시하시며 당신이 전적으로 내게 집중하고 있음을 알게 해주셨다. "네가 하고 싶은 이야기를 해보렴."

나는 목을 가다듬고 긴장감을 가라앉히기 위해 의식적으로 노력했다. 키가 170센티미터 정도인 아버지는 체구가 그리 크진 않으셨으나 방에 들어오실 때면 그 공간 전체를 가득 채우는 분이셨다. 아버지는 지나치다 싶을 정도로 독립적이고 당당하셨을 뿐만 아니라 열정적이며 때로는 불같은 면도 있었고, 무시할 수 없는 존재감을 항상 지니고 계셨다.

나는 진정하려 애쓰며 교수님의 지침에 따라 아버지의 양육방식이나 성품을 세세하게 지적하기 시작했다. 아버지의 열정은 감탄스럽지만 지나치게 예민하고 성급하신 경향이 있다고, 또 기본적으로 성격이 너무 단호하시다는 점도 말이다. 이야기 끝무렵에는 아버지가 내게 바라는 것이 너무 많고, 그렇게 높은 기대치 때문에 내 삶에 문제가 계속 생긴다는 말씀도 드렸다.

나는 점점 더 불안한 심정으로 아버지의 얼굴을 바라보면서 그분이 내 분석을 어떻게 받아들이고 계실지 추측해보려 했다. 평소답지 않은 아버지의 차분한 모습은 긴장감을 더욱 고조시켰다.

내가 5분 정도 이야기를 하고 마치자 아버지께서는 몇 가지 질문을 하셨다. "아서, 이 대화가 왜 네게 중요한지 말해주겠니?"

나는 성숙하고 지적인 대학원생처럼 보이려 애쓰며 우물쭈물 대답할 말을 찾았다. 하지만 솔직히 말해서, 지금 왜 이런 이상한 식당에서 목숨보다 더 사랑하는 아버지를 비판하고 앉아 있는 건지는 나조차도 알 수 없었다. 내 불안한 기색을 보고 아버지는 무언가 중요한 이야기를 할 때 항상 묻는 질문을 하셨다. "이제 다 얘기했니?" 나는 고개를 끄덕였다. "할 말을 모두 한 게 확실하니?" 나는 다시 한 번 고개를 끄덕였다.

"음, 아서." 아버지가 말문을 열었다. "너를 보니 정말 안타까운 마음이 드는구나. 네게 두 가지 큰 문제가 있는 것 같거든. 첫 번째로 너는 내 성격이 조금 더 부드러웠으면 좋겠다고 생각하며 내가 변하길 바라고 있어. 하지만 내 나이는 쉰이란다. 네가 이야기하는 내 '성품'은 계속 이런 모습으로 남아 있을 거라는 확신이 드는구나."

아버지는 물을 한 모금 마신 뒤 손을 포개고 깊은 한숨을 내쉬었다. 그 모습에서 나는 아버지가 당신의 생각과 감정을 정확히 전달하기 위해 의식적으로 속도를 늦추고 있음을 알 수 있었다.

"두 번째 문제는 더 심각해." 아버지의 말씀이 이어졌다. "언젠가는 네가 얼마나 나를 많이 닮았는지 깨달을 수 있을 거야. 오늘 네 이야기를 듣고 보니 그것이 네게 큰 문제인 것 같구나. 어떻게 대처해야 할까? 삶의 문제에 대해 다른 사람을 탓하기보단 네가 싫어하는 스스로의 모습을 바꿀 수 있도록 노력해보는 것이 어떨까?"

그날 아버지의 작별 인사말은 평생 잊을 수 없을 것이다. "아서, 나는 네가 문제를 해결할 거라고 믿는다." 아버지는 큰아들에 대한 사랑이 가득 담긴 온화한 미소를 지으며 말씀하셨다. "네 가장 큰 장점은 언제나 위기에 잘 대처한다는 것이지."

아버지는 우리가 정직해지려 노력할 때 공감이 그 위력을 발휘할 수 있다는 사실을 이해하셨고, 나를 사랑하셨기에 당신이 느낀 사실 그대로를 내게 말해줄 수 있었다. 또 내게 아무것도 숨기지 않았으며, 내가 당신의 생각을 받아들이고 언젠가는 그에 응답할 것이라 믿으셨다. 아버지의 공감은 자동적인 감정 반응을 나타내는 단순한 수준("네 기분을 이해한다" 또는 "네 고통을 안타깝게 생각한단다")을 훨씬 넘어서는 것이었다. 그분의 공감 속에는 내 눈을 통해 세상을 보고, 내가 한 인간으로서 변화하고 성장하기 위해 무엇이 필요한지 정확하게 평가해낼 수 있는 사려 깊은 능력이 포함되어 있었기 때문이다.

진실은 이랬다. 날 꿰뚫어본 아버지가 이해하시기로, 내가 마음이 내키지 않는 상태에서 당신을 변화시키려 시도한 것은 우회적인 행동에 불과했고, 내가 직면한 가장 중요한 문제는 머뭇거리지 않고 기꺼이 자신의 내면을 점검하는 것이었다. 또한 아버지는 내가 자신의 문제에 대해 타인을 탓하고, 상대가 그 책임 전가를 받아들이는 더 나쁜 경우가 계속 발생한다면 내가 그 무엇도 배울 수 없을 것임을 알고 계셨다[이 부분을 쓰는데 샘 킨(Sam Keen)의 책《사랑하고 사랑받기(To love and Be Loved)》에 나오는 한 글귀가 생각났다. '자신의 부족함과 실패의 책임을 남에게 돌리는 뿌리 깊은 습관이 사람들에게 없었다면 심리상담사들은 모두 굶어 죽었을 것이다.'].

　감정적으로 반응하셨다면 아버지는 나를 동정하고 손을 두드려주면서 아들의 평가를 이해했고 받아들이겠노라 말하셨을 수도 있었을 것이다. 당신이 무엇을 잘못했을지 궁금해하고 심지어 자기 행동을 고치려 하셨을지도 모른다. 그랬다면 십중팔구 나는 자신의 두려움과 불안정성이 어느 정도는 아버지의 책임이라고 생각하며 식당을 나섰을 것이다. 하지만 아버지는 공감의 인도를 따라 진실을 추구했고, 나로 하여금 질문의 답을 얻기 위해 나 자신의 마음과 영혼을 살펴보도록 가르치셨다. 아버지는 당신이 내 문제의 한 원인이 될 수 있다고 기꺼이 인정하시면서도, 내가 정말 변화시키고 싶어 했던 대상이 아버지가 맞는지 물으셨다. 그 질문의 의미는 심리학자, 그리고 인간으로서 내가 갖는 삶의 목표가 자신의 삶을 더 안락하게 만들기 위해 남들을 변화시키는 것인지 되돌아보라는 것이었다.

공감이 정의하는 정직

○ ● ○

공감이 정의하는 정직은 자신을 명확하게 보고 타인을 정확히 이해하며,

무엇보다 중요하게는 그렇게 얻은 인식을 바탕으로 세심하고 배려 있게 소통할 줄 아는 능력이다. 가차 없이 진실을 폭로하는 것은 공감의 방식이 아니다. 많은 사람들은 남에게 은근히(또는 대놓고) 수치심을 주는 행위와 정직한 의견을 제시하는 것을 혼동하면서 상대를 완전히 짓밟아야만 그에게 새롭게 시작할 기회를 줄 수 있다고 착각하기도 한다. 예를 들어 지금이 화창한 여름날의 오후 다섯 시라고 가정해보자. 일을 마치고 집에 돌아온 아버지는 열세 살 난 아들이 집안일을 하지 않았다는 사실을 알아차린다.

"잔디를 깎지 않았구나, 그렇지?" 아버지가 묻는다.

"네." 아들이 부끄러워 고개를 숙이고 말했다.

"이 문제에 대해 전에도 이야기했잖니." 화가 난 아버지는 점점 목소리를 높인다. "넌 항상 일을 뒤로 미루는 게으른 아이구나. 그런 녀석이 삶에서 무슨 업적을 이룰 수 있겠니?"

아버지는 아들을 향한 거친 언사가 결국 아들이 '잘되길' 바라는 마음에서 나온 것이라고 스스로를 합리화하겠지만, 이렇게 잔혹한 정직함은 아들을 부끄럽고 혼란스럽게 할 뿐만 아니라 자멸적인 행동을 야기할 수도 있다. '어차피 난 언제나 일을 미루는 게으름뱅이야. 잔디 깎기를 내일로 미룰 수 있는데, 굳이 오늘 해야 할 이유가 뭐람?'이라고 아이는 생각할지도 모른다.

공감에서 우러난 정직은 자신의 생각을 그렇게 확신하지 않는다. 공감은 절대 '내' 진실만이 유일하고 최선이라는 가정을 하지 않고, 그 대신 '이 특정한 순간, 이 특정한 사람에게는 무엇이 진실인 걸까?'라는 질문을 던진다. 공감은 '타인의' 진실과 '나의' 진실 사이에서 균형을 찾으려 하며, 타협이 늘 쉽지만은 않다는 사실을 인지하고 있다. 공감은 자신이 옳다고 증명하기보다는 자신의 견해를 넓히고 확대하며 심화시키고 싶어 하고, '당신이 보는 진실을 내게 설명해준다면 최선을 다해서 이해해보겠습니다'라 이야기한다.

공감은 진실을 추구하는 과정에서 상대로 하여금 우리의 관심사에 귀 기울이게 할 만한 단어나 표현을 물색한다. 앞선 예에서 아버지는 아들을 비난하고 모욕하거나 망신을 주는 대신 공감적 접근법을 취했을 수도 있다. 그는 대화를 시작하기 전에 먼저 감정을 가라앉히고 "오늘 집에 와서 보니 네가 잔디를 깎지 않았더구나"라고 중립적인 목소리로 이야기한다.

"좀 바빴어요." 아들이 다소 반항적으로 대답한다.

"그래? 뭘 하고 있었니?" 이번에도 아버지는 책망하거나 감정이 섞이지 않은 말투로 묻는다.

"음, 책도 읽고 TV도 보고 친구들이랑 놀기도 했어요……."

"확실히 바쁜 하루를 보내긴 했구나. 내일은 시간을 내서 잔디를 깎을 수 있을까?"

"그럼요. 하지만 저녁을 먹기 전에 한 시간 정도 여유가 있으니 그냥 지금 할게요."

"그게 더 좋긴 하겠네. 그렇지?" 아버지가 말한다.

아버지는 자신의 질문과 의견, 목소리 톤을 통해 자신이 아들을 존중하며 아들도 아버지를 존중하기 원한다는 사실을 전달하려 노력했다. 공감에서 비롯된 정직은 항상 타인을 존중하며 개개인의 고유한 경험을 예우하고 관계 안에 가장 큰 가치를 둔다. 존중과 마찬가지로 공감은 차이를 인정하면서도 공통점을 찾으려 한다.

하버드대학교의 사라 로런스-라이트풋(Sara Lawrence-Lightfoot) 교수는 그녀의 감명 깊은 책《존중(Respect)》에서 존중이 사람과 사람 사이의 연결을 강화 및 심화시키며 '동등한 사람들의 관계'로 만드는 방식에 주목한다. 첫 장에서 그녀는 자신의 어머니 마거릿과 아버지 찰스의 이야기를 들려준다. 이 이야기는 마거릿이 의대를 졸업하고 나서 얼마 지나지 않았을 때를 배경으로 한다.

> 마거릿은 결혼 후 첫 직업으로 하절기 동안 미시시피주 보건부에서 연구직을 맡기로 하고, 연구소장을 만나러 갔다. "그는 나를 보자마자 '마거릿'이라고 불렀어. (…) 1938년 당시에 미시시피 사람들이 누군가를 만나 성이 아닌 이름을 곧바로 부르는 일은 거의 없었지." 소장은 마거릿이 컬럼비아 의대에서 학위를 받았든 말든, 그 순간 흑인이 백인 상사에게 이야기하고 있다는 사실을 똑똑히 짚고 넘어가려는 것 같았다. "찰스는 격분했어. (…) 어찌나 화가 났던지 자신이 망가져버린 기분이었다고 하더구나." 새신랑의 분노 덕에 마거릿은 자신들의 깊은 유대감을 다시 한 번 절실히 느낄 수 있었다. "난 난생 처음으로 아내가 되는 것이 어떤 것이며, 친밀한 사람과 공감을 느끼는 것이 어떤 기분인지 알 수 있었단다. (…) 우린 서로의 기분을 느낄 수 있었어."

공감과 존중은 서로 의지한다. 타인에 대한 존중을 느끼지 않으면서 공감을 가질 순 없고, 반대로 공감을 관계의 기초로 경험하지 않으면서 상대를 존중할 수도 없다. 우리는 공감을 통해 다른 사람이 느끼는 바를 자신도 느끼는데, 그렇게 타인의 경험 속에 들어갈 수 있는 능력이 바로 존중의 토대가 된다. 존중과 공감 모두는 정직을 요구한다. 정직한(진정한) 대화, 정직한(흐트러지지 않는) 관심, 정직한(주의 깊은) 경청, 변화를 향한 정직한(진심 어린) 노력 등이 그 예다. 타인과 동일한 감정을 느끼는 교감을 넘어서고, 타인의 경험을 내 것처럼 느끼는 동일시(identification)를 초월하여, 불길을 헤쳐온 상대의 경험에 참여하진 못하더라도 그 눈 안에 있는 불꽃을 보고 피부의 열기를 느낄 정도로 그의 생각과 감정을 정직하게(정확하게) 이해할 수 있다면, 우리는 깊고 변치 않는 자세로 타인의 고유한 경험을 존중할 수 있는 사람이 될 것이다.

공감은 어떻게 정직으로 이어지는가 ∘●∘

무엇보다 공감은 다른 사람의 생각과 감정을 '정확하게' 이해할 수 있는 능력이다. 여기서 '정확'이라는 단어는 매우 중요하다. 상대를 정확히 이해하지 못하면 엉뚱한 반응을 보일 수도 있기 때문이다. 우리의 인식이 얼마나 정확한지에 따라 우리가 얼마나 민감하게 반응할 수 있는지도 직접적으로 결정된다. 그렇다면 자신이 대상을 정확하게 인식하고 있는지 판단할 수 있는 방법은 무엇일까? 심리연구자들은 공감 정확도의 기본 원리에 대해 다음과 같은 통찰을 제공한다.

- 타인의 생각과 감정을 이해하기 위해선 지금 이 순간에 충실해야한다. 공감 정확도의 기초를 이루는 것은 눈앞에 일어나고 있는 순간순간의 소통과 타인의 성격, 특징, 가치관, 견해에 대한 우리의 지식이다.

- 정직한 소통에 요구되는 것은 타인에 대한 이해 능력을 저하시킬수 있는 기존의 선입관과 편견을 인정하는 자세다. 같은 이치로 우리는 상호 간 오해를 초래할 수 있는 이론 중심의 판단을 신중히 점검해봐야 한다. 일례로 심리분석 이론에 따르면 가학주의와 폭력은 선천적 공격성의 발현이며, 우리가 폭력에 눈을 돌리는 이유는 그것이 인간 본성의 일부이기 때문이다. 하지만 최근 연구에서는 이혼을 하거나, 알코올중독자거나, 신체적 학대를 하거나, 대체적으로 공감을 해주지 않는 부모 밑에서 자란 아이들은 애정 많고 공감 어린 보호자 밑에서 양육된 아이들보다 외현적 공격 행동을 훨씬 많이 보인다는 사실이 드러났다. 심리학자 캐시 스파츠 위덤 (Cathy Spatz Widom)은 20년간 908명의 아동을 추적 연구, 학대받고 자란 아이들이 폭력 범죄로 체포된 건수가 통제 집단에 비해 50퍼센트 높다는 사실을 밝혀냈다.

학대는 학대를 낳고, 폭력은 폭력을 부른다. 그러나 공감은 공감을 길러낸다. 나의 행동은 타인이 나를 대하는 태도로부터 직접적인 영향을 받는다는 사실을 인지한다면, 우리는 스스로의 생각과 감정을 더 잘 이해하며 더욱 정직하고 진실한 소통을 할 수 있을 것이다.

- 불행한 관계 속에 있는 사람들은 상대가 긍정적 의도로 하는 행동을 잘못 해석할 확률이 더 높으며, 그런 행동의 발생 빈도를 최대 50퍼센트 적게 잡아 평가한다고 한다. 말하자면 당신이 관계에서 어려움을 겪고 있을 경우엔 상대의 호의적인 행동에서도 나쁜 측면을 볼 확률이 높으며, 관심과 사랑의 정직한 표현을 쉽게 오해할 수 있다는 뜻이다.

- 타인의 생각과 감정을 이해하는 능력은 열정과 로맨스의 중요성을 믿음으로써 향상시킬 수 있다. 연구자들은 우리가 열정과 로맨스를 중시할 때 관계를 열정적이고 로맨틱하게 만들기 위해 더욱 노력할 것이란 이론을 제시했으며, 여기서 그것을 가능케 하는 것은 바로 믿음이다. 심리학자 윌리엄 제임스의 말을 빌자면 "믿음은 자신을 스스로 입증한다."

- 공감 정확도는 대개 시간이 흐를수록 향상되지만, 관계가 장기화되면서 자기만족과 익숙함의 늪에 빠지면 공감 능력이 저하될 수밖에 없을 것이다. 상대를 속속들이 모두 알고 있는 기분이 든다면 그 사람의 변화하는 감정과 복잡한 생각을 이해하기 위해 열심히 노력할 동기가 약해질 테고 말이다. 자기만족은 관계에 이롭지 않다. 상대의 모든 것을 안다고 착각하는 사람들은 성장과 놀라움의 여지를 남겨두지 않기 때문이다. 서로를 향한 공감에 더 이상 시간과 에너지를 투자하지 않는다면, 과거를 바탕으로 수립된 이론과 판단에 따라 상대에게 반응하기 시작할 것이다. 그러나 상대를 계

속 변화하고 성장하며 적응하는 개인으로 바라보고, 그들에게 아직 우리를 놀라게 할 구석이 많이 남아 있다고 믿으며 활기찬 소통을 나눌 때 공감 정확도는 더욱 높아질 것이다.

공감은 언제나 진실을 고집한다. 서로 정직하지 않고 무언가를 숨기거나 이론만을 토대로 판단함으로써 거짓된 결론에 도달하는 경우엔 타인을 신뢰한다는 것이 불가능해지기 때문이다. 심리치료나 삶에서 우리는 누군가의 단도직입적인 질문에 정직하고 공감 어린 대답을 하면서 찰나의 깨달음을 얻기도 한다. 내가 아름다운가요? 난 사람들이 생각하는 것처럼 똑똑한 사람일까요? 내가 비만인가요? 내가 나쁜 사람 같나요? 공감은 우리를 표면 아래로 데려가 상대가 무엇을 진정으로 느끼고 생각하며 경험하고 있는지를 인식하게 하고, 그로써 우리를 정직으로 인도한다. 그러므로 우리의 과제는 타인에게 도움이 될 만한 방식으로 자신의 생각과 감정을 전달하면서 서로의 관점을 축소시키기보다는 확장시키는 방법을 터득하는 것이다.

"내가 정말 똑똑한가요? 아니면 난 혼자서 자신이 지적으로 우월하다고 상상하며 스스로를 위로하는 멍청이일 뿐인가요?" 언젠가 내 환자가 물었다.

환자는 이 질문을 통해 자신의 지성에 대한 균형 잡히고 현실적인 평가를 얻고 싶어 했다. 내 경험상 이런 질문에 대한 정직한 답변은 극단이 아닌 중간 지대 어딘가에서 발견할 수 있었다.

"당신에 대해 알아낸 것들을 바탕으로 이야기하자면, 당신은 자신이 바라는 만큼 똑똑하진 않지만 그렇다고 당신이 두려워하는 만큼 우둔하지도 않아요." 내가 말했다.

체중 감량을 위해 열심히 노력하던 42세 여성이 최근에 내 의견을 물었다. 그녀는 13킬로그램을 감량했고 매일 운동을 했지만 여전히 자신의 몸매가 불만족스럽다고 했다. "축축 처지고 늘어진 팔뚝 살과 뱃살이 꼴보기 싫네요." 그녀는 넌더리난다는 듯 코를 찡그리며 말했다. "지난번엔 수영복을 새로 사서 남편 앞에서 입어봤는데, 남편이 제게 한 말은 '색깔이 예쁘군'이 전부였어요. 제가 용기 내서 수영복을 산 것에 대해 칭찬해줄 줄 알았는데, 그는 눈치조차 못 챈 것 같더라고요. 어떻게 생각하세요? 살을 조금 더 빼야 할까요? 제가 너무 집착하는 것 같으세요? 전 현실적인 거울이 필요해요."

"그렇게 체중을 많이 감량하고 수영복을 사 입었는데 남편이 전혀 알아주지 않는다면 나라도 정말 속상할 것 같네요." 내가 말했다.

"남편은 제가 엄청난 미인이길 바라나봐요. 빅토리아 시크릿의 카탈로그에 나오는 속옷 모델처럼 말이에요."

"그건 너무 비현실적이잖아요. 그렇죠?"

"제가 엄청난 미인이 아니란 의미시죠?" 그녀가 웃으며 말했다.

"네." 나도 웃으며 말했다. "엄청난 미인은 아니지만 그렇다고 당신이 가끔씩 상상하는 것처럼 평범하고 매력 없는 여성도 아니에요. 당신은 똑똑하고 친절하고 매력적이며 체중 감량을 위해서도 열심히 노력했죠. 살을 더 뺄 수 있을까요? 그럴 수 있다고 나는 확신하지만 어려운 일이라는 것도 알아요. 그럼 더 건강해질 수 있나요? 계속 운동을 한다면 그에 따른 이득도 계속 얻을 수 있을 거예요."

"고마워요. 박사님이 진실을 말해주시니 기분이 좋네요. 설령 제가 엄청난 미인이 아니라 해도요." 그녀가 활짝 웃으며 말했다.

6장에 등장했던 케럴린이 자신보다 훨씬 어리고 첫 아기를 임신한 아내를 둔 남자와 짧은 외도를 했다고 이야기한 일을 나는 절대 잊을 수 없을 것이다. "사실 그건 너무 비열한 일이라고 생각해요. 박사님 생각도 그러신가요?" 그녀가 물었다.

"왜 내 생각을 물어보는 거죠?"

"모르겠어요." 그녀는 잠시 후 덧붙였다. "생각해보니 제가 답을 바랐던 건 아닌 것 같네요. 내가 어떤 짓을 하고 있는지 잘 알았으니까요. 그걸 옳은 일이라 여겼다면 여기에 와서 선생님과 이야기하고 있지도 않았겠죠."

심리치료와 삶에는 속임수가 비집고 들어올 공간이 없다. 관계에서 우리는 정직을 추구하지만, 진실이 공유되는 동안 이야기를 듣는 쪽에선 수치심을 느끼지 않는 방식, 또 말하는 쪽에선 서로를 멀어지게 하지 않는 방식이 사용되어야 한다. 사람들은 자신이 부끄럽게 여기는 생각과 감정과 행동을 드러낼 때에도 그에 대한 상대의 솔직한 의견을 원한다. 공감 어린 소통은 수치와 죄책감을 그 상황에만 한정시키며, 그것들이 우리 마음속에 들어와 수치와 자책으로 변하도록 내버려두지 않을 것이다.

잔혹성을 띠는 정직은 건설적 공감에서 비롯된 것이 아니다. 언제나 공감은 남에게 해를 끼치는 방식이 아닌, 도움을 줄 수 있는 방식으로 진실의 기틀을 세워나가려 하기 때문이다.

정직
연습하기

○ ● ○

건설적 솔직함과 파괴적 솔직함의 차이를 배워라

공감적 정직함은 무언가를 무너뜨리기보다는 쌓아올릴 방법을 찾는다. 그러므로 상대를 모욕하거나 비하하는 언사는 공감에서 나온 것이 아니다. 어떤 말을 하기 전에 자신에게 다른 속셈이 있는지 스스로에게 물어보자. 그리고 '그렇다'라는 답이 나오면, 혹시 남에게 상처를 주려는 충동이 자신에게 있는지 대화에 참여하기 전에 평가해보자. 정직하되 요령 있게 진실을 전달할 수 있도록 힘써라. 당신의 생각을 정직하게 전달하는 이유는 어떤 이익을 얻거나 당신 말이 옳다는 것을 증명하기 위해서가 아니라 상대를 도우려는 것임을 잊지 말아야 한다. 언제나 타인에게 상처가 아닌 도움을 주는 방식으로 자신의 의견을 제시할 수 있도록 노력하자.

존중해라

공감적 정직 속에는 기본적으로 존중이 담겨 있다. 공감은 상대가 누구이고, 어떤 경험을 했으며, 어디에서 왔고, 지금은 어디에 있는지를 항상 존중할 줄 안다. 존중은 우리에게 타인의 진정한 모습을 보고, 그들의 염려에 귀를 기울이며, 갈망에 주의를 집중하고, 꿈에 관한 이야기를 들어주며, 두려움을 달래주길 요청한다. 정직의 이름으로 타인을 비난하고 깎아내리며 단죄함으로써 무언가를 빼앗기만 하고 베풀지 않는다면, 이는 공감이 동기를 부여한 행위라 할 수 없다.

다른 사람과 소통할 때는 항상 이런 질문을 해야 한다. 나는 상대를 존중하고 있는가? 내가 하는 말에는 상대의 고유한 경험, 생각과 감정의 복잡성을 향한 존중이 담겨 있는가? 나는 그 사람에게 힘과 도움이 되고 있는가?

정직을 이용하여 한계를 설정해라

좋은 사람이 되겠다는 생각에 너무 집착한 나머지 우리는 친절, 이타심, 조건 없는 사랑 등의 미명하에 자신에게 상처를 주거나 해까지 입히는 타인의 행동을 억지로 참기도 한다. 몇 년 전 나는 코카인 중독자와 상담을 한 적이 있는데, 그는 내게 여러 차례 거짓말을 했으며 약품을 훔치기도 했다. 어느 날 그는 병원에 전화를 걸어 응급 상황이 발생했다고 이야기했고, 데스크 직원은 내가 다른 환자와 상담 중이었음에도 내 진료실로 전화를 돌려줬다. 그는 자신의 '응급 상황'이 무엇인지 설명했다. 자신이 가석방 규정을 위반했으니 내가 법원에 편지를 써서 자기를 구제해주길 부탁한다는 내용이었다. 그 부탁을 단호히 거절했는데도 그가 계속 강요하려 해서 나는 전화를 끊어버렸다.

나와 상담 중이었던 환자는 아주 깜짝 놀란 모양이었다. "전화를 끊어버리시다니요!"

"이 사람은 내게 거짓말을 너무 많이 했어요." 내가 말했다.

"누가 내게 거짓말을 하면 그 사람과의 관계를 끊어버려도 될까요?" 그녀가 물었다. 이 질문 후에 그녀는 한계를 설정하는 방법은 무엇이고,

그래야 할 순간이 왔음을 판단하는 기준은 무엇인지를 내게 매우 적극적인 태도로 물었다. 남편에게 신체적·정서적으로 학대받아왔던 그녀에게 그 전화는 치료의 중요한 터닝포인트가 됐다. 본인의 말에 따르면, 그녀는 '불길한 징조'를 알아차리고 남편에 대해 한계를 설정할 수 있는 능력을 갖추기 위해 몇 달간 열심히 노력했으며, 얼마 뒤엔 남편과 헤어지려 이혼 절차를 시작하기로 결정했다.

생각으로 감정을 가라앉혀라

공감을 통해 우리는 사고하는 뇌를 이용하여 감정적 두뇌를 진정시킬 수 있다. 마음에 어떤 감정이 생기기 시작할 때 성찰과 반성으로 그것을 진정시키지 않고 곧장 말로 표현하는 것은 공감적인 과정을 회피하는 행위다.

무엇보다 자신에게 정직해져라

우리가 정직이라 생각하고 취했던 행동이 때로는 그저 타인을 향한 반감과 질책의 얄팍한 위장에 불과했을 수도 있다. 끊임없이 남을 비난하고 있는 자신을 발견했다면 이제는 솔직하게, 또 자세히 자신을 돌아봐야 할 순간이 온 것이다. 스스로에게 물어보자. 상대의 어떤 점이 내 신경을 건드리고 있는 걸까? 그들은 내게서 어떤 종류의 불안정감을 끄집어내고 있는 걸까? 타인의 잘못과 결점에 초점을 맞추기보다 자기회의를 극복하려는 노력에는 어떤 것들이 있을까?

나는 고정관념이 많지 않은 편이지만, 대부분의 사례에 적용될 수 있는 한 가지 이론을 여기에서 한 번 더 상기시켜주고 싶다. '비판을 잘하는 사람들은 불안정한 이들이다.' 다른 사람들의 행동을 비판하거나 질책하는 데 많은 시간을 쏟고 있다면, 당신은 당신 자신을 비난하는 데도 상당 시간을 할애하고 있을 것이다.

매일 빼놓지 않고 질문해라: 나는 무엇을 숨기고 있을까?

정직은 숨겨진 것을 드러내고 싶어 한다. 우선 자기 안에 숨겨진 장소가 있는지 살펴보고, 그런 다음에만 타인의 것을 찾아보자. 나는 무엇을 숨기고 있는지 자신에게 묻자. 내 생각과 감정을 솔직히 드러내면 어떤 일이 일어날까? 내가 두려워하는 것은 무엇인가? 나는 정직에 따르는 대가를 감수하며 살 수 있는가?

안전을 먼저 확보해라

공감, 안전, 정직은 모두 서로 긴밀히 연결되어 있다. 누군가가 당신에게 공감을 나타낸다면 당신은 그 사람과 함께 있을 때 안전하다고 느낄 것이다. 또 당신은 스스로 안전하다고 느낄 때 정직해질 수 있으며, 그 보답으로 정직을 기대할 수도 있다. 공감은 우리의 관심사에 대해 상대가 이야기를 들어줌은 물론 그것을 존중하고 배려할 것임을 우리가 알 수 있게 함으로써 안전한 분위기를 조성해준다. 그러나 당신이 상대에게 위협이나 공격을 받을 듯한 기분이 들 때는 그 사람의 정직한 평가를 제대로 듣지 못할 것이다.

누군가와 함께 있을 때 안전함을 느끼고 싶다면 공감을 바탕으로 하는 관계를 쌓아야만 한다. 상대의 말을 주의 깊게 경청해라. 상대의 관점을 이해하기 위해 당신이 노력하고 있음을 그 사람이 알 수 있게 해라. 인내를 배우고, 불완전한 자신으로 살아가는 방법을 터득해라. 이미 주어진 답변을 하는 것은 피해라. 상대에게 도움을 요청해라. 한 단계씩 차근차근 앞으로 나아가며, 기꺼이 한 발 뒤로 물러서라. 실수를 했을 땐 언제라도 사과하길 주저하지 말고, 그것을 만회할 수 있도록 노력해라.

이것이 바로 공감의 방식이다.

**정직은 연민보다 더 강력한 치료약이다.
연민은 위안을 주지만 종종 속내를 감추기도 하기 때문이다.**

- 그레텔 에를리히(Gretel Ehrlich)

9장

겸손

:

더 깊고 넓은 세상의 일부임을 깨닫기

당신을 제외한 세상 모든 사람들이 깨달음을 얻었다고 상상해라.
당신의 스승으로서 그들은 당신이 인내와 지혜와 자비를
얻게끔 돕는 데 필요한 일을 각자 하고 있는 것이다.

- 부처

겸손은 우리가 어떤 사람이고 또 어떤 사람이 아닌지를 아는 균형 지점
이다. 공감은 우리가 자신의 행동에 담긴 진실에 초점을 유지하게 하고,
다정하게 우리 눈을 열어 자신의 진짜 모습을 보게 함으로써 겸손으로
인도해준다. 그 덕분에 우리는 내가 아닌 사람이 되기 위해 애를 쓰다가
곁길로 새는 일을 피할 수 있다. 자신의 상황을 일반 규칙이 적용되지 않
는 특별한 경우로 간주하고 어떤 문제에서건 자신이 남보다 더 우월하다
여기며 특권적 위치를 차지하려 할 때마다 공감의 힘은 약해진다. 남들
과 다르거나 더 우월하고 똑똑하다는 식으로 자신을 드러내는 태도는 사
람들과의 거리감을 만들어 오해만 일으킬 뿐이다. 공감은 항상 사람들을
더 가까이 이끌기 원하며, 우리가 서로를 필요로 하고 실제로 혼자선 살
아갈 수 없다는 사실을 늘 일깨워주려 한다.

《모리와 함께한 화요일(Tuesdays with Morrie)》은 여러 면에서 겸손과 공감의 관계를 주제로 펼쳐지는 간결하고 애정 어린 책인 것 같다. 모리 슈워츠(Morrie Schwartz) 교수는 죽음을 앞두고 있었고, 그의 옛 제자 미치 앨봄(Mitch Albom)은 더욱 충만하고 풍부한 삶을 사는 법을 배우기 위해 매주 화요일에 스승을 찾아가 겸손한 자세로 가르침을 얻는다. 하지만 모리 교수 역시도 겸손에 관한 나름의 교훈을 배우고 있었다. 임박한 죽음 앞에서 한없이 낮아진 교수는, 그가 나눠줄 수 있는 모든 지혜는 자신이 곧 재와 먼지로 돌아가리라는 사실을 아는 데서 왔음을 겸허히 인정한다.

한 인상 깊은 대화에서, 모리 교수는 누군가가 자신에게 했던 '흥미로운 질문'을 회상한다. 세상을 떠나고 나면 사람들에게 잊힐지에 대해 걱정하는지 궁금하다는 내용이었다. 그의 대답은 우리를 공감적 겸손의 깊은 중심부로 데려간다. "내가 잊힐 일은 없다고 생각하네. 나와 뜻 깊고 친밀한 관계를 맺은 사람들이 너무나 많거든. 사랑은 우리가 세상과 작별한 후에도 여전히 살아 있을 수 있는 길이라네." 그는 생각에 잠겨 말했다.

그러고 나서 모리 교수는 제자를 향해 질문한다. "집에 돌아가서도 가끔씩 내 목소리를 듣고 있나? 완전히 혼자 있을 때 말일세."

"네, 그래요." 제자가 대답했다. 모리 교수는 만족한다. 자신의 의심이 걷히고 논점이 잘 전달되었음을 이 질문과 답으로 알게 되었기 때문이다.

우리가 수백 킬로미터 떨어진 곳에서도 사랑하는 사람들의 목소리를 들을 수 있다면, 그들은 죽음에 의한 단절 후에도 여전히 우리에게 말을 걸고 우리 얘기를 들어주며 계속 곁에 있어줄 것이다.

공감의 겸손은 인생에서 이룰 수 있는 가장 중요한 업적이 서로를 아끼고 위로해주는 것이라는 사실에서 발견된다. 우리의 주된 존재 이유는 세상에서 가장 똑똑하거나 부유하거나 아름다운 사람이 되는 것이 아니라, 자신에게 하는 만큼 다른 사람에게도 관심을 기울이는 것이다. 관계, 즉 상대를 발견하고 그 사람 없이는 오래 지속되는 삶의 의미나 목적을 찾을 수 없다는 사실을 확인하는 과정을 통해 우리는 이 세상에서 가장 의미 깊고 오래 지속되는 영향력을 발휘한다.

모리 교수가 세상을 떠나기 몇 주 전, 즉 '열네 번째 화요일'이 다가오기 직전에 그들은 마지막 인사를 나눴고, 모리 교수는 미치에게 바다의 파도에 관한 짧은 이야기를 들려준다. 망망대해에서 한 파도가 멋진 시간을 보내고 있었다. 부드럽게 넘실대다가도 거센 바람이 불면 위로 솟구쳐 물마루를 일으키고, 잔잔해지면 아래로 고꾸라져 축 늘어져 일렁일렁거리기도 하면서 말이다. 그러던 어느 날 파도는 주변을 둘러보고 뭔가 달라졌음을 깨닫는다. 바다는 끝없이 영영 계속되지 않았다. 저 멀리에 암석 해안이 보였고, 파도들은 그 바위에 닿아 부서지고 있었던 것이다.

"나는 곧 죽겠구나!" 작은 파도는 깨달았다. "아무리 몸부림치고 피하려 해도 다른 파도들과 함께 저쪽으로 실려가 해안에서 부서지고 말겠지."

그때 또 다른 파도가 다가와 물었다. "무슨 일이야?"

"모르겠니?" 작은 파도가 말했다. "앞을 좀 봐. 곧 재앙이 닥칠 거야. 모두들 해안에 부딪혀 부서져버릴 거라고."

"오, 하지만 잘 모르는 쪽은 너인 것 같아." 두 번째 파도가 말했다. "넌 그냥 파도 하나가 아니야. 넌 바다의 일부인걸."

공감적 겸손은 우리가 더 큰 무언가의 일부라는 사실 안에서 발견된다. 공감은 우리를 인도하여, 우리가 개별적이고 특별한 존재임과 동시에 한편으론 더 깊고 넓은 진실의 일부이기에 그로부터 완전히 분리될 수 없다는 사실을 겸허히 인정하게 한다. 우리 모두는 바다의 일부다. 모리 교수가 제자를 인도했듯, 공감은 멀리 있는 해안이 시야에 들어오기 전에 현실을 깨달을 수 있도록 우리를 인도한다. 《세계의 종교(The World's Religions)》에서 휴스턴 스미스(Huston Smith)는 오논다가(Onondaga) 부족 최초로 대학에 입학한 오렌 라이언스(Oren Lyons)의 이야기를 들려준다. 라이언스가 첫 방학을 맞아 집에 돌아오자 그의 삼촌은 함께 낚시를 하러 가자고 제안한다. 호수 한가운데까지 노를 저어가면서, 삼촌은 진짜 본론으로 들어가 조카가 세상에서 자신의 위치를 제대로 파악하고 있는지 확인해보기로 했다.

"그래, 오렌. 대학에 갔으니 그곳에서 많은 것들을 배워서 꽤 똑똑해졌겠지. 질문을 하나 해볼게. 너는 누구니?" 삼촌이 말했다.

질문에 당황한 오렌은 선뜻 대답을 하지 못했다. "제가 누구냐고 묻다니, 무슨 뜻이에요? 전 당연히 삼촌의 조카죠."

삼촌은 그 대답을 받아들이지 않고 질문을 반복했다. 조카는 연이어서 조심스럽게 답했다. 자신은 오렌 라이언스이며, 오논다가족이고, 인간, 남자, 젊은이라고도 말했지만 모두 소용없었다. 더 이상 대답할 것이 없어진 조카가 자신이 누구냐고 묻자 삼촌이 말했다.

"저 앞에 있는 절벽이 보이니? 오렌, 너는 그 절벽이란다. 반대편 기슭에 서 있는 거대한 소나무가 보이니? 오렌, 네가 그 소나무란다. 그리고 우리가 탄 배를 떠받치고 있는 호수물이 보이지? 너는 이 물이란다."

삼촌은 조카에게 우리가 '누구'인지보다는, 우리가 '어디에' 속하고 타인과 '어떻게' 관계를 맺는지가 더 중요하다는 사실을 가르치려 한 것이다. 공감은 우리의 근원을 이루며 우리를 사로잡는 힘인 나와 타인의 관계, 그리고 나와 이 세상의 관계를 항상 강조한다. 우리는 물기슭의 소나무나 호수를 이루는 물 그리고 배 반대편에 앉아 있던, 고등교육을 받지 못한 남자보다 더하지도 덜하지도 않은 존재다. 우리는 세상으로부터 받은 것만을 다시 돌려줄 수 있다. 자신에게 얼마나 많은 것이 주어졌는지 깨달을 때, 우리는 그것을 최대한 많이 되돌려주는 데 필요한 겸손함을 얻을 수 있다. 사람들이 테레사(Teresa) 수녀에게 어떻게 그렇게 한센병 환자들을 도울 수 있었는지 묻자 그녀는 이렇게 대답했다고 한다. "그분들이 제게 너무 많은 것들을 되돌려주기 때문입니다."

대학교 마지막 학년을 앞둔 여름, 나는 아버지와 함께 가구점에서 가구를 싣고 배달 트럭을 운전하는 일을 했다. 그렇게 체력을 많이 소모하는 일을 열 시간 정도 하고 난 후엔 완전히 지친 상태로 집에 돌아와 부모님과 함께 저녁을 먹고 이야기를 나누곤 했다. 저녁식사 후 아버지는 신문을 읽거나 이웃집에 가거나 현관 앞에서 담배를 피우러 자리를 옮기셨고, 나와 어머니는 남아서 대화를 이어갔다. 어느 날 밤 오랫동안 진심 어린 대화를 한 후 어머니는 내게 이야기를 하는 것이 얼마나 즐거운 일인지 모른다는 말씀을 하셨다. 어머니가 내 대화 기술을 알아채신 것 같아 우쭐하고 기분이 좋아진 나는 위로를 한답시고 이렇게 이야기했다.

"어머니도 힘드시겠어요. 이렇게 오랫동안 앉아서 이야기하는 것을 좋아하시는데 아버지는 긴 대화를 할 시간도 없고 잘 참지도 못하시니 말이에요." 그렇게 말하고 나는 어머니께 아버지의 단점에 대해 짧게 이야기했다. "아버지는 성격이 아주 강하시고 참을성이 없어요. 그래서 아버지랑은 오랫동안 뜻 깊은 대화를 하기가 어렵죠."

어머니는 잠시 동안 아무 말도 하지 않고 생각을 정리하시는 듯했다. 그러고 나서 부드러운 목소리로 말문을 여셨다. "아서야, 너는 아버지의 강한 성격이 싫으니?" 어머니가 말했다. "네가 아빠를 필요로 하면, 아빠는 열두 시간 동안 꼬박 일하신 후에도 차를 세 시간이나 몰아서 네 학교를 찾아가신단다. 그럴 때 아빠의 성격이 강하다고 생각하는 거니? 아니면 아버지가 그 커다란 갈색 눈으로 네 속을 꿰뚫어보면서 '네게 어떤 일이 닥치든 네 곁에서 도울 거란다'라고 말할 때 아빠의 성격이 강하다는 생각을 하는 거니?"

어머니는 내가 그 이야기를 충분히 이해하도록 잠시 침묵을 지키셨다. 어머니의 얼굴에는 '네게 상처를 주고 싶지는 않지만, 넌 아직 잘 이해하지 못하는 것 같구나'라고 쓰여 있었다. "아서, 교과서를 덮고 네 눈을 열어 세상을 보렴."

공감의 겸손함은 '네 눈을 열어라'라는 단 세 단어로 함축될 수 있다. 우리 어머니는 오렌 라이언스의 삼촌처럼 교과서적 지식에 감명을 받지 않으셨고, '잘난 체하는' 이들에게선 더더욱 그랬다. 어머니는 우리 마을 정육점 아저씨가 병원의 의사 아저씨만큼 좋은 분이라고 말씀하시곤 했다. "그 의사는 너그럽고 친절하지. 환자를 정말 많이 돌보더구나. 하지만 누구의 이름도 기억하지 못해. 또 진료실 밖에서는 사람들에게 별로 관심이 없는 것 같더구나." 어머니가 말하셨다.

"정육점 주인은 말이야," 여기서 어머니의 눈이 빛났다. "고기를 팔아서 돈을 벌지. 그런데 그분은 매일 장사를 마친 뒤 가난한 사람들에게 음식을 나눠준단다. 의사와 정육점 주인은 모두 좋은 사람들이지만, 진정한 선함은 하루의 일과가 끝났다 해도 거기서 함께 멈추지 않는 것이란다."

어느 랍비와 제자에 관해 이와 비슷한 이야기가 있다. "탈무드에서는 황새는 하시다(hasida)라고 일컫습니다. 하시다는 '독실한' 또는 '애정이 많은'이라는 뜻이죠. 그러나 성경을 보면 황새는 부정한 새로 분류되는데, 이유가 무엇인지 알려주시겠습니까?"

"황새는 같은 종에게만 사랑을 준다네." 랍비가 대답했다.

가족이나 자신이 속한 공동체, 부족, 이웃, 국가의 사람들에게만 관심과 주의를 기울인다면, 그 사랑은 오만과 자만으로 오염된 것이다. 공감은 모든 사람에게 마음을 쓰는 겸손한 사랑을 요구한다. 공감적 사랑은 우리가 지위나 소유물을 모두 내려놓으면 타인과 다른 부분보다 같은 부분이 많다는 사실을 이해하는 겸손으로부터 비롯된다. 우리 모두는 삶이라는 망망대해 속의 작은 파도인 것이다.

공감이
정의하는 겸손   ○ ● ○

공감이 정의하는 겸손은 한쪽 극단에만 너무 집착하지 않으면서 자신의 강점과 약점을 인정하는 균형 지점이다. 겸손과 함께하면 자신의 업적을 과대평가해서 자만에 빠지거나 자신의 결점을 부풀려 봄으로써 자신감을 잃는 덫들에 걸리지 않을 수 있다. 정신과의사 프리츠 펄스(Fritz Perls)는 정신적으로 균형 잡힌 사람과 신경과민인 사람, 정신이상이 있는 사람의 차이를 이렇게 설명했다. 정신이상이 있는 사람은 "나는 에이브러햄 링컨이다"라 주장하고, 신경과민인 사람은 "나는 에이브러햄 링컨이 되고 싶다"라고 불평한다. 그러나 균형 잡힌 사람은 간단하게 이렇게 말한다. "나는 나다."

나는 겸손을 건강한 나르시시즘이라 일컫기도 한다. 건강한 나르시시즘이란 우리가 에너지를 자신을 향해 내적으로, 타인을 향해 외적으로 균형 있게 사용하는 법을 이해한 상태를 지칭한다. 이 상태에서 우리는 자만심으로 고개를 꼿꼿이 들거나("나는 나고, 내가 최고야") 거짓된 겸손함으로 어깨를 움츠리지 않은 채("나는 나고, 아무것도 아니야") "나는 나다"라고 이야기할 수 있다. 겸손은 우리가 0과 100 사이에서 균형을 찾게끔 돕는다.

다그 함마르셸드(Dag Hammarskjöld) 전 유엔사무총장은 자신의 책《이정표(Markings)》에서 겸손의 중도적 입장을 공감적으로 탐구한다.

겸손과 자기예찬이 서로 반대 지점에 있듯, 겸손과 자기비하 역시 정반대의 의미다. 겸손하다는 것은 비교하지 않는다는 뜻이기 때문이다. 겸손한 자아는 현실에서 안정감을 느끼며 자신을 우주의 그 무엇과 비교해서도 더 잘났거나 못났다고, 혹은 더 크거나 작다고 판단하지 않는다. 겸손은 아무것도 아님과 동시에 전부를 가진다.

공감을 통해 우리는 자신이 '전부'와 '아무것도 아닌 것'의 극단 사이 어딘가에 있다는 사실을 깨닫고 자기의 실체에 대한 안정감을 찾을 수 있다. 이어지는 구절에서 함마르셸드는 다음과 같이 적었다.

겸손은 실체를 체험하는 것, 그리고 그것을 우리 자신과 연관 지어서가 아닌 신성한 독립 상태로서 경험하는 것이다. 겸손은 우리 내면을 휴식 시킨 상태에서 보고, 판단하고, 행동하는 것이다. 그럴 때 얼마나 많은 것들이 사라지며, 얼마나 많은 남은 것들이 제자리를 찾아가는가.
존재 중심에 쉼을 허락한 우리가 만나는 세상은, 만물이 같은 방식으로 제 안에서 휴식하는 장소다. 그렇게 나무는 신비가 되고 구름은 계시가 되며, 각 개인은 우리가 그 풍부함을 그저 어렴풋하게 느낄 수밖에 없는 우주가 된다. 쉼이 있는 삶은 이렇게 단순하지만, 그 삶이 우리에게 펼쳐주는 책은 그 첫 글자조차 영영 이해할 수 없을 정도로 심오할 것이다.

겸손이란 우리 존재의 중심에 자리하는, 자신 안에서 안주하고 쉴 곳을 찾을 수 있는 장소다. 이 위치에서 우리는 자신이 우주의 중심이 아닌 그저 작고 사소한 일부분이라는 사실을 알 수 있고, 이 깨달음은 우리에게 궁극의 자유를 선물한다. 다양한 생명체들이 서식하는 거대한 구체 속 자신을 보노라면, 우리가 상대적으로 얼마나 보잘것없는 존재인지를 이해할 수 있다. 그리고 이 깨달음을 통해 우리는 최고가 되거나 가장 똑똑하거나 부유하거나 아름다워지려는 욕구에서 해방될 뿐 아니라 자신에 대한 겸손한 진실 속에 안주할 수 있다. 역설적이게도 이렇게 중간 지점에 자리 잡은 우리는 자신이 세상에서 가장 못나고 우둔하며 가난하고 매력 없는 사람일지도 모른다는 두려움에서도 해방될 수 있다. 공감이 데려다주는 중간 지점에서, 우리는 자신이 그렇게 위대하지 않다는 사실을 인정하지 않을 수 없음과 동시에 한편으론 그렇게 초라한 사람이 아니라는 사실도 기쁘게 덧붙일 수 있다.

공감은
어떻게 겸손으로 이어지는가 ○●○

특별한 상황 또는 삶 전반에서 타인의 관점을 취하는 행위이자 과정인 공감은 겸손을 요구한다. 다른 사람의 관점으로 볼 수 있으려면 먼저 자신의 시각을 포기할 줄 알아야 하며, 스스로 "내 시야는 충분히 포괄적이지 않아"라 말할 수도 있어야 한다. "난 충분히 잘하지 못해"라며 자신을 비난하는 것이 아니라, "나는 배우고 경험해야 할 것이 아직 많아"라 말하며 자기확장에 대한 의지를 전달하는 것이다. 공감이 탄생시킨 겸손은 '열린 마음으로 새로운 상황을 맞이할 수 있도록 자신의 이론과 편견을 접어두겠다'는 군건한 의지를 나타낸다. 참선 수행자들이 말하는 초심자의 마음처럼, 그것은 모든 편견을 깨끗이 훔치고 쓸고 닦고 박박 문질러 선입견을 완전히 제거해버린 상태를 의미한다.

'조망 수용(perspective taking, 상대의 관점으로 대상을 이해할 수 있는 능력을 나타내는 심리학 용어_옮긴이)' 분야를 연구하는 심리학자들은 겸손의 결여가 어떻게 공감을 방해할 수 있는지와 관련하여 다음의 통찰을 제공한다.

- 자기중심주의(egocentrism)는 자신의 감정과 생각이 타인에 대한 이해 능력을 간섭함에도 그것을 막을 수 없는 상태를 말하며, 결국 공감을 차단해버린다. 당신 세상의 주요 초점이 당신 자신의 욕망, 꿈, 희망, 두려움뿐이라면, 타인의 관점에서 보거나 자신의 필요와 타인의 욕구를 구분하는 일이 어렵게 느껴질 것이다. 이는 마치 어느 오래된 농담과 비슷하다. 한 남자가 몇 시간 동안 계속해서 자기 문제에 대해 이야기하더니 친구를 보고 말한다. "이제 난 충분히 말한 것 같아. 그래서 '너'는 나에 대해 어떻게 생각해?"
- 타인의 관점에서 바라보며 그들의 생각과 감정을 정확히 추측하는 능력은 자기 자신의 감정, 욕구, 믿음, 생각을 더 많이 알아가면서 조금씩 얻어진다. 다른 이에게 손을 내밀겠다는 동기는 우리가 스스로를 이해할 때, 그보다 더욱 중요하게는 그렇게 알게 된 사실들에 대해 안정감을 느낄 때 생겨난다. 더 넓은 자기이해의 토대를 확

장시키지 못하게끔 훼방하는 것(슬픔, 트라우마, 학대, 공감이 결여된 관계)은 무엇이 됐든 당신의 공감 능력을 간섭할 것이다.

- 다른 사람의 관점에서 보려면 자신의 관점을 억제할 줄 알아야 하며, 이 고된 과정은 동기부여와 선천적인 능력 모두에 의지한다. 이 동기부여는 다른 사람을 도우려는 욕구(건설적 공감)와 다른 이들을 이용하려는 욕구(파괴적 공감) 모두로부터 파생될 수 있다.

- 건설적 공감은 겸손에서 직접적으로 파생된다. 겸손은 우리에게 더 나은 인간(더욱 이해심 많고 배려하며 용서하고 관용하는)이 되고자 하는 자극을 주기 때문이다. 그에 반해 파괴적 공감은 오만과 자만심에서 뻗어 나오고, 자신이 우주의 중심이며 주변 사람들은 자신에게 쓸모가 있을 때만 가치를 갖는다고 믿는다.

- 건설적 공감과 이타적으로 행동하려는 충동은 서로 교신할 수 있다. 첫 번째로 오는 필수 단계는 자기이해다. 자신의 생각과 감정을 더 잘 이해할수록 다른 사람의 감정을 읽는 일에도 더욱 능숙해지기 때문이다. 5세 이전의 유아들은 스스로를 대단하게 여기는 경향이 있어 자신이 무엇이든 할 수 있다고 믿곤 한다. 그러나 경험이 축적되고 두뇌 발달이 지속되면서, 아이들은 자의식이 더욱 강해지고 자신에게 한계가 있다는 사실을 깨달아간다. 자아인식은 겸손을 낳는다. 자신에게 강점과 약점이 모두 있다는 사실을 이해하면 완전히 새로운 감정의 세계가 앞에 펼쳐진다. 질투, 부러움, 불안정, 오만, 자신감, 물론 겸손까지 말이다.

사람들이 당신을 고유한 존재로서 돌보고 존중해준다면 당신은 이

난해한 감정들에 대처하는 방법을 터득하고 사회성을 키울 수 있을 것이다. 대니얼 골먼(Daniel Goleman)의 표현을 빌자면 이는 '감성 지능(emotional intelligence)'을 올리는 일이다. 하지만 당신이 계속해서 무시와 소외, 비난과 학대만 받는다면 유아기의 '대단한 자아' 시기에만 갇혀버릴 것이다. 흔들리는 자의식을 방어하기 위해 다른 사람을 탓하고, 완벽주의에 집착하며, 자신의 생각과 감정을 남에게 투사하고, 관용을 베풀지 못할 것이란 뜻이다. 이런 행위들 탓에 당신은 분노, 적대, 원망, 두려움, 수치, 죄책감과 같은 부정적 감정들의 숙주로 전락할 수도 있다.

- 건설적이고 유익한 공감은 학습을 통해 익힐 수 있다. 심리학자 윌리엄 이케스, 케럴 마랑고니(Carol Marangoni), 스텔라 가르시아(Stella Garcia)가 집필한 학술 논문에는 다음과 같은 내용이 등장한다. '공감적 이해는 훈련이 가능한 기술인 것으로 보인다. 우리는 목표지향적이고 즉각적인 피드백을 제공함으로써 이 기술에 대한 대체적·전반적 능력의 향상을 기대해볼 수 있다.'
  이를 구체적으로 표현하자면 우리는 타인의 관점으로 보고 공감을 담아 이야기를 듣는 방법, 충동을 제어하고 기분을 조절하며 감정과 이성의 균형을 찾고 갈등을 해결하는 방법, 친밀하고 오래가며 애정 어린 관계를 만드는 방법을 배우고 또 가르칠 수 있다는 것이 된다.

연구 결과가 보여주듯 공감은 노력이 드는 과정이며, 타인의 생각과 감정을 더욱 정확히 이해하기 위해 기꺼이 자신의 것을 잠시 포기할 수 있는 자세를 요구한다. 중심의 자리를 내어줌으로써 우리는 타인의 관점과 견해를 수용할 여유 공간을 얻을 수 있다. 공감은 겸손과 함께 확장되며, 오만과 자만으로 축소된다.

겸손은 공감의 근본 바탕이다.

겸손
연습하기 ∘ ● ∘

도움을 청해라

우리는 도움을 청할 때 자동적으로 자신을 낮춘다. 자신이 타인의 인도를 필요로 한다는 사실을 인정해야 하기 때문이다. 매일 누군가에게 도움을 요청하는 방법으로 겸손을 연습해라. 내게 닥친 문제에 대해 친구에게 도움을 구해라. 결혼생활의 문제에 관해 배우자에게 도와달라고 이야기해라. 낯선 사람에게 길을 물어라.

다음과 같은 겸손의 표현을 써서 질문해보자.

- 이 부분을 잘 이해하지 못하겠어요. 도와줄 수 있나요?
- 무엇을 해야 할지 모르겠네요. 좋은 생각이 있나요?
- 방향을 잃은 듯한 기분이에요. 길을 찾을 수 있게 도와주시겠어요?

자신의 필요보다 타인의 필요를 우선시해라

어떤 부부가 점심으로 치즈버거를 나눠 먹기로 했다. 종업원이 와서 버거에 양파를 넣을 것인지 묻는다. 아내가 "네"라고 말하는 동시에 남편은 "아니요"라고 대답했다.

여기서 겸손은 예상치 못한 전개를 이끈다. 사실 아내는 양파를 좋아하지 않지만 남편이 양파를 좋아한다는 걸 알았기에 "네"라고 대답한 것이다. 남편 역시 아내가 양파를 먹으면 소화불량에 시달린다는 사실을 떠올렸고, 그래서 "아니요"라고 답했다. 종업원이 펜을 들고 기다리는 동안 부부는 상의하기 시작한다. "양파를 넣지 않아도 돼." 남편이 말했다. 아내도 응수한다. "아니야. 내 것에서만 손으로 빼내면 되는걸."

이런 소박한 순간에서처럼 상대의 필요와 욕구를 자신의 것보다 우선시할 때마다 우리는 겸손을 발견할 것이다. 스스로에게 물어보자. 나는 사랑하는 사람을 위해 오늘 어떤 일을 할 수 있을까? 낯선 사람에게 어떤 도움을 줄 수 있을까? 나는 어떤 지점에서 주도권을 상대에게 넘겨줄 수 있을까? 꼭 필요하진 않지만 기꺼이 하고 싶은 일로는 무엇이 있을까?

경청해라

경청은 겸손과 공감의 핵심부에 존재한다. 상대의 말을 진심으로 깊이 경청해서 그 사람으로 하여금 자기 이야기가 전해졌다고 느끼게 만드는 것은 자신을 내려놓는 겸손의 행위이기 때문이다. '사막의 교모와 교부들(Desert Mothers and Fathers)'이라 불린 초기 크리스천 공동체에선 듣기 기술을 매우 강조했는데, 이 공동체와 관련된 한 가지 일화가 있다.

사막에 새로 들어온 사람이 장로 중 한 사람을 찾아가 물었다. "제 영혼을 구하는 데 도움이 될 만한 지혜의 말을 해주시겠어요?"

"당신의 영혼을 구하고 싶다면 누군가 당신에게 질문할 때까지 말을 하지 말아보십시오." 장로가 대답했다.

모리 교수가 제자와 나눈 대화도 이와 비슷한 맥락에 있다. "내 무덤에 찾아올 건가?" 모리 교수가 물었다. "네," 제자가 대답하고 덧붙였다. "하지만 교수님의 말씀을 듣지 못할 테니, 전과 같진 않겠네요."

"있잖아," 모리 교수가 말했다. "내가 죽고 난 다음에는 자네가 말을 하게. 나는 잠자코 듣고 있겠네."

기도하자

기도는 차분하게 자신을 낮추고 도움을 요청하는 방법이다. 신학자 사이먼 터그웰(Simon Tugwell)은 《불완전함의 방식(Ways of Imperfection)》에서 기도의 본래 의미는 도움을 향한 간청과 외침이라고 이야기했다. 또한 그는 '기도의 진정한 본질은 자신의 무능함을 아는 것에 있다. 그것이 아니라면 기도가 필요한 이유 역시 없을 것'이라고도 적었다. 이 단순한 도움 요청 행위는 영적으로 유익할 뿐 아니라 마음과 신체에도 이롭다. 또한 공감의 관점에서 더욱 중요한 것은 기도가 타인에게도 유익하다는 사실이다. 하버드 의대에서 수행한 일련의 실험에서, 허버트 벤슨(Herbert Benson) 박사는 기도하는 행위가 우리 몸을 '이완 반응'으로 이끄는 특정한 생리 변화를 유도한다는 사실을 밝혀냈다.

의학박사 래리 도시(Larry Dossey)가 《치료하는 기도(Healing Words)》에

서 인용한 수백 건의 연구에 따르면, 애정과 공감이 담긴 생각이나 기도는 강력한 치유 효과를 가져다줄 수 있다. 게다가 이 현상은 인간뿐 아니라 박테리아나 쥐에게서도 발견된다. 특별한 치유 능력이 없는 일반인 60명이 참여한 한 실험에서는 이들이 기도를 할 때 박테리아 배양 속도를 늦추거나 가속화할 수 있었음이 밝혀졌다. 그런가 하면 마취에서 풀려나고 있는 생쥐를 대상으로 진행한 또 다른 실험에서는 '기도를 받은' 쥐들이 더 빠른 회복 속도를 보인 횟수가 21회 중 19회였다는 유의미한 결과가 도출되기도 했다.

당신은 하루 중 아무 때나 기도를 할 수 있고, 그 대상은 신이나 위대한 영, 친구나 친지, 심지어 자기 자신도 될 수 있다. 길을 찾기 위해 애쓰고 있는 이들을 위해 기도해라. 세상을 떠난 이들의 영혼이 평화롭게 쉴 수 있도록 기도하고, 자신에게 힘과 이해와 믿음과 용서를 달라고 기도해라. 다른 사람들을 위해 기도하고, 겸손을 달라고 기도해라.

우리 모두는 죽는다는 사실을 기억해라

언젠가는 죽을 운명이며 이 땅에서의 삶은 한정되어 있다는 사실을 이해하는 것만큼 우리를 겸손하게 만드는 것은 없다. 죽음에 관한 우리의 질문에는 그 어떤 확실한 답도 존재하지 않으므로, 이 질문을 하는 단순한 행위조차도 우리를 겸손하게 만든다. 죽음 후에도 삶이 있을까? 우리의 영혼은 영원히 살아갈 수 있을까? 우리는 이승에서 어떤 목적을 따라 살아야 할까?

이것들은 단순한 종교적 질문이 아니라 삶의 기본 철학에 관한 질문이기도 하며, 그 안에는 실용적인 의미가 담겨 있다. 죽음을 인지하고 겸손해지듯 우리는 죽음으로부터 영감을 받을 수도 있다. 우리 없이도 세상이 계속 흘러가리라는 사실엔 의심의 여지가 없지만, 살아 있는 동안 우리는 가능한 한 세상을 더 좋은 곳으로 만들기 위해 노력할 수 있을 것이다. 그것으로 충분하다.

신의 모든 창조물에는 균열이 하나씩 있다.

– 랠프 왈도 에머슨(Ralph Waldo Emerson)

10장

용납

:

모순과 복잡성을 이해하기

그 전나무는 아무런 선택권도 없이 바위틈에서 생애를 시작해야 했다. (…) 나무가 얻는 영양분은 빈약하기 짝이 없었고, 땅 위로 난 몸통은 뒤틀린 모습이었으며 가지는 들쑥날쑥 뻗어 있었다. 거센 바람에 한쪽으로 심하게 구부러진 나무는 군데군데 나 있는 말라비틀어지고 부서진 가지 때문에 더욱 흉한 모습이었다. 그러나 꼭대기에선 (…) 잔가지 몇 대에 해마다 뾰족한 녹색 잎들이 돋아남으로써, 불완전하고 흉터투성이인 기형의 나무지만 생명이 있다는 사실을 증명해주었다.

- 해리엇 애로(Harriet Arrow)

존 F. 케네디 주니어가 마서스비니어드 섬에서 비행기 추락으로 세상을 떠난 후, 세간에는 그를 둘러싼 많은 이야기가 회자되곤 했다. 그중 내가 가장 좋아하는 이야기는 이것이다.

아주 오래전, 어린 존 주니어가 스키장에서 울고 있었다. 삼촌 바비가 아이에게 다가가 어깨에 팔을 두르고 말했다. "케네디가의 사람들은 울지 않는단다."
존은 고개를 들어 삼촌을 바라보며 천진난만하게 말했다. "이 케네디는 울어요."

또래를 훨씬 뛰어넘는 통찰력과 지혜의 소유자였던 이 어린 소년은 자신에 대한 진실을 당당히 말할 줄 알았다. 그는 자신이 남들과 다르다고 세상에 선언했다.

'나는 특별하고 독립적이며 개별적인 자아를 가진 사람이다. 내가 약할 때에도, 아니 특히 내가 약할 때 나는 자신을 있는 그대로 용납할 수 있다.'

이 이야기는 결말 부분도 감동적이다. 재클린 케네디는 아들이 한 말을 듣고 자랑스러운 미소를 지으며 아이를 품에 안았다. 그것은 어린 케네디가 어떻게 그렇게 자신을 잘 용납할 수 있었는지를 짐작케 하는 확인의 몸짓이었다. 그는 어머니의 격려를 통해, 있는 모습 그대로 굳게 서서 자신의 행동에 대한 타인의 기대를 용기 있게 거스를 수 있었다. 자신을 안전하게 에워싸는 어머니의 공감 덕분에 자기 본연의 모습을 찾을 수 있었던 것이다.

'너 자신에게 참되어라.' 이 옛 속담은 공감 어린 용납의 중심부에 자리를 잡고, 우리가 스스로 '나는 누구인가?'라는 질문을 해보도록 요구한다. 이것은 우리 삶에서 가장 도전적인 질문이 될 것이다. 이 질문에 진실되게 대답하려면 자기기만을 포기하고 우리 본성의 강인하고 우수한 부분뿐 아니라 약하고 실수하기 십상인 부분들까지 모두 수용할 줄 알아야 하기 때문이다. 타인을 강점과 약점이 모두 포함된 전체로서 용납하는 법은 먼저 자신의 '좋은' 면과 '나쁜' 면 모두를 받아들인 후에만 터득할 수 있다.

공감이
정의하는 용납   ○ ● ○

《진정한 사람되기》에서 칼 로저스는 다음과 같이 공감의 관점에서 용납을 정의했다.

내게 있어 용납이란 상대의 조건, 행동, 감정과 상관없이 그를 무조건적 가치를 지닌 사람으로 따뜻하게 존중하는 것이다. 그것은 상대를 개별적인 인간으로 존중하고 아끼는 것이며, 그가 자기만의 방식대로 감정을 품을 수 있도록 놔두는 것이다.

또한 이것은 상대의 기분이 부정적이든 긍정적이든, 그리고 현재의 행동이 과거의 태도와 얼마나 상충되든 상관없이 지금 이 순간 상대의 태도를 수용하고 그에게 관심을 기울이는 것이다. 상대의 변덕스러운 면을 용납함으로써 우리는 그에게 따뜻하고 안전한 관계를 만들어줄 수 있다. 한 인간으로서 누군가가 좋아해주고 아껴주는 것은 도움 관계에서 아주 중요한 요소로 보인다.

나 역시 용납이 타인에 대한 따뜻한 관심과 존중, 애정을 전달한다는 사실에 동의하나, 용납을 하기까지 수반되는 과정에 역점을 두는 것이 가장 중요하다고 생각한다. 공감이 정의하는 용납은 계속해서 발전하는 세 가지 단계로 구성된다. 첫 단계에서는 모든 모순과 복잡성을 포함한 자기 자신을 받아들이는 법을 배운다. 이러한 자기용납 단계 후 이어지는 두 번째 단계에선 모든 모순과 복잡성을 포함한 타인의 존재를 받아들이는 법을 터득하게 된다. 마지막으로 세 번째 단계에서는, 모순투성이의 복잡한 두 명의 인간이 만났을 때 필연적으로 발생할 수밖에 없는 또 다른 모순과 복잡성을 받아들일 줄 아는 방법을 익히게 된다.

늘 그렇듯 공감에선 자기용납이 가장 먼저 이루어져야 한다. 타인을 이해하기 위한 기틀을 마련해주는 것은 자기이해와 자아인식이기 때문이다. 우리가 눈을 크게 뜨고 자신의 내면을 들여다본다면 분명 좋은 점과 나쁜 점 모두를 찾을 수 있을 테고, 그러면 아마 너나할 것 없이 "정말 엉망진창이군!"이라는 탄성을 내뱉을 것이다. 그런데 이상하게도 이런 생각을 하면 마음이 편안해진다. 자신에 대한 진실에 항복하는 것은 끊임없이 현실을 거부하며 싸우는 것보다 훨씬 덜 고통스러운 일이기 때문이다. 몇 년씩 자신과의 싸움을 지속하던 우리는 스스로 이뤄낸 것이 아무것도 없다는 사실을 불현듯 깨닫는다. 이제 그만 포기하고 놓아주며, 자신에 대한 진실에 항복해라.

공감은 항복을 가능하게 한다. 공감은 우리에게 '괜찮지 않아도 괜찮다(It is okay not to be okay)'는 진리를 일깨워준다. '행복하게 살기'가 좋은 목표이긴 하나, 행복은 보통 순식간에 사라질뿐더러 되풀이하여 느끼기도 어렵다. 행복은 순간순간 만날 수 있는 것이며, 그런 기쁨의 순간 사이사이에는 우리가 헤쳐나가야 할 슬픔과 혼란, 비애와 절망이 아주 많이 자리하고 있다. 또 우리에게 행복할 권리가 있다고 누가 말했는가? 행복이 정말 자신의 특권이라 주장할 수 있는 사람이 우리 중에 있을까? 행복이란 건, 곧 지나갈 것임을 알면서 우리가 잠시 동안 소중히 간직하는 대상이 아닐까?

나도, 당신도 괜찮지 않지만 그래도 된다. 이것이 공감이 포용할 수 있는 철학이다. 언젠가 33세의 피아니스트 글렌은 콘서트 투어를 다닐 때 단 한 번의 실수도 용납할 수 없다는 말을 했다. 우리는 공감의 인도를 받아 그의 아버지에 대한 이야기를 나눴다. 전기 기사였던 아버지는 항상 다른 사람(특히 아들)을 깎아내림으로써 자신을 높이려 했다. 아버지를 '괜찮지 않은'(완벽하지 않고, 비판적이며, 불안정한) 사람으로 받아들이고 나자, 글렌은 자신 역시 똑같이 '괜찮지 않다'(완벽하지 않고, 비판적이며, 불안정하다)는 사실을 인정할 수 있었다. 자신의 불안정성은 유난히 비판을 잘하고 불안정한 아버지 밑에서 자라는 일상의 일부이며 어느 정도는 정상이라고 여기는 것이 가능해지자 그는 스스로를 지극히 인간다운 인간, 즉 '괜찮지 않지만 괜찮은 사람'으로 용납할 수 있었다.

예수회 신부이자 탁월한 이야기꾼인 앤서니 드 멜로(Anthony de Mello)는 '괜찮은' 상태에 관한 귀중한 고찰을 제시했다. 다음의 인용문은 드 멜로의 가르침에 관한 카를로스 발레스(Carlos Valles)의 책《사다나의 통달(Mastering Sadhana)》에 수록된 것이다.

'나도 괜찮고 당신도 괜찮다(I'm O.K, You're O.K)' 이론은 파멸을 가져오는 가르침이라네. 이 이론으로 인해 우리에겐 반드시 괜찮다고 느껴야 한다는 의무감이 생기며, 괜찮다는 기분이 들지 않으면 무언가가 잘못된 것이라 생각하게 되지. 그건 그야말로 견딜 수 없는 일일세. 난 내가 괜찮아지기 위해 괜찮지 않고 싶네. 내 말이 이해하기 어려울 걸

세. 그건 나는 괜찮지 않을 수도 있지만, 그래도 정말 괜찮다는 뜻이네. 우리는 '괜찮음'의 덫에서 빠져나와야 하네. 사실 나는 '나도 얼간이고 당신도 얼간이다'라는 제목으로 책을 쓰려 한다네. 아마도 그 책은 '괜찮아지기 이론'의 해독제가 되겠지. 어떤 이가 벌써 이 책의 부제도 지어주었다네. '당신에게 짜릿한 쾌감을 안겨줄 책!'

공감이라는 광각 렌즈를 통해서만 볼 수 있는 용납은 우리가 '괜찮음의 덫에서 빠져나올 수 있는' 길이다. 용납은 '나는 괜찮지 않다'라고 이야기한다. 그런데 이상하게도 우리는 자신이 괜찮지 않다는 사실을 인정할 때 기분이 나아지는 것을 느끼고, 그렇게 스스로에 대한 진실에 자신을 내맡기면 놀라운 일이 일어난다. 우리가 변화하기 시작하는 것이다. 아주 천천히, 거의 알아차릴 수 없을 정도로 미세하게 우리는 스스로에게 굴복하기 시작한다. 19세기 철학자이자 심리학자인 윌리엄 제임스는 이것을 '기존의 경직성이 부서지고 녹아내리면서 길을 내어주는' 과정이라 설명하며, 항복(surrender)이라 일컬었다.

내면의 얼음덩어리가 녹아내리면 우리는 자신의 의지나 지시와 상관없이 변하기 시작한다. 칼 로저스는 용납을 변화로 연결시키는 '신기한 역설'에 대해 이렇게 설명했다.

내가 자신을 있는 그대로 받아들일 때 나는 변화할 수 있다. 완전히 자신을 '용납'하기 전까지는 변화를 할 수도, 자기 자신에게서 벗어날 수도 없다는 교훈을 나는 내담자들과 스스로의 경험에서 얻었다고 믿는다. 그런 다음에는 우리가 거의 알아차리지도 못하는 사이에 변화가 찾아온다.

'사람은 자신을 스스로 인정하지 않는 한 편안해질 수 없다'라고 마크 트웨인(Mark Twain)은 이야기했다. 나는 이보다 더 진실된 말은 없다고 생각한다. 자신에 대한 용납은 스스로에서 비롯되어야 하지만, 우리로 하여금 자신에 관한 복잡한 진실에 마음을 열 수 있게 만드는 유일한 것은 오직 공감의 힘이다. 공감의 힘은 타인이 우리의 생각과 감정에 관심을 가져주고 우리가 그러한 관심을 받을 가치가 있다는 사실을 확인시켜준다.

공감은 어떻게 용납으로 이어지는가 ∘ ● ∘

공감은 우리의 시야를 확대시켜 용납으로 인도하고, 우리는 커다란 공감의 눈을 통해 더 큰 그림 안에 있는 자신을 본다. 타인과의 관계라는 맥락 속에 자신을 집어넣음으로써 자신이 그 안에서 어떻게 어우러지며 어디에 소속되어 있는지를 보게 되는 것이다. 더 큰 공동체 안에서 자신의 위치를 찾은 우리는, 서로를 필요로 한다는 사실을 받아들일 때에만 인간은 자신을 용납할 수 있다는 사실을 깨우친다.

자기용납은 타인을 용납하는 데 필수적인 첫 단계다. 자신의 본모습이 된다는 것은 내가 누구이며 어디에 어울리거나 속한 사람인지를 알아가는 과정이고, 이 과정은 영영 끝나지 않을 것이다. 우리는 관계 속에서 늘 변화와 성장을 거듭하고 상대 역시 비슷한 발전 과정을 겪기 때문이다. 속도가 조금 더 빠르거나 느린 이들도 있겠지만 모든 사람들은 당신과 같은 기본 과업, 즉 자신이 누구이며 어디에 속한 사람인지를 알아내기 위해 애쓰고 있다.

얼마 전 근처 마을에서 열 살짜리 소녀가 눈보라 속에서 아주 안타까운 사고로 목숨을 잃은 일이 있었다. 아버지가 아이를 태우고 운전 중이었는데 땅이 얼어 있는 곳에서 차가 미끄러져 눈 더미를 들이받은 것이다. 아버지와 딸은 많이 놀라긴 했으나 다치진 않았고, 차에서 빠져나와 길가에 서서 도와줄 사람이 오길 기다리고 있었다. 그런데 한 픽업트럭이 언 땅을 지나다 그들과 똑같이 미끄러지는 바람에 길에 서 있던 부녀를 덮쳤고, 아버지는 중상을 입었으며 딸은 목숨을 잃고 말았다.

이 비극으로 지역 주민들은 큰 슬픔과 충격에 빠졌다. 사고 이튿날 나는 친구 베티에게서 전화를 받았다. 지역 교회의 목사인 그녀는 아이의 장례식에서 추도사를 할 예정이었다. 아이의 죽음으로 비탄에 잠긴 베티는 도저히 자신의 감정을 다스릴 수 없으며, 사람들에게 어떤 말을 해줘야 그들이 슬픔을 견뎌내도록 도울 수 있을지 모르겠다고 말했다. "완벽한 설교를 해야 한다는 생각이 강하게 들지만 그럴 힘이 나지 않아."

잠시 동안 베티는 어렸을 때부터 품어왔던 완벽에 대한 집착을 언급하며, 자신은 엄격하고 냉담한 아버지로부터 늘 이성을 잃지 않고 가장 깊은 감정을 숨겨야 한다는 가르침을 받아왔다고 말했다. 그리고 나서 그녀는 아이의 어처구니없는 죽음을 이해할 수 있게 도와달라며 자신의 품에 안겨 간곡히 애원하고 흐느끼던 교구민들의 이야기를 하기 시작했다.

"난 신이 아니야." 그녀가 눈물을 터뜨리며 말했다. "난 그저 인간일 뿐이라고."

"그게 네 답인지 궁금하네." 내가 말했다.

"내가 신이 아니라는 것 말이야?"

"그래." 내가 말했다. "방금 내게 한 말을 교구민들에게도 할 수 있을지 궁금해. 너 역시 엄청난 비탄에 잠겨 있음은 물론, 사람들이 네 도움을 필요로 하는 만큼 네게도 그들의 도움이 필요하다는 사실 말이야. 내 생각으론 네가 모든 답을 알고 있진 않다는 사실을 말해도 괜찮을 것 같아. 또 신자들에게 서로를 돌보고 지탱해줄 힘이 있음을 믿는다는 얘기도 해주는 게 어떨까?"

"그렇게 솔직하게 얘기하는 건 책임 회피가 아닐까? 나는 고통 속에 있는 사람들이 답을 찾기 위해 의존할 수 있는 강인한 존재가 되어야만 하잖아." 베티가 말했다.

"하지만 고통에 관한 가장 근본적인 답은 우리가 서로를 필요로 한다는 사실 아니겠어? 베티, 네가 과거에 아주 자주 했던 말이 있어. 우리의 힘은 서로를 필요로 한다는 데 있다는 말 말이야."

"맞아." 베티가 말했다. 이제 그녀에게 새로운 희망과 흥분이 밀려오는 것 같았다. "그게 바로 내 믿음이야."

장례식에서 베티는 미리 준비한 원고 없이 추도사를 했다. 그녀는 자신도 깊은 고통을 느끼고 있으며 연약한 사람으로 비치는 것이 두렵다는 사실을 인정하면서, 신자들이 서로 힘을 합쳐야만 조금씩 상처를 치유할 수 있을 것이라 강조했다. 자신의 강인함이 전적으로 약함에서 비롯된다는 사실을 이해하고 난 뒤 베티는 치유와 변화를 일으키는 공감의 힘을 몸소 느낄 수 있었다. 그녀가 교구민들 앞에서 솔직한 눈물을 보이자 깨진 마음들은 치유되어 온전해지기 시작했다.

'깨진 마음을 가진 자만큼 온전한 사람은 없다.' 사소프의 랍비 모세 레이브(Moshe Leib)는 말했다. 우리는 스스로가 깨져 있다는 사실을 인정할 때에만 온전해질 수 있다. 이 땅의 모든 사람에겐 저마다 깨진 구석이 있다. 상심, 고통, 비애, 상처, 충족되지 않은 갈망, 고통스러운 실망감 같은 것들 말이다. 이것들은 우리가 염려해야 하는 약점이나 숨기려 노력해야 하는 흠집이 아니라, 삶을 솔직하고 적극적이고 충만하게 살아가면서 얻는 영광의 상처일 뿐이다.

상처는 살아 있기 때문에 얻는 것이다. 이 세상을 활보하면서 생각하고, 느끼고, 행동하고, 반응하는 동안 우리는 흑이나 멍 같은 것들을 얻는다. 어떻게 그렇지 않을 수 있겠는가?

유대인 철학자 마르틴 부버의 말을 반복해서 인용하자면 '진정한 삶은 전부 만남'이며, 우리는 때때로 서로 만나서 부딪히기도 하기 때문이다. 우리 삶에서 발견할 수 있는 가장 깊은 용납이란 아마도 친밀한 관계에 필연적으로 등장하는 기쁨과 고통 모두를 전폭적으로 수용하는 일일 것이다.

용납
연습하기

○ ● ○

내려놓아라

심리학자 윌리엄 제임스가 100년도 더 전에 말했듯, 당신이 '손을 놓아'버린다면 '내면의 안도'를 얻을 수 있을 것이다. 그는 한 이야기를 통해 이 논지를 설명했다. 어떤 남자가 깜깜한 밤중에 홀로 길을 걷다 낭떠러지 옆으로 미끄러지고 말았다. 살기 위해 필사적으로 몸을 허우적대던 그는 가까스로 아주 작은 나뭇가지를 움켜쥘 수 있었다. 그는 몇 시간 동안 안간힘을 쓰며 가지에 매달렸지만 더 이상은 버틸 힘이 없었다. 절망이 담긴 최후의 외침과 함께 그는 가지에서 손을 놓는다. 그런데 그가 추락한 높이는 알고 보니 고작 15센티미터 정도였다.

이 이야기의 마지막 부분에서 제임스는 '좀 더 일찍 포기했더라면 그는 그렇게 큰 고통을 느끼지 않아도 됐을 것'이라고 풍자적으로 이야기한다.

자신에게 물어보자. 삶에서 내가 혹여나 잃어버릴까 두려워하며 꽉 붙들고 있는 것은 무엇일까?(부, 건강, 결혼, 우정, 자녀, 행복, 안정성, 마음의 평화, 집, 차, 젊음 등 그 답은 당연히 우리의 삶만큼이나 각양각색일 것이다.) 그것을 놓치지 않으려 애쓰면서 나는 어떤 대가를 치르고 있을까? 나는 움켜쥔 손에서 힘을 풀 수 있을까? 낭떠러지 아래에는 무엇이 기다리고 있을까? 추락하는 높이는 어느 정도일까? 손을 놓는다면 살아남을 수 있을까?

비판을 받아들이는 법을 배워라

진정한 의미에서 온전히 자기 자신이 된다면, 이제는 당신을 싫어하고 반대하며 바꾸려 드는 사람들과 만나게 될 것이다. 안토니오 포르치아(Antonio Porchia)가《목소리(Voices)》에서 '그 길이 당신의 것이라면 사람들은 길을 잘못 들었다고 지적할 것이다'라 했던 것처럼 말이다. 물론 비판이 마땅히 필요한 경우도 있고, 적절한 비판은 우리에게 많은 교훈을 주기도 한다. 그러나 비판적 언사는 무고한 사람을 향하거나, 불필요한 상황에서 사용되거나, 남을 조종하려는 목적으로 쓰이기도 한다. 그러므로 적절한 비판과 그렇지 못한 비판을 가려내는 것은 매우 중요하고도 까다로운 일이다.

스스로 남을 자주 비판한다는 생각이 든다면 공감을 사용해서 자기 불안정성의 근원이 무엇인지 확인해봐야 한다. 내 경험상 비판을 많이 하는 사람들은 불안정한 경우가 많다. 그들은 쉽게 동요하고 자신이 보호받지 못하고 있다고 느끼며 다른 이들을 몰아세우곤 한다. 자신에게 물어보자. 나는 어떤 상황에 있을 때 자신을 용납하는 것이 어렵게 느껴질까? 구체적으로 어떤 사람들과 함께 있을 때 불안하고 균형감을 잃을까? 상황을 어떻게 바꿔야만 더 안전하게 느끼고 안심할 수 있을까?

자신과 타인을 쉽게 비난하는 경향이 있다면 일반적으로 그것은 과거에 해결하지 못한 고통이 존재한다는 뜻일 가능성이 높다. 과거의 무언가가 현재까지도 마음의 평화를 방해한다는 의미다. 따라서 자신의 불안정성이 어디에서 왔는지를 알아낸다면 현재에서 솔직하고 정직하게 그것에 대처하는 데 도움이 될 것이다.

기억해라: 성장은 고통에서 온다

타인에게 솔직해지고, 자신에게도 도움이 필요하다는 사실을 받아들이면 당신은 상처받기 쉬운 상태가 될 것이다. 어떤 이들은 왜 그런 일을 해야 하는 건지 궁금해하기도 한다. 언젠가 나를 갈기갈기 찢어놓을지도 모르는 이들에게 왜 내 마음과 영혼을 열어야 할까?

공감의 힘을 이해하고 나면 누구를 믿고 누구를 의심해야 할지 분간하는 것이 가능해진다. 당신의 평가 기술을 사용해라. 주의 깊게 상대의 말을 듣자. 그가 자기 의도라고 밝힌 것과 실제 행동이 일치하는지 주도면밀하게 확인해야 한다. 자신이 어떤 방식으로 남에게 이용당할 수 있는지 숙지하자. 누군가가 진심으로 당신을 위하고 있으며 믿음직스럽다고 확신할 수 있다면, 마음을 다해서 그 관계 속으로 들어가라.

사람과 사람 사이의 진정한 관계 속에 있는 한 우리가 상처받지 않을 길은 없다. 그러나 수많은 지혜로운 이들이 상기시켜줬듯 고통은 우리의 가장 위대한 스승이다. 우리는 고통을 통해 성장하며, 우리의 가장 깊은 상처는 가장 강력한 힘의 원천이 되기도 한다. 자신에게 물어보자. 무엇이 나의 가장 깊은 상처일까? 날 가장 꾸준히 아프게 하는 건 무엇일까? 나는 어떻게 이 고통을 통해 성장하고 변화하여 용납, 관용, 사랑을 베푸는 더욱 강인한 인간이 될 수 있을까?

타인과의 관계에서 얻은 손해보다는 어떤 치유를 얻었는지 집중적으로 바라보자. 고통스럽거나 실망스러운 일이 일어날 때마다 스스로 이렇게 질문하는 것을 몸에 익히자. 이 경험에서 나는 무엇을 배울 수 있을까? 나는 다른 어떤 방식으로 이 상황을 처리할 수 있었을까? 인간 영혼의 지략과 탄력성에 관해 이 고통은 어떤 교훈을 내게 주었을까?

자신에게 어울리는 장소를 찾아라

우리는 자신을 용납해주려는 사람들을 찾아냄으로써 스스로를 받아들이기도 한다. 이런 일은 심리치료에서 자주 일어난다. 오해 받고 있다고 느끼며 홀로 괴로워하는 이들이 자신이 잘 적응하고 어울릴 수 있는 장소를 찾아내는 것이다. 이제 그들은 자신으로부터 도망치는 것을 멈추고, 다양한 장단점을 가진 자신을 있는 그대로 받아들이기 시작한다.

집에 대해 생각해보자. '집'이라는 단어는 당신에게 어떤 의미인가? 그곳에 가면 어떤 기분이 드는가? '집'은 당신의 불완전함을 포용하고 당신이 잘 어우러질 수 있는 장소인가? 단점을 갖고 있음에도 당신이 관심과 사랑을 받는 곳, 오히려 약점 덕분에 사랑받을 수도 있는 장소인가? 당신의 진정한 집은 어디인가? 당신은 어디에서 안전하다고 느끼는가?

또한 집처럼 편하게 느껴지지 않는 장소는 어디인지도 생각해보자. 당신 스스로가 '부적응자'처럼 느껴지는 이유는 당신 자체가 아닌 다른 사람이 되기 위해 노력해야 하기 때문인가, 아니면 그곳의 사람들이 당신을 있는 그대로 용납하려 하지 않기 때문인가? 당신은 타인이 당신에 대해 정해둔 기대치에 응하려 노력 중인가? 그 장소에 어울리는 사람이 되기 위해 노력하는 것은 당신에게 어떤 영향을 주는가? 그것은 계속 노력할 가치가 있는 일인가? 그것으로 무엇을 얻을 수 있는가? 또 무엇을 잃을 것인가?

홀로 시간을 보내라

혼자 있을 수 있는 능력 또한 자신과 타인을 용납하기 위한 필요조건이다(한편으론 자신을 괴롭게 만들기도 하겠지만 말이다). 다른 이들과 불편하지 않으려면 혼자서도 편안히 있을 수 있어야 한다. 정신분석학자 에리히 프롬은 《사랑의 기술》에서 이 자명한 진리를 설명했다. '내가 자립할 수 없어서 누군가에게 집착한다면, 그 사람은 내 생명의 은인이 될지는 몰라도 둘의 관계는 사랑에 기초한다고 볼 수 없다. 역설적이게도, 홀로 있을 수 있는 능력은 사랑할 줄 아는 능력의 조건이 된다.'

홀로 있을 수 있는 방법으로는 몇몇 가지가 있다. 산책을 하거나, 책을 읽거나, 일기장에 자신을 향해 글을 쓰는가 하면 혼자 운전을 하거나 낮잠을 잘 수도 있다.

혼잣말을 하는 것도 방법이다. 유달리 피곤하고 스트레스를 받거나 어떤 상황이나 사람 때문에 곤란에 처했을 땐 나 역시 맘속으로 자신과의 대화를 조금씩 하는 편이다. 나는 화장실에 들어가 거울에 비친 아버지의 모습을 보면서, 아버지의 확신에 찬 목소리를 사용하여 혼잣말을 한다. "너는 할 수 있단다, 아서." 그럴 때 나는 마치 아버지가 옆에 함께 계신 것처럼 그분의 목소리를 또렷이 들을 수 있다. "난 널 믿는다. 넌 항상 위기에 잘 대처해왔어."

혼자 있을 때 당신은 누구의 목소리를 듣는가? 긍정과 낙관이 담긴 도움의 목소리인가, 아니면 책망과 비난이 들어 있어 당신에게 수치를 주는 목소리인가? 우리는 홀로 시간을 보내면서 자신의 소리를 듣는 법을 배우고, 자신에게 귀를 기울이면서 스스로를 알아가기 시작한다. 자신을 알아가면서 자신을 견디는 법도 배우고, 자신을 견디는 법을 배우면서 스스로를 있는 그대로 수용하는 법을 터득하며 내가 되고 싶은 모습에 관한 현실적인 목표를 세울 줄도 알게 된다. 그러면서 우리는 어떤 꿈들은 포기하지만 한편으론 또 다른 새로운 꿈을 품기 시작할 것이다. 더불어 과거의 환영(幻影)을 마주보고, 과거가 어떻게 현재에 간섭하고 있는지도 알아낼 수 있을 것이다. 이런 과정을 통해 우리는 예수회 사제인 월키 오(Wilkie Au)가 말한 '자기애(self-love)'를 발견할 것이다.

우리는 자기애를 통해 자기 자신을 넘어서는 데, 즉 자기초월(self-transcen-dence)을 하는 데 필요한 조건을 갖출 수 있다. 스스로를 용납하게끔 만드는 은혜는, 타인과 우리를 갈라놓았던 벽을 무너뜨리려는 내면의 의지를 동시에 불러일으킨다.

충분한 시간을 들여라

용납은 쉽게 얻을 수 없으며 단계별로 차근차근 진행된다. 자신을 용납하는 것은 첫 단계에 불과하고, 두 번째 단계인 타인에 대한 용납은 첫 단계와 똑같이 어렵다. 당신은 사람들의 결점과 복잡성 모두를 포함하여 그들을 받아들여야 하고, 그들의 세계관은 물론 (더 어렵겠지만) 당신에 대한 견해까지도 수용할 줄 알아야 한다.

당신은 다른 사람의 비판을 받아들이며 살 수 있는가? 그들의 정치적·종교적 신념이 당신과 다르다면 어떻게 하겠는까? 그들이 자신의 관점을 바탕으로 어떤 입장을 취하면 당신은 그것을 정당하다고 받아들일 수 있을까? 자녀를 향해 품은 꿈과 자녀가 원하는 꿈이 다를 때는 어떻게 해야 할까? 아이들이 자신의 길을 가게 두어야 한다는 사실을 받아들일 수 있는가? 친구가 관용을 베풀지 못하거나 편견을 가질 때 그들을 용납할 수 있는가?

무엇을 허용하고 무엇을 받아들일 수 없는가? 당신은 무엇을 바꿀 수 있는가? 무엇을 바꾸길 거부하는가? 이유는 무엇인가?

> 남들과 다르거나 군중과 몇 발짝 떨어져 있다는 것에 대한
> 두려움이 얼마나 막강한지를 이해하려면,
> 먼저 타인과 분리되지 않으려는 욕구가
> 얼마나 깊은지를 이해할 수 있어야 한다.
>
> – 에리히 프롬

11장

관용

:

차이점이 아닌 공통점에 주목하기

실제로 사람들의 삶은 전부 연결되어 있다.
모든 사람은 관계를 맺으면서
운명이라는 한 벌의 옷으로 짜여지고
그것에서 빠져나올 수 없다.

- 마틴 루터 킹 주니어(Martin Luther King Jr.)

일상에서 마주하는 한 가지 어려운 과제는 서로를 '견뎌내는 법'을 터득하는 것이다. 우리가 서로를 '필요'로 한다는 것은 분명하다. 실제로 우리의 신체·정서적 건강이 애정 어리고 든든한 관계에 의존한다는 사실을 명백히 입증하는 심리연구 결과는 수십 건도 더 된다. 인간이 밀접한 애정관계를 필요로 하는 것에는 생물학적 근거가 있다는 데 심리학자나 신경학자, 면역학자나 철학자 모두가 동의하는 것 같다. 나는 이렇게 타인과 연결되고 싶어 하는 우리의 기본 욕구가 공감에 의해 작동한다고 믿는다.

공감은 우리로 하여금 서로 소통하고 상대를 이해하게 하며, 가장 중요하게는 정신적·신체적 건강을 위해 더불어 살아가는 법을 터득하게 해준다. 우리가 관용을 베푸는 것은 서로에게 공감할 수 있기 때문이다.

공감은 곧 관용의 생물학적 기초라는 뜻이다. 우리 모두가 동일한 존재로서 같은 감정을 느끼고 완전히 같은 생각을 한다면 공감은 아무런 쓸모도 없어질 것이다. 타인의 생각과 감정은 나 자신의 것과 정확히 일치하는 복제물일 것이고, 그렇다면 다른 사람이 무엇을 생각하고 느끼는지 자동적으로 알 수 있을 테니 말이다. 그러나 현실에서 우리는 남들과 똑같이 생각하고 느끼지 않는다. 사실 사람들이 저마다 각양각색으로 반응하는 모습을 보고 있으면 서로 잘 어울리는 것이 신기할 지경이다.

우리가 서로 잘 어울릴 수 있는 것은 공감 덕분이다. 코네티컷대학교의 심리학자 로스 벅(Ross Buck)과 벤슨 긴스버그(Benson Ginsburg)는 이러한 공감을 '유전자에 담긴 원초적 소통 능력'이라 일컫기도 했다. 공감이 우리의 공용어이기에, 설령 언어를 뺏길지라도 우리는 여전히 상대의 눈빛이나 얼굴 근육의 움직임, 손의 감각, 그리고 타인의 마음과 영혼을 들여다보고 진실을 간파하는 통찰력을 바탕으로 서로 소통할 수 있을 것이다. 공감함으로써 차이점은 서서히 눈에 띄지 않게 되고, 사람들은 공통점에 주목하기 시작한다. 타인과의 연결을 갈망하는 가슴, 이해받기를 간절히 원하는 영혼에 말이다. 공감은 관용으로 이어지며, 관용은 기꺼이 차이를 견뎌내려는 자세다. 공감은 평생 동안 우리 의식을 확장시키면서, 우리가 이 행성 위에 있는 엄청난 다양성을 가치 있게 여기고 항상 존중할 수 있도록 영향력을 행사한다.

심리학자로서의 정식 업무를 시작했을 때 나는 살인죄 선고를 받은 한 수감자와 잊지 못할 만남을 가졌다. 당시 나는 낮시간엔 뉴헤이븐에 위치한 서던코네티컷주립대학교에서 심리학을 가르쳤고, 매주 이틀은 저녁시간에 룸메이트와 함께 지역 교도소를 방문하여 상담을 진행했다. 그곳에 간 첫날 밤, 교도소장은 가장 도움이 필요하다고 판단되는 수감자 한 사람에 관한 설명을 내게 간단히 해줬다.

"정신과 의사가 말하길 이 남자는 사이코패스랍니다." 교도소장은 수감자 파일을 건네며 이야기했다. "자기 처남을 무참하게 살해한 사람이에요. 키 193센티미터에 몸무게가 110킬로그램쯤 되는 거구의 사나이고, 매일 체력단련실에서 운동을 하죠." 혹 우리를 겁먹게 하려는 의도가 교도소장에게 있었다면 그 효과는 충분히 거뒀을 법한 말이었다.

나는 나보다 15센티미터는 더 크고 몸무게도 20킬로그램이나 더 나가는 룸메이트를 바라봤다. "어이, 조. 여기 온통 네 이름이 적혀 있는데?" 나는 그에게 파일을 건네며 말했다.

"말도 안 돼." 그는 웃으며 항복하듯 손을 들고 내게서 물러나며 말했다. "기억해봐, 아서. 이 일을 해보자는 건 네 아이디어였잖아. 난 이번 건에서 빠질게."

콘크리트 벽으로 둘러싸인 넓은 방으로 나를 데려간 교도소장은 행운을 빌어준 다음 수감자와 나만 두고 자리를 떠났다. 수감자는 책상에 앉아 낡고 닳아빠진 성경책 위에 손을 포개고 있었다. 잘생기고 건장한 그는 내가 의자를 빼서 앉는 모습을 지켜봤다.

"내가 사이코패스라고 사람들이 말해주던가요?" 그가 말했다. 아주 낮지만 놀라울 만큼 부드러운 목소리였다.

"네." 나는 그가 진실을 원한다는 사실을 알고 대답했다.

"음, 혹시 마음이 정해졌다면 돌아가셔도 좋아요." 그가 나를 응시하며 말했다.

"전 아직 마음을 못 정했습니다. 당신 이야기를 들으러 왔으니까요."

오랜 침묵과 날카로운 질문이 몇 차례 있은 후, 수감자는 내게 자기 이야기를 하기로 결심했다. 어떤 여성과 결혼했고("내 인생에서 사랑할 단 한 여자죠"라고 그는 말했다) 두 살배기 아들이 있는 그는 하루 열 시간씩 매주 6일간 신발 공장에서 일했고, 늘 날이 어두워진 후에야 귀가하곤 했다. 어느 겨울밤 아홉 시경, 아파트에 돌아온 그는 술에 취한 처남이 화를 내며 자신의 아내를 때리고 있는 장면을 목격한다. 아들은 겁에 질린 채 구석에 웅크리고 있었고, 상처가 난 아내의 볼에선 피가 흘러내렸다.

"처음엔 처남을 말로 설득하려 해봤지만, 식탁에 내리쳐서 깨뜨린 위스키 병을 들고 내게 돌진하더군요. 처남의 덩치는 그리 큰 편이 아니었어요. 하지만 난 깨진 병을 피해야 해서 일단은 그를 밀쳐냈죠. 그래도 내게 다시 달려오기에 그땐 때렸고, 그런데도 또 달려들어서 그의 턱을 주먹으로 세게 갈겼어요. 처남은 뒤로 넘어지면서 식탁에 머리를 부딪쳤고, 아내와 아들이 보고 있던 거실에서 죽고 말았습니다. 배심원들은 한 시간도 안 돼서 내게 살인죄를 선고했어요."

그가 책상 위로 몸을 기울이며 물었다. "혹시 클로딘 롱제(Claudine Longet)를 아나요?"

나는 고개를 끄덕였다. 영화배우이자 유명 가수 앤디 윌리엄스(Andy Williams)의 아내인 롱제는 올림픽 스키선수였던 애인의 등에 총을 쏴서 그를 살해했다.

"그냥 당신이 어떻게 생각하는지 궁금했어요. 부유한 백인 여성이 한 남자의 아파트에 따라 들어가 애정싸움을 하다가 그 사람 등에 총을 쏴버렸어요. 그녀는 감옥에서 단 하루도 보내지 않았죠. 그런데 난 아내와 아들을 지켰다는 이유로 12년형을 받았고, 사이코패스라는 낙인까지 찍혔네요."

그가 계속 말했다. "이 감옥을 한번 둘러보세요. 여기엔 백인이 한 명도 없습니다. 멕시코 출신의 마약상 한 명을 빼곤 모두 흑인이죠." 두 손으로 머리를 감싸고 잠시 말을 멈췄던 그는 해진 가죽 성경을 집어 들어 자신의 넓은 품에 끌어안았다. "난 이걸 매일 읽어요. 날마다 평온해지려고 노력하지만, 영영 사라지지 않는 마음의 가책이 있죠. 사람을 죽였으니까요. 난 평생 괴로울 겁니다."

그날 밤 나는 새로운 사람이 되어 교도소를 나섰다. 그전까지의 나는 관용을 베풀 줄 아는 사람이라는 사실에 항상 자부심을 느꼈었다. 나는 미국에 거주하는 이탈리아인 2세였고 아무도 시아라미콜리라는 내 성을 제대로 발음하지 못했다. 삶에서 관용을 얻지 못한 경험이 너무도 많았던 나는 열린 마음으로 차이를 보고 그것을 존중하는 것의 가치를 뼈저리게 잘 알고 있었다. 그러나 그날 밤, 살인죄 선고를 받고 내가 속한 직업군에 의해 사이코패스라는 꼬리표까지 얻은 남자와 마주앉았을 때, 나는 사람의 생각과 가슴을 닫아버리게 하는 편견의 힘을 체감할 수 있었다. 그의 외로움과 두려움이 느껴졌고, 마음을 다 정했으면 떠나라고 말하는 목소리에선 고통을 감지할 수 있었다. 그날 나는 불관용이 어떻게 인간의 영혼을 포로로 잡아 희망을 파괴하고 믿음을 약화시키는지 이해했다. 또한 신을 향한 믿음이 어떻게 인간에게 마음의 평안을 가져다주

느지도 볼 수 있었다. 설령 마음의 가책이 그를 영영 쉴 수 없도록 하겠다 했을지라도 말이다.

집으로 돌아간 나는 책들을 보관하는 박스를 샅샅이 뒤져 부모님이 내 세례 기념으로 선물해주셨던 성경책을 꺼냈다. 내가 보고 싶어 하는 구절이 신약에 있다는 사실만 알고 있었기에 그 부분을 찾기까지는 한참이 걸렸다. 나는 수감자가 그 구절을 몇 년간 반복해서 읽어왔으리라 확신했고, 그것을 읽으며 평안과 희망을 느낄 수 있었다.

> 심판을 피하고 싶다면 심판하지 말라. 너는 자신이 판결한 대로 똑같이 심판을 받을 것이며, 네가 이용한 잣대를 남들도 네게 들이댈 것이다. 왜 형제의 눈 속에 있는 티는 보면서, 네 눈 속에 있는 들보는 보지 못하는가? 네 눈에 들보가 있는데 어떻게 형제의 눈 속에 있는 티를 빼주겠다고 말할 수 있는가? 위선자여, 먼저 네 눈에 있는 들보를 빼라. 그렇게 하면 네 시야가 또렷해져 형제 눈에 있는 티를 제거해줄 수 있을 것이다.(마태오 복음서 7:1-5)

그가 12년의 형기를 마치고 풀려난 몇 해 전까지 우리는 많은 대화를 나눴다. 또한 나는 훗날 그가 아내 및 아들과 재회했으며, 지역사회와 교회에서 활발히 활동하며 존경받는 구성원이 되었다는 소식도 들을 수 있었다.

공감이
정의하는 관용   ○ ● ○

공감이 정의하는 관용은 인간 본성을 깊이 있게 이해하는 능력의 지속적인 확장이다. 관용은 깊은 곳을 파고들어 우리로 하여금 상대의 피부색이나 출신, 학위, 직업, 종교 등의 얄팍한 껍데기가 아닌 내면의 마음과 영혼을 꿰뚫어보게 함으로써 사람들이 가진 공통점을 찾아내게 한다. 우리 모두는 인간이다. 세르비아인이든 알바니아인이든 팔레스타인인이든 유대인이든, 피부색이 검든 하얗든 노랗든 갈색이든 붉든, 우리 모두는 같은 천에서 잘려 나온 조각들이다.

좁은 마음은 혐오와 폭력으로 이어진다. 그에 반해 타인의 눈으로 세상을 보게 하여 우리의 관점을 확대시키는 행위이자 과정인 공감은 관용으로 이어진다. 시야가 확장되면서 우리는 새로운 안목으로 사람들을 보기 시작한다. 편견과 불관용의 피해자들이 겪는 고통을 이해하고 마음이 동하여 부당함에 저항하는 목소리를 내고 싶어 한다. 편견이라는 맹독의 해독제는 바로 공감이다.

제2차 세계대전 당시 아버지는 CIA의 전신인 전략정보국 소속 하사관으로 복무하셨고 적진 침투 임무를 13회나 수행하셨다. 전쟁 이야기를 거의 하지 않는 아버지셨지만 한 가지 이야기만은 몇 번이고 반복해서 들려주셨다. 1944년의 일이다. 아버지가 소속된 부대는 이탈리아에서 독일군 식량 운송로에 위치한 다리를 폭파시키는 임무를 위해 유격부대를 지원 중이었다. 그 시절 아버지는 독일군 부대에서 탈영해 아버지의 부대로 합류한 한 취사병과 매일 밤 함께 앉아 이야기를 나눴는데, 아내와 갓난아기를 독일에 남겨두고 왔다는 그 병사는 눈물을 흘리며 고향을 그리워하곤 했다. 그렇게 독일인 취사병과 이탈리아인 하사관은 둘도 없는 가까운 벗이 되었다.

어느 그믐밤, 아버지의 부대원 열네 명은 전략 요지에 있는 다리를 폭파시키기 위해 폭탄을 들고 떠났다. 그러나 다리에 도착한 그들을 기다리고 있던 건 매복 중인 독일군이었다. 열네 명의 미군 병사들은 포로로 끌려갔고, 이튿날 인근 마을에서 전투화를 빼앗긴 채 맨발로 행진해야 했다. 그들이 터덜터덜 걷는 동안 독일군은 이탈리아 마을 주민들에게 이렇게 외쳤다. "미군은 패배하고 있다! 병사들의 발을 보라. 저들에겐 신발조차 없다!" 독일군은 포로들을 마을 밖까지 행군시키고 나무를 파낸 다음 그들을 산 채로 묻어버렸다.

그다음 날 이탈리아 유격대원들은 부대의 막사를 찾아와 독일인 취사병을 추궁했다. 그는 결국 압박을 이기지 못하고 자신이 스파이였음을 인정했다. 그는 내 아버지를 바라보며 자비를 베풀어줄 것을 간청했고, 아내와 아이의 사진을 꺼내들더니 그들을 봐서라도 목숨만은 살려달라 빌었다. 그러나 아버지는 옛 친구에게 등을 돌려 그 자리를 떴고 잠시 후 총소리가 들려왔다.

그 총소리, 그리고 살려달라 애원하던 젊은 남자의 기억은 평생 아버지를 따라다녔다. 아버지는 이 이야기를 할 때마다 데이비드와 내게 몸을 가까이 기울이고 우리가 잘 듣고 있는지 확인하신 다음, 이 세상에 분명 악은 존재하지만 모든 이탈리아인이 무솔리니를 신봉하는 파시스트가 아니듯 모든 독일인이 히틀러를 숭배하는 나치는 아님을 절대 잊지 말라고 단호하게 말씀하셨다(아버지의 관점에서 나치는 '악의 화신'이었다). 또한 아버지는 모든 사람에게 선과 악을 실천할 능력이 존재한다는 것을 가르쳐주시며 이렇게 말씀하셨다. "너희는 자신이 악한 일을 할 수 있다는 사실을 기억하고, 선한 쪽에 힘을 실어줄 수 있도록 매순간 최선을 다해야만 한다."

공감은 어떻게 관용으로 이어지는가 ○ ● ○

공감은 우리를 관용으로 이끈다. 공감이 있어야만 우리는 자신과 그토록 달라 보이는 타인으로 연결되는 다리를 건설할 수 있다. 또 공감이 있어야만, 처음엔 상스럽거나 순진하거나 어리석다며 자신과 다르다 치부하고 밀어내려 했던 상대에게 다시 한 번 다가갈 수 있다. 공감은 다른 사람에게 있는 악의 잠재성이 우리 마음속에도 똑같이 존재한다는 사실을 일깨워준다. 나와 당신을 포함한 모든 인간에게는 남을 증오하고, 보복을 가하고, 용서하기를 거부함은 물론 목숨까지도 빼앗을 수 있는 능력이 있다. 이렇게 우리를 겸손하게 하는 깨달음과 자신의 어두운 면에 대한 용납이 있다면, 결국엔 틀림없이 관용을 얻을 수 있을 것이다.

공감은 우리로 하여금 사람과 사람 사이의 연결 관계를 보게 하고, 그럼으로써 낯설고 생소한 이들을 더욱 친근하게 바라볼 수 있도록 돕는다. 타인의 관점을 취할 때는 단순히 그들과 입장을 바꿔 생각하는 것에 그치지 않고, 그들의 눈을 쓰고 피부를 빌리며 자신 안에서 그들의 심장 박동을 느낄 수 있어야 한다. 마치 '그 사람이 된' 것처럼 자기 자신을 잃고 그들의 세계로 들어가는 것이다. 공감과 함께 타인의 경험 속으로 들어가면 공감의 요구에 따라 '나'의 눈이 아닌 '상대'의 눈으로 세상을 바라보게 된다. 그리고 그 경험을 통해 불현듯 자신이 바로 상대였다는 사실, 상대에게서 볼 수 있었던 모든 선한과 악함이 우리 자신 안에도 있다는 사실을 또렷이 깨닫고 완전히 변화된다. 정직, 겸손한 정신, 용서의 마음을 추구하는 우리의 영혼 안에는 상처, 부끄러움, 수치에 대한 두려움, 복수를 향한 욕망 역시 존재한다는 사실을 이해하는 것이다.

관용은 또한 타인의 이야기를 기꺼이 들으려는 마음에서 시작된다. 자신을 내려놓고 다른 사람의 경험에 진입함을 의미하는 공감적 듣기는 말 그대로 온 정신을 집중하여 귀를 기울이는 행위다. 관용에는 듣는 '능력'도 필요한데, 이는 들으려는 '의향'과는 별개의 것이다. 많은 이들은 상대의 이야기를 들을 의향이 있다고 하면서도 그의 말을 끊거나 화제를 돌리고, 충고를 하려 들거나 제멋대로 판단하기도 한다. 다르게 표현하면 경청 기술이 미숙하여 공감을 차단시킨다는 뜻이다. 경청은 시간과 훈련, 연습이 요구되는 기술이다.

관용을 기르기 위한 세 번째 단계는 '정상 참작'이 가능한 상황을 찾는 것인데, 단순히 말하자면 타인의 행동을 더욱 폭넓게 이해하는 것이다. 그림의 일부에 초점을 맞추지 않고 전체를 볼 수 있을 때 우리는 더욱 폭넓은 범위의 감정 반응을 발달시킬 수 있다. 관용이란 타인의 삶에서 '정상 참작이 가능한 상황'을 이해하는 한 가지 방식이라고 할 수 있다.

앨라배마대학교 소속의 심리학자 돌프 질만(Dolf Zillmann)은 관용과 관련된 한 가지 실험을 수행했다. 실험 참가자들은 체육관에서 자전거 운동기구를 타는 동안 직원(실제로는 연구팀 멤버였다)으로부터 무례한 대우를 받는다. 그런 뒤 자신들에게 불친절한 직원의 태도에 대해 설문평가를 할 기회가 생기자 참가자들은 거리낌 없이 그 직원에게 낮은 점수를 줬다.

이 실험의 또 다른 버전도 있다. 한 젊은 여성이 들어오더니 무례한 직원에게 전화가 왔다고 알린다. 직원은 자리를 비우면서 여성에게도 예의 없게 굴지만, 여성은 침착히 대처한다. 이제 그녀는 참가자들에게 이 직원이 석사학위를 위한 구술시험을 앞둔 상태라 심한 스트레스를 받고 있다고 설명해준다. 역시 그 뒤에 이어진 설문평가에서 참가자들은 그 직원을 혹평하지 않고 그의 상황에 공감을 표현했다. 전체적인 그림을 이해하는 것이 가능해지자 그 직원의 배려 없는 행동에 관용을 보일 수 있었던 것이다.

관용을 기르기 위한 네 번째 필수 단계는 객관성을 유지하는 것이다. 관용을 위해 우리는 본인이 누군가를 향해 만들어낸 이미지와 그 사람의 실제를 구분할 줄 알아야 한다. 우리가 만든 이미지에는 우리 자신의 욕망과 두려움이 한데 뒤섞여 있기 때문이다. 상대를 어떤 사물이나 대상으로서 인식하게 만드는 것이라면 무엇이든 우리의 공감 능력을 저하시킬 것이다. 심리학자 사라 하지스와 대니얼 웨그너는 〈무의식적 공감과 통제 공감(Automatic and Controlled Empathy)〉이라는 논문에서 우리의 편견이 어떻게 공감을 약화시키는지 설명한다.

> 다른 사람을 대상화하게 만드는 것들은 타인의 관점에서 보려는 자세를 방해한다. 누군가의 성격적 특징이나 소속 집단을 고려할 경우엔 그 사람의 특정 행동을 유발시킨 개인적 상황이나 의도를 충분히 참작하지 못할 확률이 높다. 다시 말해 저절로, 혹은 상대의 성격이나 소속을 쉬이 추측하게 하는 정보에 의존하여 그 사람의 성격 기질이나 여타 특징을 염두에 두면 우리의 공감 능력이 저해될 수도 있다는 의미다. 상대가 처한 상황을 고려하지 않은 채 무의식적으로 그의 성격을 추측한다면 잘못된 결론에 도달하는 경우도 잦아질 뿐 아니라 공감 정확도 역시 필연적으로 낮아질 것이다.

정신분석학자이자 《사랑의 기술》의 저자인 에리히 프롬은 상대적으로 덜 난해한 용어를 사용하여 객관성의 필요를 설명하기도 했다.

> 사랑의 기술을 배우려면 모든 상황에서 객관적일 수 있도록 최선을 다하고, 자신이 어떤 상황에서 객관성을 잃는지 민감하게 알아챌 수 있어야 한다. 누군가에 관해 '내'가 상상한 그림과 그의 실제 행동에 어떤 차이가 있는지 파악하려는 노력을 해야 하는 것이다. 내가 상상한 그림은 자아도취에 의해 왜곡되는 반면 그 사람의 실체는 내 관심이나 필요, 두려움과 상관없이 존재하기 때문이다. 객관성과 이성을 갖췄다면 사랑의 기술로 향하는 길의 절반은 지난 셈이다. 단, 내가 접촉하는

모든 사람에게 그러한 태도를 유지할 수 있어야 한다. 사랑하는 이만을 위해 객관성을 아껴두고 나머지 세상과의 관계에선 그것을 배제시키려 하는 사람은, 자신이 양쪽 모두에서 실패하리란 사실을 곧 깨달을 것이다.

언젠가 나는 사랑, 관용, 희망의 개념을 한데 묶는 아름다운 이야기를 들은 적이 있다. 한 늙은 랍비와 제자들에 관한 이야기다.

"우리는 밤이 끝났음을 어떻게 알 수 있는가?" 늙은 랍비가 제자들에게 물었다.

"먼 발치에 있는 나무를 보고 그것이 배나무가 아닌 사과나무라는 것을 알 수 있을 때일까요?" 한 제자가 물었다.

"아니네." 랍비가 대답했다.

"별들이 희미해지고 하늘이 밝아지기 시작할 때인가요?" 다른 제자가 물었다.

"아니네." 랍비가 말했다.

"아마 빛이 어둠보다 더 강해졌을 때가 아닐까요?" 세 번째 제자가 물었다.

"그것도 아니네." 랍비가 대답했다.

"그러면 밤은 언제 끝납니까?" 제자들이 한목소리로 물었다.

"사람들의 얼굴을 보고 그들이 우리의 형제와 자매라는 사실을 알아볼 수 있을 때가 바로 밤이 끝난 때라네." 랍비가 말했다. "그렇게 하지 못한다면 이 세상을 다스리는 건 어둠이 될 걸세."

관용
연습하기 ○ ● ○

인내해라

심리학자로 살면서 어떤 가르침을 얻었냐고 사람들이 물어보면 나는 항상 '인내'라고 대답한다. 나는 인내와 관용이 동의어라고 믿는다. 공감을 가지고 상대의 이야기를 들어주고, 복잡한 대목을 만나도 성급히 넘어가거나 빼먹으려 하지 않고 그의 이야기가 스스로 펼쳐지도록 놔둔다면 우리는 인내를 통해 관용을 발견할 수 있을 것이다. 일반적으로 인내심 있는 이들은 관용을 잘 베푸는 반면 성급한 이들은 관용을 더욱 어려워한다.

최근 나는 다음 진료까지 20분가량이 남은 상황에서 몇몇 물건을 사기 위해 어느 매장에 들렀다. 사려던 물건들은 5분 안에 모두 찾을 수 있었지만, 계산대에 도착해보니 내 앞으로 여섯 명이나 줄을 서 있었다. 그날 처리해야 하는 일들, 내가 지각할 때 사람들이 느낄 실망감을 떠올리며 나는 점점 조급해지고 인내심이 바닥나는 걸 느꼈다. 계산대 직원은 왜 저리 동작이 느릴까? 나는 왜 하필 이 줄을 골랐을까?

그때 앞줄에 서 있던 한 사람의 모습이 눈에 들어왔다. 은퇴 교사였고 류머티스 관절염을 앓고 있는 내 오랜 친구였다. 내가 친구의 이름을 부르자 그녀는 뒤로 와 내 옆에 줄을 섰고, 요새 어떻게 지내고 있냐고 묻자 이렇게 답했다. "새로운 약을 먹기 시작했더니 부작용이 좀 있어. 하지만 그것 때문에 정원에 나가지 못하는 일은 없을 거야!" 우리는 그녀가 키우는 달리아 꽃, 내가 올 여름에 메인에서 보낼 휴가에 관해 이야기를 나눴다. 그러던 중 정신을 차리고 보니 어느새 내 차례가 되었고, 잠시 후 나는 이미 계산을 마친 뒤 병원으로 돌아가고 있었다. 다른 사람의 세계로 들어가는 순간 인내를 찾을 수 있었고 그것이 더 큰 관용으로 이어졌던 것이다.

자신에게 여유 시간을 허락해라: 친구와 점심 약속이 있고 약속 장소까지 차로 15분이 걸린다면 전체 예상 소요 시간에 5~10분을 더해보자(일찍 도착할 경우를 대비하여 책이나 잡지를 가져가도 좋다). 출퇴근길이 멀고 교통체증이 흔히 발생하는 구간이라면 차에서 들을 음악을 많이 준비해두는 편이 좋다(오디오북을 듣는 것도 추천한다). 마트에서 가장 천천히 줄어드는 계산대에 줄을 서게 되었다면 잡지를 꺼내 들어 훑어보거나 앞에 줄을 선 사람과 대화를 시작해보자.

시계를 빼둬라: 주말이 되었거나 휴가 중이라면 손목시계를 풀어놓고 시간을 보내보자.

당신의 사전에서 '서둘러'라는 단어를 지워라: 사람들은 성미가 급하다. 얼마 전 나는 병원 구내매점에서 한 어린 소년과 그의 엄마를 봤다. 아이는 파란색과 녹색의 게토레이 음료 중 어떤 것을 주문할지 고민하고 있었다. 기다리는 사람이 뒤에 없었음에도 아이 엄마는 계속해서 아이의 어깨를 살짝 밀면서 서두르라고 이야기했다. 결국 아이는 허둥지둥하더니 울 것 같은 표정으로 콜라를 주문했다.

타인의 관점으로 바라봐라: 아주 긴 줄에 서 있느라 조급한 기분이 들 때는 주위를 둘러보자. 소리 지르는 아이를 진정시키려 애쓰는 옆줄의 여성이나 지팡이에 의지하고 있는 노인의 기분이 어떨지 한번 생각해보자. 또 이렇게 조급하고 안달 난 고객들을 대면해야 하는 계산원의 심정은 어떨까?

숨을 내쉬어라: 심박은 숨을 들이마실 때 빨라지고, 숨을 내쉴 때는 느려진다. 스트레스가 느껴질 땐 숨을 내쉬는 연습을 하면서 심장에게 잠시 숨 돌릴 틈을 허락해주자.

웃어라: 연구자들은 우리가 얼굴 근육을 움직여 웃는 표정을 만들면 생리적 변화가 저절로 시작되어 기분이 나아진다고 한다. 또한 당신이 웃는 모습을 보면 다른 사람들의 기분도 좋아질 것이다. 조바심이 생기고 관용하기가 어렵게 느껴질 때 미소는 기적을 일으킬 수 있다.

분명하게 이야기해라

불관용은 혐오 섞인 말과 행동뿐 아니라 침묵 안에서도 똑같이 쉽고 빠르게 퍼져나간다. 그러니 편견과 불관용의 행동을 목격했다면 분명하게 이야기하자. 앤서니 드 멜로 신부가 들려주는 다음의 이야기에서는 친구의 관용 없는 모습을 부드럽게 지적하는 방법을 찾을 수 있다.

한 여자가 집에 놀러온 친구에게 자신의 이웃이 살림을 잘 못한다며 흉을 봤다. "그 집 아이들이 얼마나 지저분한지 너도 한번 봐야 해. 집 안 꼴은 또 어떻고. 그런 이웃과 한 동네에 산다는 것 자체가 망신이라니까. 저 집 빨랫줄에 걸려 있는 시트와 수건에 검정 얼룩이 있는 것 보이지?"

친구가 창문가로 다가가서 말했다. "저 빨랫줄에 걸려 있는 것들은 아주 깨끗한 것 같아. 검정 얼룩은 너희 집 창문에 있는데?"

회사 직원이 동료를 부당하게 비난하고, 동네 이웃이 새로 이사 온 가족에 관해 나쁜 소문을 퍼뜨리고, 아이들이 그 자리에 없는 친구의 욕을 하는 등 누군가가 험담하는 소리를 들을 때면 나는 사람들이 자신을 높이기 위해 얼마나 엇나갈 수 있는지를 곱씹어보게 된다. 관용 없는 행동은 언제나 역효과를 낳을 뿐이다. 자신은 볼품없는 사람이고 스스로를 높일 수 있는 방법은 오직 남들을 깎아내리는 것이란 생각을 더 심화시키기 때문이다. 우리가 불관용을 그냥 지나치지 않고 그에 반대하는 목소리를 분명하게 낸다면, 자비를 베풀 여유가 없다고 느끼는 사람들로 하여금 자신의 편견이 어디서 왔는지를 다시 생각하게 할 것이다. 뿐만 아니라 폄하당하고 있는 사람들의 괴로움도 덜어줄 수 있을 테고 말이다.

비난과 놀리기를 피해라(놀림은 덜 가혹할진 몰라도 비난만큼 해롭다)

'막대기와 돌로 내 뼈를 부러뜨릴 수는 있지만 말로는 나를 해할 수 없을 것이다'라는 격언을 한 번쯤은 들어봤을 것이다. 하지만 내 경험상 그것은 사실이 아니었다. 특정 단어나 꼬리표, 모욕적 언사, 험담, 루머 같은 것들은 우리에게 깊은 상처를 내고 오랫동안 쓰라리게 한다. 내 환자 혹은 친구나 가족들은 어린 시절의 수치심 때문에 평생 지워지지 않는 흉터가 생겼다는 이야기를 많이 하곤 한다.

누군가와 소통할 땐 신중하게 단어를 선택해야 하며, 아이들에겐 타인에게 부드럽고 친절하게 말하는 것의 중요성을 가르쳐야 한다. 그런데 반대로 우리가 놀림과 조롱을 당했다면 어떻게 해야 할까? 이 책 전반에서 여러 차례 반복했던 말, 즉 비판을 잘하는 사람들은 마음이 불안정한 이들이라는 진리를 기억해내면 도움이 될 것이다. 내 딸 에리카는 5학년 때 집에 와서 이런 이야기를 들려줬다. "오늘 조니가 내 머리를 잡아당기면서 날더러 말라깽이 약골이라고 놀렸어요."

"그래서 뭐라고 말했니?" 내가 물었다.

"돌아서서 걔를 쳐다보며 말했죠. '조니, 넌 왜 그렇게 불안정한 거야?'"

"그랬더니 그 아이가 어떻게 했니?"

"절 더 이상 괴롭히지 않더라고요."

분노와 적의를 조심해라

불관용과 분노는 서로 밀접하게 관련되어 있다. 분노의 심리적·생리적 효과에 관해 획기적인 연구를 수행한 듀크대학교 소속 정신과 의사 레드포드 윌리엄스(Redford Williams)는 '관용이 없을 때 우리는 타인이 올바르지 못한 행동을 하고 있다고 인식하기 쉬우며, 그 과정이 일어나는 동안 대개 분노하기 시작한다'라고 적었다.

분노와 적의에 찬 사람들은 행복하지 않다. 윌리엄스를 비롯한 여러 연구자들에 따르면 분노를 품은 사람들은 친밀한 관계를 잘 유지하지 못하며, 상대적으로 성생활에 만족하지 못하고, 일터에서 스트레스를 더 많이 받으며(업무에 덜 만족하며), 소외감과 외로움을 더 쉽게 느끼는 경향이 있다.

분노는 마음과 정신뿐 아니라 몸에도 해롭다. 심장 혈류 속도의 저하, 혈압 상승, 콜레스테롤 증가, 면역체계 손상 등 다양한 원인으로 사망 위험을 높이기 때문이다. 심리학자 레드포드 윌리엄스와 존 베어풋(John Barefoot), 그랜트 달스트롬(Grant Dahlstrom)은 의대생들로 하여금 자신의 분노와 적대감의 수준을 측정하는 테스트를 하게 했다. 수십 년 후 이 심리학자들이 진행한 후속 연구에서 당시 수행 테스트 점수가 가장 낮았던 그룹에 비해 가장 높았던 그룹은 50대에 사망할 확률이 일곱 배나 높다는 사실이 밝혀졌다.

또 다른 연구에서 윌리엄스와 동료들은 최소 한 번의 심각한 관상동맥 협착증을 겪은 일반인 1300명을 추적했다. 그로부터 5년이 지난 후, 미혼 상태이고 가까운 친구가 없었던 사람들은, 결혼을 했고 가까운 친구가 있는 사람들보다 사망할 확률이 세 배 높았다. 윌리엄스는《분노가 죽인다(Anker Kills)》에서 다음의 '주요 포인트'를 소개한다.

1. 분노, 냉소주의, 공격성 수준이 높은 적대적인 사람들은 상대적으로 덜 그런 사람들에 비해 목숨을 위협하는 치명적 질병에 걸릴 위험이 높다.

2. 적대적인 사람들은 사회 활동을 통해 얻는 지원을 인식하지 못하거나 주변 사람들을 내치는 행위를 함으로써 건강 증진이나 스트레스 완충 효과 등 사회적 지원으로 누릴 수 있는 유익함을 스스로 끊어 낼 수도 있다.

지나친 관용을 경계해라

공감으로부터 영감을 받는 다른 것들과 마찬가지로 관용에는 한계가 있다. 사람들은 누군가가 자신 혹은 타인에게 상처를 입히거나 해를 끼치는 행동을 종종 관용의 이름으로 참아내기도 한다. 남편의 학대를 견디는 여성, 친구의 인종차별적 발언을 그냥 넘기는 사람, 자녀의 공격적이고 적대적인 행동을 좌시하는 부모, 서로의 불륜을 못 본 척하는 부부 등이 그 예들이다. 사랑, 충성, 예의라는 미명하에 상대의 경솔한 언동과 모욕적인 태도를 견뎌내는 사례는 수도 없이 많다.

공감은 한계 설정에 서툰 사람들이 교활한 이들에게 손쉽게 이용당할 수 있다는 사실을 알고, 지나친 관용을 예의 주시한다. 항상 자신에게 물어보자. 나는 지금 열린 마음의 관점에서 관용을 베풀고 있는 걸까, 아니면 그저 평화를 지키려는 노력만 하고 있는 걸까? 상대에게 너무 많이 의존하기 때문에 나는 상대가 나를 무시하는 행동을 해도 그와의 관계를 지키기 위해 모른 척하고 있는 것까?

관용은 훈련을 요구하며 경계선을 존중한다. 우리가 관용의 이름으로 부당함을 참아내는 것은 우리가 본래 보호하려 했던 경험을 망가뜨리는 길일지도 모른다. 한없는 관용은 오히려 공감의 힘을 축소시킬 것이다.

끔찍하고 냉혹하게도,
사람들이 스스로의 인간성을 훼손시키지 않은 채
타인의 인간성을 부정하는 것은 불가능하다.
우리는 피해자의 얼굴에서 자신을 보게 되기 때문이다.

– 제임스 볼드윈(James Baldwin)

12장

감사

:

삶에 주어진 선물들을 깨닫기

진정한 의미의 박탈은 오직 한 가지,
가장 사랑하는 사람에게 선물을 주지 못하는 것이다.

– 메이 사턴(May Sarton)

얼마 전 친구 하나가 감사에 관한 이야기를 내게 들려줬다.

한 도시의 공원에서 어떤 맹인이 구걸을 하고 있었다. 누군가 그에게 다가가 사람들이 인심을 후하게 베풀고 있는지 묻자 맹인은 거의 텅 빈 깡통을 흔들어 보였다.

행인이 그에게 말했다. "당신의 카드에 뭘 좀 적어도 될까요?" 맹인은 그러라고 했다. 그날 저녁 행인이 돌아와 맹인에게 물었다. "오늘은 좀 어땠나요?"

맹인은 돈이 가득 찬 깡통을 보여줬다. "카드에 도대체 뭐라고 적은 건가요?"

"오, 그냥 '아름다운 봄날이네요. 하지만 제겐 아무것도 보이지 않아요.'라고 썼어요." 그가 말했다.

화창한 봄날 우리가 아무것도 볼 수 없다면 어떤 느낌이 들까? 이건 공감에서 우러난 질문이고, 다음과 같은 질문들도 마찬가지다.

- 나이가 들어 몸이 쇠약해졌는데 아무도 돌봐줄 사람이 없다면 어떤 느낌일까?
- 부모님이나 배우자나 자녀를 잃는 것은 어떤 느낌일까?
- 깡마른 몸매를 숭배하는 문화에서 과체중으로 사는 것은 어떤 느낌일까?
- 이성애자들이 대다수를 차지하는 세상에서 동성애자로 사는 것은 어떤 느낌일까?

공감은 우리가 속도를 줄이고 이런 질문들을 떠올리며 답을 고민하게 한다. 급하게 앞만 보고 달리는 우리에게 브레이크를 걸어주고, 잠시 시간을 내서 자신이 타인과 어떻게 관계 맺고 있는지 되돌아보게 하며, 우리로 하여금 이런 관계를 강화시킬 수 있는 방식으로 반응하길 요청하는 것이다. 공감이 찾는 반응은 바로 감사다.

감사는 본래 감정이 아닌 경험이며, 이 경험을 통해 우리는 단 한 번 요청한 적 없음에도 우리에게 주어진 선물들을 바라보게 된다. 장미의 향기, 어린아이의 손에서 느껴지는 감촉, 잘 익은 복숭아의 맛, V자 모양으로 날아가며 가을 하늘을 장식하는 거위 떼, 천둥소리와 번개의 번쩍임,

바위 해안에 부딪히는 파도 등을…….

이러한 실제들엔 어떤 가치를 부여할 수 있을까? 아버지는 내게 당신이 억만장자라는 말을 하곤 하셨다. 이 이야기를 수없이 들었던 나는 미소를 지으며 왜 그런지 설명해달라 했고, 아버지는 이렇게 대답하셨다. "누군가 내게 천만 달러, 아니 그 열 배 혹은 백 배를 준다 해도 너와 데이비드를 그것과는 바꾸지 않을 테니까. 너희는 값을 매기거나 가격표를 달 수 없는 귀중한 존재란다. 그러니 난 세상에서 가장 큰 부자인 거지."

공감은 감사가 흘러나오는 샘이다. 공감이 없다면 우리는 감사를 느끼지 못할 것이다. 여기서의 감사란 내게 주어진 모든 선물들을 포함하여, 특별히 부탁하지 않았음에도 누릴 수 있는 것들에 고마움을 느끼는 진정한 의미의 감사를 지칭한다. 공감은 우리의 시야를 넓혀 우리가 더 큰 그림 안에서 자신을 볼 수 있게 하고, 헤아릴 수 없을 만큼 귀중한 것들을 자신이 소유하고 있다는 사실을 그 위치에서 깨닫게 한다. 우리는 전 우주, 행성, 국가, 공동체, 이웃, 가족의 한 부분이다. 이렇게 '좋은' 것들에 과연 우리가 어떤 값어치를 매길 수 있을까?

공감은 모든 이들에게 이해라는 선물을 비처럼 내려주고, 그 저수지는 차고 넘쳐 먼 곳과 가까이에 있는 들판에 물을 대준다. 우리가 타인에게 베푸는 이유는 그것이 인간 본성의 일부라서 우리에겐 다른 선택권이 없기 때문이다. 서로 감사하는 마음으로 베풀고 받는 동안, 공감에서 흘러나온 감사는 영영 마르지 않을 것이다.

아홉 살 때의 내가 크리스마스 선물로 원했던 것은 라이오넬 기차였다. 그 기차가 정말 갖고 싶은 나머지 다른 생각은 하나도 할 수 없었던 나는 밤낮으로 기차 생각에만 푹 빠져 있었고, 장난감 선로 위로 빠르게 달려가는 기차의 모습을 시도 때도 없이 상상하곤 했다. 우리 동네에 그 기차를 가진 아이는 아무도 없었다. 아니, 내가 아는 한 이 세상에 라이오넬 기차를 가진 사람은 그 누구도 없었다. 나는 세상에서 제일 먼저 그 기차의 주인이 될 예정이었고, 그에 따라 정말 특별한 사람이 될 것이라는 꿈에 부풀었다.

크리스마스 날 아침, 밖은 아직 어두웠지만 나는 잠들어 있는 동생 곁을 까치발로 지나갔다. 계단을 내려갈 때는 삐걱삐걱 소리가 나는 바람에 가장자리로 살금살금 걸어야만 했다. 이 마법의 순간을 혼자서만 누리고 싶었기 때문이다. 부엌에는 불이 켜져 있었고, 살짝 훔쳐보니 아버지가 식탁에 앉아 담배를 피우며 커피를 마시고 계셨다. 아버지가 나를 바라본 순간 나는 심장이 쿵 하고 떨어지는 느낌이 들었다. 트리 밑에 기차가 없을 거란 사실을 알아차리고 만 것이다.

나는 아무 말 없이 거실로 달려가 크리스마스트리 앞에 섰다. 눈물을 참기 위해 눈을 끔뻑거리며, 기적이 일어날 것이라 믿으며, 기차가 짜잔 하고 내 눈앞에 나타나기를 기대해봤다. 내가 아직 기차를 찾지 못한 것은 아닐까 싶어 선물 상자들을 들고 흔들어보기도 했다. 혹시 기차가 벽장 안이나 바깥 현관에 있는 것은 아닐까?

"아서." 아버지는 내 옆에서 무릎을 꿇고 온화한 목소리로 말하셨다. "기차를 살 형편이 안 됐단다. 정말 미안하다. 그것이 네게 얼마나 중요한 의미였는지를 알고 있거든."

아버지는 내 손목을 가만히 움켜쥐셨다. 정말 중요한 문제를 이야기할 때에만 사용하시는 몸짓이었다. "아빠가 하려는 말을 지금은 이해할 수 없을지도 몰라. 하지만 언젠간 그럴 수 있을 거란다." 아버지가 말했다. "이 크리스마스 아침에 너와 단둘이 거실에서, 아빠는 돈으로 살 수 없을 만큼 훨씬 가치 있는 것을 네게 주려고 한단다. 아빠가 언제나 널 사랑할 거라는 사실을 알아줬으면 좋겠어. 네 삶에 어떤 일이 일어나든 아빤 항상 네 곁에서 널 믿어주고 지원과 응원을 아끼지 않을 거야. 그 어떤 아빠도, 아빠가 널 사랑하는 만큼 아들을 사랑하진 못할 거다. 그리고 이 사랑은 녹슬거나 고쳐야 할 필요 없이 언제나 네 것이 될 거야. 지금은 물론 앞으로도 계속 말이다."

내 얼굴에 의심과 혼란이 담겨 있었는지('사랑 같은 것이 어떻게 라이오넬 기차를 대신할 수 있는 거지?') 아버지는 내 손목을 더욱 세게 움켜쥐고 내 쪽으로 몸을 기울였다. 체스터필드 담배 냄새와 설탕과 크림을 많이 넣은 맥스웰하우스 커피향이 섞인 친숙한 냄새가 풍겨왔다. "날 믿어보렴, 아서." 아버지가 말했다. "이건 아빠가 네게 줄 수 있는 그 어떤 선물보다 뜻 깊은 것이란다. 약속할게."

공감이 정의하는 감사

○ ● ○

공감의 사전에서 감사는 그저 단순한 감정이 아닌, 세계를 경험하고 그것과 소통하는 하나의 방식이다. 고마움을 '느끼는' 것도 좋지만 공감은 그 느낌에 대해 어떤 행동을 하도록 요구한다. 감사를 자기 안에만 간직하는 것은 이 경험의 요점을 놓치는 것과 같다. 공감이 정의하는 감사는 한 사람을 또 다른 사람에게 연결시켜주는 반응이기 때문이다.

심리치료 일을 시작했던 아주 초기에 나는 랠프라는 편집형 조현병 환자와 잊지 못할 만남을 가졌다. 상담 시간에 그는 의자 끝에 걸터앉아 팔걸이를 꽉 움켜쥐고 위협적으로 이를 드러내며 말했다. "난 당신을 죽일 수도 있어요."

"날 죽일 수 있다는 걸 알아요. 그리고 자제해줘서 고마워요." 내가 대답하자 그는 잠시 혼란스러워하며 이마에 주름이 생기도록 찡그린 표정으로 나를 바라봤다. "그리고 우리 어머니도 감사하대요." 내가 덧붙였다.

이마에 잡혔던 주름이 옅어지며 그가 내게 크게 미소를 지어 보였다. "천만에요." 그는 무릎 위에 손을 포개고 의자에 기대어 앉으며 말했다. 20년이 지난 지금, 나는 내가 근무하는 병원에서 때때로 랠프와 마주친다. 얼마 전에는 주차장에서 병원 승합차에 타고 있던 그를 봤다. 랠프는 내 주의를 끌기 위해 창문을 쿵쿵 두드려댔고, 나는 창문이 깨질까 걱정이 들었다. "안녕하세요, 랠프." 내가 손을 흔들며 외쳤다. "안녕하세요, 박사님." 그도 활짝 웃으며 외쳤다. 나는 그가 날 보고 씩 웃을 때마다, 자신이 내 어머니께 드린 선물을 기억하는 것이 아닐까 상상한다.

괴로움 속에서도 문제를 해결하기 위해 용기 있게 한 걸음씩 내딛는 사람들을 나는 매일 일터에서 보며 감사를 발견한다. 영원한 낙관주의자인 나는 문제 해결 과정을 포기하지 않고 계속 노력하는 이들은 더 나은 삶을 얻게 되리라 믿는다. 자신이 이해받았음을 느낀 뒤 긴장을 풀고 편안해지며, 스스로의 외로움과 두려움을 숨기기 위해 애쓰던 것을 멈추는 사람들의 모습을 보면 내 안에는 공감의 힘을 향한 감사가 가득해진다.

환자들을 만나면 그들의 삶은 물론 내 삶도 변화되기 때문에 나는 그들과 일할 기회를 얻을 수 있다는 데 감사한다. 내가 이런 감사를 느끼고 있다는 사실을 환자들이 깨닫는 순간, 그곳에는 일상의 기적을 일으킬 수 있는 공감과 친밀함의 공간이 만들어진다. 내가 말하는 '일상의 기적'이란 무엇일까? '관계 문제'가 있다며 내게 도움을 요청한 23세 여성이 두 번째 상담 시간에 와락 눈물을 터뜨렸다. "죄송해요." 그녀가 사과했다. "제 문제가 무엇인지 모르겠어요. 그냥 너무 혼란스럽네요. 전 한 걸음 앞으로 갈 때마다 두 걸음 씩 뒤로 밀려나는 기분이에요. 실패하고 있는 것 같아요."

"무엇에 실패하는 것 같나요, 수잔?" 내가 물었다.

"삶이요. 그리고 인간관계와 사랑이요. 아시잖아요. 전부 다요." 그녀가 말했다. "전 아무것도 해내지 못할 것 같아요. 더 좋은 직업을 얻을 수도, 더 좋은 남자를 고르지도 못할 것 같고요. 내가 더 괜찮은 사람이라고 생각하는 일은 영영 없을 거예요." 그녀는 잠시 동안 울다가 나를 올려다봤다. "절 어떻게 생각하는지 말해주실래요?"

심리치료에서 이런 순간은 언제나 중대하다. 사람들은 따뜻한 말에 위안을 얻길 바라면서도 한편으로는 현실적인 평가를 원하기 때문이다. "난 지금까지 당신에 대해 알게 된 만큼만 얘기해줄 수 있어요. 그저 당신의 기분을 나아지게 하기 위해 사실이 아닌 말을 하진 않을 겁니다. 그렇게 하면 당신은 결국 실망할 테니까요."

이 말을 들은 그녀는 고개를 끄덕여 내게 계속하라는 신호를 보냈다.

"내가 본 당신은 분명히 아주 현명하고 다른 사람을 이해하는 재능이 많은 여성입니다." 내가 말했다. "내가 보기에 당신은 관계에서 자신의 역할을 '돌보는 사람'으로 여기고 있는 것 같아요. 특히 남들이 쉽사리 다가가지 못하는 스타일의 남자들을 돌보는 사람이요. 당신은 그것이 자신을 구원하는 유일한 방법이라고 생각하는 것 같은데, 난 그렇지 않다고 믿습니다."

"박사님은 그렇지 않다고 생각하신다고요?"

"당신을 구원해줄 수 있는 것은 많아요." 내가 말했다.

상담이 끝날 무렵 그녀는 양손으로 내 손을 맞잡고 악수를 하면서 감사를 표했다. 그런 그녀에게 나는 이유를 물었다. 그 순간 환자가 무엇에 고마움을 느꼈는지 진심으로 알고 싶었기 때문이다.

"아까 제게 현명하다는 말을 해주셨죠. 한동안은 그 말에 힘을 받아 앞으로 나아갈 수 있을 것 같아요."

심리치료에서 나는 종종 '차용 공감(borrowed empathy)'이라는 용어를 사용한다. 자신이나 타인에게 공감을 느낄 수 없다고 환자들이 말하면 나는 내게 있는 이해, 관심, 염려를 그들에게 빌려주는 데 최선을 다하며, 그들을 돕고 싶다는 내 의지가 그들로부터 이해받을 수 있길 희망한다. 공감을 빌려주고 받는 과정에서 우리는 자신이 혼자가 아님을 깨닫고, 자신에게 일어나는 일들에 대해 타인도 관심을 갖는다는 점을 인정하면서 자연스레 감사를 체험한다.

공감은 어떻게
감사로 이어지는가 ○●○

공감은 촘촘한 관계의 그물망을 짜서 우리를 지탱하고 살아가게 한다. 감사란 이렇게 우리가 생존을 위해 서로를 필요로 하는 상호의존적 관계 임을 깨달을 때 따르는 반응이다. 감사는 언제나 필연적으로 공감을 강화시킬 수밖에 없다. 또한 참된 정신의 베풂에서, 공감은 우리가 삶에서 얼마나 많은 선물을 받았는지 깨닫고 감사를 전하게 함으로써 그 선물을 되돌려준다.

내가 공부하고 동경하는 심리학 이론가들 중 가장 존경해 마지않는 분은 자기심리학의 창시자이자 최초로 진지하게 공감에 주목했던 정신분석학자 하인즈 코헛이다. 코헛은 세상을 떠나기 몇 년 전 대중을 향한 마지막 연설의 끝부분에서 공감에 관한 이야기를 들려주었다.

그의 환자 중 한 여성은 심각한 우울증을 앓았고 자살충동을 느끼기도 했다고 한다. 코헛은 환자에게 더 이상 어떤 조치가 가능할지 알 수 없어 거의 한계에 다다른 상황이었는데, 바로 그 점이 이 케이스를 아주 흥미롭게 만들었다. 정식으로 정신분석학자 훈련을 받은 코헛의 역할은 감정을 배제한 채 객관성을 유지하는 것이었다. 하지만 그는 자기 환자가 눈앞에서 죽어가는 것을 고스란히 느낄 수 있었고 그 어떤 훈련과 기술, 환자에 대한 주의 깊은 관찰도 아무 소용이 없었다. 그는 이렇게 이야기했다.

15년 전 나는 정신이 극도로 약해진 한 여성을 대상으로 길고 긴 분석을 진행했습니다. (…) 그녀는 자신이 관 속에 누워 있는 기분이고 금방이라도 관 뚜껑이 탁 소리를 내며 닫혀버릴 것만 같다고 얘기했죠. (…) 그녀의 우울증이 너무 심했던 나머지 종종 나는 그녀를 잃을지도 모르겠다는 생각을 했어요. 그녀가 고통에서 벗어날 방법을 찾아 결국엔 스스로 목숨을 끊을 것 같았으니까요.

하지만 그런 일은 일어나지 않았습니다. 분석을 시작하고 첫 해 혹은 일 년 반이 지났을 즈음의 어느 날, 분석 시간이 거의 최악의 상황으로 흘러가는 것처럼 느껴진 순간이 있었습니다. 그때 환자의 상태가 너무 악화된 것을 보고선 갑자기 이런 생각이 떠올라 물었지요. "당신이 이야기를 하는 동안 내 손가락을 잡고 있게 해드리면 어떨 것 같아요? 그게 도움이 될지도 모릅니다." 못 미더운 꼼수였습니다. 그렇게 하시라고 여러분께 권하는 것은 아니에요. 단지 난 너무 걱정이 들어 지푸라기라도 잡고 싶은 심정이었거든요. 그래서 (…) 내 손가락 두 개를 잡게 했어요. 그녀가 내 손가락을 잡자마자 그 행위에 대한 유전학적 해석이 떠오르더군요. 그건 마치 이도 나지 않은 어린 아기가 빈 젖꼭지를 잇몸으로 꽉 무는 것과 같았어요. 그녀가 내 손가락을 잡은 건 딱 그런 느낌이었죠. 전 아무 말도 하지 않았습니다. 그것이 옳은 행동인지 알 수도 없었죠. (…) 하지만 (그 일이 한 차례 있은 후에) 또 환자에게 내 손가락을 잡게 할 필요는 전혀 없었습니다. 그 일이 완전히 대세를 전환시켰다고는 말할 순 없어요. 그렇지만 위험한 순간 어찌해야 할지 막막하기만 했던 교착 상태를 벗어나게 해주었고, 그 후 훨씬 오래도록 꽤 괜찮은 성과를 거둘 수 있는 시간을 벌어줬다는 것은 사실입니다.

길 잃은 영혼을 살아 있는 자들의 세계로 돌려보낼 방법을 찾기 위해 코헛은 교육 지침을 어겨가며 환자에게 자신의 손가락 두 개를 내줬다. 그 작은 행위가 전부였지만, 그것으로 충분했다. 어쩌면 환자는 코헛 박사가 어떤 위험을 감수하는 중인지를 이해했을지도 모른다. 혹은 손의 촉감을 통해 자신을 향한 박사의 깊고 진심 어린 걱정이 전해졌거나, 그녀가 구명 밧줄을 필요로 했던 바로 그 순간 코헛이 그것을 던져준 것일 수도 있다.

그 환자는 어떤 방식으로 고마움을 표현했을까? 아마 그것은 그녀가 할 수 있었던 가장 뜻 깊은 방식이었을 것이다. 그녀는 삶을 포기하지 않고 이어나갔다.

감사
연습하기   ○ ● ○

속도를 줄여라

이따금 한 번씩은 삶의 속도를 줄이고 무엇에 감사해야 하는지 스스로 되돌아봐야 한다. 허겁지겁 하루하루를 살아가는 우리는 시간이든 돈이든 타인의 존중이든 사랑이든, 항상 뭔가를 더욱 원하기만 하는 것 같다. 내가 생각하는 심리치료의 가장 중요한 기능 중 하나는 사람들의 속도를 늦추고 그들에게 자신이 지금까지 삶에서 이뤄온 것들에 집중할 시간을 주는 것이다. 막다른 골목에 다다라 더 이상 앞으로 나아가지 못하는 기분이라고 환자들이 말할 때, 나는 그들에게 작년엔 어땠는지 떠올려보라고 이야기한다. 작년에 비해 바뀐 것이 있는가? 새로운 친구가 생기거나 관계가 진전되지는 않았는가? 새로 얻은 지혜는 없는가?

삶을 일련의 사건들로 이루어져 계속 진행되는 하나의 과정으로 보지 못한다면 감사는 쉽게 오지 않을 것이다. 감사는 우리가 완벽의 기준으로 삶을 측정할 때가 아니라(이렇게 하면 오히려 감사가 사라질 것이 뻔하다), 시간을 들여 지금까지 더디지만 꾸준하게 얻어온 것들을 되짚어볼 때 만들어진다.

자신에게 무엇이 필요한지 물어라

철학자 에릭 호퍼(Eric Hoffer)는 '무언가를 진정으로 원하지 않는다면 그것을 충분히 얻기란 영영 불가능하다'라고 말했다. 자신이 원하고 필요로 하는 것들의 목록을 계속해서 작성해라. 당신이 가장 원하는 것은 무엇인가? 당신은 그것이 당신에게 필요하기 때문에 원하는 것인가? 만약 필요하지 않다면, 그럼에도 원하는 이유는 무엇인가?

당신이 원하는 것과 필요로 하는 것은 시간이 지나면서 어떻게 변하는가?

당신이 바라는 것 중 영영 필요한 만큼 얻지 못할 거라 느껴지는 것은 무엇인가? 왜 충만함을 느낄 수 없는가? 당신의 충만함은 어떤 구멍으로 새어나가고 있는가?

혹시 당신에게 필요한 건 채우는 게 아닌 비우는 것 아닌가?

가능한 한 자주 고마움을 전해라

고맙다고 말하는 것은 감사의 태도를 발전시키는 일에 도움이 된다. 감사의 태도란 내가 소유하지 못한 것을 바라기보다는 이미 소유한 것에 감사하며 세상을 보는 것을 말한다. 하루에 몇 번이나 고맙다는 말을 할 수 있는지 시험해보자.

당신이 고마워하고 있음을 주변 사람들이 알아차리게 해라

배우자나 친구, 부모나 자녀에게 사랑한다고 이야기하는 대신 그들이 있어 감사하다고 이야기해보자. 대부분은 이유를 궁금해하며 왜냐고 물어볼 것이다. 그때가 바로 당신 옆에 있어주면서 도움과 통찰과 지지를 주는 그들에게 왜 고마움을 느끼는지에 대해 생각하고 마음을 전할 수 있는 완벽한 기회다.

"당신이 있어서 감사해요"라는 말은 때때로 "사랑해요"보다 더 깊은 의미를 전달한다. 감사를 통해 당신의 사랑을 표현해라.

감사로 삶을 구성해라

《신화의 힘(The Power of Myth)》의 저자 조지프 캠벨(Joseph Campbell)은 식당에서 우연히 들은 대화에 관한 놀라운 이야기를 들려준다.

> 옆 테이블에는 아빠, 엄마, 열두 살쯤 되어 보이는 비쩍 마른 소년이 앉아 있었다. 아빠가 소년에게 말했다. "네 토마토 주스를 마시렴."
> 소년이 말했다. "싫어요, 안 마실래요."

아빠는 조금 더 큰 목소리로 말했다. "토마토 주스를 마시라니까."

그러자 엄마가 말했다. "아이가 싫어하는 일을 억지로 시키지 마."

아빠가 엄마를 보고 말했다. "하고 싶은 것만 하면서 살 순 없어. 그러다간 죽고 말걸? 난 살면서 한 번도 내가 원하는 걸 해본 적이 없다고."

이 이야기는 우리 모두가 어떻게 하면 삶을 감사할 일 하나 없는 따분한 장소로 보는 대신, 할 수 있음에 감사할 만한 활동들로 매일 매일을 채울 수 있을지 생각해보도록 충고한다. 당신이 가장 즐겁게 할 수 있는 일은 무엇인가? 어떤 일이 가장 따분하고, 어떤 일이 당신의 상상력을 가장 잘 자극하는가? 당신에게는 어떤 타고난 재능이 있는가?

당신이 감사를 느낄 수 있는 활동들로 삶을 구성해라. 그렇게 하면 감사는 폭발적으로 늘어날 것이다.

만족을 지연시키는 법을 익히라

즐겁게 참여할 수 있는 활동을 하며 시간을 보내는 것만큼 우리에게 중요한 것은, 충동을 조절하고 만족을 뒤로 미루는 법을 터득하는 것이다. 1960년대에 스탠포드대학교가 진행했던 한 흥미로운 실험에서 연구자들은 4세 유아들로 하여금 '마시멜로 도전'에 참여하게 했다. 연구팀이 일을 보러 나간 동안 어린이들은 마시멜로가 있는 방에 혼자 있어야 한다. 방을 나서기 전 연구자는 자신이 돌아올 때까지 마시멜로를 먹지 않고 기다리면 상으로 마시멜로를 더 주겠다고 설명한다. 그 결과 아이들의 약 3분의 2는 마시멜로 두 개를 상으로 받기 위해 15~20분을 참을 수 있었고, 나머지 3분의 1은 충동을 이기지 못하고 마시멜로를 곧장 집어 먹었다.

12~14년 후, 당시 실험에 참여했던 아이들의 근황을 확인한 연구팀은 놀라운 사실을 발견했다. 눈앞의 유혹을 이길 수 있었던 아이들은 적극적이고 체계적이며 자신감 있고 믿음직한 젊은이가 되었을 뿐 아니라 스트레스와 불만을 더 잘 다스릴 줄도 알았다. 그에 반해 마시멜로를 곧장 먹었던 아이들은 더 쉽게 시기와 질투를 했고, 언쟁을 잘 벌이고 고집을 부리며 '충분히 얻지 못한 것'에 대해 분개하는 경향이 있었다. 더욱 놀라운 것은 만족을 지연시킬 줄 알았던 학생들의 경우 학업성적이 월등히 우수했고 SAT 점수 역시 훨씬 높았다는 사실이다.

만족을 지연시키는 법(충동 억제라 불리기도 한다)을 배우는 것은 삶에서 도전을 수용하고 피할 수 없는 절망의 순간들에 대처하는 데 틀림없이 도움이 될 것이다. 환자들이 누군가에게 흠뻑 빠져 불륜을 생각하고 있다는 이야기를 할 때면 나는 항상 이렇게 묻는다. "지금부터 6개월 후로 가봅시다. 우린 당신이 간절히 원하는 것이 무엇이며 그것에 어떤 의미가 있고, 이 불륜이 그것을 어떻게 만족시킬 것인가에 대해 방금 막 대화를 나눴어요. 6개월 후 당신은 어떤 기분이 들 것 같나요?" 충동에 이끌려 행동하지 않고 기꺼이 기다릴 자세를 갖춘 환자들은, 문제를 해결하기 위해 노력하고 이미 주어진 것들에 감사하는 법을 배우면서 상대에 대한 이끌림이 사라지는 자신을 종종 발견하곤 한다.

자신이 소유한 것들에 대해 감사한 마음을 느낀다면 자신이 가지지 못한 것에 대해 원망하는 일도 피할 수 있을 것이다. 속담에 있듯 감사를 했다는 것, 그것 자체가 곧 감사에 따른 보상이다.

아무도 볼 수 없고 누구에게도 보이지 않는 무언가를
지어내거나 상상할 수 있는 사람은 이 세상에 없다.

- 프랜시스 P. 처치(Francis P. Church)

13장

믿음

:

열린마음으로의심하기

삶이라는 길을 걷다 보면 아주 커다란 골짜기가 보일 것이다.
그럴 땐 주저 말고 뛰어넘어라.
생각했던 것만큼 그리 넓진 않을 것이다.

- 조지프 캠벨, 아메리카 원주민의 성년식에서 인용

몇 년 전 필 삼촌 댁에 놀러갔을 때의 일이다. 삼촌이 집 앞 계단에 앉아 담배를 피우며 진한 블랙커피를 몇 잔씩 마시는 동안, 이유는 기억나지 않지만 나는 졸업파티를 회상하고 있었다.

"오, 그래. 나도 기억한단다. 네 아버지는 그날 밤 네게 술을 마시지 말라고 신신당부했었지. 그전 해에 멜루치가의 아이가 술에 취해 오토바이 사고로 죽었고, 또 한 해 전에는 풋볼 선수가 차를 몰다가 그대로 나무로 돌진했던 일도 있었으니 말이야."

필 삼촌은 커피를 한 모금 마신 뒤 내 무릎을 두드리며 말했다. "졸업파티에서 넌 착한 아이였지만 다른 아이들은 그렇지 않았어. 조아니 산토리는 술을 병째로 마시고 있었고, 크리스 아다모는 알코올 펀치를 얼마나 마셨는지 친구들이 들쳐 업고 차까지 옮겨줘야 했지. 그날 밤엔 아마 너만 빼고 다들 술을 마셨던 것 같아."

나는 깜짝 놀라서 삼촌을 쳐다봤다. "조아니와 크리스의 일을 어떻게 아세요?"

"우리도 거기 있었거든!" 삼촌은 웃으며 커피 한 모금을 마시고 컵 가장자리 너머로 날 바라봤다. 두 눈에는 장난기가 가득했다. "네 아빠와 나는 제일 멋진 정장을 차려입고 그곳에 가서 밤새 창문 너머로 널 지켜봤단다. 네가 약속을 잘 지키는지 확인하려고."

난 믿을 수가 없었다. "졸업파티에서 절 창문 너머로 보고 있었다고요? 삼촌, 정말이에요?"

필 삼촌은 고개를 끄덕였다. 보아하니 내 수호천사를 자처했던 그날 일이 꽤나 자랑스러우셨던 모양이다. 함께 있기만 한다면 삼촌은 세상 어디든 안전한 장소처럼 느껴지게 해줄 수 있는 분이셨다. "아서, 만약 새벽 두 시에라도 네가 날 필요로 한다면 난 5분 안에 네게 갈 거야." 삼촌은 이렇게 말하면서 내가 그 말을 잘 이해했는지 확인하기 위해 눈을 지그시 바라보곤 하셨다. "내 말이 무슨 뜻인지 알겠니, 아서? 5분 안에 말이다."

"만약 제가 술을 마셨다면 어떻게 할 생각이셨어요?" 내가 물었다.

"우리가 왜 정장을 차려입었다고 생각하니?" 삼촌이 씩 웃으며 말했다.

졸업파티에서 술이 들어간 펀치를 한 모금 마셨다는 이유로 아버지와 삼촌이 날 연행해 가는 모습을 상상하는 건 그로부터 30년이나 지난 그때에도 도저히 감당하기 어려운 일이었다. 삼촌은 내 표정을 보고 웃었다. "아서, 아서. 우린 널 사랑했어. 달리 뭘 할 수 있었겠니?"

표면적으로만 보면 이 이야기의 주제는 믿음보다 의심에 가까운 것 같다. '아버지와 삼촌은 날 믿지 못했던 것일까?' 삼촌의 이야기를 듣자마자 떠올린 생각은 이것이었다. 약속을 했음에도 아버지는 왜 날 의심하셨을까? 하지만 이 이야기를 아버지의 관점에서 접근해보니 그때 믿음이 얼마나 중요한 역할을 했는지 깨달을 수 있었다. 아버지와 필 삼촌에게는 관계에 대한 궁극적 믿음이 있었다. 그분들은 자신을 내 보호자로 여겼고, 곁에서 날 지켜볼 수 있는 한 내가 안전할 것이라 믿었다. 그분들에게는 날 향한 믿음이 있었고 나도 그것을 의심하지 않았지만, 그분들의 믿음에 진정성을 부여한 것은 바로 그 안에 있던 일말의 의심이었다. 아버지와 삼촌은 믿음에도 때로는 다정한 압박이 필요하다는 사실을 알고 계셨다. 아버지와 삼촌의 믿음은 진심이었지만 맹목적이진 않았기 때문이다. 필 삼촌이 "우린 바보가 아니거든"이라 하셨듯 말이다.

공감이
정의하는 믿음   ∘ ● ∘

공감의 영감을 받아 생긴 믿음은 인간이 기본적으로 선하다는 사실을 신뢰한다. 믿음은 우리가 땀 흘려 노력한다면 결과물을 볼 수 있을 것이란 자신감을 준다. 그러나 공감의 믿음은 의심에 뿌리를 두고 있기도 하다. 역설처럼 느껴지는 이 말의 의미를 설명해보겠다.

나는 다음과 같은 견해들을 신뢰한다.

- 인간관계에는 치유의 힘이 있다.
- 공감은 선천적 능력이지만 서로 돌보는 관계를 통해 키워질 수도 있다.
- 공감은 스트레스와 염려를 줄여주고 자아인식을 제고시키며, 더 낙관적인 관점을 취하게 하고 갈등을 해결하며 친밀감을 형성한다.

이러한 견해(나는 이것들을 진리라 부른다)에 관한 내 믿음은 경험에서 왔다. 아주 오랜 시간 동안 많은 사람들과 소통하면서 그러한 믿음을 '획득'해온 것이다. 그러나 당신에게 이 견해들이 진리임을 믿고 받아들이라고 요구할 순 없다. 단지 당신 자신의 삶에서 공감을 기르고, 그것이 관계에 어떤 영향을 미치는지 지켜보라고 내 믿음을 통해 격려할 수 있을 뿐이다. 당신이 공감의 효과를 볼 수 있었다면, 그것은 당신 역시 믿음을 획득했음을 뜻한다.

공감에서 비롯된 믿음은 현실적이고, 그것의 탄탄한 기반은 바로 의심이다. 당신은 궁금증과 상상력, 질문과 반박을 모두 아우르는 의심에서부터 믿음으로 향하는 여정에 발을 내딛는다. 의심을 한다는 것은 질문을 제기한다는 것이다. 질문을 하지 않으면 어떻게 답을 얻을 수 있겠는가?

의심은 누군가에게 탐구하는 마음이 있음을 알리는 신호다. 의심을 품은 사람들은 설명을 요청하고, 이해할 수 있게 도와달라고 말하며, 말만 할 것이 아니라 직접 행동으로 보여달라고 부탁한다. '백문이 불여일견'은 모든 가르침의 기본 원칙이기 때문이다. 나는 심리치료에서 의심을 장려하고, "보여주세요"라고 말할 수 있는 탐구적 자세를 환자들에게 내가 심어줄 수 있길 바란다. 믿음을 거부하는 태도가 아닌, 상대가 하는 모든 말을 맹목적으로 진실로 받아들이지 않는 태도 말이다. 의심은 자신감에서 자라나고, 자신감은 믿음의 필수 요소다. 자신에게 믿음을 갖지 않는다면 어떻게 공감, 희망, 감사, 용서와 같은 무형의 실체들을 향한 믿음을 기를 수 있겠는가?

의심은 태생적으로 창의적이다. 의심은 호기심을 갖고 대상에 대해 골똘히 생각하며, 뒤집어보거나 흔들어보기도 하면서 그것들을 파악한다. 의심을 품는다는 것은 하나의 신호가 된다. 그저 누군가가 시켰기 때문에 타인의 관점을 그대로 수용하는 것을 거부하고 자신만의 방식을 찾을 것이라는 신호 말이다. 진정한 믿음은 의심을 하고 난 후에만 발견될 수 있다. 이때의 진정한 믿음이란 독단적 주장이나 견해("내 말을 따르지 않으면 안 돼", "이 약을 먹으면 기분이 나아질 거예요", "내 말을 새겨듣고 정확히 내가 시키는 대로만 해")에 대한 믿음이 아니라 우리 자신의 눈과 귀를 활짝 열었을 때 찾아오는 믿음을 일컫는다. 우리는 언젠간 믿음의 땅에 도달하기 위해 기꺼이 의심의 길을 걷기로 결정하고, 이 의심의 여정을 마친 후에만 자신이 발견한 것이 진짜임을 믿을 수 있다는 사실을 인지한다.

스스로에게 확신이 없고 세상에서 자기 자리를 찾을 수 없어 두려운 마음이 드는 등 어둠 속에 있을 때 우리는 믿음을 발견하곤 한다. 더 이상 믿어야 할 이유가 전혀 없을 것 같은 때가 바로 가장 믿음이 필요한 순간이다. 러시아의 작가 레프 톨스토이(Lev Tolstoy)는 《톨스토이 고백록(A Confession)》에서 삶의 의미와 목적을 소멸시켰던 우울증과의 싸움에 대해 적었다.

언제나 내 삶에 안식을 줘왔던 내면의 무언가가 부서져버린 느낌이 들었고, 더 이상은 붙들 것이 없는 것 같았다. (…) 나도 내가 무엇을 원하는지 알 수 없었다. 나는 삶이 두려웠고 그곳에서 도피하려 했다. 그러면서도 여전히 삶에서 무언가를 기대했다.

답을 얻지 못한 채 2년 동안 고뇌에 빠져 있던 그에겐 믿음의 위기가 찾아왔다. 그러던 어느 이른 봄날, 톨스토이는 숲에서 홀로 산책하던 중 홀연히 삶의 의지가 부활하는 체험을 한다. 그는 그것을 믿음이라 불렀다.

믿음은 삶의 의식이며, 그 의식 덕분에 인간은 자신을 망가뜨리지 않고 계속해서 살아간다. 우리를 살게 하는 원동력인 것이다. 인간에게 무언가를 위해 살아야 한다는 믿음이 없다면, 삶의 의지 또한 사라질 것이다.

톨스토이의 믿음은 어디에서 왔으며, 그 믿음의 토대는 무엇이었을까? 그는 자신의 믿음이 새로운 발견이 아니라고 주장했다. '이상하게도 내게 돌아온 에너지는 새로운 것이 아니었다. 그것은 아주 오래전 내가 청소년기에 가졌던 믿음에서 비롯된 힘으로, 그때의 나는 더 '나은' 사람이 되는 것이 삶의 유일한 목적이라고 믿었다.' 과거로부터 부활한 이 간단한 진리 속에서 톨스토이는 '더 나은 사람이 되는 것'이라는 평생의 과업을 찾을 수 있었다.

믿음은 위기의 순간에도 필요하지만 일상의 평범한 활동에 도움이 되기도 한다. 우리는 실수를 하고 나면 추후엔 비슷한 오류를 피하기 위해 노력할 것이라는 믿음을 가진다. 우리의 아이들이 서로 싸울 때는 다시 화해할 것이라는 믿음을, 친구와 언쟁을 했을 때는 그럼에도 이 관계가 계속 유지될 것이라는 믿음을 가지는 것이다. 사랑하는 이를 죽음으로 떠나보내면서 그 사람의 사랑이 평생 우리와 함께할 것이라는 믿음을 갖기도 한다. 또한 우리는 미래를 내다보며, 우리가 자녀들에게 베풀었던 공감이 그들의 자녀와 또 그들의 자녀 그리고 그 아래 세대까지 영원히 계승될 것이라는 믿음을 가진다.

공감은 어떻게
믿음으로 연결되는가   ∘ • ∘

공감은 우리로 하여금 의심을 둘러 가지 않고 정면으로 돌파하여 믿음을 발견하게 한다. 믿음을 향한 톨스토이의 탐구에선 이에 대한 교훈을 얻을 수 있다. 그는 먼저 자신이 간과하거나 오해했을 만한 사실이나 경험이 존재할 수도 있다는 것을 받아들인 뒤 질문을 제기하며 답을 구했다. 그는 자기 자신보다 크고 강력한 무언가와 연결되고 싶은 갈망을 느끼며 계속해서 답을 찾아 헤맸고, 귀를 기울이고 때를 기다리면서 경계를 늦추지 않았다. 그러던 어느 날 저녁, 그가 숲 속에서 산책을 하는 동안 믿음은 홀연히 그의 앞에 나타났다.

관계를 향한 욕구와 타인을 이해하고 싶은 열망이 결합되어 만들어진 공감은 변화를 향한 강력한 기폭제다. 실제로 공감은 세상을 바꿀 수 있다. 최소한 공감은 이 세상에 대한 우리의 직접적인 경험을 바꿀 수 있으며, 그 경험의 변화는 우리가 서로를 이해하고 함께 소통하는 방식에도 영향을 미친다.

몇 년 전 나는 혈액암에서 회복 중에 있던 19세의 여성 레베카와 심리치료를 진행했다. 그녀를 담당했던 운동생리학자는 보조기 없인 좀처럼 걷지 않으려 하는 그녀를 보고 이차적 이득(secondary gain) 이론을 떠올리며 날 소개했다. 그 이론에 따르면 사람들은 계속해서 관심을 끌기 위해 아픈 상태를 고수하고 자신의 증상을 과장하려 한다. 운동생리학자는 레베카가 계속 보조기에 의존하려 하는 것이 답답하다고 인정하면서, 의지만 있다면 그녀가 혼자서도 걸을 수 있을 것이라고 내게 말했다.

첫 상담에서 레베카는 이렇게 '온갖 부류의 행동주의자'들에게 끌려다니는 것이 지겹고 넌더리난다며, 그들은 그녀의 몸에 어떤 본질적 한계가 있는지도 이해하지 못한 채 걸을 준비가 되지 않았다는 자신의 말을 믿지 않으려고만 한다고 말했다. "이 병은 정말 오랫동안 날 아프게 했어요." 그녀가 눈물을 흘리며 말했다. "제 몸은 아무런 지지 없이 걸을 수 있을 정도로 강하지 않다니까요."

그녀는 주의 깊게 날 바라봤다. 내가 어떤 사람인지 파악하려는 것이 분명했다. 그리고 잠시 후엔 나도 다른 사람들과 똑같이 자신에게 보조기를 포기하라고 설득할 생각인지 물었다. 나는 그녀를 불편하게 만든다면 그것이 뭐가 됐든 강요하지 않을 것이며, 혼자 걷는 것에 대한 결정권은 항상 그녀에게 있을 거라고 안심시켜줬다.

다음 몇 주간 우리는 혈액암 환자로서 그녀의 경험이나 죽음에 대한 두려움, 고등학교 친구들이 더 이상 다양한 활동을 같이 하자고 제안하지 않았을 때 느꼈던 정서적 트라우마, 부모님에게 감정적·재정적으로 계속 의존해야만 했던 과거 등에 관해 이야기를 나눴다. 나는 들었고, 그녀는 이야기를 하며 내게 도움을 요청했다. 나는 그녀에게 자신의 세계에 대한 고정관념들을 재점검해보고 자기를 더 이해하며 용서하려는 노력을 해보라고 권해줬다.

우리가 함께하는 시간이 늘어나면서 레베카는 자신이 느끼는 두려움의 본질이 무엇이며 왜 자신의 진전 속도가 더딘지를 이해하기 시작했다. 다시 홀로서기를 하고 보조기 없이 걷는 것에 관해 얘기할 때마다 투병생활의 기억들이 그녀를 찾아왔다. 첫 진단을 받았을 때와 고통스러운 치료, 의사나 간호사들과의 불쾌한 만남, 그리고 그 시절과 연관된 온갖 염려와 두려움들 말이다. 레베카는 보조기를 쓸 때 더 독립적이고 강인한 사람이 된 듯한 기분이었다. 보조기가 있으면 넘어질 염려도 없었고 남들에게 도움을 요청하지 않아도 됐다. 그러나 보조기를 버린다는 것은 연약했던 옛 시절로 복귀한다는 것을 상징했고, 그에 따라 당시 느꼈던 불안감들이 다시 한 번 그녀를 엄습했다.

매 상담 시간마다 최소 한 번씩 그녀는 언제 자신에게 혼자 걸어보라고 떠밀 생각인지 내게 물었고, 난 항상 같은 답변을 들려줬다. "결정권은 당신에게 있어요, 레베카. 언제가 적기인지는 당신이 알 수 있을 겁니다. 스스로 준비되었다고 느끼면 걷게 될 거라고 믿어요. 그때가 되면 내가 도울게요."

심리치료 6~7주차의 어느 날, 레베카는 심한 감기에 걸려 목이 아픈 상태로 상담을 하러 왔다. "집에서 쉬는 것이 맞지만 오늘은 꼭 여기 와야만 했어요. 이제 내게 두려움은 하나의 나쁜 버릇이 되어버렸다는 걸 오늘 아침에 깨달았거든요. 이 못된 버릇에 갇혀서 나는 한 발짝도 앞으로 나아가지 못하고 있더라고요. 두려움만 극복할 수 있다면 괜찮을 것 같은데. 이해가 되세요? 두려움으로 옴짝달싹 못하는 제가 제정신이 아닌 것 같나요?"

"제정신 아니란 생각은 안 들어요." 내가 미소를 지으며 말했다. "단지 겁에 질린 것 같네요. 그건 정상이라 생각해요."

레베카는 웃으며 무릎에 가지런히 포개둔 자신의 손을 내려다봤다. "그럼 저는 언제쯤 걸을 준비가 될 것 같으신가요?"

그 미소와 질문에서 나는 그녀가 이미 마음을 정했음을 알 수 있었다. "지금인 것 같네요." 내가 말했다.

"지금요? 여기서요?" 그녀의 목소리 톤은 걱정이라기보단 흥분에 가까웠다.

"벽을 따라 걸어보세요." 내가 말했다. "다른 한쪽엔 내가 바짝 붙어 서 있을 겁니다. 절대 넘어지게 하지 않겠다고 약속할게요."

그녀는 심호흡을 한 다음 벽을 붙잡고 일어났다. 다소 급하게 몇 발짝을 뗀 그녀는 거의 넘어질 뻔하고는 벽에 몸을 기대고 섰다. 겁에 질린 표정이 얼굴에 역력했다. 나는 한 번에 한 발짝씩 더 천천히 해보라고 차분히 응원하며 그녀를 진정시켰다.

레베카는 고개를 끄덕였다. 그녀가 눈앞의 과제에 열심히 집중하고 있다는 것이 눈에 보였다. 그녀는 다시 한 걸음을 내딛었고, 한 걸음 한 걸음을 이어갔다. 몇 분 후 그녀는 자부심과 흥분으로 볼이 빨개진 채 상담실 안을 왔다 갔다 하고 있었다.

숨을 헉헉대며 의자에 앉은 그녀가 말했다. "우리가 해냈어요!"

"'당신'이 해냈어요, 레베카." 내가 다시 이야기했다. "당신에게 필요했던 신체적 힘과 정서적 힘 모두를 드디어 찾았군요. 하지만 더 중요한 건, 적절한 때가 언제인지 판단해낼 수 있는 지혜가 당신에게 있었다는 거예요."

그날 나는 내가 가장 아끼는 격언이자 치료 관계의 진정한 의미를 잘 표현해주는 문구 하나를 떠올렸다. '내 앞에서 걷지 말아요. 내가 따라갈 수 없을지도 몰라요. 내 뒤에서도 걷지 말아요. 내가 길을 인도하지 못할 수도 있으니까요. 내 옆에서 걸어요. 그리고 그냥 내 친구가 되어줘요.' 공감은 사람들을 동등한 위치로 만든다. 공감이 만들어주는 관계에서 각각의 사람은 언제나 서로를 의지하는 동시에 지지하고 있다는 사실을 깨닫기 때문이다. 심리치료 시 나는 내가 환자들의 고유한 능력과 자기변화 욕구를 존중하고 있음을 전하기 위해 노력한다. 나는 관계 그 자체에 강력한 힘이 있다고 믿는다. 타인으로부터 존중받고 자신의 능력에 대한 신뢰를 얻을 때 인간은 성장하고 변화한다는 사실을 알기 때문이다.

믿음에 효력이 있는 것은 확실하지만 의구심 품기를 두려워하진 마라. 늘 의심하는 자세를 갖도록 훈련된 과학자들은 종종 믿음, 희망, 용서, 공감과 같은 무형의 실체가 지닌 치유의 힘을 가장 뒤늦게 믿곤 한다. 그들은 믿음을 가지기 전에 먼저 증거를 요구한다.

전이성 유방암 환자에 대한 심리사회적 영향을 연구한 스탠포드대학교 정신과 의사 데이비드 스피겔(David Spiegel)의 경우도 그랬다. 데이비드 스피겔은 버니 시겔(Bernie Siegel) 의사와 자주 혼동되곤 했는데, 시겔은《사랑은 의사(Love, Medicine and Miracle)》 등의 베스트셀러에서 심리적·사회적 요인이 인간의 생명을 연장시킬 수 있다는 주장을 펼친 인물이다. 그리고 스피겔은 그런 시겔의 주장이 '틀렸음'을 입증할 목적으로 실험을 시작했다.

실험은 진행성 유방암을 앓고 있는 86명의 여성을 대상으로 진행되었다. 연구팀은 환자들을 임의의 두 집단으로 나눈 뒤 양쪽 모두 정기적인 항암치료(방사선치료와 화학요법)를 받게 했는데, 둘 중 한쪽 집단만 1년간 매주 90분씩 정기 모임을 갖게 했다. 이 모임에서 여성들은 투병생활에서 느낀 점이나 암이 자신의 삶에 미친 영향에 관해 이야기를 나눴고, 죽음의 위협에 함께 대처하고 슬픔을 나누며 서로를 지지했을 뿐 아니라 삶의 각 순간이 자신에게 준 선물에 대해 감사하는 마음을 공유하기도 했다. 그들의 돈독한 관계는 암 환자로서 겪어야만 했던 사회적 고립을 완화시키는 데 도움이 됐다.

연구가 시작되고 5년 후, 스피겔 박사는 특정 시점에 생존해 있는 여성들의 숫자를 나타낸 '생존율 곡선' 분석 자료를 입수해 살펴보던 중 깜짝 놀라 자리에서 벌떡 일어나고 말았다.

수백 장에 달하는 결과지가 모두 인쇄될 때까지 나는 앉아서 기다릴 수가 없었다. 두 생존율 곡선은 처음엔 일치하는 듯했으나 20개월차부터 현저한 차이를 보이기 시작했다. 여성들이 연구에 참여하고 4년 후, 통제집단에 있던 환자들은 전부 사망한 반면 그룹 심리치료를 받은 환자들 중 무려 3분의 1이 여전히 생존해 있었다. (…) 다르게 설명하면, 실험적 치료 프로그램에 참여했던 환자들은 연구에 참여한 이래 통제집단 환자들에 비해 평균 두 배나 오래 생존할 수 있었다. 그 차이는 너무도 확연해서 사실상 통계적 분석이 불필요했고, 그래프의 곡선만 봐도 쉬이 결과를 유추할 수 있었다. 거의 차이가 없을 것이라던 내 예상이 완전히 빗나간 것이다!

실험을 마친 스피겔 박사는 친밀하고 애정 어린 관계가 수명을 연장시키고 삶의 질을 향상시킬 수 있다고 자신 있게 단언할 근거를 얻었다. 이 진리에 대한 믿음은 저절로 생긴 것이 아니라 박사가 자기 눈으로 데이터를 확인한 뒤 얻은 것이었다. 의심과 직접적인 검증을 거친 그의 믿음은 이제 흔들릴 수 없을 것이다.

믿음
연습하기

디딤돌을 찾아라

믿음은 종종 도약대를 필요로 한다. 나는 열세 살 때 8학년을 마무리하면서 가톨릭학교와 공립학교 중 어느 곳에 진학할지를 결정해야 했다.

공립학교에 들어가면 내가 간절히 원하던 풋볼을 할 수 있었다. 내 고민 이야기를 전해 들은 신부님은 어느 날 나를 사무실로 불러서, 내가 정말 풋볼 때문에 신을 포기해야 한다고 생각하는지 물으셨다. 확신이 서지 않아 괴로워하던 나는 어느 늦은 오후에 성당을 찾았고, 그곳에서 두 손을 모으고 모든 힘과 믿음을 바쳐 내게 계시를 달라고 신께 기도했다. 그런데 기도 중 어느 순간 제단을 바라본 나는, 맹세코 거기에 있는 예수상이 움직이는 것을 볼 수 있었다. 이제 더 이상의 계시는 필요하지 않았다. 나는 예수님도 내가 풋볼을 하길 원하신다고 확신하며 성당을 나섰다.

그날을 회상하면 나는 분명 그 사건이 믿음의 도약을 가능하게 한 디딤돌이 되어줬다고 생각한다. 물론 지금은 내 결정에 대한 믿음이 풋볼을 향한 강렬한 열망에서 뻗어 나왔음을 안다. 내 믿음에 영감을 불어넣어주고 믿을 의지를 갖게 한 것은 내 안의 강한 욕구였을 것이다. 우리 모두는 삶에서 어느 방향으로 나아갈지 결정을 내리게 했던 디딤돌을 많이 발견할 수 있다. 당신의 삶에서 디딤돌을 찾아보자. 확신이나 조언을 필요로 했을 때 그것을 구할 수 있었던 순간들 말이다. 당신은 어디에서 응답을 얻을 수 있었는가? 그것은 당신이 바라던 답이었는가? 그 응답은 당신의 삶을 어떻게 바꿨는가?

마음껏 의심해라

의심 때문에 지레 겁을 먹고 믿음으로부터 달아나는 일이 없도록 해라. 의혹을 품어도 되고, 회의감이 들어도 괜찮다. 경계를 늦추지 말고 믿음을 시험대에 올려보자. '왜?'라는 질문을 몇 번이고 반복해서 던져라.

다만 질문의 목적은 당신이 이해하려는 대상에 더욱 가까워지는 것이지, 멀어지기 위해서가 아님을 기억하자.

믿음을 찾는(그리고 실천하는) 방법은 의심을 품는 것이다. 도망가지 말고 위기를 직면해라. 이해하려는 대상에 얼굴을 똑바로 맞대어 서고, 언제라도 놀랄 수 있다는 가능성에 마음을 열어둬라.

냉소주의를 경계해라

냉소주의와 의심은 같지 않다. 냉소주의란 불신의 상태를 말하며, 믿지 '않기로' 결정하는 적극적인 행위다. 그러나 의심은 질문을 제기하더라도 마음을 닫아두진 않는다. 냉소주의는 가능성을 완전히 배제시키지만 의심은 희망의 여지를 남겨둔다. 냉소주의는 비관으로 이어지지만 의심은 낙관의 여지를 남겨놓는다. 냉소주의는 축소시키는 반면, 의심은 확대시킨다.

의심은 전속력으로 세상에 맞서고 믿음에 도전장을 내밀며, 계속해서 증거를 보여달라고 요구한다. 그러나 냉소주의는 말없이 등을 돌리고 천천히 멀어질 뿐이다.

신에게 말대꾸하기를 두려워하지 마라

공감의 믿음은 질문을 하거나 의구심을 표현하길 주저하지 않는다. 공감의 유일한 요구 사항은 제시되는 답변을 주의 깊게 듣는 것뿐이다. 서로를 아끼고 염려하는 두 사람이 활발히 의견을 교환할 때 우리가 배우고 성장할 수 있기 때문이다.

믿음을 구하는 것은 권위에 도전하는 길이기도 하다. 의심이 들 때는 표현하고, 귀를 기울이며 기다려라. 그러면 때때로 응답의 목소리가 들려올 것이다.

《매일의 깨달음(Everyday Epiphanies)》에서 멜라니 스보보다(Melannie Svoboda)는 신이 너무 관대하다면서 그와 나눈 유쾌한 대화를 묘사한다.

"당신은 너무 분별없이 사람들을 사랑하고 지나치게 사람들을 믿어요. 또 너무 쉽게 용서를 하거나 오래 참아주는 것도 문제라니까요!"
나는 이렇게 말하고 이번에는 신에게 내 문제가 무엇인지 말해달라고 했다. 하지만 그가 한 말은 이것이 전부였다. "그거 아니, 얘야? 난 널 보면 정말 즐겁단다!"
그건 내 말이 옳았음을 증명할 뿐이었다.

보통 사람들이 그러듯이 신을 믿어라.
그러면 다시 한 번 삶이 가능해질 것이다.

– 윌리엄 제임스

14장

희망

:

어떻게든길을찾을것이라확신하기

삶의 가장 끔찍한 비극은 죽음이 아니라 자아의 상실이다. 그것은 낯설고 메마른 땅에서 서서히 생명을 잃는 것으로, 사랑의 손길이 주는 영적 자양분에서도, 삶에 가치를 부여하는 경험을 향한 욕구에서도, 그리고 희망에서도 분리된 상태를 말한다.

- 노먼 커즌스

우리 모두는 속으론 낙관론자다. 믿음을 통해 거의 모든 것을 견뎌낼 수 있다는 것을 알기에 다들 믿음을 갖고 싶어 한다. 하지만 삶은 때때로 우릴 좌절시키고 믿음을 꺾어놓곤 한다. 공감은 그렇게 무기력한 정지 상태의 우리를 다시 희망으로 데려다준다.

어머니가 암으로 돌아가시기 전에 나는 매일 밤 병원을 찾아갔고, 어둠이 내려오는 그곳에서 희망을 발견할 수 있었다. 어느 늦은 밤, 어머니는 내게 질문을 하나 하셨다.

"아서?" 어머니가 속삭였다.

"네?" 나도 속삭이며 대답했다.

"우리가 묘지에 갔던 날을 기억하니?"

나는 어머니가 언제를 말하고 계신 건지 알 수 있었다. "네."

어머니는 나를 향한 시선을 잠시 거두고 회상에 잠기셨다. 때는 데이비드가 세상을 뜨고 며칠 지나지 않은 어느 봄날이었다. 우리가 신부님과 함께 묘지에 갔을 때 어머니는 데이비드와 당신, 아버지를 위한 분묘지 세 자리를 원한다고 말씀하셨다. 나는 어머니를 보며 '왜 나는 빼놓으시는 거지?'라 생각했지만 아무 말도 하지 않았다. 그날 늦게 어머니는 내가 당신의 의도를 이해했는지 물으셨고, 나는 그러지 못했기에 "아니요"라 대답했다.

"네겐 다른 삶이 있을 거야. 가족과 자녀가 생길 테니 그들과 함께 있을 수 있는 자리를 찾아야지."

"저도 어머니와 함께 있고 싶어요."

"네겐 새 가족이 생길 거란다. 넌 그들과 함께 있어야 해." 어머니의 말을 듣고 내가 물었다. "어떻게 아세요?"

"그건 내가 자연스럽게 알 수 있는 것이란다." 어머니가 대답해주셨다.

물론 어머니는 옳았다. 나는 훌륭한 여인과 결혼했으며 우리 부모님도 그녀를 딸처럼 사랑하셨다. 그리고 어머니가 예견했듯 우리에겐 자녀가 생겼다.

몇 년이 지난 지금, 병상의 하얀 시트만큼이나 창백한 어머니의 얼굴을 바라보니 내 안의 무언가가 움직이는 것이 느껴졌다. 그건 가장 깊은 종류의 탄식이었다.

"이제는 이해할 수 있겠지, 얘야?" 어머니가 물었다.

"네, 이해해요."

"잘됐구나." 어머니가 부드럽게 말했다. "이제 내게 말해주렴. 에리카는 좀 어떠니?" 그리고 우리는 한 살배기 딸 에리카에 관해 이야기를 나눴다. 당시 에리카는 몸이 매우 아파서 또 다른 수술을 앞두고 있었다.

"에리카는 괜찮을 거야." 어머니에게는 한 치의 의심도 없었다.

"네, 그럴 거예요. 에리카에게 아무 일도 일어나지 않도록 우리 모두 최선을 다할 거니까요." 내가 말했다.

"그럼 넌 어떠니?" 어머니가 물었다.

"저도 괜찮을 거예요." 어머니는 '넌 아직 잘 이해하지 못하는 것 같구나' 하시는 듯한 표정으로 내게 시선을 고정하셨다. "약속해요. 스스로 마음을 잘 다잡을게요." 내가 말했다.

"넌 모두를 돌볼 거야. 모든 환자들이 네 도움을 필요로 하고 나와 네 아버지가 세상을 뜨면 가족들도 모두 네게 연락해 조언을 구할 거란다." 어머니의 이마에 주름이 깊게 패였다. "그런데 너는 누가 돌봐줄까?"

"우린 서로를 돌볼 거예요." 내가 말했다. 잠시 침묵하시던 어머니는 고개를 끄덕이셨고, 나는 그분이 내 말을 이해하셨음을 알 수 있었다.

그렇게 어머니는 나와 대화를 나누며 앞으로의 여정에서 당신을 지탱해줄 무언가를 찾고 계셨다. 그것은 어머니가 붙들 수 있고 믿을 수 있으며, 희망을 얻을 수 있는 것이어야 했다. 그러다 나는 기억보다 깊고 진실보다 깊숙한 곳에서부터 알 수 있었다. 내 아이들에게 다가올 미래는 내 과거가 그랬듯 밝게 빛날 것임을 말이다.

어머니는 미소를 지으셨고, 나는 어머니도 그것을 믿으셨다는 사실을 깨달았다.

공감이
정의하는 희망   ○ ● ○

공감이 불어넣는 희망은 언제나 현실적이다. 희망이란 모든 것이 다 잘될 거란 믿음이 아니라, 상황이 잘 풀리지 않을 때에도 지금까지 항상 그래왔듯 어떻게든 길을 찾아낼 것이란 확신이다. 또한 공감의 언어에서 '어떻게든'이라는 표현에는 늘 관계가 포함된다. 공감은 우리가 세상과의 관계, 사람들과의 관계를 통해 어려움을 이겨낼 것이라는 확신을 준다.

공감의 희망에는 탄력과 끈기가 있다. 희망은 아무리 많이 넘어져도 다시 일어설 줄 안다. 우리는 태도("난 할 수 있어")와 행동("난 해낼 거야") 모두로 희망을 전한다. 또한 희망이란 믿음의 대상을 찾고 그 일이 실제로 일어나도록 만들기 위해 굳은 각오로 노력할 '자신감을 얻는' 방식이다. 공감은 단순히 꿈을 꾸듯 미래를 보는 것에 그치지 않고 발전을 위해 날마다 노력한다. 희망의 태도에는 목적의식과 방향성이 충만하고, 희망의 행동은 우리를 계속 움직이게 한다.

희망은 갖은 노력과 근면, 성실, 인내, 집중력을 통해 만들어진다. 계속해서 한 걸음 한 걸음 내딛을 수 있도록 최선을 다함으로써 희망을 '획득'하는 것이다. 하지만 희망적인 태도를 기르는 것, 곧 자신을 신뢰하는 법을 터득하는 데는 타인으로부터 받는 믿음도 필요하다. 고등학교 진로지도 선생님이 나의 성적을 토대로 내 포부와 학업 실력이 부족하다 판단해서 내게 대학을 포기하라고 했을 때 나는 크게 흔들릴 수밖에 없었다. 어쩌면 정말 선생님 말씀대로 군대가 내게 어울리는 곳이고, 군인이 되는 것이 옳을지도 모른다고 생각했으니 말이다.

나는 아버지께 조언을 구하고 나서 희망을 얻을 수 있었다. 하지만 중요한 부분은 아버지가 내게 희망을 가져야 할 '이유'를 제시해주셨다는 것이다. 아버지는 단순히 "아서, 그 선생은 자기 말이 무슨 뜻인지도 모르는 어리석은 사람이다"라고 말씀하신 것이 아니라 선생님이 먼저 의견을 제시하게 하셨고, 그 근거가 무엇인지 파악하기 위해 주의 깊게 이야기를 들으셨으며, 상대의 관점으로 이해해보려 노력하셨다. 그렇게 하고 난 다음에야 아버지는 내 재능에 대한 선생님의 평가가 왜 잘못되었다고 생각하시는지를 말씀해주셨다. 내가 미래를 향한 희망을 품을 수 있었던 것은 아버지가 그것을 통째로 내게 갖다주셨기 때문이 아니라, 실제 삶의 경험으로부터 조금씩 잘라내는 수고를 마다하지 않으셨기 때문이다.

공감은 이해로 이어지며 그것은 또다시 희망을 만들어낸다. 어떤 상황에 처했을 때 공감에 의지하여 그와 관련된 복잡한 사정을 이해하기 위해 노력한다면 우리는 삶을 헤쳐나가는 길이 한 가지만은 아니란 사실을 깨달을 수 있을 것이다. '모든 출구는 어딘가로 향하는 입구이기도 하다'라고 극작가 톰 스토파드(Tom Stoppard)는 말한 바 있는데, 내가 말하려는 요점이 바로 이것이다. 문이 닫히거든, 열려 있는 창문을 찾아봐라. 무언가를 두고 떠나야 한다면, 가지고 가는 것들에 대해 생각해라. 오스카 와일드(Oscar Wilde)가 말했던 것처럼, 넘어지면 그때마다 바닥에 있는 무언가를 주워보자.

지도 선생님을 만나고 몇 달 후 나는 메인주 소재 고등학교의 운동선수들을 위한 대학 준비기관인 브릿튼 아카데미에서 면접을 치르기로 했다. 브릿튼에서 진행한 첫 면접에서 아버지와 나는 교장이신 골드스미스 선생님과 함께 앉아 대화를 나눴다. 우리와 환영 인사를 나누고 나서 몇 분 뒤, 선생님은 당신과 내가 단둘이 대화할 수 있도록 아버지께 자리를 피해달라고 요청했다.

우리는 내 고향, 그리고 내가 브릿튼에 지원한 동기에 대해 이야기를 나눴다. "궁금한 게 있네. 우리 입학처 직원들이 자네 고등학교를 방문했던 날 자네는 왜 면접을 보지 않았던 건가?" 대화 중에 골드스미스 선생님이 물었다.

"제 지도 선생님은 저와 브릿튼이 어울리지 않는다고 하셨습니다." 내가 말했다.

"어떤 이유에서?"

"선생님은 저더러 군대에 가는 편이 좋겠다고 하셨어요. 제가 학업을 잘 따라가지 못할 거라 생각하셨다고 합니다. 전 그리 열심히 공부하는 학생이 아니었거든요." 내가 시인했다.

"여기서는 잘할 수 있을 거라 생각하나?"

"아버지는 이곳처럼 제게 공부하는 법을 가르쳐줄 학교가 필요하다고 생각하세요." 내가 말했다.

"자네도 동의하고?"

"그런 것 같아요. 하지만 아직 완전히 확신하진 않습니다."

골드스미스 선생님은 내가 무엇을 읽기 좋아하는지 물으셨고, 나는 독서를 즐기지 않는다고 대답했다.

"책을 전혀 읽지 않나?"

"그렇습니다." 그건 절대 자랑이 아니었다. 사실 그렇게 말하면서 나는 이제 아버지와 삼촌들과 할아버지가 다녔던 동네 주조 공장에서 일하는 것이 내 운명일 거라 생각하고 있었다.

"신문의 스포츠 면은 어떤가?" 선생님이 물었다.

"스포츠 면은 매일 읽습니다."

우리는 오랫동안 스포츠에 대해 이야기했다. 나는 가장 좋아하는 선수가 클리블랜드 브라운스의 짐 브라운이라고 말했다. "그 선수의 캐리당 평균 야드가 얼마인지 알고 있나?" 골드스미스 선생님이 묻자 나는 답을 이야기했다. 또 선생님은 내게 NFL 챔피언십 점수를 아는지 물었고, 이번에도 나는 대답할 수 있었다. 그것이 나에 대한 일종의 테스트였다는 건 나중에야 깨달았다. 선생님은 내가 부담스러워하지 않는 영역에서 세부적인 것들을 잘 기억해내는 능력이 있는지 보려 하셨던 것이다.

대화 끝 무렵에 나는 선생님께 정말 브릿튼에 오고 싶다고 이야기했다. "제가 풋볼을 잘하는 만큼 학교에서도 좋은 성적을 낼 수 있다는 것을 부모님과 저 자신에게 증명해 보이고 싶습니다."

교장 선생님은 나와 악수를 한 뒤 기꺼이 나를 브릿튼에 받아주겠다고 말씀하셨다. "자네 앞에 멋진 미래가 기다리고 있다는 확신이 드네. 자네는 기억력이 좋고, 흥미 있는 주제에 대한 열정도 많네. 세부 사항을 기억할 줄 알고 예의가 바르며 생각도 깊더군. 또 이야기를 잘 듣기도 하고. 무엇보다 중요한 건 좋은 성과를 내는 것이 자네에게 얼마나 뜻 깊은 일인지, 또 학교에서 두 번째 기회를 얻는 것에 대해 자네가 얼마나 감사할지를 자네의 말에서 알 수 있었다는 점이라네."

그날 나는 미래를 향한 낙관적인 기분을 느끼며 브릿튼을 나섰다. 골드스미스 선생님께서 내 관심사를 알아내고 내 잠재력에 대한 현실적인 평가를 제시하기 위해 자신의 시간과 에너지를 들여주셨기 때문이었다. 선생님은 내게 있던 기억력과 주의력, 배우려는 자세에 초점을 맞춰 나로 하여금 자신의 힘과 잠재력을 인식할 수 있게 하셨다. 나 스스로는 한 번도 이 자질들을 학업적인 성공과 관련지어 생각해본 적이 없었음에도 말이다. 골드스미스 선생님은 공감을 사용하여 내게 희망을 불어넣어주셨다.

공감은 어떻게 희망으로 이어지는가 ○●○

희망이 우리 마음과 몸과 정신에 깊고 오래 지속되는 영향을 미친다는 것은 수많은 연구를 통해 확인된 사실이다. 연구에 따르면 희망은 이런 역할을 한다.

- 역경을 극복하는 데 필요한 에너지를 만들어낸다.
- 우리에게 더 많은 선택지와 따를 수 있는 경로를 제시함으로써 창의성을 향상시킨다.
- 트라우마와 슬픔에 대처하는 것을 돕는다.

- 우울증으로부터 우리를 보호한다.
- 학업성적을 높인다.
- 면역반응을 증진시킨다.

심리학자 비키 헬예손과 하이디 프리즈(Heidi Fritz)의 연구는 희망적인 태도가 우리의 신체 건강에 극적인 효과를 불러일으킬 수 있음을 입증했다. 연구팀은 동맥협착증을 완화시키는 혈관성형술을 앞두고 입원한 환자 298명에게 설문을 실시했다. 환자들은 자신의 인생관이 무엇이고 가족, 친구, 의사들에게선 어떤 도움을 받았는지 응답해야 했고, 운동량은 어느 정도이며, 담배나 과식 등 건강에 악영향을 미치는 행동을 조절할 수 있다고 느끼는지 등과 같은 구체적 문항에도 응답했다. 연구팀이 6개월 뒤 환자들을 한 번 더 조사했을 때, 비관적인 영역에서 높은 점수를 받았던 환자들은 더 자신감 있고 희망적이던 환자들보다 동맥경화를 일으킬 확률이 거의 세 배나 높았다. 이에 반해 긍정적인 정신자세를 가졌고 자존감과 자제력이 높았던 환자들은 심근경색을 일으키거나, 혈관우회수술을 받거나, 혈관성형술을 재시술받을 확률이 상대적으로 낮았다.

성과에 관한 낙관적 태도의 효과를 측정하기 위해 설계된 흥미로운 실험도 있다. 심리학자 마틴 셀리그먼(Martin Seligman)은 보험 영업사원들을 대상으로 그들의 낙관적 성향을 평가하는 설문을 진행했다. 그리고 각자의 테스트 점수와 실제 판매 실적을 대조한 뒤, 낙관적 집단의 판매 실적이 비관적 집단보다 평균 37퍼센트 가량 높았다는 사실을 알아냈다. 심지어 낙관 점수 상위 10퍼센트의 영업사원들은 비관 점수 상위 10퍼센트의 이들보다 무려 88퍼센트나 높은 판매 실적을 보였다.

낙관적인 영업사원들은 훨씬 공감 어린 방식으로 고객들에게 접근했다. 또한 고객이 거절했을 때에도 비관주의자들은 "나는 쓸모없어", "난 시작조차 제대로 못하는 사람이야" 같은 표현을 쓰며 스스로를 실패자로 간주했던 반면, 낙관적인 영업사원들은 상대의 관점으로 보면서 "고객이 너무 바쁠 때 내가 전화를 했지" 또는 "그 가족은 이미 가입해둔 보험이 있었어" 같은 표현을 하면서 스스로 위안할 수 있었다. 그들은 고객의 거절을 개인적인 일로 받아들이지 않았고, 그 덕분에 미래 전망에 대해서도 희망적인 태도를 유지할 수 있었다.

관계 안에서 공감은 우리가 보다 넓은 관점을 얻을 수 있도록 도움으로써 희망적인 자세를 견지하게 한다. 관점이 점차 넓어지면 불행과 실망도 특정 상황에만 국한된 일시적인 것들로 바라보고, 궁극적으로는 극복 가능한 대상으로 간주할 수 있을 것이다. '내가 멍청해서', '그녀가 사려 깊지 않아서' 혹은 '그가 둔감해서' 등의 이유로 문제의 원인이 항구적이라 여기는 행위는 절망과 우울증이 들어설 자리를 마련하는 셈이나 마찬가지다. 그와 달리 '방금 내가 아주 어리석은 말을 했어', '그는 평소 이해심이 깊은 편인데 지금은 그다지 적극적이지 않네'와 같은 생각으로 해당 상황을 그 순간에 한정된 특수한 것으로 바라본다면, 실망감을 특정 상황에만 제한시킴과 동시에 그것이 과거와 미래까지 일반화하는 오류도 피할 수 있을 것이다.

캔자스대학교 심리학자 C. R. 스나이더(C. R. Snyder)는 대학생들의 학업성취도에 대한 연구를 통해 희망이 성공적 학업에도 강력한 영향을 미칠 수 있다는 사실을 발견했다. 스나이더는 희망을 '목적을 달성할 의지와 방책 모두가 자신에게 있음을 믿는 것'이라 정의한다. 그는 희망적인 학생들이 대체로 더 열심히 노력할 뿐 아니라 희망을 바탕으로 한 다양한 기술을 늘려갈 줄도 알았다는 사실을 발견했다. 그들은 염려나 우울증에 굴복하지 않았고, 자신에게 동기를 부여할 방법들을 물색했으며, 막다른 길에 다다랐을 때는 목적지를 향한 다른 경로를 찾을 수 있다고 (또는 필요 시엔 목적을 바꿀 수 있다고) 자신을 안심시켰고, 상황이 아무리 답답하게 흘러가는 것처럼 보여도 유연성을 잃지 않을 수 있었다.

공감은 우리가 타인과 맺는 관계를 강화시켜주고, 부러지기보다는 구부릴 줄 아는 자세를 취하게끔 도움으로써 우리를 진정시킨다. 공감은 두려움을 잠재우고 '할 수 없다'고 말하는 걱정을 달래준다. 우리는 그 누구도 완벽할 수는 없다는 사실을 서로에게 상기시키고 속도를 늦춰가며 함께 힘을 합쳐 관계 속에서 희망을 발견한다.

공감에서 시작된 희망은 사람들을 연결하며, 그렇게 형성된 관계는 우리가 앞으로 나아가는 데 필요한 에너지를 공급한다. 윈스턴 처칠에 관한 한 가지 일화가 있다. 학창 시절 그는 반에서 '더 똑똑한' 학생들이 진급하여 그리스어와 라틴어 수업을 받는 동안 3년이나 낙제를 하고 영어 수업을 되풀이해서 들어야 했다. 훗날 영국 총리로 선출된 그는 제2차 세계대전 초기였던 1941년에 자신이 어린 시절에 다녔던 학교를 방문했다. 그는 학생들에게 짧은 연설을 하면서 지혜의 말을 전한다.

"절대 포기하지 마십시오!" 처칠은 자신의 지팡이를 나무바닥에 쿵쿵 찧으며 크게 외쳤다. "절대로, 절대로, 절대로, 절대로 말입니다! 정확한 분별력이나 명예에 대한 확신이 생겼을 때를 제외하고는 위대하든 하찮든, 크든 작든, 어떤 일에서도 포기하지 마십시오. 힘에 굴복하지 말고, 우리를 압도할 것만 같은 적의 세력에도 절대 굴복하지 마십시오."

"절대 포기하지 마십시오." 이 세 단어는 공감과 희망에 담긴 싸움의 정신을 오롯이 우리에게 전달한다.

희망
연습하기
○ ● ○

스스로 논쟁해보자

대부분의 사람들은 남들과의 언쟁에선 실력을 꽤 잘 발휘하면서도 자기평가의 시간에는 거의 반대 의견을 내지 못한다. 우리는 "난 정말 멍청해", "난 언제나 이런 사고를 치지", "왜 난 철이 들지 않을까?" 같은 말을 하면서 실망과 좌절에 빠진 상태로 돌아다닌다.

그런 말들에 반론을 제기해보는 것은 어떨까? 누가 당신을 멍청하다고 하는가? 또한 당신이 그 평가를 믿어야 할 이유는 무엇인가? 당신이 어리석다는 증거는 어디에 있는가? 과거의 실패를 떠올리는 대신, 오늘의 당신이 달성한 일들을 바탕으로 자신의 능력을 평가하는 법을 터득하자. 혹 실수를 했거나 목적 달성에 실패했다면 그것은 무능하거나 부족하다는 의미가 아니라 그저 당신이 인간이라는 뜻일 뿐이다. 실수는 누구나 당연히 저지른다.

해결책을 찾아라

희망은 모든 질문의 답이 어딘가엔 있다는 믿음을 기본으로 한다. 우리가 원하거나 예상한 답이 아닐 수도 있지만, 모든 답변은 어떤 방향을 제시하기 마련이다. 우리는 그 방향으로 걸어갈 수도 있고 그것과는 완전히 다른 쪽으로 방향을 트는 편을 택할 수도 있다. 요점은, 어떤 문제에 관한 단 하나의 답변에만 희망이 존재하는 건 아니라는 점이다. 다양한 선택지를 열어둬라. 아니면 우리 어머니가 종종 말씀하셨듯, 교과서를 닫고 당신의 눈을 열어 세상을 봐라.

음악을 들어라

하루의 끝, 에너지가 모두 동났지만 몇 시간 동안이나 해야 할 일이 여전히 남아 있을 때 나는 이탈리아의 맹인 오페라 가수 안드레아 보첼리 (Andrea Bocelli)의 음악을 듣는다. 그의 목소리는 언제나 변함없이 내 기운을 북돋아주곤 한다. 당신은 어떤 음악에 영감을 받는가? 마음이 괴로울 때는 어떤 가사에서 위로를 얻는가? 내 많은 지인들은 〈어메이징 그레이스(Amazing Grace)〉나 〈험한 세상 다리가 되어(Bridge Over Troubled Water)〉 같은 노래의 가사와 선율을 들으면 곧바로 기분이 나아진다고 얘기하기도 한다.

《건강을 위한 명상(Meditations for Health)》에서 낸시 버크(Nancy Burke)는 항암치료를 견뎌낼 용기와 에너지를 얻을 수 있었던 음악에 대해 이야기한다.

두 번의 겨울과 여름이 지나가는 동안 나는 매주 차를 몰고 병원에 항암치료를 받으러 다녔다. 당시 나는 패티 라벨(Patti LaBelle)이 부른 〈오버 더 레인보우(Over the Rainbow)〉와 〈데얼즈 어 위너 인 유(There's a Winner in You)〉를 몇 번이고 계속 듣곤 했다. 덜컥 겁이 나 도저히 운전할 수 없을 것 같은 기분이 들 때는 이 노래들을 들으면서 목적지까지 갈 수 있었기 때문이다. 그 뒤로 나는 너무 지치고 집까지 차를 몰 수 없을 것 같은 두려움이 생길 때마다 노래를 틀기 시작했다. 그 덕분에 항상 기운을 차릴 수 있었고 기나긴 운전 시간도 금방 지나가는 것처럼 느껴지곤 했다. 패티 라벨의 열정적인 음악이 그런 용기와 희망을 준 것이다. 내 삶의 가장 어두운 순간, 그 목소리는 내가 살아 있음에 감사하게 해줬다.

나 역시 낸시 버크처럼 모든 사람에겐 각각 자신을 위한 노래가 존재한다는 사실을 믿는다. 그녀는 '그 노래의 선율과 마법은 신비스럽게 섞여 우리 가슴을 꽁꽁 에워싸고 완전히 다른 세상으로 데려다준다'라고 이야기했다. 그렇다면 당신의 노래는 무엇인가? 당신은 왜 그 노래로 치유되는가? 그 노래는 어떻게 당신의 기분을 나아지게 만드는가? 시간이 흐르고 상황이 변하면서 당신의 노래는 어떻게 바뀌었는가? 노래는 당신을 어디로 데려가는가? 언제 그 노래를 들을 것인가?

고전영화 〈멋진 인생〉을 감상해라
몇 해 전 나는 어느 43세 여성의 심리치료를 진행했다. 고등학교 교사였고 남편이 떠난 후 자살을 시도한 적이 있는 이였다. 크리스마스가 다가오기 몇 주 전 그녀는 내게 부탁을 하나 했다.

"선생님은 사람들에게 뭔가를 시키지 않으려 하시죠. 하지만 삶을 균형 있게 보고 당장 살아갈 의미를 찾으려면 어떻게 해야 하는지 제게 알려주실 순 없을까요? 전 앞으로 계속 살아갈 수 있을지 모르겠어요. 단 한 번도 누군가의 삶에 오래 남는 영향을 준 적이 없었던 것 같거든요."

"잰, 당신은 수많은 학생들에게 정말 많은 것들을 베풀어온 교사예요." 내가 말했다. "당신이 사람들에게 어떤 영향을 끼치고 있는지에 대해 자주 듣지 못한다는 건 압니다. 우리 대부분은 훌륭한 은사를 다시 찾아가 고맙다는 인사를 잘 하지 않거든요. 저도 그랬고요. 하지만 지금 이 순간에도 나는 어떤 선생님이 내게 해주셨던 말을 어제 일처럼 선명히 떠올릴 수 있어요. 당신은 내게 조언을 달라고 부탁했지만, 그 대신 내가 당신에게 한 가지를 부탁할게요. 고전영화 〈멋진 인생(It's A Wonderful Life)〉을 보고, 날개를 얻으려 했던 천사 클레런스가 조지 베일리에게 뭐라고 이야기하는지 들어볼래요? 그런 다음 당신의 삶이 수많은 이들에게 어떤 의미를 줬는지 객관적으로 생각해보면 좋겠어요."(〈멋진 인생〉에서는 자살을 고민 중인 조지 베일리를 구하기 위해 수호천사 클레런스가 지상으로 보내진다. 조지를 설득하다가 "나는 태어나지 않는 편이 좋았을 것"이라는 말을 들은 클레런스는 조지가 없는 세상이 어떤 모습이었을지를 보여주며 이렇게 이야기한다. "자네는 정말 멋진 인생을 살아왔다네. 그런 인생을 모두 내팽개치는 것이 얼마나 큰 실수인지 모르겠는가?"_옮긴이)

크리스마스 날 나는 현관 앞에 놓인 선물 꾸러미를 발견했다. 그것은

〈멋진 인생〉의 DVD였고, 쪽지 하나가 붙어 있었다. '당신은 나의 클레런스예요. 메리 크리스마스. -잰.'

나는 매년 크리스마스이브에 가족과 함께 그 영화를 본다. 그리고 그때마다, 감사하게도 내가 함께 일할 수 있었던 사람들에 대해 생각한다. 그들은 한때 희망을 잃기도 했으나 용기와 노력, 공감의 치유력을 통해 싸움의 정신을 되찾을 수 있었다. 우리 모두는 절망에 빠져 탈출구를 찾지 못하는 이들을 도우며 자신의 날개를 얻는다. 그리고 그것을 가능케 하는 것은 공감의 통찰과 공감이 인도하는 지혜다.

'항상'이란 단어를 피해라

"나한텐 '항상' 이런 일이 일어나." "난 '항상' 이렇게 과민반응을 하지." "난 '항상' 멍청한 실수를 한다니까." "난 '항상' 서두르다가 뭔가를 빠뜨리고 말아." "그는 '늘' 지각을 해." "그녀는 '언제나' 내 탓을 해."

이런 말들에서 희망을 발견할 수 있는가? '항상'이라는 단어에서 출구는 어디에 있는가? '항상'은 과거도 현재도 미래도 없이 시간을 완전히 정지시키고 가둬놓는 관 같은 단어다. 심지어 "난 항상 달리기가 빨라" "나는 항상 학교 성적이 좋아" 등과 같이 이 단어를 긍정적으로 사용하는 것도 실은 미래에 실망이 찾아올 수 있는 자리를 마련하는 셈이다. 중요한 경기에서 근육을 다치면 어떻게 될까? 시험 전에 잠을 세 시간밖에 못 자 평소에 받던 A학점 대신 B학점을 받으면? 오늘은 몸이 아프고 피곤해서 열심히 일할 기분이 들지 않는다면 어떻겠는가?

'항상'이라는 단어는 가능성과 대안적 해석을 야멸차게 차단시킨다.

그와 달리 공감은 삶의 변화무쌍한 속성을 예우하며 '항상'이란 말 속에 깃든 위험을 인지하고 있기에 '때때로', '이따금씩', '간혹'이라는 표현으로 이 단어를 대체한다. "난 때때로 삼진아웃을 당하기도 하지만 홈런을 칠 때도 있지." "이따금씩 나는 하지 말아야 할 말을 해." "나는 간혹 책임을 지지 않고 다른 사람 탓을 하려 해."

이런 표현들은 주어진 상황이 임시적이고 언제라도 변할 수 있다는 점을 강조한다. 이렇게 간단한 언어의 변화도 당신이 느끼는 무력감을 줄이고 더욱 희망을 얻는 데 도움이 될 수 있을 것이다.

기억을 사용해라

기억력은 희망과 절망 모두를 만들어낼 수 있다. 희망을 얻는 한 가지 방법은 아주 신중하게 기억을 고르는 것이다. 당신에게 유쾌하고 기분 좋은 일이 생기면 그 순간을 '액자'에 담아보자. 모르는 사람이 당신을 보고 웃거나, 친구가 칭찬을 하거나, 가족이 포옹을 해주거나, 아이가 당신에게 위로를 해달라고 할 때처럼 말이다. 그런 순간들을 가져다 액자에 담고 금테를 두른 다음 당신의 기억 갤러리 한편에 '비치'해라. 희망의 순간은 날마다 수시로 찾아오지만, 잠시 멈춰서 생각하고 의식적으로 간직하지 않으면 우린 그것들 모두를 잃어버릴지도 모른다.

기꺼이 변화해라

공감에 의해 움직이는 다른 모든 경험들과 마찬가지로, 희망은 그저 좋은 일이 일어나기를 소극적으로 기다리는 상태가 아니라 그것을 적극적으로 찾아 나서는 것이다. 우리는 어떻게 희망을 실천할 수 있을까? 또 어떻게 희망을 창조하고 가슴에 품으며, 그것을 타인에게도 고취시킬 수 있을까?

변화를 향한 의지는 희망이 잘 자랄 수 있는 비옥한 토양이 되어준다. 그러나 융통성 없이 굽히지 않고 단호하게 고집 부리는 태도는 희망이 힘겹게 지나가야 하는 진흙투성이의 깊은 늪을 만드는 것이나 다름없다. 우리가 유연한 태도를 갖추고 양보와 항복을 할 줄 안다면, 희망은 자신의 날개를 찾을 수 있을 것이다.

마음은 자기 혼자만의 공간이며,
자기 안에서 지옥을 천국으로 만들기도 하고,
천국을 지옥으로 만들기도 한다.

- 존 밀턴(John Milton)

15장

_____

용서

:

확장된 시각으로 과거를 보기

우리가 의도하는 것들 중 완전무결한 것은 하나도 없고, 시도하는 것들 중 오류 없는 것은 없으며, 이뤄낸 것들 중 이른바 인간다움이라는 한계나 오류가 없는 것 또한 없다. 그러므로 우리는 용서로 구원을 얻는다.

- 데이비드 옥스버거(David Augsburger)

용서라 하면 우리는 "당신을 용서하노라"라며 상대에게 엄숙히 선포하는 장면을 떠올리곤 한다. 그러나 용서의 핵심은 우리 자신을 용서하는 행위 및 그 과정에 있다.

30년 전 동생이 스스로 목숨을 끊었을 때, 나는 나아갈 길을 잃고 2년이 넘는 시간 동안 어둠과 절망 속에서 살았다. 그때는 오로지 갈색 빛깔의 옷들만 입었던 것 같다. 셔츠, 바지, 양말, 신발까지 전부 베이지색 아니면 갈색이었다. 매일 수업을 듣고 공부를 했지만 거기선 아무 기쁨도 찾을 수 없었다. 나는 밤마다 몇 킬로미터씩 달리기를 하면서 더 멀리, 더 빨리 달릴 수 있도록 자신을 몰아붙였다. 그럴 때면 앞뒤에서 내 이름을 부르고 응원하면서 계속 달려갈 힘을 주는 데이비드의 목소리가 들려오기도 했지만, 어느 순간 그것은 지친 나를 홀로 두고 사라져버리곤 했다.

데이비드가 죽고 나서 세 달 뒤, 나는 교수직을 포기하고 부모님과 함께 살기 위해 본가로 돌아갔다. 부모님과 내 생각이 일치했기 때문이다. 내가 부모님을 필요로 했던 만큼 그분들 역시 나를 필요로 하셨다. 나는 내가 자란 집에서 눈을 뜨고, 동생과 수없이 많은 식사를 함께했던 식탁에서 밥을 먹고, 우리가 함께 걸었던 거리를 돌아다니며 슬픔과 분노로 힘겨워했다. 데이비드는 어떻게 이렇게 우릴 두고 떠날 수 있었을까? 얼마나 슬프고 두려웠기에 스스로 목숨을 끊었던 것일까? 문을 걸어 잠그고 팔에 주사를 놓았던 그날 밤 동생은 어떤 생각을 하고 있었을까? 밤마다 동생이 잠 못 이루며 느낀 절망을 상상해보려 했지만 잘되지 않았다. 나는 동생의 마음과 영혼에 들어가는 길을 도무지 찾을 수 없었다.

내 머릿속에선 '왜'라는 질문이 떠나지 않았고, 내가 찾은 그 어떤 답도 내게 위안을 주지 못했다. 동생과 더 많은 시간을 보내고 더 관심을 가져주며 더 많이 말을 걸었어야 했을까? 내 생활에만 너무 빠진 나머지 동생이 내게서 도움을 얻고 싶어 한다는 사실을 알아차리지 못했던 건 아닐까? 아니면 부모님의 잘못이었을까? 데이비드에 대한 아버지의 기대가 지나치게 컸던 걸까? 데이비드는 자신에게 너무 집착하는 어머니 때문에 어머니와 떨어지는 걸 어려워했던 것은 아닐까?

나는 내가 마땅히 했어야 할 행동과 말들을 떠올리며 괴로워하는 자신을 발견했다. 답을 알 수 없는 질문을 한다는 것이 얼마나 헛된 일인지 알면서도 내 영혼은 자포자기 상태에서 동생을 구할 방법이 무엇이었을지 계속 알아내려 했다. 나는 어디서 길을 잘못 든 걸까? 또 어디서 실패한 걸까?

그때는 용서에 대해 생각하지 않았다. 무엇을, 누구를 용서한다는 말인가? 내 상황에서 용서는 중요한 부분이 아닌 것 같았다. 내가 누굴 용서할 수 있겠으며, 그 용서가 무엇을 바꿀 수 있겠는가? 동생을 다시 살려내기라도 한단 말인가? 내가 보기에 용서는 살아 있는 이들만의 것이었고, 내 삶이나 다신 볼 수 없는 동생과의 관계와는 무관한 것 같았다.

여러 주가 지나고 또 여러 달이 흐르는 동안 나는 마지못해 삶을 살아갔다. 당시 나는 박사 과정을 마치고 논문만을 남겨둔 상태였고, 내가 손으로 원고를 쓰면 어머니께서 타자기로 그것을 옮겨주시곤 했다(이 세상에서 내 손글씨를 판독할 수 있는 사람은 오직 어머니뿐이었다). 주말에는 아버지의 가구점 일을 도왔다. 친구들과 대화하고 거리의 낯선 사람에게 미소를 지었으며, 계단 앞에 부모님과 앉아 이웃들과 담소를 나누고 이모, 삼촌, 친척들과 함께 휴일을 보내기도 했다. 그렇게 나는 삶을 살았고 숨을 쉬었다. 차근차근 한 걸음씩 발을 내딛었다.

내면의 속박은 서서히 느슨해지기 시작했다. 근육의 경련이 풀어지듯 나는 거의 몸으로 그것을 느낄 수 있었다. 조금씩 진실을 깨달아가면서 용서가 찾아왔다. 데이비드는 이미 세상을 떠났고, 내가 무엇을 했더라도 동생을 구할 순 없었을 것이다. 그 시기의 난 내가 할 수 있는 일들을 했다. 완벽하지 않았고 실수도 했으며, 하지 않았더라면 좋았을 말이나 후회되는 행동을 하기도 했다. 하지만 난 동생을 사랑했고 그 사랑에는 부족함이 없었다. 그러므로 진실은 하나였다. 나는 동생을 사랑했지만, 내 사랑이 동생을 구할 수는 없었던 것이다.

그때의 내가 지금의 나처럼 공감의 힘을 알았더라면 동생을 구할 수 있었을까? 나는 그렇다고 생각한다. 만약 그랬더라면 암스테르담에 있는 데이비드과 통화하던 날, 감옥에 가야 한다면 차라리 죽어버리겠다는 말을 들었을 때 나는 자살충동에 대해 직접적으로 질문할 수 있었을 것이다. "혹시 너 자신을 해치려고 생각 중인 거니? 어느 단계까지 간 거야?"라고 물어보면서 동생이 얼마나 취약한 상태인지, 또 자신을 해할 가능성은 어느 정도인지 파악할 수 있었을 것이다. 데이비드가 내게 사랑한다고 말했을 때 나도 동생을 사랑한다고 말해줄 수 있었을 것이고, 내가 할 말보다는 동생이 하고 있는 말에 더 주의를 기울였을 것이다. 혼자 가정하고 추측하면서 내 감정이 행동을 좌지우지하도록 두지 않고 동생에게 공감을 해주었을 것이다.

이러한 말이나 행동을 통해 데이비드의 목숨을 구할 수도 있었다는 사실을 알고 난 뒤 나는 어떻게 살아올 수 있었을까? 내 유일한 답은, 아는 채로 살아왔다는 것이다. 나는 당시 내가 어떤 사람이었고 삶의 어느 지점에 있었는지를 이해한다. 또한 그때 가지고 있던 지식과 경험을 바탕으로 내가 할 수 있는 일은 다 했다는 사실도 안다. 우리 부모님도 최선을 다하셨다. 그리고 데이비드는…… 데이비드도 자기 나름대로 최선을 다했다.

나는 용서를 발견했을까? 슬픔과 고통으로부터 완전히 해방되거나 질문의 답을 얻었냐는 의미라면 그렇지 않다. 하지만 나는 더 이상 내가 했을 수도 있을 말과 행동을 생각하며 자신을 고문하지 않는다. 대신 오늘에 집중하며, 살아 있는 이들을 위해 내가 할 수 있는 일을 한다. 나는 데이비드를 기억하고 있고, 동생을 잊는 일은 절대 없을 것이다. 동생의 죽음에 대한 내 답은 그처럼 길을 잃고 외로이 방황하는 이들과 관계를 맺는 것이라고 나는 생각한다. 나는 끊임없이 "넌 살아 있어. 네겐 해야 할 일이 있어"라며 자신을 상기시킨다. 그 일을 통해 날마다 나는 자신과 데이비드를 향한 용서를 계속해서 구하고 있다.

매일 매일의 삶은 새로운 기회를 제공한다. 지난해 여름, 완전히 지치고 수면결핍 상태에 있었던 나는 2주 간의 휴가를 보내러 메인주로 향했다. 그곳에서 낮잠도 자고 가족과 해변에서 산책도 하고 이웃들과 담소를 나누며 특별한 일정 없는 편안한 나날들을 보내길 고대하면서 말이다. 우리가 그곳에 도착한 건 금요일 밤이었다. 그리고 화요일 아침 내가 달리기를 하러 나설 때, 전화 통화 중이던 내 아내 캐런은 몸짓으로 내게 기다리라는 표시를 했다. 아내는 전화기를 손으로 막고 자신이 존의 아내와 통화를 하고 있다고 말했다. 존은 메인주의 우리 집에서 작업을 해주던 전기기사였다. "존의 우울증이 아주 심한가봐. 가장 친한 친구가 두 달 전 교통사고로 세상을 떠난 뒤부터 체중이 거의 20킬로그램이나 빠졌다네. 아내는 존이 다시 술을 마시기 시작할까봐 걱정된대."

그로부터 한 시간이 채 지나기 전에 나는 존을 만나 대화를 시작했고, 우리는 그날 세 시간을 함께 보냈다. 정신과 의사에게 진료를 받은 존은 중독성이 있는 신경안정제 자낙스와 항우울제 졸로프트를 처방받았다고 했다. 또 그 정신과의사는 존을 심리치료사에게 소개시켜줬는데, 그는 존이 중년기 위기를 겪고 있다는 진단을 내렸다고 했다.

"그 심리치료사는 '중년기 위기 증상'을 전문적으로 다룬다고 하더군요." 그가 그날 처음으로 미소를 지으며 말했다.

"그 사람은 나이가 어떻게 되던가요?"

"50세 정도요."

우리는 서로를 바라보며 웃음을 터뜨렸다. 아마 같은 생각을 한 모양이었다. '지금 중년기 위기를 겪고 있는 장본인이 누구지?' 하지만 내 웃음 이면에는 분노의 감정이 들끓고 있었다. 누가 감히 존의 심각한 인생문제에 '중년기 위기'라는 꼬리표를 붙이고 모든 사람들과 마냥 똑같은 취급을 할 수 있단 말인가? 그의 아버지와 어머니는 모두 그가 열 살이 되기 전에 돌아가셨다. 그는 40대에 형제가 세상을 떠났고, 최근에는 가장 친한 친구가 자동차 사고로 목숨을 잃었다. 20년 동안 알코올중독에 시달렸던 존은 근래에 이르러서야 술을 끊을 수 있었다. 그는 극도의 슬픔과 두려움 속에서 자신을 도와줄 누군가를 찾았지만, 그의 우울증을 유발하는 근본적인 고통에 귀 기울이는 사람은 아무도 없는 것 같았다. 정신과 의사는 그에게 우울증이 있다며 신경안정제와 항우울제로 고통을 완화시켜주겠다 제안했고, 심리치료사는 그가 중년기 위기를 겪고 있다고 말했다. 알코올중독자 모임의 후원자는 존이 정신을 다잡지 않으면 유치장 신세를 면하지 못할 것이라고 경고했으며, 존의 아내는 남편이 자살을 할까봐 걱정했다.

이 사람들은 모두 의도는 좋았으나 편견적으로 존의 이야기를 들었고 자기 자신의 관심사나 염려로 인해 그의 경험에 공감을 할 수 없었다.

그렇게 존은 이야기를 하고, 나는 들으면서 우리 모두 기분이 나아졌다. "친구의 죽음으로 이렇게 무너지는 것이 정상이라고는 아무도 말해주지 않았어요." 존은 그날 우리 집을 나서면서 이렇게 이야기했다. "내 부모님이나 형제, 결혼생활의 중압감에 대해선 아무도 언급하지 않았죠. 왜 그럴까요? 왜 제 인간관계에 대해 묻는 사람은 없었을까요? 왜 다들 내가 뭘 생각하고 느끼는지 안다고 당연하게 생각했을까요? 내가 상황을 이해할 수 있도록 그들이 돕지 않았던 건 왜일까요?"

그의 질문들과 함께 나 역시 내가 여러 해 전에 했던 질문의 답을 찾는다. 우리는 때때로 실수를 한다. 잘못된 진단을 내리고 잘못된 꼬리표를 붙이며, 문제를 틀리게 분류하고 엉뚱한 곳으로 방향을 틀기도 한다. 신부님을 만나러 갔다가 기도가 문제를 해결해줄 것이란 조언을 들었다고 했던 데이비드의 말이 기억난다. 또 의사들은 데이비드의 고통을 완화시킬 수 있도록 재조제가 가능한 신경안정제와 진정제의 처방전을 내렸다. 내가 동생과 함께 서점에서 한참 동안 자기계발서 코너를 돌아보거나, 건강보조식품 가게에서 증상 완화에 도움이 될 만한 것을 구하려 했던 일도 기억난다. 데이비드가 내게 조언을 구했을 때, 나는 공감보다는 동정을 하며 동생의 처지가 어떤지를 지레짐작했다(사실 나는 동생의 깊은 감정들을 이해하지 못했다). 그보다 더 심한 건, 책임감 있게 행동하고 내가 원래 알고 있던 모습으로 돌아가라고 동생에게 조언했었다는 것이다. 이렇게 나는 섣부른 판단을 바탕으로 반응하면서 동생을 고통 속에 홀로 남겨두었다.

공감은 나를 과거로 다시 데려가 동생의 아픔을 이해하게 했다. 동생이 느낀 좌절의 가장 큰 원인은 도움을 얻기 위해 노력하고 실패하는 일이 몇 년간 쌓이고 쌓였던 것임을 이제 나는 안다. 알코올과 헤로인은 동생을 살아 있는 사람의 세계로부터 떨어뜨려 놓았다. 데이비드가 본격적으로 마약을 하기 시작하자 살아 숨 쉬는 사람들과 맺는 관계의 중요성은 희미해졌다. 동생은 수치와 죄책감에 휩싸인 채 가족이나 친구들을 회피했고, 중독증으로 인해 사랑하는 이들과 분리되면서 의미나 목적 모두가 사라진 세상에서 살아야만 했다. 그때 동생은 희망과 믿음을 잃은 것이다. 또한 동생은 자신이 우리 가족에게 가져다준 수치와 슬픔, 젊은 시절 겪었던 심적 고통들을 생각하며 자기가 한 일들에 대해 스스로를 용서하지 못했다. 동생의 세상은 점점 좁아져 아무런 출구도 보이지 않게 되었고, 그는 스스로 생을 마감했다.

동생이 죽은 진짜 이유는 그가 '자신을 용서하지 못했기' 때문이다. 자신이 어떤 사람이 되어버렸는지 깨달은 데이비드는 그 사실을 견딜 수 없었다. 대학 중퇴자, 마약중독자, 범죄자, 도망자, 낙오자. 이런 꼬리표들이 동생을 망가뜨렸고, 죽음은 견딜 수 없는 삶의 고통으로부터 동생을 해방시켜줬다.

공감은 나를 인도하여 동생을 이해하게 했고, 나는 그 이해 안에서 자신을 향한 용서도 발견할 수 있었다. 그것은 한순간 발견한 것이 아닌, 자기 자신을 견뎌내며 살아갈 방법을 찾기 위해 노력하는 이들과 매일 함께 일하면서 얻은 것이었다. 난 그들에게 용서에 대해 이야기한다. 또한 그들에게 변화의 가능성에 대해 말하고, 우리가 매일 새롭게 시작한다는 사실을 이야기해준다. 우리의 불완전함을 인정하고 바꿀 수 있는 것은 바꾸며 나머지 부분을 견디는 방법에 대해서도 말한다. 가장 중요하게는, 사람들이 자신의 절망감을 말로 표현하고 계속해서 앞으로 나아갈 방법을 찾는 동안 옆에서 이야기를 들어준다. 나는 관심과 존중으로 환자들에게 응답하며 각 사람의 특별한 상황을 충분히 예우한다. 또 그들의 성공에 축하를 보내고 슬픔을 함께 나눈다.

나는 공감의 힘으로 인도받아 내가 할 수 있는 일을 하고 있으며, 그것이 변화를 만들어낼 것이라 믿는다. 사람들이 발걸음을 내딛는 것을 포기하지 않는 한 나는 그들을 포기하지 않을 것이며, 지금까지 단 한 번도 그 약속을 어기지 않았다.

공감이
정의하는 용서   ○ ● ○

공감은 세계를 보는 우리의 관점을 넓혀주고, 이 확장된 시야 속에서 우리는 자신과 남을 향한 용서를 발견한다. 공감이 드러내는 용서의 속성은 단번에 완료하고 옆으로 치워둘 수 있는 것이 아니라 계속해서 전개되는 과정이다. 용서는 우리가 과거의 비극과 트라우마를 극복하기 위해 쉬지 않고 노력하면서 계속 교훈을 얻어가는 동안 우리에게 천천히 다가온다. 하지만 시간과 노력을 들인다면, 우리는 앞으로 나아갈 뿐 아니라 끊임없이 과거를 답습하는 대신 그것을 기반 삼아 성장할 수 있을 것이다.

헬렌 프리진(Helen Prejean) 수녀는 《데드 맨 워킹(Dead Man Walking)》에서 이해할 수 없는 죽음과 그 여파에 대한 이야기를 들려준다. 초반부에 등장한 한 아버지는 살해당한 젊은 아들의 죽은 몸을 내려다보며 말한다. "누가 이런 짓을 했든 난 그를 용서할 것이다." 그러나 머잖아 이 아버지는 자신의 발언이 아주 긴 여정의 첫 단계에 불과함을 깨닫는다. 그는 매일 용서의 길을 걸어야만 했다. 프리진은 이렇게 적었다.

> 그는 내면에 차오르는 비통함과 복수심을 극복하는 것이 아주 고된 일이라고 인정했다. 특히 매년 데이비드의 생일을 기억해내고 또 다시 아들을 잃는 경험을 하는 것이 고역이었다. 아버지는 스무 살의 데이비드도, 스물다섯의 데이비드도, 유부남이 된 데이비드도, 어린 자식들을 데리고 집을 찾아온 데이비드도, 성인이 되어 자신과 같은 남자가 된 데이비드도 영영 볼 수 없을 것이다. 용서는 결코 쉬운 일이 아니다. 우리는 날마다 그것을 얻을 수 있도록 기도하고 노력해야 한다.

용서는 경험과 함께 공감의 뒤를 쫓아 우리에게 다가온다. 공감은 우리의 소속이 어디인지를 더 깊이 이해하게 해주며, 우리는 그러한 이해를 통해 용서가 왜 그렇게 중요한 것인지를 깨닫게 된다. 용서는 우리가 통제하거나 제어할 수 없지만 공감의 노력을 통해 만들어지는 경험이다. 한때 시야에서 가려져 있었던 것들에 마음과 영혼을 열고 그것을 이해하려 힘쓰면서 우리는 예전에 보지 못했던 것들을 볼 수 있게 된다. 길을 따라 걷다가 갑작스런 커브를 만나 방향을 돌렸을 때 그전까지 한 번도 보지 못했던 세계가 눈앞에 펼쳐지듯, 확장된 시각을 얻은 우리에게 용서는 예기치 않게 찾아온다.

공감은 어떻게
용서로 이어지는가   ○ ● ○

공감은 어떻게 우리가 자신과 타인을 용서하도록 가르치는가? 물론 이
것은 근본적인 질문이다. 우리는 용서가 무엇인지 알고 있지만, 정말 필
요한 것은 용서하는 법을 깨우치는 일이기 때문이다. 우리는 용서를 어
떻게 찾을 수 있으며, 찾아낸 다음에는 무엇을 해야 할까? 용서는 어떻게
우리를 과거에서 현재로 데리고 오며, 어떻게 자아인식을 확장시키고 관
계를 강화시키도록 인도할까?

유대교에서 용서는 네 단계로 이뤄진다. 첫째, 내가 뭔가를 잘못했다
고 인정한다. 둘째, 내가 피해를 준 사람에게 사과한다. 셋째, 가능할 때
마다 상대에게 보상을 한다. 넷째, 실수를 반복하지 않도록 노력한다. 물
론 네 번째 단계는 평생이 걸리는 일이다.

공감도 용서에 관한 비슷한 접근법을 제시하는데, 그중에서 가장 강조
하는 것은 우리가 서로 관계를 지속하며 발전시켜나가는 부분이다.

공감이 제시하는
용서의 다섯 단계   ○ ● ○

1단계: 인식

공감으로부터 영감을 받은 관계는 반드시 우리의 인식이 자신의 경험

과 그 경험의 해석에 따라 제한된다는 점을 상기시키면서 시작된다. 이 세상은 한없이 복잡한 곳이며 우리는 어느 순간에서든 그 일부밖에 이해할 수 없다. 융 심리학자인 앨리스 O. 하월(Alice O. Howell)은 이렇게 얘기했다. "우리는 세상 모든 것의 절반만 볼 수 있다. 나머지 절반은 우리가 그것을 보고 어떤 의미를 부여하는지에 달렸다."

2단계: 탐구

자신의 한계를 인정한 우리는 이제 더 많은 것을 알고 싶어 한다. 용서의 과정에서 공감은 계속해서 탐색하고 분류하며 걸러내는 일을 멈추지 말라고 한다. 나는 무엇을 더 배울 수 있을까? 나는 어디서 균형적인 시야를 잃었는가? 내게는 어떤 편견이 있는가? 날 이해하지 못하게 막는 것은 무엇인가?

3단계: 밖으로 움직이기

탐구의 과정에서 우리는 자신에서부터 타인을 향해 밖으로 움직이기 시작한다. 공감은 우리가 타인의 삶에 참여하면서 그들과 동일하게 생각하고 느낄 기회를 허락한다. 타인의 관점을 빌리려는 적극적인 노력 속에서 우리는 자신을 내려놓고 스스로의 세계관을 기꺼이 포기한다(자신의 관점이 제한적이라는 사실을 인정한 다음에 말이다).

4단계: 변화

타인의 세계에 들어가 그들의 생각과 감정을 빌리는 경험을 한 우리는 변화된 모습으로 자신에게 복귀한다. 그리고 공감 어린 소통이 끝날 때마다 변화하고 자신의 한계를 넘어선다. 이 새롭게 확장된 시각으로 우리는 과거에 볼 수 없었던 것들을 보면서 용서를 경험한다.

5단계: 헌신

자신의 마음 상태가 타인과의 경험과 복잡하게 얽혀 있음을 이해하고 공동체 전반에 더욱 헌신하기 시작한다. 아프리카에서는 공동체를 향한 헌신의 과정을 우분투(Ubuntu)라 부르는데, 이는 세상과의 일체감을 의미한다. 남아프리카공화국 성공회 대주교 데즈먼드 투투(Desmond Tutu)는 우분투를 이렇게 설명했다.

> 우분투는 (…) 인간됨의 본질에 대해 이야기한다. (…) 사람을 사람이라 말할 수 있는 것은 다른 사람을 통해서만 가능하므로, 내 인간됨은 당신의 인간됨에 달려 있다. 아프리카인들은 공동의 평화와 화합을 매우 중시하며, 이러한 화합을 깨뜨리는 것은 공동체뿐 아니라 우리 모두에게 해롭다는 것을 안다. 그러므로 용서는 인간이 계속해서 존재하는 데 절대적으로 필요하다.

용서는 인간의 연결성을 나타내는 궁극적 행위다. 내가 너를 용서하는 것은, 내가 너이기 때문이다. 나는 너를 용서함으로써 자신을 용서한다. 또한 나는 자신을 용서함으로써 세상을 용서한다.

용서
연습하기

○ ● ○

깨끗이 지워라

용서는 자유를 상징한다. 그것은 자만심, 억울함, 원망으로부터 자신을 해방시키는 것이다. 처음부터 다시 시작하는 것은 장부를 모두 지우는 것과도 일맥상통한다. 새로운 시작으로서 용서가 갖는 의미를 잘 전달해주는 멋진 이야기가 있다.

한 여관 주인이 두 개의 장부를 관리하고 있었다. 하나에는 자신이 한 해 동안 저지른 모든 죄를, 다른 하나에는 같은 해 동안 자신과 사랑하는 이들에게 일어난 불행한 일들을 모두 적어두었다. 한 해의 마지막 날이 되면 주인은 먼저 자신의 모든 잘못과 실수가 상세히 적힌 첫 번째 장부를 읽고, 그다음에는 두 번째 장부를 펼쳐들어 그해에 어떤 불행한 일이 있었는지를 되짚어봤다.

장부를 모두 읽고 나면 주인은 책을 덮고 손을 모은 뒤 하늘을 향해 눈을 들고 기도했다. "신이시여, 제겐 당신에게 고백할 죄가 많습니다. 하지만 당신은 제게 수많은 괴로운 일들을 허락하시기도 했죠. 이제 우린 새로운 한 해를 시작합니다. 그러니 이제 예전 일들은 깨끗이 지웠으면 합니다. 저도 당신을 용서할 테니, 당신도 절 용서해주십시오."

당신이 누구와 어떤 소통을 하든 항상 두 개의 장부가 존재한다는 사실을 기억해라. 하나에는 당신이 저지른 실수와 당신의 불완전함이 적혀 있을 것이고, 다른 하나에는 당신이 만난 모든 시련과 고난의 내용이 담겨 있을 것이다. 억울한 기분이 들 때면 장부가 두 개 존재한다는 사실을 기억하되, 예전 일을 깨끗이 지울 수 있도록 노력하자. 우리가 지워버려야 하는 것은 기억 그 자체가 아니라 그 기억에 결부되어 있는 죄책감, 억울함, 분노 등의 쓰라린 감정들이다.

자신에게 편지를 써라

시간을 내서 스스로의 생각과 감정에 대해 글을 적다 보면 놀라운 일이 일어나기도 한다. 서던메소디스트대학교의 심리학자 제임스 페너베이커(James Pennebaker)는 일기를 쓰면 면역 기능과 간 기능이 향상되며, 일터에서 결근 일수가 줄어듦은 물론 병원을 방문하는 횟수도 감소된다는 사실을 밝혀냈다. 이렇게 인상적인 생리적 변화는 자신의 속마음을 털어놓는 데서 오는 정서적 해방감과 직접적 연관이 있는 것으로 보인다.

페너베이커는 단도직입적인 방법을 사용했다. 그는 사람들에게 정신적 충격을 일으킨 사건이나 자신을 압박하는 걱정거리를 주제로 하루에 15~20분간 글을 써보고, 그것들을 하나의 이야기로 만들어 그 안에 어떤 의미가 담겨 있을지 의식적으로 찾아보라고 했다. 자신의 문제 속에서 어떤 의미를 찾아낼 수 있다면 문제 해결에 관한 새로운 접근법도 얻을 수 있다. 우리를 망가뜨리려고 위협하는 재앙이 아닌, 깨우침을 가져다줄 경험으로서 그 문제를 바라보는 방법 말이다.

불태워라

힌두교 전통에서 억울함을 다루는 방식은 간단하지만 특이하다. 당신의 마음과 영혼을 괴롭히는 수치나 모욕에 관한 글을 종이에 적고, 그 종이를 불에 태우는 것이다. 불에 타는 종이를 보면서 우리는 자신의 억울함을 포함한 세상 모든 것들이 결국은 소멸될 것임을 다시 한 번 깨닫는다.

고요히 앉아 있어라

하루하루를 바쁘게 보내는 동안 우리 안에는 억울함이 차곡차곡 쌓여가는 것만 같다. 하루 중 고요히 자신의 생각과 감정을 돌아볼 시간과 장소를 찾아보자. 분노나 적개심이 느껴질 때 그저 심호흡 몇 번 하는 것으로 안정을 되찾을 수 있을 거라 기대하지 마라. 명상 전문가들에 따르면 고도의 생리적 자극 상태(가령 고속도로에서 간신히 사고를 피하거나, 일터에서 긴장되는 발표를 하거나, 친구 또는 가족과 언짢은 일이 있었을 때)에서 회복하는 데는 15~20분의 시간이 필요하다.

우리 중 이런 시간을 온종일 보낼 수 있는 특권을 지닌 이는 거의 없다. 하지만 월든 호수에서 헨리 데이비드 소로(Henry David Thoreau)가 했던 명상을 음미해보는 것이 위로가 될지도 모르겠다. 이 성찰의 첫 문장에는 소로를 향한 공감의 영향력이 완연히 드러난다.

내 삶에 여백이 많은 것이 좋다. 여름날 아침이면 난 습관처럼 몸을 씻고 때때로 햇살이 잘 드는 문간에 앉아 동이 틀 무렵부터 정오까지 시간을 보낸다. 소나무, 히커리, 옻나무에 둘러싸여 아무런 방해 없이 고요히 깊은 상념에 홀로 빠져 있는 동안, 새들은 옆에서 노래를 하거나 소리 없이 집 안을 스쳐지나가기도 한다. 내 서쪽 창에 햇살이 내려오거나 멀리서 여행자의 마차 소리가 들려오면 그제야 나는 깜박 시간이 흘러갔음을 깨닫는다. 이 계절의 나는 밤중의 옥수수처럼 잘 자랐으며, 그것은 사람의 손으로 기른 그 무엇보다도 훨씬 훌륭했다. 이 시절은 내 인생에서 빠져버린 시간이 아니라 평소 내게 주어졌던 것보다 훨씬 많은, 넘치는 시간들이었다. 나는 동양인들이 말하는 명상이나 무위가 무엇인지 깨달을 수 있었다. 난 대체로 시간이 어떻게 흘러가는지 신경 쓰지 않았다. 매일의 하루는 내가 해야 할 일을 덜어주려는 듯 지나갔다. 아침이 오고 또 어느새 저녁이 찾아왔지만, 그날 한 일 중 기억에 남는 것은 하나도 없었다. 나는 새처럼 노래하는 대신 끝없는 나의 행운을 생각하며 조용히 미소를 지었다. 참새가 문 앞의 히커리 나무에 앉아 지저귀는 동안 나도 같이 싱긋 웃는가 하면, 새가 엿들을 수 없도록 내 둥지에서 흘러나오는 떨리는 노랫소리를 몰래 숨기기도 했다.

용서하지 않는 이들은 고독을 견디기 힘들다. 고요한 순간마다 과거의 고통을 다시 찾아갈 기회를 얻기 때문이다. 용서는 죄책감을 씻어주고 내려놓게 함으로써 우리가 '밤중의 옥수수'처럼 성장하도록 돕는다. 그렇게 우리는 새로운 자신을 찾고, 또 그것을 초월하여 자신의 잠재력을 최대로 발휘할 수 있게 될 것이다.

빛을 퍼뜨리는 방법은 두 가지다.
하나는 촛불이 되는 것이고,
다른 하나는 그 촛불을 비추는 거울이 되는 것이다.

- 이디스 워튼(Edith Wharton)

나가며

매주 수요일 밤 나는 작은 교회에서 여덟 남녀를 대상으로 그룹 심리치료를 진행한다. 얼마 전 어느 겨울 밤, 48세의 사라가 회의실에 들어와 낡고 푹신한 의자에 앉더니 갑자기 눈물을 흘리기 시작했다. 평소 그녀는 말수가 적고 감정을 잘 드러내지 않았으며 흐트러진 모습도 좀처럼 보이지 않는 전형적인 뉴잉글랜드인이었기에 우리 모두 깜짝 놀라지 않을 수 없었다. 그녀는 늘 강인하게 "이봐요, 난 지금 힘든 시간을 보내고 있어요. 누군들 아니겠어요? 하지만 난 무슨 일이 있어도 반드시 이겨낼 거예요"라 공공연히 선언하곤 했다. 사라의 표현을 빌리자면 그녀는 불길 속을 헤쳐 나오는 삶을 살았다. 그녀가 일곱 살 때 알코올중독자 아버지는 스스로 목숨을 끊었고, 34세 때는 언니가 자살을 시도했으며, 알코올중독자 남편은 사라를 20년간 신체적·정서적으로 학대하기도 했다. 그녀는 '고통을 끝내기' 위해 술을 마시기 시작했고, 자신을 '진정시키기' 위해 자낙스를 복용했으며, '그저 재미로' 담배를 하루에 두 갑씩 피웠다. 2년 전 그녀는 이혼을 하고 심리치료를 시작하면서 자신을 세상의 절반으로부터 완전히 차단시켰다고 이야기했다. "어째서요?" 내가 묻자 사라는 이렇게 답했었다. "난 남자들을 증오하니까요."

그날 밤 괴로워하는 사라의 모습을 보며 나는 대체 무엇이 그녀의 견고했던 방어 태세를 무너뜨린 건지 궁금했다. "왜 그렇게 속상한 건지 우리에게 말해주겠어요, 사라?" 내가 물었다.

그녀는 진정하려 애쓰면서 의사를 만난 이야기를 들려줬다. 그는 사라에게 폐암이 의심된다며 며칠 후에 조직검사를 예약해주겠다고 했다. "의사 선생님은 너무도 냉담하고 무심했어요." 그녀가 말했다. 그 순간 그녀는 암의 위협만큼이나 의사의 태도에도 충격을 받았던 것이 분명했다. 그리고 나서 그룹치료가 진행된 몇 시간 동안 사라는 자신이 느끼는 분노와 두려움을 말로 표현해보기 위해 노력했고, 방 안에 있던 다른 사람들은 그녀를 위로하려 애썼다. 그날 밤 사라는 그룹 사람들의 지지에 위안을 얻은 상태로 집에 돌아갈 수 있었다.

그다음 주 수요일, 사라는 두꺼운 고무장화에 묻은 눈을 털어내고 교회로 들어와 매튜의 옆자리에 앉았다. 알코올중독에서 회복 중에 있는 매튜는 키가 거의 2미터에 달하는 거구인 데다 팔뚝이 나무만큼 굵었고, 잘생긴 얼굴에는 깊은 주름살이 패여 있어 세월의 흔적을 느끼게 했다. 그는 냉소적이었고 남을 잘 비판했으며 워낙 참을성이 없었던 탓에 모임 사람 몇몇에게 '성마른 양반'이라 불리기도 했다. 매튜는 사라가 '극도로 예민'하고 '참견쟁이'라며 특히 자주 비판했었고, 사라 역시 그가 '자기중심적'이고 '냉담'하며 '공격적'이라고 응수하곤 했다. 모임 안에서 몇 달을 함께하면서 마지못해 서로를 존중하는 체하기 시작했지만, 둘의 유대감은 여전히 빈약했다. 둘이 얘기하기 시작할 때면 나머지 사람들은 가만히 앉아 언제 불꽃이 튈지 기다리곤 했다.

54세의 미리엄은 사라를 동요시키지 않기 위해 각별히 신경 쓰면서 조직검사 결과가 나왔는지 물었다. 미리엄은 딸이 28세에 약물 과다복용으로 세상을 떠난 뒤부터 줄곧 우울증과 싸워오고 있었다.

"한 주 더 기다려야 나온다네요." 사라가 평온한 미소를 지으며 말했다. "하지만 솔직히 말하면, 그전만큼 걱정되진 않아요."

"지난주에는 그렇게 격앙하고 속상한 모습이더니, 한 주 사이에 어떤 일이 일어난 건지 궁금하네요." 개리가 말했다. 32세의 개리는 이혼 절차 중이고, 다섯 살 난 자녀를 둘러싼 양육권 분쟁에도 휘말려 있었다.

"정말 놀라운 일이 일어났어요." 사라는 둥그렇게 앉은 사람들을 더 가까이 모이게 하려는 듯 몸을 앞으로 기울이며 말했다. "조직검사를 하려고 병원에서 접수하는 동안 나는 완전히 겁에 질려 있었고, 도무지 진정할 수 없었어요. 그때 남자 간호사가 내 혈압을 재는데 갑자기 정신이 희미해지는 거예요. 나는 겁에 질려 어쩔 줄을 몰라 하면서 간호사에게 곧 기절할 것 같다고 말했죠. 그랬더니 그가 내 손을 잡고 눈을 바라보며 말했어요. '사라, 괜찮을 거예요. 내가 곁에서 당신을 꽉 붙들고, 놓치지 않을게요.'"

"바로 그때 당신이 떠올랐어요." 사라가 매튜에게 몸을 돌리며 말했다.

"날 떠올렸다고요?" 매튜가 믿을 수 없다는 듯 물었다.

"당신 스스로가 이 모임에 어울리지 않는 것 같다고 말했던 순간들이 모두 생각났어요. 당신은 여기 사람들 모두가 당신과는 전혀 다른 이들이고, 우리 중 누구도 당신 기분을 제대로 이해하지 못한다고 말했죠."

"그래요." 소파에서 자세를 바꾸는 매튜의 얼굴에 멋쩍은 웃음이 피었다. "내가 했을 법한 말이네요."

"매튜. 당신이 신을 믿지 않는다는 건 알지만, 나는 신이 존재한다는 걸 보증할 수 있어요." 사라가 낮고 걸걸한 목소리로 말했다. "그 간호사가 나를 붙잡고 자기가 함께 있는 한 괜찮을 거라고 말했을 때, 나는 내가 혼자가 아니라는 사실을 깨달았어요. 또 그것이 우리가 이 모임에서 서로를 위해 하는 일이라는 것도요. 우린 서로를 의지하며 다들 어려움을 이겨낼 수 있도록 곁에 있어줄 거라 말해줄 뿐만 아니라 절대로, 결코 서로를 혼자 내버려두지 않을 테니까요."

그녀는 진정하기 위해 심호흡을 했고, 당장이라도 눈물을 흘릴 것 같았다.

"이 얘기를 꼭 하고 싶어요. 날 지탱해주는 여러분이 없었던 작년에 내가 암에 걸린 걸지도 모른다는 말을 들었다면, 난 정신병원으로 직행해야 했을 거예요. 정말이지 여러분이 없었다면 버티지 못했을 거예요. 매튜 당신을 포함해서요. 물론 우리 사이에 문제가 없었던 것은 아니죠. 당신의 참을성 없는 발언과 사람에 대한 불신 때문에 정말 미칠 것 같았던 적도 있었으니까요. 하지만 당신도 나도 모두 변화하고 있어요. 다른 사람을 신뢰하고 자신의 감정을 드러내는 법을 배우고 있으니까요. 여기 있는 모든 사람들 앞에서 당신에게 말해주고 싶네요. 당신에게 무슨 일이 일어나든 난 항상 당신 곁을 지킬 거예요. 절대 당신을 포기하지 않을 거예요."

이제는 매튜가 눈물을 글썽이기 시작했다. 잠시 동안 그 누구도 말을 하지 않았다. 그러다가 우리는 깜짝 놀랄 만한 장면에 할 말을 잃을 수밖에 없었다. 항상 자신의 자제력 있는 모습을 뽐내던 이 거대한 남자가 손으로 머리를 감싸쥐고 어깨를 들썩이며 흐느꼈던 것이다. 잠시 후 나는 매튜에게 무엇 때문에 그렇게 격한 감정을 느끼게 되었는지 모임 사람들에게 얘기해줄 수 있냐고 물었다.

"누군가가 날 진심으로 위해줄 때는 말이죠," 그가 눈물을 닦아내며 말했다. "내 맘 깊은 곳에서부터 그걸 느낄 수 있어요. 방금 사라의 말을 듣고 그랬던 것처럼 억누르기 힘들 정도로 감정이 밀려오거든요."

부슬부슬 눈이 내리던 그날 밤, 어두워진 교회 안에서 커피가 끓는 동안 우리는 오래되고 퀴퀴한 냄새가 나는 의자에 앉아 공감의 존재를 느꼈다. 한때 자기들에겐 아무런 공통점이 없다고 우겼던 두 사람 사이에서 깊고 변치 않을 유대감이 구축됐다. 그들의 유대는 확장되어 나머지 사람들을 에워쌌고, 결국엔 우리의 자그마한 모임을 벗어나 바깥 세계까지로 확대되었다. 그날 잘 가라는 인사를 하던 우리는 한 사람도 빠짐없이 공감의 위력을 느낄 수 있었다. 한 간호사의 배려 깊은 반응이 여성의 두려움을 잠재웠으며, 그 여성은 감사하는 마음으로 거의 기도하듯 자신이 받은 관심과 보살핌을 고통에 빠진 또 다른 영혼에게 전달했다. 이 광경을 지켜본 사람들 모두는 마음에서 깊은 감동을 느낄 수 있었다.

그날 밤 나는 사라가 집으로 돌아가 주방 창문 밖에 내리는 눈을 바라보며 차를 준비하고, 매튜를 비롯한 모임 사람들에 대해 생각하는 장면을 상상했다. 마치 밤부엉이처럼 그녀는 온 세상이 잠자리에 들 준비를 할 무렵 사색에 빠지길 좋아하는 사람이었다. 또 나는 매튜가 두 아이를 재우러 위층에 올라가 사랑한다고 이야기하는 장면을 떠올렸다. 그는 알코올중독에서 벗어난 뒤 가장 기쁜 일 중 하나가 아이들에게 굿나잇 키스를 해주고 아침에 일어나 그 일을 떠올리는 것이라 했었다.

나는 모임에 있는 모든 사람들을 생각하며 되돌아봤다. 그들이 무엇을 고민했고 또 어떤 일을 이뤄냈으며 삶에서 의미와 목적을 찾기 위해 어떤 노력을 계속하고 있는지에 대해 말이다. 또 부모님과 동생, 내 삶의 여정 한 부분을 차지했던 모든 친지, 친구, 선생님 들에 대해서도 생각했다. 그날 밤 집에 돌아간 나는 아내와 딸들이 보낸 하루의 이야기를 듣고 평온함을 느꼈을 뿐 아니라 이런 선물을 누릴 수 있는 내 삶에 깊이 감사할 수 있었다.

이것이 공감이 작용하는 방식이다. 갑작스럽고 요란하게가 아닌, 먼 산에서 해가 떠오르듯 서서히 깨우침을 주면서 이해심과 통찰 속에 담긴 온기를 퍼뜨리는 방식 말이다. 공감은 우리의 가장 깊은 필요에 자신의 빛을 비추며, 우리의 생존이 서로를 정확히 이해하고 세심히 반응하는 것에 달려 있다는 사실을 잊어버리도록 두지 않는다. 공감은 우리의 공용어로, 가슴 가장 깊은 곳에 있는 갈망을 말로 내뱉고 영혼의 고뇌에 찬 질문을 또렷이 표현하게 한다.

사려 깊은 행동과 소통을 통해 공감은 보이지 않는 끈이 되어 인간을 인간에게, 이웃을 마을에게, 공동체를 나라에, 국가를 이 행성에 연결시켜준다. 공감이 창조한 연결을 통해 세상은 더욱 친근한 장소로 변모한다. 소속감이 외로움을 대체하고, 낯선 사람들이 덜 생소하게 보이며, 방어 태세의 필요성이 줄어들고, 희망이 절망을 대신한다. 의심은 믿음에 길을 내어주고, 원망은 희미해지며, 두려움과 고통으로 닫혀 있던 우리의 가슴은 용서의 가능성을 향해 다시 열린다.

이것이 바로 공감의 힘이자 약속이다.

감사의 말

이 책에 관해 여러 형태로 작업하기 시작한 것이 족히 25년은 된 것 같다. 정말 많은 멋진 사람들이 내게 직·간접적으로 도움을 줬다.

모든 사람의 인생에는 닻이 필요한데, 내게 그런 존재는 아내 캐런이다. 나는 삶의 힘든 시절에 아내를 만났고, 거의 그 즉시 내 영혼은 제자리를 찾을 수 있었다. 이 책 전반에는 삶에 대한 애착, 무엇보다 뜻 깊은 관계를 향한 그녀의 애정이 녹아들어 있다. 보다 다양한 독자를 대상으로 또 다른 책을 써보라는 아내의 제안 하나만으로도 작업을 시작할 동기는 충분했다. 이 책을 한 글자도 빠짐없이 읽고, 모든 원고 초안에 정직하고 통찰력 있는 피드백을 준 아내에게 감사한다. 정직은 때때로 큰 용기를 필요로 하는데, 그런 면에서 아내에게는 큰 재능이 있는 것 같다. 그녀의 마음에는 끝없는 가능성이 깃들어 있다.

내 삶의 가장 큰 기쁨은 아이들이다. 자녀를 양육하는 것만큼 공감의 심오한 중요성에 관해 더 큰 가르침을 주는 경험은 없다. 딸 에리카의 용기와 사회성은 언제나 내게 큰 영감을 준다. 활기차게 세상을 탐구하고

'새로운 일들을 시도'하며 '서로 다른 종류의 사람들'을 만나려는 딸의 모습은 나로 하여금 이 아이가 세상을 향해 얼마나 열린 마음을 가지고 있는지 알게 하고, 우리 가족에게도 신선한 바람을 불러일으킨다. 딸 앨레이나는 온화함과 다정함으로 매일 함께할 수 있음에 기쁨을 주는 아이다. "사랑해요, 아빠"라는 앨레이나의 말을 들을 때마다 나는 다음 페이지를 써내려가는 것이 더 수월해지고 또 다른 이야기를 풀어내는 일이 더 의미 깊게 느껴지곤 했다.

내 어머니 카미, 아버지 아서는 나의 가장 위대한 스승이시다. 공감의 진정한 의미와 변치 않는 사랑에 대한 그분들의 가르침에 대해 감사하는 마음을 나는 영원히 잊지 않을 것이다.

내 소중한 친구 캐서린 케첨은 글쓰기의 달인이다. 통찰, 창의력, 끈기는 물론 표현하기 어려운 아이디어들이 종이 위에서 생명력을 얻게 하는 그녀의 탁월한 능력에 나는 늘 감사할 것이다. 이 책 구석구석에는 캐서린의 공감이 스며들어 있다. 그녀는 나를 도와 내 개인적인 생각이나 우리 가족의 가르침을 나 혼자였다면 절대 불가능했을 분명함으로 표현할 수 있게 해줬다. 캐서린의 인내와 내 책을 향한 한결같은 신뢰, 무엇보다 공감을 향한 믿음에 감사를 표한다. 나는 정말 큰 빚을 졌다.

내 출판 대리인 제인 디스텔의 변함없는 솔직함, 에너지, 헌신, 인내에도 감사를 전한다. 통찰력 있는 피드백을 통해 내 제안서와 최종 원고의 수준을 한층 끌어올려준 제인의 파트너 미리엄 고더리치에게도 고맙다는 말을 하고 싶다.

나는 더튼 플럼 출판사의 편집장 브라이언 타트와 첫 대화를 나눌 때부터 우리의 협업에 관해 좋은 예감이 들었다. 그의 에너지와 열정과 조직력에 더해 가능한 한 많은 독자들이 이 책을 접할 수 있도록 그가 쏟아부은 헌신에도 깊은 감사를 전한다. 더튼의 홍보 책임자 리사 존슨은 즉각적인 피드백과 뛰어난 홍보 감각을 보여줬고, 편집 보조 카라 하울랜드와 교열 담당자 수잔 브라운의 노력과 유능함에도 감사를 표한다.

나는 운 좋게도 대가족의 일원으로서 가족과 친지들의 한결같은 지지를 받을 수 있었다. 오랜 세월 동안 내게 사랑과 따뜻함을 보내준 메리와 필 시아라미콜리, 앤과 닥 디비토리오, 올가와 프랭크 디비토리오, 잔느와 마크 피츠패트릭, 제리와 리처드 테시시니, 도나와 필립 우드에게 깊은 고마움을 전한다.

나의 동기 안드레아 발트슈타인만큼 공감의 힘을 이해하고 적용시키는 데 시간과 에너지를 쏟는 심리치료사는 없을 것이다. 우리는 공감의 방식이 지닌 가치를 주제로 수백 번도 넘게 이야기를 나눴다. 내 생각을 분명히 정리할 수 있도록 도운 안드레아의 우정에 감사를 표한다.

이 책을 집필하는 동안 지원을 아끼지 않았던 친구이자 동기, 운동 메이트 밥 처니 박사와 그의 아내 메리 엘런, 내 동기이자 오랜 친구인 밸러리 소여-스미스 박사, 피터 스미스 박사, 멀리 떨어져도 마음은 멀어지지 않는다는 사실을 증명해준 가장 소중한 친구 다이앤과 리처드 베르너에게도 감사를 전한다. 여러 해 동안 내게 영적 지침을 제공해준 리처드 플렉 신부님, 전문간호사 프리다 앨버티니-더피와 그녀의 상냥한 남편 데니스에게도 특별한 감사를 표한다.

방송에서 공감의 가치를 향한 믿음에 대해 함께 이야기하고 지지와 우정을 보내준 랭어 방송 라디오 쇼 〈건강한 삶(Healthy Living)〉의 프랭키 보이어에게 고마움을 전한다. 그녀와 함께 매주 방송을 하면서 많은 것들을 배웠고 한편으로 그 일을 즐길 수 있었으니 우리는 꽤 훌륭한 조합이었던 것 같다. 내가 합류하고 초기에 라디오 방송이 어떤 것인지 알려준 제작 관리자 존 매러블에게도 고맙다는 말을 전하고 싶다.

이탈리아 테너 가수 안드레아 보첼리의 〈로만자(Romanza)〉는 내가 계속해서 글을 써나갈 열정을 불어넣어줬다. 나는 날마다 그의 음악을 통해 영혼에 활기를 일으키는 음악의 힘을 체험할 수 있다.

내가 원활하게 작업에 임할 수 있도록 공감 어린 환경을 제공해준 메트로웨스트 웰니스센터, 매트로웨스트 메디컬센터, 하버드대학교 의대 동기들에게 특히 감사하다.

무엇보다도, 도움을 구하기 위해 나를 찾아왔던 이들에게 감사의 인사를 전하고 싶다. 그들은 깨진 마음이 어떻게 고쳐질 수 있는지 보게 하는 커다란 특권을 내게 허락했다. 또한 인간 본성에 대한 내 이해에 깊이를 더해줌은 물론 그 무엇과도 비길 수 없는 믿음이라는 선물을 선사해주었다. 나는 평생 이 빚을 갚지 못할 것이다.

– 아서 시아라미콜리

참고 문헌

들어가며

- Kahlil Gibran, *Tear and a Smile*(New York: Knopf, 1950, translated by H. M. Nahmad)

1장

- Arnold Goldberg, M.D. editor, *Advances in Self Psychology*(New York: International Universities Presss, 1978), p.459
- Arthur P. Ciaramicoli, *Treatment of Abuse and Addiction: A Holistic Approach*(Northvale, NJ: Jason Aronson, 1997)
- Paul H. Ornstein, editor, *The Search for the Self: Selected Writings of Heinz Kohut 1978-1981*(New York: International Universities Press, 19991), volume 4, pp.525-535
- William Ickes, *Empathic Accuracy* (New York: Guilford Press, 1997), p.2

3장

- Alice Miller, *Prisoners of Childhood* (New York: Basic Books, 1981)
- Bruno Bettelheim, *The Uses of Enchantment: The Meaning and Importance of Fairly Tales*(New York: Vintage, 1977)
- Daniel Goleman, *Emotional Intelligence: Why it Can Matter More than IQ*(New York: Bantam, 1995), pp.103-104
- Daniel Stern, *The Interpersonal World of the Infant* (New York: Basic Books, 1987)
- Erik H. Erikson, *Childhood and Society* (New York: WW Norton, 1993)
- Jeffrey Masson, *When Elephants Weep: The Emotional Lives of Animals*(New York: Delta, 1995), p.155, p.117
- Jonathan Weiner, *The Beak of the Finch: A Story of Evolution in Our Time*(New York: Vintage, 1994), p.239

- L. Brothers, "A Biological Perspective on Empathy," *American Journal of Psychiatry*(1989) 146, 1.
- R. Buck and B. Ginsburg, "Communicative Genes and the Evolution of Empathy" in *Empathic Accuracy*, pp.17-43
- Robert Coles, *The Spiritual Life of Children*(Boston: Houghton Mifflin, 1990)
- William Pollack, *Real Boys*(New York: Henry Holt, 1998)

4장

- Dean Ornish, *Love and Survival: The Scientific Basis for the Healing Power of Intimacy*(New York: HarperCollins, 1998), pp.58-61
- F. Strack, L. Martin and Stepper (1988), "Inhibiting and facilitating condition of the human smile: A non-obtrusive test of the facial feedback hypothesis," *Journal of Personality and Social Psychology, 54*, pp.768-777
- Grief, E., Alvarez, M., and Ulman, K., "Recognizing emotions in other people: Sex differences in socialization," Paper presented at the biomedical meeting of the Society for Research in Child Development, Boston (April 1981), p.44
- Manfred B. Steger, Ph.D., *Gandhi's dilemma: Nonviolent Principles or Nationist Power*(St. Martin's, 2000)
- R. J. Larsen, M. Kasimatis, and K. Frey (1992), "Facilitating the furrowed brow: An unobtrusive test of the facial feedback hypothesis applied to unpleasant affect," *Cognition and Emotion, 6*, pp.321-338
- R. W. Levenson and A. M. Ruef, "Physiological Aspects of Emotional Knowledge and Rapport" (chapter 2) in *Empathic Accuracy*, pp.44-69
- R. W. Levenson, Page Ekman and W. V. Friesen, "Voluntary facial action generates emotional-specific autonomic nervous system activity," *Psychophysiology*(1990):45, 363-384
- Redford Williams, M.D. and Virginia Williams, Ph.D., *Anger Kills: Seventeen Strategies for Controlling the Hostility That Can Harm Your Health*(New York: HarperPerennial, 1994 or Harper Paperbacks, 1993), pp.141-146

- Robin Fivush, "Exploring sex differences in the emotional content of mother-child conversations about the past," *Sex Roles, 20*(1989):675-91

- S. Hodges and D. Wegner, "Automatic and Controlled Empathy" (chapter 11), *Empathic Accuracy*, p.320

- William Ickes, *Empathic Accuracy*, p.57

- William James, "The Sentiment of Rationality," in John J. McDermott, ed., *The Writings of William James: A Comprehensive Edition*(Chicago: University of Chicago Press, 1977), p.337

- William Pollack, *Real Boys: Rescuing Our Sons From the Myth of Boyhood*(New York: Henry Holt, 1999), p.44, pp.350-356

5장

- Carl Rogers, *On Becoming a Person: A Therapist's View of Psychotherapy*(Boston, New York: Houghton Mifflin, 1961), pp.332-333

- Frederic and Mary Ann Brussat, *Spiritual Literacy: Reading the Sacred in Everyday Life* (New York: Scribners, 1996), p.283

- Heinz Kohut, "Reflections on Advances in Self Psychology" Goldberg, ed., *Advances in Self Psychology*, pp.473-552

- Lauren Wispé, "The distinction between sympathy and empathy: To call forth a concept, a word is needed," *Journal of Personality and Social Psychology, 50*(1986), pp.314-321

- Lawrence E. Hedges, *Listening Perspectives*(Northvale, NJ: Jason Aronson, 1983)

- Melani Hancock and William Ickes, "Empathic accuracy: When does the perceiver-target relationship make a difference?" *Journal of Social and Personal Relationships 13*, pp.179-199

- T. Graham and W. Ickes, "When Women's Intuition Isn't Greater Than Men's," *Empathic Accuracy*, p.141

6장

- Ann Landers, *Walla Walla Union Bulletin*, December 20, 1998(culumn)

- Elvin Semrad, *The Heart of a Therapist* (Northvale, NJ: Jason Aronson, 1980), p.33
- Erich Fromm, *The Art of Loving* (New York: Harper-Perennial, 1989), p.29
- Ernest Kurtz, Ph.D., coauthor with Katherine Ketcham of *The Spirituality of Imperfection* (New York: Bantam, 1992)
- Ernest S. Wolf, M.D., *Treating the Self: Elements of Clinical Self Psychology* (New York: Guilford Press, 1999)
- Erich Fromm, *The Art of Loving*, p.109
- Jean Baker Miller, M.D. and Irene Pierce Stiver, Ph.D. *The Healing Connection: How Women Form Relationships in Therapy and in Life* (Boston: Beacon, 1997), p.29
- Larry McMurtry, *Lonesome Dove* (New York: Simon & Schuster, 1985), p.625
- Martin Buber, trans. by Ronald Gregor Smith, *I and Thou* (New York: Charles Scribner's Sons, 1958), p.11
- Maurice S. Friedman, *A Dialogue with Hasidic Tales: Hallowing the Everydays* (New York: Insight Books, 1988), p.86
- Rogers, *On Becoming a Person*, p.119
- Rollo May, *Love and Will* (New York: W.W. Norton, 1969), p.113
- S. D. Hodges and D. M. Wegner, "Automatic and Controlled Empathy," *Empathic Accuracy* (chapter 11), p.312
- V. S. Helgeson (1993), "Implications of agency and communion for patients and spouse adjustment to a first coronary event," *Journal of Personality and Social Psychology* 64/5:807-816

• 수많은 심리학자들과 정신과 의사들이 투사 현상에 대한 글을 썼다. 투사에 관해 더 알고 싶은 독자들에겐 다음의 책들을 추천한다.

- Althea Horner, *Object Relations and the Developing Ego in Therapy* (Northvale, NJ: Jason Aronson, 1979)
- Frederick Perls, *Gestalt Therapy Verbatim* (New York: Bantam, 1991)
- Joel Latner, *The Gestalt Therapy Book* (New York: Bantam, 1974)

- Marjorie White and Marcella Weiner, *The Theory and Practice of Self Psychology*(New York: Brunner/Mazel, 1986)
- Otto Kernberg, *Borderline Conditions and Pathological Narcissism*(Northvale, NJ: Jason Aronson, 1975)
- Richard Chessick, *Intensive Psychotherapy of the Borderline Patient* (Northvale, NJ: Jason Aronson, 1977)

7장

- Achy Obejas, "Hate Rock", *Chicago Tribune*, March 16, 1999, Section 2, p.1
- Elie Wiesel, *All Rivers Run to the Sea: Memoirs*(New York: Knopf, 1995), pp.80-81
- Gavin de Becker, *Protecting the Gift: Keeping Children and Teenagers Safe (and Parents Sane)*(New York: Dial Press, 1999), pp.210-212
- Gavin de Becker, *The Gift of Fear*(New York: Dell, 1997)
- Ian Kershaw, *Hitler: 1889-1936 Hubris*(New York: W.W Norton, 1998) p.454, p.588, p.591
- Norman Cousins, *The Healing Heart: Antidotes to Panic and Helplessness*(New York: Avon, 1983), pp.13-14
- V. L. Bissonnette, C. E. Rusbult, and S. D. Kilpatrick, "Empathic Accuracy and Marital Conflict Resolution," *Empathic Accuracy*(chapter 9), pp.252-254
- W. Ickes and J. A. Simpson, "Managing Empathic Accuracy in Close Relationships," *Empathic Accuracy*(chapter 8)

8장

- Chögyam Trungpa, edited by John Baker and Marvin Casper, *Cutting Through Spiritual Materialism*(Boston: Shambhala, 1987), p.41
- Sara Lawrence-Lightfoot, *Respect: An Exploration*(Reading, MA: Perseus, 1999), pp.6-7
- Cathy Spatz Widom, "Stress early in life may leave imprint for violence," *Boston Globe*, October 16, 1995, pp.29-32

‒ J. M. Gottman et al., "Behavior exchange theory and marital decision making," *Journal of Personality and Social Psychology 34*(1976): 14‒23

‒ D. M. Guthrie and P. Noller, "Married couple' perceptions of one another in emotional situations," in P. Noller and M. A. Fitzpatrick (eds.), *Perspectives on Marital Interaction*(Cleveland, OH: Multilingual Matters), pp.153‒181

‒ P. Noller, "Misunderstanding in martial communication: A study of couples' nonverbal communication," *Journal of Personality and Social Psychology 39*(1980): 1135‒1148

‒ P. Noller, and C. Venardos, "Communication awareness in married couples," *Journal of Social and Personal Relationships 3*(1986): 31‒42

‒ W. Ickes and J. A. Simpson, "Managing Empathic Accuracy in Close Relationships,", *Empathic Accuracy*(chapter 8)

9장

‒ Dag Hammarskjöld, *Markings*(London: Faber and Faber Ltd.), p.147, p.148

‒ Daniel Goleman, *Emotional Intelligence*, chapter 7_"The Roots of empathy", chapter 16_"Schooling the Emotions."

‒ E. T. Higgins, "Role taking and social judgment: Alternative perspectives and processes," in J. H. Flavell and L. Ross (eds.) *Social Cognitive Development*(New York: Cambridge University Press, 1981), pp.119‒153

‒ Huston Smith, *The World's Religions*(New York: HarperCollins, 1991), p.371

‒ Kenneth Leech, *Soul Friend*(San Francisco: Harper & Row, 1977), p.43

‒ Larry Doeesy, *Healing Words*(San Francisco: HarperSanFrancisco, 1993), pp.169‒195, pp.190‒192

‒ Martin Buber, *Tales of the Hasidim: The Later Masters*(New York: Schocken, 1948), pp.231‒232

‒ Mitch Albom, *Tuesdays with Morrie: An Old Man, a Young Man, and Life's Greatest Lesson*(New York: Doubleday, 1997) pp.133‒134, p.170, pp.179‒180

‒ N. Eisenberg, B. C. Murphy, and S. Shepard, "The Development of Empathic Accuracy," in

Empathic Accuracy, pp. 73-116

- S. Hodges and D. Wegner, "Automatic and Controlled Empathy" in Ickes, *Empathic Accuracy*(chapter 11), pp.323-327

- Simon Tugwell, *Ways of Imperfection: An Exploration of Christian Spirituality*(Springfield, IL: Templegate, 1985), p.229

- W. Ickes, C. Marangoni, and S. Garcia, "Studying Empathic Accuracy in a Clinically Relevant Context," in *Empathic Accuracy*, pp.282-310

10장

- Antonio Porchia, trans. W. S. Merwin, *Voices*(Chicago: Big Table, 1969), p.24

- Carl Rogers, *On Becoming a Person: A Therapist's View of Psychotherapy*, p.17, p.34

- Carlos G. Valles, Mastering Sadhana: On Retreat with Anthony de Mello (New York: Doubleday, 1988), pp.24-25

- Ellen Goodman, *Boston Globe*, July 22, 1999

- Erich Fromm, T*he Art of Loving*, p.101

- Wilkie Au, *By Way of the Heart: Toward a Holistic Christian Spirituality*(Mahwah, NJ: Paulist Press, 1989), p.31

- William James, *The Varieties of Religious Experience*(New York: Touchstome, 1997), p.101, p.102

11장

- *Peacemaking Day by Day*(Pax Christi, 348 East Tenth St., Erie, PA26503)

- *The Holy Bible*(New York: Thomas Nelson and Sons, 1952), Matthew 7:1-15

- Aldo Icardi, *American Master Spy*(New York: University Books, Inc., 1954)

- Anthony de Mello, *Heart of the Enlightened*(New York: Doubleday, 1989), p.122

- Daniel Wegner and James Pennebaker, "Mental Control of Angry Aggression," *Handbook of Mental Control*(Englewood Cliffs, NJ: Prentice Hall, 1993)

- Erich Fromm, *The Art of Loving*, p.109

456

- Harris Smith, *OSS: The Secret History of America's First Central Intelligence Agency* (Berkeley, CA: University of California Press, 1972)
- John C. Barefoot, W. Grant Dahlstrom, and Redford B. Williams, "Hostility, CHD incidence, and total mortality: A 25-year follow-up study of 255 physicians," *45 Psychosomatic Medicine*(1983), pp.59-63
- Redford B. Williams et al., "Prognostic importance of social and economic resources among medically treated patients with angiographically documented coronary artery disease," *Journal of the American Medical Association 267*(1992), pp.520-524
- Redford Williams, *The Trusting Heart*(New York: New York Times Books/Random House, 1989)
- S. Hodges and D. Wegner, "Automatic and Controlled Empathy," Ickes, ed., *Empathic Accuracy*, p.319
- Williams and Williams, *Anger Kills*, 제.60, p.147

12장
- Gabriel Daly, "Widening Horizons," *The Tablet*244:7811 (March 31, 1990), pp.419-420
- Heinz Kohut, "On Empathy," *The Search for the Self vol. 4*, pp.534-535
- James Hillman in Sy Safransky, "The Myth of Therapy: An Interview with James Hillman," *The Sun*; Issue 185 (April 1991): 2-19
- Joseph Campbell, *The Power of Myth*(New York: Doubleday, 1988), pp.117-118
- Yuichi Shoda, Walter Mischel, and Philip K. Peake, "Predicting adolescent cognitive and self-regulatory competencies from preschool delay of gratification," *Developmental Psychology*, 26, 6 (1990): 978-986

13장
- D. J. Spiegel, et al., "Effect of psychosocial treatment on survival of patients with metastatic breast cancer," *The Lancet*, 1989 ii: 888-891

- David Spiegel, *Living Beyond Limits: New Hope and Help for Facing Life-Threatening Illness*(New York: Ballantine, 1993)

- Melannie Svoboda, *Everyday Epiphanies: Seeing the Sacred in Everything*(Mystic, CT: Twenty-Third Publications, 1998) p.54

- William James, *The Varieties of Religious Experience*, pp.130-155, pp.156-157

14장

- Brussat and Brussat, *Spiritual Literacy*, p.303 / Nancy Burke, *Meditations for Health*(New York: Wings Books, 1995)

- C. R. Snyder et al., "The will and the ways: Development and validation of an individual-differences measure of hope," *Journal of Personality and social Psychology 60*,4 (1991): 579

- Daniel Coleman's interview with Snyder in *The New York Times*(Dec. 24, 1991)

- Martin E. Seligman, *Learned Optimism*(New York: Knopf, 1991)

- Robert Lewis Taylor, *Winston Churchill: The Biography of a Great Man 1874-1965*(New York: Pocket Books, 1965). pp.74-75

- Vicki Helgeson and Heidi Fritz, "Cognitive adaptation as a predictor of new coronary events after percutaneous transluminal coronary angioplasty," *Psychosomatic Medicine 61*(1999): 488-495

15장

- Abraham J. Twerski, *Living Each Day*(Brooklyn, NY: Mesorah, 1988), p.342

- Henry David Thoreau, *Walden and Other Writings*(New York: Bantam, 1971) p,188

- James Pennebaker, "Putting stress into words: Health, linguistic and therapeutic implications," paper presented at the American Psychological Association meeting, Washington, DC (1992).

- James W. Pennebaker, *Opening Up: The Healing Power of Confiding in Others*(New York: William Morrow, 1990)

- Robert Enright and Joanna North (eds.) *Exploring Forgiveness*(University of Wisconsin Press) Foreword에서 인용 / Desmond Tutu, Spirituality & Health, Winter 1999, p.29

- Sister Helen Prejean, *Dead Man Walking: An Eyewitness Account of the Death Penalty in the U.S.* (New York: Random House, 1994), pp.244-245

이해하고 이해받고 싶은 당신을 위한 공감 수업

당신은 너무 늦게 깨닫지 않기를

초판 1쇄 발행 2020년 11월 20일 **초판 3쇄 발행** 2022년 6월 7일

지은이 아서 P. 시아라미콜리 & 캐서린 케첨
옮긴이 박단비
펴낸이 이승현

편집2 본부장 박태근
W&G 팀장 류혜정
편집 류혜정
디자인 강경신

펴낸곳 ㈜위즈덤하우스 **출판등록** 2000년 5월 23일 제13-1071호
주소 서울특별시 마포구 양화로 19 합정오피스빌딩 17층
전화 02) 2179-5600 **홈페이지** www.wisdomhouse.co.kr

ISBN 979-11-90908-82-5 03180